동양적 사유는
어떻게 탄생했는가

동양적 사유는 어떻게 탄생했는가

이理와 기氣의 조화와 충돌 그리고 탈출

김경호 지음

글항아리

【 책머리에 】

동양적 사유는 어떻게 탄생했는가

1.

한국유학을 전공하고 한국의 감성 체계에 대해 연구하고 있는 나에게 사람들은 종종 묻는다. "이理는 이성이고 기氣는 감성이라고 말할 수 있을까?"라고 말이다. 한국사회에서 '이'와 '기', '이성'과 '감성'이 언제부터 결합되어 유통되었는지는 확언할 수 없지만, 이 물음에 답하기 위해서는 두 가지 조건이 전제되어야 한다.

첫째, 이와 기 개념이 동아시아의 철학적 전통에서 어떻게 발명되어 현재까지 이르고 있는가를 알아야 한다. 둘째, 이성과 감성 개념의 서양 철학사적 흐름을 이해하고 있어야 한다. 이 짧은 물음에는 이처럼 동양과 서양의 사상·문화적 전통에서 비롯된 사유 방식과 철학적 의미가 혼재되어 있다.

이성과 감성은 고대 그리스의 철학적 전통에서부터 사용되어 현대에 이르기까지 2500여 년의 누적된 세월을 담고 있다. 이러한 점에서 서양의 철학사는 '이성' '감성' 개념의 상호 경쟁과 대립 그리고 복권과 조정의 기록이라고 할 수 있다. 이와 기도 이와 다르지 않다. 이와 기는 비록 11세기를 전후한 북송시대에 철학적 개념으로 등장하지만, 『시경』이나 『주역』 등에서 그 원형적 사고가 발견된다. 이것을 감안한다면 이와 기는 3000여 년 전까지 소급된다. 동아시아의 철학사, 특히 성리철학사는 '이' '기' 개념이 심성의 다양한 개념과 연계되어 삶과 세계의 의미를 탐색한 사유의 기록이라고 할 수 있다.

학술사적인 지평에서 볼 때, 이기 개념의 발명과 역사적 변용은 일종의 '사유의 모험'이라고 할 수 있다. 이기 개념을 통해서 사람들은 자신의 문제의식을 드러내고, 문제 해결을 위한 방안을 철학적 언술로 제시했다. 이러한 모험을 통해 삶은 구축되고 세계는 의미를 갖게 된다. 이 책은 그러한 오래된 사유의 흔적을 기록의 저장고에서 꺼내 현대의 관점에서 탐구한 결과물이다.

나는 이 책에서 성리학을 학습한 사람들이 구획하려 했던 삶의 세계와 가치의 지반을 이와 기 개념을 중심으로 독해하고자 했다. 이 과정은 온전히 동아시아적 삶의 세계와 조응하는 것이었고, 또한 오래된 그리고 잊힌 한국인의 사상적 뿌리를 탐구하는 것이기도 했다. 독자들은 이 책을 통해서 '이는 이성이고 기는 감성인가?'라는 질문에 즉답할 수 없겠지만, 그래도 그 답을 찾기 위한 절반의 발걸음은 내딛을 수 있을 것이다.

2.

이 책은 이기와 관련된 논의를 역사적으로 '풀이하는 글'과 '원전과 함께 읽는 이기' '부록-원문'의 세 부분으로 구성되어 있다. 1장의 '풀이하는 글'에서는 먼저 현대 일상어와 『설문해자』를 중심으로 이와 기의 의미와 '오래된 사유의 흔적'을 알아보았다. 다음으로 이기 개념이 북송대에 탄생한 이유를 살펴보고, 북송대 이후 조선시대에 걸쳐 이기 개념의 역사적 유통 과정을 살펴보았다. 마지막으로 이러한 역사적 변천과 사유의 모험 과정을 통해 현대까지 이어져온 이기 개념이 우리 시대에 유의미하게 재해석될 수 있는지를 검토했다.

2장은 이기를 중심으로 한 성리학의 주요한 개념과 사유를 원전을 통해 살펴보았다. 1단계 '성리학적 이기 개념의 원형적 이미지'에서부터 정약용과 최한기에 이르는 '이기 개념에 대한 새로운 사유'까지 총 11단계로 구성되었다. 이 장에서는 분산적이고 소통되지 않을 것 같은 사람들의 사유가 어떻게 만나고, 조정되어 새롭게 변모하는지를 '사유의 모험과 역동성'이라는 관점에서 탐구했다.

3장은 부록으로 2장에서 인용된 원문을 수록했다. 이렇게 보면 이 책은 고대 중국적 사유로부터 시작해 유가철학의 대강을 검토하고, 이기를 통해서 한국유학을 다시 독해한 셈이다. 『시경』에서 『신기통神氣通』에 이르는 총 42종의 저술(한국 25, 중국 17)과 공자에서 전우에 이르는 30명의 인물(한국 21, 중국 9), 총 132항목 195개의 원문이 그 대상이었다. 이기와 관련한 다채로운 사유를 원문을 통해 확인하고 해설을 덧붙여 모은 것이 이 책이다.

이 책은 유가철학의 전체적인 경관이나 철학적 문제의식을 확인하기 위해 가능한 한 많은 자료를 담으려고 했다. 그리고 원전의 내용들을 개념적 은유 이론을 통해 자연주의적인 관점에서 해석할 수 있는 가능성을 모색해보았다. 그러나 18세기 조선의 실학자들이 제안했던 이기 개념과 중국의 청대 학자들이 논의했던 이기 개념을 싣지 못하고, 아울러 검토하지 못한 것은 아쉬움으로 남는다.

이 책에서 제시된 다섯 가지 주요한 관점은 다음과 같다.

첫째, 이와 기 개념은 일상세계의 자연적(물리적) 경험이 추상화 과정을 거쳐서 의미가 확장된 것으로 본다. 하늘-공간에 대한 추상적 사유도 신체화된 공간의 확장과 연결되어 있다. 둘째, 이와 기 개념을 전유한 사람들은 규범의 원천적 근거를 수립하고자 목적지향적인 성향을 보인다. 송대뿐만 아니라 조선시대 성리학자들은 사유와 규범의 토대를 인간의 내면이나 외면에 정초시키려 한다. 셋째, 한국유학의 특징을 보여준다고 여겨졌던 '주리' '주기'의 구분법과는 다른 국면이 발견된다. 주리나 주기보다 더 근원적인 철학적 문제의식은 규범의 원천과 윤리적 실천성 여부에 있다. 그것은 '성'과 '심'의 문제로 나타난다. 넷째, 이황과 이이의 철학적 문제의식은 주희 철학의 균열 지점과 연결되어 있다. 주희는 맹자적 관점(내재적-주관적)과 순자적 관점(외재적-객관적)의 학술적 통합을 시도했으나 이것은 분열되고 만다. 분열의 지점이 이황과 이이의 철학적 분기점이다. 다섯째, 이황과 이이의 후예들은 퇴계학파와 율곡학파를 이루면서 대립하고 경쟁적 관계를 보이지만 '다르면서도 같음'을 공유한다. 그들은 퇴율의 사유와 철학적 문제의식을 수용과 배제의 방식을 통해 조정하면서 변형시킨다.

3.

 2002년 1월 나는 박사학위 논문에서 '주희로부터 이이'에 이르는 유가 철학의 흐름을 정리했다. 여기서는 송대 이전 선진 시기의 유가철학적 입장과 이이 이후 조선성리학의 흐름은 다루지 못했다. 그러한 것이 아쉬움으로 남았는데 한국국학진흥원이 2009년 '오래된 물음을 다시 던지다' 시리즈의 하나로 '이기理氣'를 기획하면서 집필을 부탁했다. 3년을 꽉 채운 2012년 11월, 나는 선진 시기부터 송대를 포괄하면서 조선 유학의 전반을 이기로 다루고 있는 이 책의 머리말을 쓰고 있다.

 이 책을 집필하면서 나는 공부의 한계를 확인했고, 그럴 때마다 포기하는 마음으로 원고를 파기했다. 그러한 시기에 나는 '이라고 하는 것은 알기가 어렵다理字難知'고 한 이황의 말이 무엇을 의미하는지 깨닫게 되었다. 그러나 또다시 봉착한 장애는 '삶의 한계'로 다가왔고 자괴감에 빠져 있을 무렵, 이이가 말한 '백척간두'의 의미와 '이기에 투철해야 한다'는 말이 무엇인지 조금은 알게 되었다. 이 책을 마무리할 수 있었던 동력은 그러한 자성에서 비롯되었다.

 이기를 통해 3000년의 시간을 사유할 수 있었던 것은 크나큰 기쁨이었다. 동아시아의 오래된 사유를 담고 있는 이 책을 집필하면서 나는 함께 공부했던 선후배들뿐만 아니라 얼굴을 모르는 동학들에게도 많은 신세를 졌다. 어려운 시절 호학好學할 수 있게 격려해주신 윤사순 선생님과 고려대학교 철학과 동기들의 믿음은 큰 힘이 되었다. 원고를 읽어주고 유익한 조언을 해준 이향준·최유준 교수와 박다진, 김지원 팀장께도 감사드린다. 일일이 전거를 밝히지는 못했지만 한 자 한 자 채워간 이 책의 내용은 유학을 통해 사유했던 무수한 사람에게 언어와 사유와 감성을 빚지고 있다.

  천성이 민첩하지 못한 탓에 더디게 일을 진행하여 한국국학진흥원 김미영 선생님을 수고롭게 만들었다. 이 몇 자의 말이 감사와 위로를 대신할 수 있기를 바란다. 연구를 지속할 수 있게 지원해준 전남대학교 호남학연구원과 학문공동체를 꿈꾸는 동료 교수들에게도 감사의 마음을 전한다. 지난해 봄부터 지금까지 초록이 물들고 단풍들어 떨어지기를 몇 차례 하는 동안, 바쁘다는 핑계로 주변을 제대로 돌보아보지 못했다. 무심함에 지칠 법도 했건만 묵묵히 자리를 지켜준 사랑하는 아내 진희에게 고마움을 전한다.

  이 책은 음수사원飮水思源이란 말처럼 그 뿌리는 전통 시대의 학문에 닿아 있다. 그러나 나의 관심은 전통 시대의 유학을 근거로 한국유학의 현재화를 기획할 수 있는 철학적 사유에 있다. 법고法古를 통해 창신創新을 기약하지만 귀착지는 여전히 알 수 없는 영역이다. 머물지 않겠다는 다짐이 핍진한 사유와 명랑한 희망으로 작동할 수 있기를 바랄 뿐이다. 천진교에서 두견의 울음을 듣던 소옹의 마음을 늦은 가을에 반추한다.

2012년 11월 15일
무등산을 바라보며
김경호

◈ 차례

책머리에 _ 동양적 사유는 어떻게 탄생했는가 004

1장 풀이하는 글 013

    1 현대 일상어 속의 이기 015

    2 이와 기의 기본 의미 023

    3 성리학적 이기 개념의 탄생 029

    4 성리학적 이와 기 개념의 유통 039

    5 이기의 현대적 활용 가능성 069

2장 원전과 함께 읽는 이기 075

    01 단계 _ 성리학적 이기 개념의 원형적 이미지 077

    02 단계 _ 북송 시기의 이기 093

03단계 _ 태극도설과 주희 140

04단계 _ 주희와 이기 159

05단계 _ 조선 초기 성리학의 이기 개념 189

06단계 _ 서경덕의 기론과 이언적의 이론 211

07단계 _ 이황의 이기 229

08단계 _ 이이의 이기 275

09단계 _ 퇴계학파의 이기 305

10단계 _ 율곡학파의 이기 342

11단계 _ 이기 개념에 대한 새로운 사유 381

3장 원문 405

1장
풀이하는 글

理気

1. 현대 일상어 속의 이기

순리와 객기

"제발 객기 부리지 마."
"순리대로 살아."

 일상적으로 우리는 이 말을 사용한다. 우리 중 누군가는 다른 사람에게서 이 말을 들었을 수도 있다. 또 누군가에게 이 말을 할 수 있을 것이다. 이 말을 듣는 당사자의 감정과 기분은 어떨까? 아마도 별로 유쾌하지 않을 듯하다. 왜냐하면 "객기 부리지 마"라는 말은 주로 부정적인 상황에 쓰이기 때문이다. 특정 상황에서 비정상적으로 혈기가 왕성해 적절한 판단을 내리지 못하고 행동할 때 '객기 부리지 마'라는 말이 쓰인다. 부적절한 행위에 대한 일종의 비난과 제어의 형태다. 그리고 '순리대로 살아'라는 말이 덧붙여질 경우, 상황에 대한 합리적 판단을 통해 긍정적인 사고와 행위를 권유하게 된다.

이처럼 객기에는 부정적 금지의 의미가 담겨 있고, 순리에는 긍정적 청유의 의미가 부가되어 있다. '순리'와 '객기'를 포함하고 있는 두 문장을 우리는 당연하게 긍정과 부정의 의미로 받아들인다. 여기서 '당연하다'는 것은 통속적인 상식의 수준에서 언어 사용자들이 이 말의 용법에 대해 공유하는 지점이 있다는 것을 의미한다. 그 공유의 지점이 '의미화 과정'이다.

그렇다면 '순리대로 사는 것'과 '객기 부리는 것'은 어떤 의미화 과정을 거친 것일까? 어떠한 과정을 통해서 우리의 일상어로 정착된 것일까? 객기는 왜 조절·통제되어야 할 부정적인 것으로 되었을까? 순리는 어째서 긍정적으로 평가될까?

순리와 객기에는 우리가 자각하고 있지는 않지만 가치 개념이 포함되어 있다. 전통 시대에 규정되었던 가치 관념이 내재해 있다는 말이다. 두 개념엔 예전 성리학에서 사용되었던 '이'와 '기'라고 하는 가치가 포함되어 있다. 지금은 '단종된' 성리학의 가치 개념이 오늘날 일상언어에서 작동하고 있다. 다만 의식적으로 인식하지 못할 뿐이다.

순리는 순順과 이理가 결합된 조어다. '이'는 개별적 경험이 보편적 의미로 추상화된 '이치' 혹은 '법칙' '도리' '규범' '질서' 등을 나타낸다. 순은 유순하다는 의미도 있지만 여기서는 거스르지 않고 '따른다' '그대로 응한다'는 의미를 갖는다. 따라서 순리라고 할 때는 이미 보편적 의미를 획득한 법칙이나 마땅히 사람으로서 행해야 할 도리와 같은 가치(도덕)인 '이'를 그대로 따르거나 그에 응한다는 것을 뜻한다.

'이'를 자연이라고 할 경우, 자연의 흐름에 그대로 따르는 것이 순리다.

순리는 대체로 긍정적으로 받아들여진다. 부정적으로 인식하는 사람은 많지 않다. 그래서 옛사람들은 "순리하면 여유로울 수 있다順理則裕"고 가르쳤다. 그 반대가 욕심을 따른 것이다. 이렇게 보면 순리는 가장 단순한 듯하지만 속내를 들여다보면 유가철학에서도 가장 근본적인 가르침인 '이에 따르는 삶'을 제시한다. '순리'는 자연적 원리에 기초한 엄중한 삶의 도리를 말한다. 순리는 성리학의 기초를 형성하던 시기에 정호程顥(1032~1085)와 정이程頤(1033~1107) 형제가 많이 사용하던 북송시대(960~1127) 도학의 핵심 키워드다.

객기는 객客과 기氣가 결합된 한자어다. 객은 외부에서 내부로 들어오는 어떤 것이다. 이를테면 타지에서 온 사람을 '객'이라고 하는 것과 같다. 객은 낯선 외부로부터 안정적인 내부로 들어온 손님이다. 기는 감각할 수 있고, 감지할 수 있지만 형상을 확인하기 어려운 유동적이고 가변적인 에너지의 흐름과 같다. 호흡이나 신체작용 혹은 운기와 같은 기상 현상을 지시해주는 추상적 개념이다. 형상을 확인할 수 없지만 '존재하는 어떤 것'인 기에 가시적인 형체성을 부여해주는 것이 객이다. 가변적이고 변화무쌍한 기와 '익숙하지 않은 낯선 손님'을 의미하는 객이 결합해 객기라는 개념이 만들어진다. 그래서 객기는 '낯선 기운'이라는 의미가 된다.

객기 개념의 계보를 따져본다면, 그 시원은 북송시대 도학 계열 학자였던 장재張載(1020~1077)에 닿아 있다. 장재는 기가 모이고 흩어져 변화하는 것을 '객형客形'이라고 개념화한다. 태허의 기가 현상계의 기로 변형되는 것을 '객형'이라 한 것이다. 객형이 가치판단의 대상은 아니지만, 객형 이전의 상태와 비교한다면 상대적으로 불안정하고 가변적인 것은 사실이다.

기가 이와 이항대립하는 상대적인 짝 개념으로 발전하면서 기에는 평가적인 관점이 개입된다. 이에 비하여 상대적으로 열등하게 평가되는 것이다. 객기도 그러한 인식에서 파생된 개념이다. 기 자체는 선악을 나눌 수 없음에도 가치판단을 개입시킨다. 객기는 내 몸에 불안정한 기운을 형성해 적절하지 않은 감정 상태나 판단을 유도하는 것으로 인식된다. 그렇기에 이와 기를 짝 개념으로 상정하는 성리학적 관점에서 객기는 부정적으로 받아들여진다.

오늘날에 우리가 '객기 부리지 마라'라고 할 때, 그 '객기'는 성리학적 전통에서 형성된 기 관념에 기초한다. 객기는 상황에 적절하지 않은 허세나 만용이며, 조절되고 통제되어야 할 것으로 인식된다. 객기는 구체적인 행위와 결부되기 때문에 겉으로 드러내기 전에 순리에 의해 대체되어야 할 것으로 본다.

성리학은 이미 단종되고, 유학은 그 명맥만 잇고 있는 오늘의 현실에서 '이'와 '기' 개념이 일상적으로 사용된다는 것을 어떻게 이해해야 할까? 앞서 살펴본 것처럼, 우리는 '이' '기' 개념을 의식하지 않고도 '순리'와 '객기'를 포함하는 문장을 만들어 쓴다. 그럼에도 의사소통하는 데 아무런 지장이 없다. 그 개념을 정확하게 알지 못하더라도 이미 몸에 체화되어 있다는 것을 의미한다.

순리와 객기처럼 한국인의 일상 대화에서 이와 기는 관용적인 표현으로 많이 쓰인다. '이'는 "그럴 리가 없다" "자네가 모르는 일을 낸들 알 리 있나?" 등과 같이 쓰인다. 기는 더 다양하게 사용된다. "기가 막히는 일"을 당하면 "기가 차서 말이 나오지 않는다" "기를 쓰고 공부해 좋은 성적을 올렸다" "그는 비록 가난하지만 기를 펴고 당당하게 행동한다" 등과 같은 식이다.

　엄밀하게 말한다면, '이'와 '기'는 전통 시대에 사용되었던 용어이지만 현대 한국어에서 사용되고 있고, 현대 중국어에서도 쓰이고 있는 한자다. 중국어로는 理[li]와 氣[qi]로 발음된다. 그러나 우리말의 관용적 표현처럼 '이'와 '기'가 한글인지, 아니면 한자어인지 구별하면서 쓰는 사람은 많지 않다. 관용적 표현이 언제부터 습관적으로 사용되어온 것인지는 명확하지 않지만, 이것이 한글이든 한자든 구별하지 않아도 그 의미를 이해한다.

　우리는 흔히 어떤 곤혹스런 상황에 부딪힐 때 곧잘 '과연 그럴 리가 있을까?' 혹은 '기가 막혀서 말이 안 나온다' 등과 같은 표현을 쓴다. '과연 그럴 리가 있을까?'라고 했을 때 '리'는 한자어로 '이(리)理'이고, 의존명사로 분류된다. 이때 '이'는 문맥에 따라 '까닭'이나 '경우' '도리'의 의미를 나타낸다. 그리고 이는 단독으로 쓰일 때, 의존명사로 쓰일 때의 뜻을 포함해 '이치' '원리' '법칙' '질서'를 의미한다. 순리는 이러한 경우에 사용된다. '기가 막혀서 말이 안 나온다'의 '기'도 한자어로 '기氣'이고, 명사로 분류된다. 이 '기氣'는 문맥에 따라 상황에 대한 반응을 나타내거나 일종의 기운이나 '힘' '호흡'을 의미하기도 한다. 이처럼 '이'와 '기'는 중국 한자어가 한국 한자어, 곧 한국어로 착근된 사례라고 할 수 있다.

　그렇다면, 이렇듯 이와 기가 한자임에도 불구하고 일상의 한국에서 관용적 표현으로 쓰이는 근거는 어디에 있을까? 어째서 '이'는 '까닭' '경우' '도리' '이치' '원리' '법칙' '질서'를 뜻하는 개념어로 정착되고, 기는 어째서 '기운'이나 '힘' '호흡'을 뜻하는 개념어로 자리잡게 되었을까? 이러한 이와 기의 의미가 한국어의 일상적 표현으로 자리하고 있다는 것은 철학적으로 어떠한 의미를 갖는 것일까?

이를 확인하기 위해서는 '이'와 '기'에 대한 전통적인 용법과 그 개념의 의미망을 구축하고 있는 철학적 사유를 확인해야 한다. 그리고 그러한 철학적 사유가 현재 우리가 사는 현실과 삶의 태도에 어떠한 영향을 미치고 있는가도 확인해야 한다.

우리 사회에서 '이'와 '기'는 일상적으로 통용되지만, 불행하게도 철학적 개념으로서 '이'와 '기'는 현대적 용어로 번역되어 있지 않다. 그 의미가 다의적이면서 동시에 함축적이기 때문이다. 그래서 이와 기는 서양의 용어로 번역하기도 쉽지 않다. '이'를 서양철학의 개념과 유비하여 플라톤의 형상form이나 이데아idea 혹은 보편universal 등과 같은 용어로 번역하기도 한다. 그러나 이러한 번역어는 매우 제한적일 뿐이다. 이 개념이 갖고 있는 중의적 의미를 특정한 번역어가 포괄할 수는 없기 때문이다.

기도 마찬가지다. 기는 에테르ether로 번역되곤 하였는데, 에테르는 파동을 전파하는 매질로 생각되었던 가상적인 물질에 불과하다. 더구나 에테르의 존재는 과학적으로 완전히 부정되었기 때문에 이제는 에테르로 번역할 수도 없다. 경우에 따라 기는 질료matter(hylē)로 번역되기도 한다. 질료는 아리스토텔레스의 형상eidos에 대응하는 개념인데, 이것은 단지 고도로 응축되어 있는 재료라는 점에서 기의 한 특성을 반영한다. 질료는 '활성이 없는 기'에 불과하다. 기는 확장되고 수축하며, 움직임이면서 고요함이며, 열림이고 닫힘이다. 활성적이라는 점에서 기는 자기운동성self-moving이 있는 에너지다. 질료적이면서도 활성화되어 있고 동시에 에너지와 같은 것을 함축하는 용어가 과연 존재할 수 있을까?

이와 기의 중의적이며 다양한 의미 양상은 오래되고 누적된 사유의 결과를 반영한다. 그렇기에 현대어로 번역해 이해하는 데는 한계가 있다. 오늘날 우리가 단음절 한자어인 이와 기를 일상적으로 사용하면서도 그 의미를 적확하게 이해할 수 없는 이유도 거기에 있다.

현재 철학적 개념으로서의 '이'와 '기'는 오래된 전적과 동양철학 전공자의 저술에서나 찾아볼 수 있다. 이와 기를 철학적 개념뿐만 아니라 일상적 삶을 규율하는 실천적 가치로 설정하고 있는 유학이 비록 현대의 분과학문으로 존속하고 있지만, 그것은 이미 낡은 전통으로 치부되고 있다. 이러한 상황에서 '이'와 '기'의 의미를 조명한다는 것은 어떤 의미가 있는 것일까?

굳이 전통 학문, 특히 유학적 사유에 포함된 '이'와 '기'의 의미를 현재화해야 한다고 주장하고 싶지 않다. 응당 학문은 시대의 요구에 좇아서 응해야 하며 시대를 비판적으로 조망하고 성찰의 단서를 제공해야 한다. '이'와 '기' 개념을 핵심으로 하는 유학, 특히 성리학은 그러한 점에서 근현대 동아시아 사회에서 적절한 대응을 하지 못했다. 서구 사회의 실용적인 학문과 산업화의 조류에서 변신하지 못한 유학은 그래서 이미 낡은 학문으로, 과거의 유산으로 대중의 관심 영역에서 밀려났다. 그렇지만 현재에 유용하지 않다고 해서, 그것이 갖고 있는 의미와 가치, 사유 체계까지 폐기되어야 할 것은 아니다.

필자는 이 글을 통해 이와 기 개념을 중심으로 사유하고 움직였던 사람들의 궤적을 살펴보고자 한다. 그러한 과정에서 '이' '기' 개념이 어떻게 의미망을 형성하게 되었는지도 드러날 것이다. 아울러 이와 같은 개념의 유통 과정을 통해 전통 시대의 지식인들이 추구했던 삶의 한 국면을 만날 수 있기를 기대한다.

2. 이와 기의 기본 의미

'이'와 '기'는 사실 매우 추상적인 개념이다. 경험적 세계의 일상 언어에서 철학적 개념으로 자리 잡는 과정은 개념적 사유와 철학적 체계의 성립과 연관된다.

현대 한국어 사전에서는 이理를 "원래 옥玉에 나타나는 무늬를 가리켰는데, 나중에 철학적 개념으로 발전하여 '사물에 내재하는 원리' '우주의 근본이 되는 도리' 따위를 지칭하게 되었고, 특히 성리학에서는 사물의 질료적 측면을 기氣라 하고 원리적 측면을 이理라 한다"고 정의하고 있다. 기에 대해서는 "동양철학에서 만물 생성의 근원이 되는 힘"으로 "이에 대응되는 것으로 물질적인 바탕"을 이룬다고 정의한다. 이러한 이와 기에 대한 풀이가 잘못되었다고 할 수 없지만, 그렇다고 꼭 정답은 아니다. 이와 기를 이처럼 사전적 풀이로 다루기에는 두 개념이 갖는 함의와 철학사적 지반이 무척 광범위하기 때문이다.

그럼 먼저 이와 기의 원형적인 의미를 『설문해자說文解字』를 중심으로 살펴보자. '이' 자는 형성자다. 『설문해자』에서는 이理가 옥玉의 뜻과 이里의 소리를 따른다면서 "옥을 다듬다治玉也"라고 풀이한다. '옥' 자는 갑골문에서부터 보이는데, 이 갑골문에 표현된 옥은 구슬을 가지런히 줄로 꿴 형상玊으로 표현되어 있다. 갑골문에 옥이 등장한다는 것은 고대 중국인들이 옥을 대단히 귀중하게 여겼음을 의미한다. 옥은 결이 고우면서도 단단하고 투명해 중국인들은 주술적인 힘을 갖는 신비한 돌로 인식했다. 따라서 옥을 가공하여 몸에 지니거나 갈아서 그 가루를 마시기도 했다. 이렇듯 귀중하게 여긴 옥을 원석에서 무늬결을 따라서 '자르고 쫀다'는 것은 대단히 세밀하고 예민한 감각을 필요로 하는 일이었다. 거친 원석을 일정한 문양 혹은 결[이치]에 따라 정교하게 다듬어 아름다운 옥을 만든다는 것을 형상화한 한자인 '이理'는 이렇게 발명되었다.

　물리적 세계에서 본다면 '옥돌'은 일개 돌에 불과하지만, 그러한 대상이 일정한 의미와 가치를 획득하는 과정은 계기적 순간을 필요로 한다. 그냥 있는 존재가 아니라 관계를 맺는 특별한 시간이 필요하다. 대상과 주체가 접속하는 획기적인 사건은 둘 사이에 상호 변형을 일으킨다. 범상한 경험적 대상이었던 '옥돌'이 현실에서 보지 못했던 새로운 '옥'으로 변형되는 과정은 대상을 바라보는 사람들의 의식 또한 변형시킨다는 것이다. 변형된 의식에서 대상의 사실성은 추상적 영역으로 확장된다. 옥의 아름다움은 새롭게 탄생한 '아름다운 옥' 그 자체에 한정되는 것이 아니라 옥을 '생산하는 과정'까지도 의미를 구성하는 행위로 간주된다. 그래서 이러한 '옥을 만드는 과정'의 특별함은 '이'라는 한자에 투영되어 이 개념의 확장을 가져온다. 처음에 옥을 '다듬는다' '다스린다'는 뜻을 지녔던 '이'는 바르지 않은 것을 바르게 한다는 '정正'의 의미를 포함하고, 관계의 영역을 조절하는 정당함이라는 의미에서 '도리道理'라는 의미를 갖게 되며, 이외에도 문리文理와 조리條理를 뜻하는 것으로 그 의미망이 확장된다.

'기氣'는 구름 모양을 본뜬 상형자다. 기 자의 원형은 갑골문에서 보인다. 갑골문에 보이는 기는 세 가닥의 구름이 하늘에 퍼져 있는 형상三이다. 『설문해자』에서는 기의 옛 형태를 땅에서 수증기가 올라가 구름이 된 형상[气]으로 보았고, 기气를 부수로 하는 한자는 모두 기气의 의미를 따른다고 설명하고 있다. 또한 기를 구름의 기운인 운기雲气라는 뜻으로 삼은 이후 '희餼' 자가 만들어지면서, 곡식을 먹은 뒤 얻는 기운이라는 뜻으로 '기气'와 '미米'가 결합된 기氣가 나타났다고 설명한다. 『설문해자』에서는 기를 "손님에게 보내는 말먹이나 쌀饋客芻米也"이라고 풀이한다.

기 개념의 원형적 이미지는 고대 갑골문에서 보이는 구름의 변화와 같은 대기의 상태를 말해준다. 인간의 인지적 능력과 신체적 영역에서 범접할 수 없는 자연현상은 그 자체로 경이로움이었다. 특히 '기' 자를 발명했던 고대 중국인들은 황하를 중심으로 하는 강가에서 농사를 지었던 사람들이었기에, 이들에게 자연현상은 농작물의 수확과 관련되는 삶의 문제였다. 자연은 축복이자 두려움과 경외의 대상이었고 주의 깊게 관찰해야 할 대상이기도 했다. 관찰은 생산된 경험의 기억으로 누적되고 축적된 기억은 가공을 거쳐 공유되고 유통된다. 이 과정에서 거북 등껍질에 새겨진 갑골문과 같은 초기의 문자들이 출현한다.

초기 갑골문에 '수증기가 올라가는 형상'의 기气가 등장하는 것은 인간의 생존을 위한 자연현상의 관찰과 같은 일련의 과정을 보여준다. 황하 주변에서 농사를 지었던 사람들은 사위가 보이지 않을 만큼 짙은 물안개가 태양이 떠오르자 하늘로 올라가는 현상을 보고 무슨 생각을 했을까? 태양의 열기를 담은 수증기가 대기로 퍼져가는 현상은 특별한 '움직임'이었을 것이다. 이들은 강가의 물안개가 열기를 담은 수증기가 되어 하늘로 올라가는 그러한 '자연의 흐름'을 기氣로 포착하고, 그것과 관련된 개념을 확장한다. 경험적 관찰로 수증기를 파악한 인간은 직접적 관찰이 불가능한 구름의 형성 과정까지 추론한다. 운기雲氣 개념은 이렇게 만들어졌다. 구름의 형성과 같은 자연현상이 인간의 신체적 활동에 적용되어 오늘날 우리가 사용하는 글자가 기운 '기氣' 자다. 기는 이처럼 직접적인 자연현상의 변화를 보여주는 기체氣體나 기상氣象과 같은 의미뿐만 아니라 생기生氣나 기식氣息 혹은 기세氣勢나 지기志氣 등과 같은 인간의 육체적·정신적 변화 양상까지 포괄한다. 아울러 보이지 않는 기를 가시적으로 드러내는 기器의 의미를 포함한다.

이처럼 출현할 때 '물'과 '뜨거움'이 결합되었던 이 글자의 개념은 형체를 제대로 분간할 수 없는 '흐름'으로 '궤적'과 같은 것이었다. 가시적이면서도 비가시적인 궤적은 '흔적'을 남기고 대기의 움직임과 같은 변화운동을 가리키는 개념으로 자리잡게 된다.

『설문해자』를 통해 확인할 수 있는 이와 기의 원형적 의미는 기본적으로 인간이 일상적으로 마주치는 경험적 세계에 근거하고 있다는 점이 주목된다. 옥의 무늬 결에 따라 돌을 다듬는 구체적인 행위를 표현한 이는 문리나 조리, 도리 등의 새로운 추상적 개념으로 뻗어나가고, 수증기가 구름으로 변화하는 대기의 형상을 표현한 기는 음식을 먹어 발생하는 기운과 같은 추상적 의미가 덧보태져 개념을 확장하고 있다.

　구체적인 경험세계의 사실로부터 의미망을 확장하는 이러한 사유 방식은 사물의 본질에 대한 관심보다는 인간과 대상의 관계에서 비롯되는 '기능'에 초점을 맞추고 있다. 이러한 '관계성'에 대한 관심은 유가철학적 사유의 근간을 이루고 있는 『주역』에 잘 반영되어 있다.

　『주역』에는 이나 기가 보이지 않고 주로 도道라는 용어가 등장한다. 도는 사람이 마땅히 따라야 할 길이나 방법 혹은 이치를 상징하는 의미로 사용된다. 이와 기 개념은 『주역』을 해석하고 있는 「십익十翼」에서 비로소 보인다. 여기서 이는 도와 동의어로 쓰여 사람이 일상적으로 따라야 할 도리나 이치를 의미하고, 기는 음陰과 양陽의 성질을 갖는 기운으로 설명된다.

　『주역』「계사전」에서는 음양의 상호 의존적 관계로 만물이 형성되고, 이러한 '만물을 형성할 수 있는 기능의 직접적 근거가 곧 도一陰一陽之謂道' 혹은 '천하의 이치天下之理'로 표현된다. 그리고 그러한 도와 이치를 따르는 것이 '올바른 가치繼之者善'이며 그러한 이치가 '내면화되는 것이 인간의 성품을 이루는 것이다成之者性'라고 한다. 한편 「계사전」에서는 "형이상자를 도라 하고, 형이하자를 기라고 한다形而上者謂之道, 形而下者謂之器"고 하여 형이상으로서의 도道와 형이하로서의 기器를 구분한다. 퇴계 이황은 제자 이굉중李宏中에게 보내는 편지에서, 도는 형상이 있는 사물처럼 형체와 그림자를 말할 수 없음에도 이치를 갖추었기에 '형이상'이요, 기器는 형상이 있어 형체와 그림자를 말할 수 있으면서 천지 사방에 가득 찬 것이기 때문에 '형이하'라고 설명한다. 그러나 이 도와 기는 상호 의존적이다. 왜냐하면 도는 기와 분리되어 있는 것이 아니요, 기도 도를 떠나 있는 것이 아니기 때문이다. 이렇게 본다면 『주역』에서 쓰이는 도 혹은 이라는 용어는 사물의 본질에 관한 개념이 아니라 인간이 거주하는 세계의 생성과 변화를 추동하는 근거를 나타내는 개념이고, 기氣는 현상세계의 구체적 사물을 구성하는 질료적인 것이면서 비가시적인 기운을 나타내는 개념이다.

도가에서는 도와 기 개념이 주로 사용된다. 유가에서 제시하고 있는 도 혹은 이의 개념이 사물의 본질보다는 관계의 기능적 근거나 윤리적 정당성을 지칭한다면, 도가에서 제기하는 도는 보다 근원적인 실체성을 나타낸다. 노자적 사유에 따르면 도는 근원적 실체로서 일자一者이고, 이 일자인 도로부터 음양과 같은 기가 파생되며, 만물이 구성된다. 도는 만물의 생성과 변화의 원천이며 원리성이기도 하다는 점에서 형이상학적 실체와 같은 것으로 간주되고, 기는 사물세계의 구성적 요소와 같은 것으로 이해된다. 이러한 점에서 도가는 근원적 실체로서의 도를 개념화하고, 기론을 중심으로 현상세계를 설명하는 방식을 취하고 있다. 도가적 사유 체계에서 보이는 현상세계 근거로서의 도와 현상을 구성하는 기 개념은 위진현학과 수·당 시기를 거치면서 불교적 형이상학과 조응하여 좀 더 추상적인 개념으로 발전한다.

단음절 한자어인 이와 도, 그리고 기는 고대 중국의 문화와 사상을 배경으로 다양한 사유 체계와 만나면서 그 의미망이 넓어지고 깊어진다. 이러한 과정은 곧 인간이 살아가고 있는 세계의 의미를 발견하는 과정이라고 할 수 있다. 켜켜이 쌓인 시간의 지층에서 분리되어 이와 기가 '철학적 짝 개념'으로 등장하는 것은 송대 이후부터다.

3. 성리학적 이기 개념의 탄생

성리학적 사유의 원천

성리학의 이기 개념이 탄생하기 전에도 유가철학 안에는 그것을 뒷받침할 수 있는 사유 형태가 나타난다. 그러한 원형성은 '하늘-공간'의 이미지에 담겨 있다. 공간과 관련한 사유의 발명과 변형은 복수적인 공간과 다층적인 사유를 탄생하게 했다. 선진 시기에 형성된 '하늘-공간' 곧 인간이 거주하는 자연 공간에 대한 사유는 기원전 1046년에서 기원전 599년에 걸쳐 성립된 『시경』의 '천생증민天生蒸民'이나 '연비어약鳶飛魚躍'에서 발견된다.

'천생증민'은 '하늘이 백성을 낳았다'는 뜻이다. 이것은 하늘이라고 은유된 존재의 시원이 있고, 그러한 '있음'의 존재로부터 인간뿐만 아니라 모든 사물세계가 구성된다는 것이다. 하늘에 근원을 둔 모든 존재는 그러므로 하늘의 법칙성과 원리를 그대로 본받았다고 보는 것이다. 인간은 그러한 법칙성과 원리를 자신의 본질로 하기 때문에 도덕적이고 윤리적인 삶의 가능성과 당위성을 안고 있는 존재다. 이처럼 유가철학에서 하늘은 도덕과 삶의 근간이었다. 왕도정치의 이상을 실현하기 위한 '천명사상天命思想'도 하늘에서 기원했고, 그와 같은 천명이 또한 바뀌기도 한다는 '천명미상天命靡常'의 사유도 하늘에 근거를 두고 있다.

'하늘-공간'에 대한 새로운 발견은 공간의 성질이 끊임없이 창조되고, 그러한 공간은 시점의 변경에 따라 그 공간의 연속성에 따라 구성된다는 점을 시사한다. 그리고 그러한 공간에 대한 사유는 우리 몸과 분리되어 있지 않다는 점이 중요하다. 비록 광활한 우주의 공간을 논한다 하더라도 그것은 우리의 상상력이 물리적 세계를 재구성한다는 점이며, 마찬가지로 미세한 마이크로의 세계를 다룬다 하더라도 그것은 우리의 경험적 연속성에서 파악될 수밖에 없다. 스티븐 컨Stephen Kern은 『시간과 공간의 문화사The culture of time and space』를 통해서 이러한 관점을 잘 보여주고 있다.

용감하고 과단성 있는 새로운 사고가 광범위하게 유포될 가능성은 경험의 질과 연관된다. 새로운 공간은 기존에 없었던 공간이 발명되었다기보다는 '공간의 재발견' 과정을 통해 탄생되고 경험된다. 에른스트 마흐Ernst Mach는 "우리의 공간 관념들은 생리 구조에 뿌리를 두고 있다"고 말한다. 이미 있어왔던 '하늘-공간'에 대한 생리 구조에 뿌리를 둔 관념은 시대의 삶에 따라 새로운 공간으로 재정위되고, 그 과정은 삶의 양식과 사유에 광범위한 영향을 미치게 된다. 신체화된 경험과 그 신체의 확장된 영역으로부터 대상과 공간이 구성되며, 그렇게 구성된 세계라는 공간이 우리가 살아 숨 쉬고 있는 여기며 저기고, 보이지 않는 '여기-저기 너머'다. 우리가 현재 파악할 수 있는 공간은 우리의 감각과 인식적 한계에 따라 제한되고 있지만, 그러한 '공간'은 '신체의 확장된 영역'이라고 할 수 있다.

유가철학은 '신체의 확장된 영역'으로서 공간을 인간의 실존 영역과 분리시키지 않는다. 바로 우리 몸은 의식으로서의 세계와 관찰 가능한 대상세계로서의 자연과 연결되어 있다고 본다. 몸을 기반으로 한 우리의 의식은 우주만물에 확대된다. 마음은 인간에게만 적용되는 것이 아니라 천지에도 적용된다. 천지만물을 낳는 '천지생물지심天地生物之心'이 바로 그러한 예다.

확장된 공간과의 접속은 경험적으로 익숙한 방식에서 그 실마리를 찾게 된다. 그렇기에 '여기-저기'를 연결할 수 있는 매개를 찾는 과정은 추상적이고 관념적이기보다는 구체적인 경험적 세계에서 구하고자 한다. 경험적 매개를 발견하는 과정은 결국 공간에 대한 상상적 구획과 개념적 은유conceptual metaphor의 방식으로 구체화된다. 마치 보이지 않는 '시간'을 '흐르는 물'에 대한 은유를 통해 포착해내는 것과 같다. 이러한 은유의 근간을 이루는 것을 뿌리은유root-metaphor라고 한다. 인간의 인지능력으로 포착할 수 없는 틈/사이/경계를 은유를 통해 경험적으로 연속시키고 혼성하면서 의미를 발견해내는 것이다. 윌리엄 제임스William James가 말하는 것처럼 '경험의 공유'는 관계적 양식을 확대하고 삶의 세계를 풍성하게 만들어준다. 공유의 지점에서 의미망은 구축되는 것이다.

'하늘-공간'에 대한 원형적 사유는 『시경』의 '연비어약'에서도 확인된다. '연비어약'은 단순한 시가(노래)지만 여기에는 고대인들의 개념화되지 않은 우주자연의 질서와 법칙 그리고 존재의 당위성에 관한 사유가 담겨 있다. 이 부분을 현대 영미철학의 한 흐름을 형성하고 있는 체험주의

experimentalism의 관점에서 들여다보자.

"솔개가 날고 물고기가 뛴다"는 의미의 '연비어약'은 애초에 덕이 백성들에게까지 미치고 있다는 것을 칭송하는 노래라는 점을 염두에 두어야 한다. 사실 솔개와 물고기를 통해 '하늘'과 '연못'이라는 대비적인 공간을 노래한 『시경』의 사람들은 생각하지 못했을 터지만, 여기에는 매우 기본적인 영상 도식image schema이 적용되고 있다. 이들은 상하 구도의 도식과 공간의 개방성과 폐쇄성을 활용해 자신들이 상상한 의미를 은유적으로 표현하고 있다.

자연이라는 단일한 전체 공간을 염두에 둔다면 하늘이나 연못은 자연의 일부라는 점에서 구분되지 않고 형태적으로 닮아 있다. 그러나 단일한 공간을 분할해보면, 하늘은 위에 있고 연못은 아래에 위치하며, 하늘은 툭 터진 개방된 열린 공간이고 연못은 제한된 닫힌 공간이다. 연비어약에는 이처럼 상하의 수직적 거리와 열린 공간과 닫힌 공간이라는 두 구도가 적용된다. 하늘과 연못으로 이원화된 상하 공간의 수직적 거리와 열린 하늘과 닫힌 연못이라는 공간의 개폐성은 은유적으로 개념화되어 개념적 은유의 형태를 띤다.

상하 구도는 인간이 접하는 시선의 경험적 높이, 곧 신체에서 눈의 위치를 기준으로 설정된다. 자신의 눈으로 바라본 시선보다 높으면 위로, 낮으면 아래로 인식하는 것이다. 이러한 상하의 인지적 구도에서는 위계와 가치가 파생된다. 이를테면 높은 것은 숭고하고 낮은 것은 저열하다거나, 높은 것은 신분적으로 고귀하고 낮은 것은 신분적으로 평범하다는 것과 같은 개념적 은유가 포함된다. 마찬가지로 열린 공간과 닫힌 공간의 구도는 경험적 세계 인식의 인지적 구도와 직결된다. 열린 공간이 주는 광막함은 알 수 없는 공간의 넓이와 깊이로 인해 비가시적인 확장된 존재를 상상하게 하는 반면, 닫힌 공간에서는 공간을 축소함으로써 가시적이고 고정적인 존재를 경험 속에 압축해 현실화한다. 따라서 열린 하늘 공간에는 쉽사리 파악될 수 없는 비가시적인 존재가 상상되고, 닫힌 연못 공간에는 구체적인 사물로서의 존재가 경험적으로 인지된다.

그러나 상하 수직적 거리와 개방성·폐쇄성이 주는 공간의 질성은 경험 당사자에게 무의식적으로 주어진다. 왜냐하면 우리가 제한된 공간으로서의 연못이나 낮은 곳에 대비되는 열린 공간으로서의 높은 하늘을 바라볼 때 해방감이나 경외감을 느끼는 것은 이미 신체적 특성과 연결되어 있고, 또한 신체적 특성이 반영된 인지적 구도에 의해서 만들어지기 때문이다.

개념적 은유의 관점에서 연비어약을 파악할 경우, 시적 언어가 전달해주는 의미를 적어도 자의적으로 왜곡하지 않고 이해할 수 있는 가능성을 제공해준다. 다시 말하면 인간이 범접할 수 없는 절대적 경지라든가 혹은 초월적 상태라는 막연한 추론의 제시가 아니라 그와 같은 해석이 가능한 근거를 제시할 수 있다는 점이다. 성리학을 포함하는 유가철학의 사유 영역에는 연비어약과 같은 은유적 표현 방식이 대단히 많다. 이황의 '이발理發'도 그러한 유형이다. 따라서 은유적 방식으로 표현된 텍스트를 개념적 은유과정으로 이해하는 것은 기존의 관습적 이해 방식과는 다른 의미의 발견을 유도할 수 있다. 막연한 느낌으로만 받아들여졌던 사실들을 경험적으로 타당한 설명을 통해 이해할 가능성을 제공한다는 장점이 있다. 이것은 의미 파악의 자의성을 최소화하는 것이기도 하다.

'공간-시간'의 상호적 관계성에 대한 사유의 원형성은 『논어』의 '요산요수樂山樂水'에서도 찾을 수 있다. '요산요수'로 은유된 공자의 '공간-시간'에 대한 사유 방식에는 가시적으로 보이는 자연세계의 변화와 그 배후의 원리성이 있다는 것, 그리고 움직이는 것과 움직이지 않는 것이 서로 의존적으로 존재한다는 원형적 사유가 담겨 있다. 바로 있음의 세계상에서 변화를 추동하는 원리성을 발견해내려는 사유 방식이다. 그러한 원리성은 인간의 내면적 힘이기도 하다. 그래서 조선시대 유학자 이이는 산과 물을 좋아한다는 것은 단지 맑은 물이 흐르고 높이 솟은 산의 풍경만을 좋아하는 것이 아니라는 점을 분명히 한다. 눈에 보이는 풍경 너머에 존재하는 풍경의 본질과 나의 내면이 접속하기 때문에 좋아하는 것이라고 한다. 물과 산이 동정하는 본질과 내가 만나는 접점에서, 대상과 나, 내외의 이理는 '하나가 되는 것與一'이다. 따라서 이이는 여일할 수 있는 것이 가능하려면 산수를 통해 우리의 기를 제대로 길러야 한다고 주문한다.

유가철학에 내재되어 있는 존재의 근원에 대한 사유 방식은 명시적으로 현상의 근거로서 본체나 본질을 언급하고 있지는 않다. 그리고 그러한 사유를 철학적 개념어로 정립하고 있지는 못하다. 적어도 북송대 이전까지는 말이다. 북송대에 이르러서야 비로소 이러한 사유는 이와 기 개념을 통해 구체적인 철학 이론으로 등장한다.

성리학적 이기 개념의 발명

북송대 도학자들은 경험적 세계의 다양성을 이와 기가 갖는 문자적 의미에 부여하고, 이러한 개념을 자신들의 삶에 기반하여 추상화한다. 그래서 이들은 사물의 질료적 개념으로서의 기 개념을 만들어내고, 원리와 법칙으로서의 이 개념을 만들어낸다.

송대 이전까지 이는 주로 우주자연이 변화 운동하는 근거나 윤리적 행위의 마땅함 등과 같은 개념으로 쓰였다. 그러나 송대에 들어와 이는 도와 통용되면서 '천리天理'라는 용어로 특화된다. 특히 송대에 이는 형이상의 실체로 근원적이며 영속적인 것permanence인 반면, 기는 형이하의 현상적 세계를 구성하는 질료이자 기운으로 생멸生滅하는 비영속적인 것impermanence으로 규정된다. 가변적인 세계를 구성하는 기와 달리 이는 보편적이면서도 특수한 원리principle나 법칙law의 의미를 갖게 되고, 그와 더불어 인간사회의 당위적이고 규범적인 도덕법칙으로 등장한다. 송대에는 이처럼 이와 기가 상대적인 짝 개념으로 제시되고, 현상 사물의 근거를 해명하는 존재론뿐만 아니라 인간의 본래성에 관한 인성론의 철학적 개념으로 자리매김한다.

그렇다면 송대에 도학자들은 어째서 철학적 개념으로서 이와 기를 발명했을까? 성리학자들은 이와 기를 통해서 무엇을 사유하고 무엇을 기획했을까?

유학의 발전 단계에서 북송대는 일반적으로 신유학Neo-Confucianism이 출현한 시대 혹은 도학道學이 등장한 시대라고 불린다. 명칭에서 드러나듯이 신유학은 기존의 유학과 다른 방식의 사유 체계와 의미망이 형성되었다는 점을 지시한다. 그리고 도학의 시대라는 것은 신유학의 특징적 일면이 '도학'으로 규정될 수 있다는 것을 의미한다.

도학은 당나라 중기부터 제기된 유학의 혁신운동이 북송대에 이르러 사대부의 출현과 맞물리면서 '유가적 도'를 회복하기 위한 새로운 학문 경향을 말한다. 도학을 주창한 이들은 자신들의 도가 공맹이 주창한 인의仁義의 도덕뿐만 아니라 유가 경전에 포함된 정치제도 및 가치질서, 규범의식까지 포함하는 천리天理에 근거한 것이고, 이러한 천리는 그들의 현실에서 실현되어야 할 것, 즉 인도人道라고 인식한다. 천도와 인도가 다르지 않음을 강조하는 도학자들은 '유가적 성인의 도'를 부흥시키기 위해 고문古文운동을 전개하는 한편, 유가적 성인을 표본으로 '성인되기聖學'라는 자기 프로젝트를 실현시키기 위해 성실히 노력하는 학문 그룹이자 정치적 집단으로 성장한다.

그렇다면 신유학과 도학은 당대의 학술과 정치적 상황에서 무엇을 기획하려 했을까? 우리는 이 물음을 통해 송대 이전의 유학과는 다른 신유학의 도학적 지향의식을 확인할 수 있다.

첫째, 이 시기에 유학은 기존 유학에서 인륜도덕의 실천적 방식에 대해 논의하던 것에서 한 걸음 더 나가 그러한 도덕의 근거, 즉 규범의 도덕적 근거가 무엇인가를 묻는다. 이 물음은 규범의 정당성을 담보하는 인간의 본성, 곧 성性의 문제와 직결된다. 성선설性善說에 회의적이었던 당대의 유학자들과 달리 도학자들은 '맹자의 성선설'을 받아들인다. 맹자가 송대에 복권되는 이유는 바로 그가 성선을 주장했기 때문이다. 성의 문제를 철학적으로 탐구하는 과정은 새로운 개념 체계를 요청하는데, 그러한 과정에서 이와 기의 개념이 철학적 용어로 등장한다. 정이가 성즉리性卽理의 명제를 제안하는 것도 이러한 맥락에서다.

둘째, 북송 도학자들은 객관적 자연세계와 인간의 세계를 통일적으로 파악할 수 있는 준거가 무엇인가를 묻는다. 이는 곧 진리 파악의 문제다. 진리는 인간이 선천적으로 부여받은 것인가, 아니면 대상 세계에 존재하는가? 이 물음은 인간의 내면에 진리가 있다면 어떻게 그것을 파악할 수 있으며, 이와 달리 진리가 객관적 사물에 존재한다면, 이러한 진리를 어떻게 파악할 수 있는가에 대한 논의로 전환된다. 진리에 대한 주관주의적 기획과 객관주의적 기획은 마음의 주관성을 강조하는가 아니면 객관적인 이를 중시하는가의 문제로 나타난다. 도학자들이 내면적 덕성의 함양을 강조하면서도 동시에 격물치지에 주목하는 것은 이와 같은 이유 때문이다.

셋째, 북송대 유학은 그들의 중국적 사상과 문화의 토양에서 이단적 색채를 탈각시키기 위한 새로운 이론과 방법론이 무엇인가를 묻는다. 그들이 이단으로 여기는 것은 다름 아닌 선불교와, 나아가 그와 유사하다고 본 도교의 논리와 교설이다. 인륜적 가치질서에 기반을 둔 유학과 달리 탈속적인 도교와 인륜적 도리를 거부하는 불교는 북송 도학자들이 극복해야 할 최대의 적이었다. 따라서 신유학은 불교와 도교의 이론을 논파하기 위한 유학적 이론 틀을 이와 기에 대한 개념에서 찾아낸다.

북송대 도학은 이렇듯 새로운 물음을 제기한다. 이 물음은 성선의 논증을 통해 규범의 정당성을 확증하고, 진리의 준거에 대한 기준을 제시하며, 유가적 가치 실현을 위한 이단 논파의 필요성을 묻는다. 이러한 시대적 요청으로부터 새로운 철학적 개념이 발명된다.

유학의 전략적 방법론은 이론과 실천의 두 층위에서 추진된다. 불교와 도교적 사유가 주류를 이루던 수당 시기를 지나면서 침체된 유학을 부흥시키기 위해 유가적인 인륜도덕에 근거한 실천과 이론이 모색된다. 그러한 한 축이 도학의 발흥이고, 또 다른 한 축은 천리 개념을 통한 이 개념의 정립과 기론의 체계화다. 도학을 표방하는 새로운 유학자들은 자신들의 질문에 응답하기 위하여 유학적 고전에 대한 탐구와 새로운 학문 방법을 치열하게 모색한다. 도학자들은 당시에 유행하던 불교와 도교를 강력하게 비판하면서 유가적 가치질서를 회복하고자 했고, 기존의 훈고적 학문 탐구의 방법론을 비판하면서 유가 경전에 대한 새로운 해석을 시도한다. 유가 경전에 대한 존숭과 탐구는 송대 이전까지 평가절하되었던 『맹자』를 복권시켰으며, 『예기』의 편명에 불과했던 『대학』과 『중용』을 새롭게 발굴하는 것이 그것이다.

경전의 결집과 해석의 과정은 유가적 삶의 태도와 유학적 형이상학의 체계를 구축하면서 인성론과 존재론에 대한 새로운 이론 체계, 곧 이기론을 구축하는 계기가 되었고, 또한 이기론을 통해 불교와 도교의 '공空과 무無'에 대한 형이상학과 가치 체계를 논파할 수 있는 실천적이면서도 이론적인 근거를 마련하게 되었다.

4. 성리학적 이와 기 개념의 유통

송대 이전 시기의 이와 기

학술사적으로 볼 때, 이와 기가 유가의 철학적 개념 쌍으로 등장하는 것은 송대 이후부터다. 물론 송대 이전에도 이와 기는 일상적으로 두루 쓰였다. 그러나 이가 일상적 의미로 사용됨에 비해 기는 이른 시기부터 우주 자연의 변화와 물질적 기초를 사유하는 철학적 개념으로 등장한다. 그렇기 때문에 기에 대한 논의는 이와 비교될 수 없을 만큼 매우 자세하고, 그 내용과 범주 또한 광범위하다.

진시황이 중국을 통일(기원전 221)하기 이전인 선진先秦 시기에 등장하는 이는 기에 비해 사실 매우 제한적으로 사용된다. 철학적 개념이라기보다는 사물과 관련한 명칭이나 사람의 행위를 나타내는 용어로 쓰인다. 예를 들어 『시경』에서 '이'는 땅과 같이 구체적인 대상의 경계를 나누고 다스린다는 의미에서 치리治理로, 토지를 정리整理한다는 의미로 사용되고 있다.『좌전左傳』에서도 이는 법을 집행하는 사람이나 그 직책을 수행한다는 의미로 쓰이고 있을 뿐이다. 유가철학을 반영하고 있는『주역』에는 조리나 규율을 의미하는 '지리地理'가 사용되었고, 천지만물의 보편적 규율을 의미하는 '천하의 이'가 사용되고 있다. 이때는 자연사물의 이가 인간의 행위 영역인 사리事理까지 확장되고 있다. 아울러 천지자연과 인간의 고유한 성질을 의미하는 '성명性命의 이'가 쓰이고 있다. 이전과 달리『맹자』에서는 이를 '인의仁義라고 하는 도덕감정과 연결시킨다. 맹자는 이를 감정의 도덕적 기획과 연계하여 규범의 근거로 제기하고 있다는 점이 특별하다.『순자』는 객관적인 물리적 대상의 공통된 성질이나 총체적 법칙성을 물리物理로 제시하고, '이'는 인간의 사유를 통해 파악될 수 있는 것이라 규정한다. 아울러 순자는 사회적 질서의 기초로 '예의 이'를 사용한다.

'이'와 달리 같은 시기에 기는 경험적으로 파악되는 자연현상과 사물 구성의 근거로 다양하게 다뤄진다.『좌전』에서는 하늘이 음陰·양陽·풍風·우雨·회晦·명明 등의 '여섯 가지 기六氣'를 낳는다고 하면서, 이것으로부터 계절의 변화와 오행을 비롯한 오미五味 등 감각의 형성 과정을 체계적으로 설명하고 있다. 또한『국어國語』에서는 천지의 기를 음양의 두 기로 파악하고, 이 두 기의 상호 의존과 교감에 의해 사물의 변화를 야기한다고 주장한다. 이처럼 우주자연의 변화를 추동하면서 사물을 구성하는 구체적이고 근본적인 토대로 파악된 기는 인간의 신체 및 의식활동의 근간을 이루는 것으로 설명된다. 공자의 혈기血氣, 맹자의 호연지기浩然之氣,『주역』의 정기精氣와 같은 것이 그러한 예다.

노자와 장자 계열의 철학적 사유에서 핵심 개념은 '천지보다 앞서 존재하는 도'이고, 이 도에서 기가 파생된다. 따라서 기는 우주 발생의 과정과 도를 설명하는 핵심 근거로 활용된다. 노자는 기를 도의 변형태로 파악하여 천지만물은 충기沖氣로 구성되며 인간은 혈기血氣의 존재라고 파악한다. 장자도 우주자연의 물질적 기초를 이루는 것은 노자와 마찬가지로 도에서 파생된 기로 본다. 그러나 그는 노자와 달리 기를 '음양의 두 기'로 분리하여 파악하고, 인간의 정신세계를 이루는 것으로 신기神氣를 규정한다. 노장에서 '이'는 『장자』에서 발견되는데, 이때 이는 주로 천리天理, 물리物理, 인리人理, 생리生理의 의미로 쓰인다.

이처럼 춘추시대로부터 전국시대에 이르기까지 우주자연의 변화와 물질적 기초에 대한 사유에서 이 개념이 등장하기는 하지만 매우 제한적이다. 반면 기는 구체적인 사물을 가리키는 육기로부터 음양의 기나 정기, 혈기, 신기 등과 같은 추상적인 기 개념으로의 의미 확장을 가져온다. 선진 시기에 논의되었던 다양한 기 개념은 관중의 저서로 알려진 『관자』에 종합적으로 수렴되어 정기로부터 음양과 오행의 기뿐만 아니라 마음의 다스림과 통치질서까지 기로 파악하려는 시도로 구체화되기에 이른다.

진한 시기를 거치면서 보다 세련된 기론의 체계는 거시적인 우주자연뿐만 아니라 소우주로서의 인간의 신체에 대한 내밀한 설명을 가능하게 했다. 이러한 사유의 결과는 음양론과 오행론의 두 기론이 결합하여 음양오행론으로 구체화되고, 특히 의학서의 발전을 가져온다. '이'의 경우는 사물의 속성이나 규율을 나타내는 물리에 문리文理라는 개념이 나타나고 법을 '이'로 해석하는 경향도 나타난다. 특히 『여씨춘추』는 군신상하의 관계와 통치의 원칙이자 정당하고 합리적인 사회활동의 원칙인 '이의理義'의 개념을 제시하고, 시비의 근본으로서의 이와 명리明理를 강조하고 있다는 점이 주목된다. 가의는 이세理勢 개념을 창안해 이가 사회 변화의 필연적 추세를 견인한다는 것을 제안하기도 한다.

　도가적 사유를 잇고 있는 『회남자淮南子』는 '우주가 기를 낳는다宇宙生氣'는 사고를 보여주고, 동중서는 음양이 중화를 이룬 기를 원기元氣로 규정하여 '하늘과 인간의 감응天人感應'을 주장한다. 후한의 양웅은 우주자연과 인간사회의 변화무쌍함뿐만 아니라 인간 자체의 변화도 원기의 음양 변화에 따른 결과라고 파악하며, 장형은 '혼천은 달걀과 같다'고 하여 혼천설渾天說을 주장하기도 했다. 『백호통白虎通』에서는 인간의 성정과 정신혼백뿐만 아니라 도덕도 음양의 기에 의해 좌우된다고 파악한다. 이처럼 기와 도덕적 심성의 문제를 연결하는 사고방식은 왕충에게 '스스로 존재하는 원기'에 의한 것이라는 원기자연론元氣自然論 형태로 나타나며, 『태평경』에서는 '천지인의 뿌리는 같은 하나의 기'라는 인식에 도달한다. '이' 개념에서 특징적인 것은 『회남자』가 일리一理를 제안하고 있다는 것인데, 이 일리는 도와 같은 의미로 우주만물의 운동 변화를 담보하는 보편적 규율을 말한다. 이 개념은 이일분수理一分殊의 선구적 형태라고 할 수 있다.

　위진남북조와 수당 시기는 현학玄學과 도교의 유행 그리고 이질적인 불교의 유입과 성행으로 인해 중국적 사유에 기반을 둔 이기 개념에 큰 변화를 가져온다. 현학의 경우, 유무有無의 문제를 기를 통해 논의함으로써 철학적 심화를 가져온다. 곽상은 '무의 입장以無爲本'을 표방하는 왕필과 달리 '기를 유氣自有'로 파악한다. 신선사상을 표방하는 갈홍은 도교의 종교적 측면에서 양생을 기로 파악하고 있으며, 기는 생리 법칙이나 천리와 같은

'이'와 어긋나서는 안 된다고 본다. 이 시기에는 특히 태극이라는 개념이 등장하고 있는데, 이때 태극은 혼연한 원기元氣나 다섯 가지 기운과 같은 기의 층위에서 논의되고, 도 또한 원기의 차원에서 파악된다. 이 시기 이에 관해 주목되는 것은 곽상의 이에 대한 관점이다. 그는 '이'란 사람의 의지와 무관하며 바뀔 수 없는 객관적 규율로 파악한다. 따라서 '이'는 어쩔 수 없이 그렇게 되는 것과 같이 필연성을 갖는다고 본다.

선진 시기부터 송대 이전까지 다양한 이기 개념이 생산되고 유통되었다. 그러한 지식의 생산과 소비 과정은 삶의 시간과 다르지 않다. 이 시기에 역사적 존재로서 개인들은 자신의 철학적 사색과 숙고를 통해서 개념을 생산해내고, 그러한 개념들을 구사해 표층적으로는 우주자연의 운행과 사물의 기초에 대해 다루고 있지만, 심층적으로는 삶의 본질을 설명해낼 수 있는 이론을 제안하고자 했다. 그 주류는 기론이었다.

그러나 기론을 통해서 우주자연과 인간, 그리고 사회적 삶을 통일적으로 설명하려는 시도는 규범의 정당성을 모색하기에는 일정한 한계에 맞닥뜨린다. 그것은 기 개념이 변하지 않는 것, 혹은 불변의 근거를 설명하기에는 가변적이고 변화무쌍하기 때문이다. 이러한 반성은 기 개념에 비해 상대적으로 일상적인 범주에 머물렀던 이 개념의 새로운 발견으로 이어진다. 기와 짝하는 철학적 개념으로서 이 개념의 발명은 누적된 시간을 필요로 했다.

송대 이전에 이 개념보다 기 개념이 철학적으로 광범위하게 활용되었다는 것은 기와 관련한 논리가 세계에 충만해 있었다는 것을 의미한다. 기와 짝하는 이를 통해 철학적으로 사유할 수 있기까지는 기 개념을 통한 세계 이해의 논리가 지배적이었던 시기를 거쳐야만 했다.

송대 성리학의 이기

송대 유학이 이전과 다른 성격의 유학, 곧 성리학으로 변모하는 단초는 바로 이 개념의 발명에서 비롯된다. 송대의 유자들은 이전 시기 노장 계열의 사상을 추동하던 기 개념에다 새롭게 이 개념을 정립함으로써 '이-기'라고 하는 철학적 짝 개념을 통해 우주자연과 인간의 존재 양상에 대해 설명할 수 있게 되었다.

북송대 초기에 이르러 새롭게 등장하는 일군의 지식인은 자신들의 시대를 새롭게 혁신하기 위해 이전과는 다른 사상문화 운동을 전개한다. 사상적으로는 순정한 유학을 되살릴 것을 주장하고 이념적으로는 이단 배제를 통한 불교적 사유를 제거하고자 했다. 그러한 흐름을 주도한 세력은 후에 도학파라고 명명된다. 이들은 흔히 구당파로 분류되는 인물로 소옹邵雍(1011~1077), 주돈이周惇頤(1017~1073), 장재, 정호, 정이가 그들이다. 북송 도학의 흐름에서는 주돈이를 원류로 삼지만 이 글에서는 주희朱熹(1130~1200)와 함께 다뤘다. 왜냐하면 주돈이는 사상사적으로 주희에 의해 재해석되어 북송오자의 한 사람으로 자리매김되기 때문이다. 주돈이는 그의 제자라고 알려진 정호와 정이에게서조차 스승으로 언급되지 않는다. 정이는 북송의 도학적 흐름을 소옹과 장재, 정호를 통해 확인하면서도 주돈이는 배제한다. 그러한 이유로 주돈이와「태극도설太極圖說」은 북송 시기에서부터 남송 시기 주희 이전까지는 사실상 잊혔다.

소옹의 선천상수학先天象數學과 만물일체萬物一體의 사유는 북송 도학의 흐름을 심원하게 만든다. 또한 소옹의 도와 태극, 그리고 '수數'로부터 발견되는 '이'에 대한 사유는 이 개념을 정립하는 초석이 된다. 소옹은 하남 땅에 살다가, 38세에 낙양으로 옮겨 그곳에서 강학했는데, 몹시 가난했다. 한겨울에도 불을 피울 난로가 없었고, 한여름 더위에도 이를 식혀줄 부채조차 없었다. 당시 낙양에는 도학적 학풍을 주도하던 정호·정이 형제뿐만 아니라 장재도 강학했고, 이들은 서로 관계를 맺었다. 소옹은 사마광, 부필 등 낙양의 당대 명사들과도 친교를 맺는다. 소옹의 저술로는 『황극경세서』와 『격양집』이 있다. 그는 도교적 상수가인 북해의 이지재에게서 상수학을 전수받는다. 그리고 이 상수학을 도학으로 유입시켜 도상학圖象學과 수학數學이 결합된 독창적인 선천 상수학을 정립시킨다. 소옹은 선천 상수학을 통해 우주자연의 변화하는 원리와 역사 변천의 법칙성을 수를 통해 파악하고, 이것을 이 개념과 연결해 북송 초기 도학의 토대를 세우는 데 기여한다.

소옹과 낙양에서 동시대를 살았던 장재는 기론을 통해 기존의 유학적 사유와는 다른 면모를 보여준다. 장재는 태허太虛 개념을 중심으로 우주자연의 근거와 변화 현상 그리고 인간의 규범적 원천에 대해 일관되고 통일적인 설명을 시도한다. 그는 기를 통해 유학적 세계의 '통일성'을 정초하고자 했다. 장재의 기 철학은 유有의 입장을 견지하려는 이의 철학과 함께 도학의 두 근간으로 발전하게 된다. 장재는 도학의 형성기에 기 본체론뿐만 아니라 '서명西銘' '기질지성氣質之性' '천지지성天地之性' '심통성정心統性情' 등 다양한 철학적 논점을 개발함으로써 학술적으로 기여한다.

북송 초기 도학의 기론적 경향을 '이론'의 방향으로 돌리는 전환적 계기는 정호의 몫이었다. '천리' 개념의 발명은 유학사의 획기적인 사건이었다. 정호에 의해 제기된 '천리' 개념은 기존의 유학에서 '천(하늘)의 이天之理'라고 하는 천리에 대한 이해 방식과 달리 '천(하늘)은 이天卽理'라고 하는 사고의 전환이다. 정호 이후, 유학은 우주의 법칙 혹은 원리로 인간과 우주자연을 설명하던 방식에서 우주자연이 곧 법칙 혹은 원리라는 '이' 개념을 정립하게 된다. 북송 도학은 비로소 우주자연과 인간을 이와 기의 개념 체계로 일관되게 설명할 수 있는 이론을 마련한다.

정이는 형인 정호의 이기 개념을 흡수해 이기론으로 정립한다. 정이는 인척이었던 장재와 교류했을 뿐만 아니라 낙양에 거주하던 소옹과도 긴밀한 관계를 유지한다. 정이의 평가에 따르면, 학문하는 사람이 많이 있었음에도 선학에 빠지지 않고 유학의 도를 고수하던 이는 장재와 소옹이었다고 한다. 장재와 소옹에 대해 정이가 긍정적 인식을 보였던 것은 그들이 도가나 불교의 '무無'의 철학이 아닌 유가에 근거한 '유有'의 철학을 추구했기 때문이다. 정이는 장재와 소옹이 일체를 포괄하는 '유有'의 철학을 체계화하려는 문제의식에는 동의하지만, 이들이 '기'를 통해 만물일체의 '일一'을 설명하는 방식에는 반대한다. 정이는 정호가 제시한 천리 개념을 철학적으로 심화시켜 우주자연과 인간 그리고 사회를 통합할 수 있는 형이상학적 체계로서 '이일理一'의 철학을 제시한다. 이일은 객관적 자연세계의 법칙성과 인간의 도덕과 규범을 구성하는 근거가 다르지 않다는 인식이며, 그러한 점에서 삶의 의미를 추동하는 근거로서 이의 지위가 확보된다.

이기 개념을 형성하는 소옹과 장재, 그리고 정호와 정이 형제는 다음과 같은 특징을 보인다. 첫째, 이들은 북송 시기에 낙양을 중심으로 활동하면서 교유할 뿐만 아니라 혈연적으로 긴밀하게 연계된다는 점이다. 장재와 정씨 형제는 인척관계다. 둘째, 이들이 추구한 학문은 큰 범주에서 보면 유학이지만, 그들과 그들 문하의 학문은 당시 정호와 정이 형제가 주도하는 도학적 흐름으로 포괄된다는 점이다. 도학이란 일반적으로 쓰였던 보통명사였지만, 정이는 이 용어를 자기 철학의 정체를 보여주는 핵심어로 선점한다. 그는 '참된 도의 학문'이라고 하여 '천인성명의 학天人性命之學'으로 자기 학문의 정체를 세우면서 이전의 학문들과 차별화를 시도하는데, 여기서 '도학'이란 명칭이 그들의 학문을 지칭하는 고유명사로 만들어진다. 셋째, 이들은 학술적으로는 천인합일론과 성선설, 그리고 만물일체관을 공유한다는 점이다.

소옹이 발견한 수로서의 이와 태극과 도, 장재의 태허즉기와 기질지성, 심통성정의 명제, 정호의 천리와 이유선악理有善惡, 정이의 이와 이일분수 및 성즉리 개념은 주희에게 이어진다. 주희는 이러한 사유의 발견적 지점을 통합하고자 한다. 주희가 시도하는 학술적 입장은 주돈이의 『태극도설』과 『통서』를 재해석하는 관점에서 명확히 드러난다. 그는 주돈이의 재발견을 통해 분열되었던 당대의 학술을 치유적으로 통합하고자 한다. 그러한 통합의 개념을 주희는 태극으로부터 찾고 있다.

주희는 '정강靖康의 변(1127)'으로 북송이 멸망한 후, 임안을 수도로 하는 남송 시기의 혼란한 역사적 전개 과정 속에서 다양한 학술사상을 직접적으로 체험한다. 그리고 사상 편력의 와중에서 그는 앞선 시대의 저술을 정리한다. 정호와 정이의 저작을 모아 『정씨유서』(1168), 『정씨외서』(1173)

로 편집하고, 『서명해의西銘解義』(1172)를 편집한다. 1173년에는 주돈이의 「태극도설」과 「통서」도 정리한다. 주돈이의 두 저서는 주희에 의해 재해석되어 『태극도설해』(1173)와 『통서해通書解』(1173)로 저술된다. 주희는 「태극도설」을 통해 만물이 변화 과정 속에서도 항상성을 유지할 수 있는 이유와 인간이 도덕적 가치와 규범을 실현할 수 있는 근거가 서로 다르지 않음을 발견한다. 그리고 「통서」를 통해 성학聖學의 철학적 근본을 성誠에서 찾는다. 이처럼 주희는 우주자연으로부터 인간세계를 통합적으로 파악할 수 있는 개념과 구조를 주돈이로부터 찾아내는 것이다.

'무극'과 '태극', '태극'과 '음양', '이'와 '기'에 대한 새로운 개념 규정과 개념 체계의 정립은 온전히 주돈이의 재발견이자 그의 철학적 요구가 투영된 것이었다. 이러하기에 주희는 '잊혔던 주돈이'를 북송 도학의 개창자로 만든다. 주희에 의해 주돈이는 북송오자의 한 사람으로 선정된다. 그리고 주희는 '주돈이-정호·정이'로부터 자신에 이르는 학문 계통을 세운다. '주돈이의 재발견'은 어쩌면 낯선 주돈이만큼이나 낯설었던 주희 자신의 철학을 세상에 천명하기 위한 불가피한 선택이었는지도 모른다.

주희의 이기를 근거로 한 성리학과 도덕적 실천학으로서의 도학은 목적 지향적이다. 주희는 이와 기 개념의 정립을 통해 유가의 가치질서와 규범의 철학적 토대를 확보하고자 했다. 이 과정에서 주희의 이기론은 부정합적인 면을 보여준다. 특히 주희가 제시하고 있는 이유동정理有動靜의 개념과 이기선후理氣先後에 대한 문제는 그의 바람과 달리 철학적 균열을 예고한다. 이기 개념은 그 자체가 목적이 아니다. 이기론을 통해서 성리학적 가치질서와 규범의 근거를 체계적으로 설명하고자 하는 것이다. 따라서 이기론은 성리학의 틀에서 제안된 '성선'과 '천인합일'의 가능적 근거를 제시해주어야 한다. 다시 말하면 도덕적 가치의 원천과 관련한 심성의 문제를 해결하고자 한 것이다.

주희가 이 개념에서 기를 배제하면서도 포함할 수밖에 없는 것은 그래서 곤혹스럽다. 이기의 불상리不相離를 말하면서 불상잡不相雜을 말할 수밖에 없다는 것이다. 이러한 이기론은 '심 속의 성'과 관련된다. 문제는 성이 아니다. 성은 성리학에서 당연히 '성즉리'이기 때문이다. 바로 심이 문제가 된다. 주희는 심을 '합리기合理氣'라고 하면서도 작용의 측면에서는 '기'라고 한다. 심을 이기로 구분하면 이와 기의 두 측면이 나타나는데, 이것은 유가철학적 자장 안에 있는 '심'에 대한 두 가지 이해 방식과 연결된다. 하나는 맹자의 본심으로서의 양심이고, 다른 하나는 순자의 지각知覺으로서의 마음이다. 주희는 이기론을 통해서 유가철학의 전통적인 두 가지 마음의 문제를 회통시키려 한다. 이것은 곧 규범의 근거를 내면inner mind에 찾으려는 주관주의적 기획과 외면outer에서 정초하려는 객관주의적 기획의 통합이다. 주희의 이기론에는 이처럼 해결되지 않은 유가철학의 오래된 '심성'에 대한 물음이 잠재해 있다. 주희가 정이의 '성즉리'와 장재의 '심통성정心統性情'을 성리학의 대표적인 두 명제라고 인정하는 것도 결국 '성선'의 가치를 마음에 내재한 원리뿐만 아니라 객관적 규범을 통해 정당화하기 위한 것이었다. 주희가 심성을 하나이면서 둘一而二이고 둘이면서도 하나二而一인 관계로 규정하는 것은 이와 같은 이유에서다. 이것은 곧 '심여리心與理'의 내면화된 양심을 규범의 원천으로 삼으면서도 심성이 분리된 지각의 기능을 통해 객관적 기준을 모색하는 방식이다. 심성을 통합적으로 파악하는 위태로운 방식은 균열을 예고한다. 그 균열의 지점이 가시화되는 것이 조선 성리학의 두 축, 이황과 이이의 철학이다.

조선시대 성리학의 이기

고려 말에 전래된 성리학은 정도전鄭道傳(1342~1398)과 권근權近(1352~1409)에 의해 조선에 뿌리를 내린다. 정도전의 「심기리편心氣理篇」 3부작은 이기에 대한 명확한 개념적인 구분과 체계적인 사고 형태를 보여 주지는 않지만 당대 최고의 지식인이 수용한 성리학의 필요성을 엿볼 수 있다. 그가 성리학의 주요한 개념인 이-기-심-성을 현실 속에서 어떻게 활용하고, 또 그러한 시도를 통해서 무엇을 기획하고 있는가를 확인할 수 있기 때문이다. 수입한 성리학이라는 새로운 지식은 조선에서 현실을 개조하기 위한 사상의 도구로 유통되기 시작한다. 적어도 정도전은 성리학의 이기심성 등의 개념을 통해 기층의 기복적 신앙(불교, 도교)을 비판하고, 합리적인 윤리관을 구축하고자 한다.

권근은 흔히 정도전과 비교되는 인물이다. 정도전이 혁신적인 구상으로 현실의 전면에서 정치적 인물로 부각된 반면, 권근은 여말선초 성리학의 기초를 다지고 심화시킨 인물로 평가된다. 권근은 정도전에 비해 상대적으로 성리학 이론에 해박하다. 그는 『입학도설』을 통해 심성과 천리가 어떻게 합일될 수 있는가를 논한다. 특히 사단과 칠정을 이와 기로 나누어 파악하는 관점은 이후 퇴계학파의 이기론과 사단칠정론에 많은 영향을 미친다. 정도전과 권근은 성리학의 이기 개념을 수용해 조선의 정체를 확립하는 데 주력했다는 점에서 학술적 의의를 찾을 수 있다. 국왕으로부터 일반 백성들에 이르기까지 유가적 가치규범과 질서의식을 정립하는 것은 무엇보다 큰 시대적 요청이었다.

조선성리학의 이론적 특성은 서경덕徐敬德(1489~1546)과 이언적李彦迪(1491~1553)에게서 나타나기 시작한다. 서경덕은 소옹의 선천 상수학과 장재의 기론을 수용해 자신의 기론을 전개한다. 그는 소옹이 제기했던 '선천'과 장재의 '태허' 개념을 받아들여 선천은 태허의 기이고, 이 '태허는 담연 무형해 형체가 없는 것'이라 규정한다. 이러한 선천의 태허즉기로부터 후천세계로의 전환이 곧 개벽과 같은 것이고, 그러한 변화의 동력은 자연 세계의 필연적인 법칙성에 의한 것이라고 본다. 그것이 '기자이機自爾'다. 서경덕은 변화운동과 그 가능적 근거를 '기'에 두고, 이는 그러한 기의 조리로 상정한다. 그에게 기는 우주만물의 근원일 뿐만 아니라 '보존되는 것─氣長存'으로 파악된다.

서경덕과 달리 이의 층위에서 성리학을 이해하는 사람이 이언적이다. 그는 태극음양의 문제에 있어서 '태극은 이'라는 입장을 확고히 보여준다. 이론 분석에 있어서도 '합合'보다는 분석적인 '이離'의 입장을 보이는데, 이것은 이와 기를 구분함으로써 도덕적 근거를 확보하려는 시도다. 이러한 점은 이황에게 계승된다.

서경덕과 이언적이 이와 기를 파악하는 관점은 확연히 구분된다. 그럼에도 서경덕과 이언적은 이와 기를 통해 그들이 구획하고 있는 도덕과 의리에 기반한 성리학적 가치세계를 실현하고자 했다는 점에서는 다르지 않다. 서경덕은 기를 중시한 까닭에 직관적이고 초월적인 경향을 보이고, 이언적은 이를 마음속에서 확보하려는 구방심求放心과 구인求仁을 강조한다.

이황은 이와 기에 대한 새로운 사유와 개념의 발명을 통해 16세기 조선 성리학을 이전과는 다른 형태로 변모시킨다. 이황이 활동하던 시기는 중국 명나라로부터 『주자어류』와 『주자대전』을 비롯한 성리학 관련 서적들이 대거 수입되어 간행되고 유통된다. 또한 이 시기에는 중국의 학술사상이 실시간으로 조선에 유입된다. 주자학을 비판하고 새로운 사유와 실천 철학을 제기한 왕수인의 양명학과 나흠순의 주자학에 대한 새로운 관점은 조선 학술계에 커다란 영향을 미친다.

이황은 성리학적 이기 논의가 활성화되는 시점에서 '이'라는 것은 '난지難知'라 하여 정말 알기 어려운 것이라고 고백한다. 이라는 개념은 단순히 '언어문자적 개념'에 머물지 않기 때문이다. 이에는 동아시아의 유학적 세계 인식과 삶에 대한 지향이 함축되어 있다. 그래서 이황은 이를 절대시한다. 이러한 이는 극존무대極尊無對하며 명령을 내리는 자와 같다. 기와 동일하게 평가될 수 없는 것이다. 그렇기에 이황은 이와 기가 혼합되어 있다는 것보다는 떨어져 있다는 분별적 관점에서 이기를 파악한다.

그렇다면 이황이 기에 비해 이를 강조하는 것을 넘어 절대시하는 이유는 무엇일까? 절대적 세계는 그 자체로 권능적이다. 이기에 대한 사유를 통해 이황은 개념의 너머를 추론한다. 그 너머의 세계는 근원적 세계다. 근원적 세계는 이의 세계다. 이황은 근원으로서의 이의 세계가 곧 심성에 구현되어 있다고 보고 이기 개념을 통해 심성의 문제를 설명하면서 자신의 철학적 관점을 제시한다. 이황은 심의 지위를 '성'과 일치시키려 한다. 그것이 '심여리일心與理一'의 상태다. '심여리일'의 상태를 이기 개념으로 설명한 것이 이발理發이고, 그것이 사단四端이다.

'심여리일'을 추구하는 '이발'의 이론은 이 개념에 대한 논란을 낳는다. 이황은 심을 '이와 기의 합'이라고 정의한다. 문제는 심을 '이'나 '기'로 쪼개어 각기 사단과 칠정으로 나누어 배속할 때 일어난다. 이황의 이기호발설理氣互發說은 심의 '합리기'의 한 측면을 말하는 것이다. 이황은 이처럼 이기론을 통해서 '심의 이'가 드러난다는 '이발'의 관점을 주장한다. 그리고 이것을 확충하는 것이 공부다. 그런데 문제는 이러한 '이발'이 원리적으로 가능하지 않다는 데 있다.

이황의 이발은 '마음이 드러나는 것'이다. 그래서 이 '마음이 드러나는 것'은 '마음이 거의 성'과 같은 상태이며, 결국 '성이 드러난 것'과 다르지 않다. 이것을 관철하려는 것이 이황의 철학적 입장이다. 이렇게 되면 심과 성은 서로 구별되지 않는 거의 동질적인 것이 된다. 이 미묘한 지점에서 이황은 조심스럽다. 왜냐하면 '심은 성과 다르다'는 것이 정주성리학의 기본 논지이기 때문이다. 주희가 확보하려 한 것도 심과 성은 다르다는 것이다. 주희가 심으로부터 분리해낸 성을 이황은 복원하려 하는 셈이다. 이 점이 주자학을 넘어서는 퇴계 철학의 국면이다. 이황은 이로서의 성을 심과 일치시킴으로써 내재된 도덕률에 의한 자발적인 윤리적 실천의 당위성을 주장한다. 이황의 이러한 주장은 주희와 다르고 오히려 왕수인의 '심즉리心卽理'와 이론적으로 가까이 있다. 또한 나흠순이 말하는 이기일물理氣一物과도 닮아 있다. 그렇기 때문에 이황은 자신의 이론과 '가까이 있는' 왕수인과 나흠순의 이론을 적극 논박함으로써 그들 이론과의 차별성을 가시화하려 한다. 7단계에서 보이는 이황의 이기일물 비판과 『전습록』 비판이 그러한 사례다.

그러나 이황의 호발설互發說은 이의 자발성 혹은 능동성을 전제로 하기 때문에 난관에 부딪힌다. 이 문제를 적극적으로 지적하는 사람이 바로 기대승奇大升(1527~1572)이다. 기대승은 이황이 제기한 호발론의 층위에서 기발氣發을 문제 삼는다. 그는 인간의 심성은 이미 기질이라는 국면에서 발생하는 것이기 때문에 심(사단)은 성과 일치할 수 있는 점도 있지만, 칠정 또한 성과 일치할 수 있다는 것에 주목한다. 그러하기 때문에 그는 내면적인 도덕적 본질인 이로서의 성이 사단으로 발현되는 것만이 아니라, 칠정으로 발현될 때 제대로 드러날 수 있도록 조절하는 것을 중시한다. 이것이 사단의 이발을 인정하면서도 칠정은 이기의 합으로 봐야 한다는 기대승의 입장이다.

기대승의 이기론에서 특별히 강조되어야 할 점은 그가 '이발'의 개념을 '이자도理自到'로 제안하고 있다는 것이다. 이자도는 '이가 스스로 이른다'는 것이다. 그는 이황에게 이 문제를 적극 거론한다. 이황은 '이발'을 주장했지만 '이자도'에 대해서는 부정했다. 그러한 그가 죽기 직전 '이자도'를 깨닫고 자신의 이발설을 대체한다. 이황의 이자도는 사단칠정론에서 말했던 이발과는 차원이 다르다. 이발은 이발을 가능하게 하는 심이 전제가 된 것이다. 다시 말하면 이발은 '심합리기心合理氣'의 한 측면인 이를 말한다. 이황이 기대승과 사단칠정에 대해 토론하면서 이기호발을 말한 것은 '심'이라는 바탕 위에서 논의한 것이다. 그렇기에 심이 배제된 순수한 이발이란 형식논리에서나 가능한 것이다. 그러나 이자도는 이를 체용體用으로 구분하고, 용으로서의 이가 작위성을 갖는다는 새로운 이론이다. 이황의 이자도는 심이라는 매개가 필요 없다는 점에서 '이발'도 심의 매개 없이 설명 가능해진다. 이 점은 퇴계 철학의 새로운 지점이다. 이황은 이자도를 통해 이발을 정당화함으로써 마음속에 들어 있는 성이 스스로 드러날 수 있음을 제안한다. 이렇게 되면 성이 심과 일치되지 않더라도, 선의 가능성만 조금이라도 있다면 이발을 통해 선의 실현이 가능해진다. 이황은 이자도와 이발의 이기론을 통해 성의 자발적 실현을 주장하고 있는 셈이다. 기대승은 이황의 이와 같은 철학적 사유의 확장을 지원하고 있다. 이렇듯 이황은 이라고 하는 존재의 근원이 마음에 있다는 것, 규범의 원천이 본심(양심)으로 내면에 있다고 하는 내면화된 주관주의적 기획을 자기 철학의 주제로 제시한다.

이황의 내면화된 주관주의적 기획에 반대하는 것이 이이李珥(1536~1584)의 이론이다. 이이의 이기론에서 그가 기의 문제를 주목하는 것에는 그만한 이유가 있다. 이이도 여느 성리학자와 마찬가지로 이는 만물의 근원이자 보편적 원리임을 인정한다. 이이는 이러한 이의 특성을 항구적인 진리로 받아들인다. 이에 비견하여 기는 가변적이며 변화무쌍하다. 기는 바람이 불고 비가 오게 하는 힘이다. 운동 변화는 기에 의한 것이다. 그러한 기의 운동 변화에 따라 이는 드러난다. 이는 무형무위無形無爲이지만 주재의 능력이 있고 기는 유형유위有形有爲이지만 운동 변화하는 것이다.

심성의 문제에 있어서도 이이는 심은 '이와 기의 합'임을 인정한다. 그러나 심 안에 담겨 있는 성으로서의 이는 무형무위하기 때문에 운동의 작위성은 기에 있게 된다. 이러한 점에서 이이는 '성은 이(성즉리性卽理)', '심은 기(심시기心是氣)'로 정의한다. 이것은 이이 철학뿐만 아니라 율곡학파의 근본

명제다. 특히 심시기는 퇴계학파와의 이론적 갈등을 거치면서 율곡학파 내부에서도 변형된 사유가 출현할 정도로 논란을 낳게 된다.

이이는 마음에 담겨 있는 성이 발현될 때, 두 가지 양상으로 전개된다고 본다. 즉 마음은 기 작용에 의해 발현되고, 마음은 '합리기'이기 때문에 이의 측면과 기의 측면이 모두 있다는 것이다. 그런데 이이는 현실적으로 '이의 측면'이 드러날 가능성보다는 '기의 측면'이 드러날 가능성이 더 높다고 본다. 왜냐하면 개념적으로 이는 작위성이 없고 기만 작위성이 있기 때문이고, 현실적으로 이는 약하고 기는 강하기 때문이다. 따라서 지각을 통해 '기의 측면'이 드러나더라도 그것이 조절되어 '절도節度에 맞게 되는 것'이 공부의 핵심이 된다. 그것을 이이는 '성의誠意 공부'라고 한다.

이이의 심에 대한 이러한 이해 방식은 심을 성 그 자체로 보지 않는다는 것을 의미한다. 심이 작용할 때, 지각을 문제 삼는다는 것이다. 이런 이이의 '심-지각'에 대한 사유를 협애한 틀에서 심기학心氣學이라고 규정하는 주장도 제기된다. 그러나 이이의 관점은 심과 성을 분리하면서도 심을 변하지 않는 본질인 성에 맞춰 조절하는 것이 관건이다. 이 입장은 심성을 하나로 보면서도 또 분리되는 것으로 인식하는 것이다. 이이의 이러한 심성에 대한 관점은 주희가 통합해놓으려 했던, 그러나 심성의 분리를 상정할 수밖에 없었던 이론적 약점을 정확히 겨냥한다. 이이는 이황과 다른 지점에서 주희의 이론적 난점을 가시적으로 드러낸 것이다. 이 지점은 이이의 철학이 주자성리학을 넘어서는 국면이다.

이이는 이기론에서 이통理通의 보편성을 말하면서도 그러한 이통이 현실적인 기에 의해 제약당할 수밖에 없음을 이통기국理通氣局으로 설명한다. 기에 의해 국한되는 현실성을 이통에 맞추기 위해서 기를 조절하는 것이 우선이다. 그가 기질 변화를 말하고 경장론更張論을 주장하는 것도 이러한 이유다. 기를 조절해내는 기준은 이를 표준으로 하여 만들어진 도덕적 가치와 규범과 제도다. 이 기준은 성인에 의해 제정되지만 현실적으로 군왕과 신료들에 의해 만들어진다. 따라서 올바른 규범과 원칙을 제정하려면 군주의 공평무사公平無私함과 신료들의 공론公論이 요청된다. 국가 운영의 핵심은 바로 이 점에 달려 있다.

이처럼 이이는 규범의 근거를 내면에 두기보다는 객관적 원칙으로 상정된 표준을 기준으로 정초하려 한다. 그렇기 때문에 이이의 철학에서는 현실을 합리적으로 파악해내는 심과 관련된 지각의 문제가 지속적으로 제기될 수밖에 없고, 그러한 현실의 가변성을 시의時宜에 맞게 조절해내는 역량이 요구된다. 이러하다보니, 율곡학파의 철학은 현실에 대한 지속적인 관찰을 수행할 수밖에 없다. 만일 그러한 현실이 부조리하다면 그것을 정당하게 되돌리는 것을 자신들의 책무로 삼게 된다. 이 점이 율곡학파가 퇴계학파와 경쟁하면서도 현실정치를 주도하고, 자신들의 이론을 지속적으로 수정해나가는 이유이기도 하다. 이이의 심학은 그래서 이황의 심학과는 다른 지점을 향한다.

이황과 이이의 이기 개념을 근거로 한 그들의 철학적 지향과 관심은 이처럼 확연히 다른 길을 걷고 있다. 이들의 다름이 향하는 방향은 주희 철학에서 만난다. 이러한 분기는 이미 주희 철학이 갖는 이중적인 측면에서 예견되었던 것이다. 이황과 이이의 철학적 탐구를 통해 밝혀진 사실은 명백하다. 주희 철학의 통합적 지평이 와해될 수밖에 없다는 점이다. 이것은 주희가 송대 학술사상뿐만 아니라 그 이전의 유가철학적 전통을 포함한 학술사상을 자신의 성리학을 통해 통합적으로 제시하려 했던 것이 불가능하다는 것을 시사한다. 통합의 불가능성은 주희가 회통시키려 한 맹자와 순자의 심성론에 닿아 있다. 순자의 심성론이 맹자의 심성론에 대한 비판을 통해 제시되고 있다는 점을 감안한다면, 이들이 만날 수 없다는 것은 어쩌면 당연하다. 주희는 과연 이 점을 간과했을까? 이 점을 간과하여 맹자와 순자를 통합하려고 한 것일까? 아니면 차이점을 알면서도 통합하려 한 것일까? 주희 철학의 양면성은 바로 이 지점에서 생겨난다. 주희가 맹자적 성선론의 내재적 관점과 순자적 지각론의 현실적 관점을 통합하고자 한 것은 그의 철학적 열망이었다. 금나라와 대치하는 현실 속에서 춘추적 대의가 흔들리는 고단한 현실에서 조각난 민심을 통합하기 위한 주희의 바람이 그의 철학에 투영되어 있다.

이황과 이이의 성리학은 주희 성리학의 불편한 진실을 들추어냄으로써 새로운 사유의 지평을 열어놓는다. 이황과 이이는 주자성리학의 봉인을 제거한 셈이다. 퇴계학은 주희의 심성일치의 관점을 지지하면서 주관적 내면화의 기획을 확대했으며, 율곡학은 주희의 심성분리의 관점을 추수하면서 객관적 기준의 대상화에 치중하는 경향을 보이게 된다. 이 두 흐름의 변주는 시대에 따라 변형되고 증폭되면서 퇴계학파와 율곡학파의 구도로 나타난다.

조선성리학의 학파적 분기는 17세기 후반에 나타나기 시작한다. 성리학자들은 학인이자 잠재적 관료이기도 한데, 이들의 학술사상은 자신들의 정치적 지반과 긴밀하게 연결된다. 17세기 후반 송시열宋時烈(1607~1689)

을 중심으로 한 율곡 계열이 조선 사회를 주도하자 이에 대하여 퇴계 계열의 이현일李玄逸(1627~1704)을 중심으로 한 영남의 유학자들은 반발한다. 이 과정에서 퇴계학과 율곡학을 지지하는 입장들이 표명되고, 이것은 정치적 관점과도 연결되어 나타난다. 17세기 초반까지 학통과 인맥을 중심으로 한 '스승-제자' 그룹은 '문도' '문하' 수준이었다. 이러한 관계망은 17세기 중후반을 지나면서 집중화되고 조직화되어 광범위한 인적-정치적 네트워크를 만들게 된다. 이것이 '학파'의 출현이다. 조선의 사상계는 이황의 학술을 중심으로 한 퇴계학파와 이이의 학술을 중심으로 한 율곡학파로 나뉘고, 이들은 각기 정치적 색채를 띠는 정파를 구축하면서 경쟁해나간다.

그러나 이러한 학술적·정치적 경쟁 구도는 17세기 말 이후 율곡학파가 현실 정치를 주도하면서 새롭게 모습을 바꾼다. 상대적으로 정치적 입지가 약화된 퇴계학파는 정치적인 주도권을 다투기보다는 사상투쟁의 일환으로 퇴계학의 본령에 대한 탐구를 심화시킨다. 퇴계학파의 학술상 특징은 세 가지로 압축된다. 첫째는 이의 유위성에 대한 옹호의 측면이다. 이는 '활동하지 않으면서 활동하는 것無爲而爲'이고, '주재하지 않으면서 주재하는 것不宰而宰'으로 '살아 있는 것活物'이라는 관점이다. 이러한 퇴계학파의 관점을 지지하는 명제는 이유동정이다. 이유동정이란 "이에 미묘한 작용이 있으므로 기에도 작용이 있게 된다理有動靜, 故氣有動靜"는 주희의 명제를 근거로 한다. 퇴계학파는 이의 능동성을 이것을 통해 증거하고자 했다. 둘째는 이기호발론의 옹호다. 퇴계학 내부에서도 논란이 되어 일원적 관점에서 이발론으로 설명되기도 하지만, 기본적인 축은 이기의 호발론으로 이어진다.

이발이기수지理發而氣隨之는 이와 기의 시간적 선후 문제가 아니라 이의 주재성이 실현된 경우로 주리主理이고, 기발리승지氣發理乘之는 이의 주재성이 발휘되지 못한 경우로 주기主氣다. 셋째는 이기의 합으로 마음을 정의하는 방식이다. 이것은 율곡학파에서 마음을 기의 작용으로 파악하는 '심시기'의 명제를 논파하기 위한 것이다. 퇴계학파는 이기가 결합되어 있는 마음을 논의함으로써 마음에 들어 있는 이를 강조한다. 이것은 성을 강조하는 입장이다.

퇴계학파에서 이기의 문제를 감정의 발출 문제와 연관하여 확보하려는 것은 규범의 원천적 근거와 관련된다. 이 말은 인간이 비록 가변적인 상황에 노출되어 있는 선택적인 존재이지만, 이러한 가운데 인간적 가치를 유지할 수 있는 항구적인 '근거'를 설정하려는 것과 연관된다는 것이다. 이것은 곧 성리학 일반의 문제기도 하다. 문제는 그 근거를 '무엇'으로 규정하는가에 달려 있고, 그것을 실현하는 방법론이 무엇이냐는 것이다. 그러나 그러한 이론들은 결국 인간의 가치 실현과 연결될 수밖에 없다는 점에서 윤리 영역으로 귀결된다.

퇴계학파의 이기에 대한 인식에서 주목되는 점은 이와 기가 서로 떨어져 있는 것이 아니라는 '이기불상리理氣不相離'보다는 상대적으로 이와 기가 뒤섞이지 않는다는 '이기불상잡理氣不相雜'의 측면을 강조한다는 점이다. 이기를 혼합보다는 분별적 관점에서 파악하는 것이다. 이러한 관점은 '이기불상리'를 함께 거론하여 조정되는 국면을 맞기도 한다. 이상정李象靖(1711~1781)이 대표적 인물이다. 그는 기존 퇴계학파의 관점이 지나치게 분별에 치우쳐 있는 것을 확인하고 혼합의 관점을 아울러 제안한다. 즉 분별과 혼합의 두 층위를 통합적으로 바라보는 시선을 제시한다. 그러나 대체로 퇴계학파는 '이기불상잡'의 관점에 서 있다.

장현광張顯光(1554~1637)이 제기한 주경치위主經治緯 혹은 준경치위準經治緯의 명제적 표현에서부터 이구李榘(1613~1654)의 주리치기主理治氣, 정시한丁時翰(1625~1707)의 이주기보理主氣補, 이상정과 이진상의 이주기자理主氣資는 그들 이기 개념의 주재와 선후 문제를 적실하게 보여준다.

이이의 사후, 율곡 문하들은 성혼成渾(1536~1598)을 중심으로 결집해 이이의 학술사상을 정리하고 문집 간행을 준비한다. 이 과정에서 율곡 문하에는 성혼 계열의 학자도 다수 포함되고, 그러한 확장된 외연은 서울과 호서 지방을 포괄하게 된다. 율곡 문하는 17세기 초 김장생金長生(1548~1631)이 주도한다. 이후에 그의 아들 김집金集(1574~1656)으로 이어지고, 17세기 중엽에는 송시열에 이르러 학파로 결집된다.

율곡학파의 결집은 퇴계학파의 대립과 갈등 속에서 이뤄진다. 성혼과 이이를 문묘에 배향하기 위한 율곡 문하의 시도는 퇴계학파의 반대에 부딪힌다. 퇴계학파의 성혼과 이이에 대한 비판은 출처 의리의 문제뿐만 아니라 학술에까지 미친다. 자신들의 학술적 토대에 대한 시비는 구성원의 정체성을 뒤흔드는 일이기 때문에 송시열은 이 문제에 적극적으로 대처한다. 17세기 후반 송시열을 종장으로 하는 율곡학파는 퇴계학을 비판하기 전에 퇴계학의 근간을 이룬다는 주자학을 검토하기 시작한다. 그러한 흐름은 주자학의 정통을 가리기 위한 것이기도 했다. 송시열에서부터 시작된 주자 언론에 대한 검토 작업은 한원진韓元震(1682~1751)의 『주자언론동이고朱子言論同異考』를 비롯해 19세기 이항로李恒老(1792~1868) 부자의 『주자대전차의집보朱子大全箚疑輯補』와 같은 결과물로 도출된다. 율곡학파의 문헌학적 검토와 해석학적 작업은 무엇보다도 율곡학이 주자학의 정통임을 입증하려는 시도였다. 그러한 검토 과정은 조선의 성리학이 중국에서조차 이룩하지 못한 성리학의 흐름을 정리하고 체계화하는 데 크게 기여한다. 그리고 이를 통해 율곡학파는 퇴계학파의 비판에 대응하는 자신들의 이론을 수정하고 새로운 논리를 개발하면서 사유를 변용한다.

  율곡학파의 학술상의 특징은 세 가지로 압축된다. 첫째는 이의 무위성을 고수한다. 율곡학파에서는 '무형무위'의 이는 '유형유위'의 기에 의해 운동 변화한다고 규정한다. 이러한 이와 기의 관계는 인식의 지반에 따라 달리 파악되는데, 그것은 본원本源의 측면과 유행流行의 변화 과정과 개별 사물이 형성되는 품부稟賦의 과정으로 나뉜다. 본원의 측면에서 이기를 파악하는 것은 추론에 의한 논리적 세계를 의미한다. 이이는 본원에서는 이가 기보다 앞선다고 이해한다. 그러나 유행하는 변화의 과정에서 이기는 선후를 나눌 수 없다. 선후를 나눌 수 없다는 것은 변화운동은 기에 의한 것이고, 이는 동정하지 않는다는 것을 의미한다. 그리고 사물의 형성 과정에서는 구체적인 사물의 형상과 질료를 이루는 기(기질)에 이가 들어 있는 것이므로 기선이후다. 둘째는 기발리승일도설氣發理乘一途說의 옹호다. 이 점은 이의 무위성과 연결되는 문제이기도 한데, 율곡학파는 운동 변화는 오로지 기에 의한 것이라고 파악한다. 사단과 칠정의 감정의 발출 문제에 있어서도 사단과 칠정은 두 개의 근본이 있는 것이 아니기 때문에 칠정 속에 포함되고 칠정은 곧 성이 발한 것이라고 이해한다. 그러한 점에서 성이 발하여 정이 되는 과정은 기발리승 하나이지 퇴계학파처럼 이발의 과정이 따로 있는 것이 아니라는 주장을 옹호한다. 사단과 칠정은 상황에 맞게 조절되었는가 아닌가, 즉 중절中節 여부에 따라 구분되는 것이라고 본다. 셋째는 마음을 기로 파악한다는 점이다. 심시기로 이해한다. 이 관점은 퇴계학파가 심을 이기의 합으로 보는 것과 구별된다. 율곡학파도 심은 기본적으로 이기의 합이라는 것을 인정한다. 문제는 심 속에 들어 있는 이는 성으로 무위하다는 것이다. 이 점에서 이이는 인성의 본질은 '이'지만, 무위하기 때문에 마음의 작용은 기에 의한 것이라는 의미에서 성즉리요 심시기性卽理 心是氣라는 명제를 제시한다. 성즉리면서 심시기를 주장하는 것은 철학적으로 해석한다면 대상의 인식과 윤리적 판단에 있어서 주관성과 객관성의 문제와 연관된다. 이이는 성즉리를 강화하면 인식과 판단의 원천을 주관적인 내면에 두는 것이기 때문에 이것의 자의성을 제어할 수 있는 것으로 심시기에 의한 객관적 판단의 기준을 확보할 것을 동시에 제안하는 것이다. 주관에 의한 자의적 왜곡을 방지하고 객관성을 확보하려는 것이 이이의 철학적 입장인 셈이다.

따라서 율곡학파는 이 논지를 충실히 유지하고자 한다. 그러나 조선후기 이항로를 중심으로 한 화서학파에서는 심시기가 아닌 심주리心主理의 관점이 제기된다. 이런 심주리설에 대해 같은 율곡학파의 전우田愚(1841~1922)는 비판하면서 성사심제설性師心弟說로 대응한다.

율곡학파의 이기에 대한 인식에서 특징적인 점은 이들이 이의 무위성을 끝까지 고수하고 있다는 점이다. 이것은 퇴계학파가 이유동정을 통해 이의 유위성을 확보하려는 것과 비견된다. 율곡학파에게 이라고 하는 것이 만물의 존재 근거요 사물 존재의 법칙이기 때문에 불변적이라고 본다.

그래서 '무위'다. 그리고 이와 기는 혼합적 관점에서 분리되어 있지 않다고 본다. 그래서 이기불상리의 측면이 강조된다. 결국 율곡학파는 이의 보편성이 현실에서 어떻게 실현될 수 있는가에 관심이 있기 때문에 이통기국理通氣局의 관계성을 중요시한다. 그러한 점은 임성주任聖周(1711~1788)와 기정진奇正鎭(1798~1879)의 이통기국에 대한 재해석과 이론적 보충, 그리고 기일분수氣一分殊와 이일분수理一分殊에 대한 논의로 구체화된다.

이기에 대한 새로운 사유

18~19세기 조선 사회에는 청나라를 통해 서양의 과학기술과 사상문화가 '서학西學'이라는 이름으로 유입되어 유통된다. 이전에 경험하지 못했던 진기한 문물과 학술사상은 기존의 질서 체계와 가치에 대해 의문을 품게 만든다. 조선이라는 세상에 갇혀 있던 이들에게 새로운 학술사상은 충격이었다. 조선의 지식인들은 점차 중국 중심의 세계관에서 벗어나 또 다른 세상을 만나고, 기존의 학술사상만이 유일한 것이 아님을 자각하게 된다. 이들에게 기존의 학술사상은 유학이었고, 더 정확히 말하면 정주성리학의 체계였다.

이 시기에 새로운 세상을 꿈꾸는 이들 가운데는 기존의 학술사상과는 다른 사유 체계를 통해 조선의 현실을 개혁하고 미래를 준비하려는 움직임이 나타난다. 그러한 학술사상, 문화운동이 조선 후기 실학이다. 그러나 한편으로 유동하는 세상의 변화에 맞서 기존의 사회적 질서 체계와 윤리의식을 고수하려는 강경한 입장도 등장한다. 안정적인 가치를 위협하는 새로운 것들은 제거되어야 할 대상으로 규정하는 수구적인 보수 이념이 동시에 심화된다. 정주성리학의 보수화가 그것이다.

조선 사회에 기존과 다른 학술 사조가 등장했다는 것은 그 자체로 긍정적인 일이었다. 그것은 당대의 학술 체계로는 해결할 수 없는 문제들이 현실화되었다는 것을 의미한다. 안정적인 체계에 균열이 생긴 것이다. 균열은 그것을 메울 수 있는 새로운 사유를 필요로 한다. 조선의 학계도 일련의 변화를 보인다. 먼저 기존의 성리학적 방법론에 대한 회의가 일어나기 시작한다. 성리학적인 사유 체계는 이와 기 개념을 중심으로 인간과 우주를 통합적으로 파악하는 방식을 말한다. 이러한 사유 체계에 대한 회의와 반성이 일어나기 시작했다는 것이다. 변화하는 세계의 현실을 이와 기를 통해서 온전히 설명할 수 없다는 자각은 이와 기라는 짝 개념에 대한 성찰을 동반한다.

서양의 자연과학적 사고를 통해 음양오행이라는 기 개념은 더 이상 유효한 것이 아니었다. 그러나 기 개념에 포함된 물질세계의 이해 방식은 기의 존속을 필요로 했다. 그래서 기 개념은 살아남을 수 있었다. 그러나 문제는 이 개념이다. 이를 중심으로 사유했던 방식에 대한 반성이 전면적으로 제기된다.

정약용丁若鏞(1762~1836)은 기존 정주성리학의 이기 개념에 대한 숙고를 통해 새로운 사유를 기획한다. 그는 기존의 이기 개념을 포함한 성리학적 개념과 체계가 유일한 것이 아님을 자각한다. 그러한 성찰에는 청나라로부터 유입된 서학의 영향이 있었다. 그러나 무엇보다 성리학적 사유 체계를 포괄하는 유학적 세계가 있다는 재발견은 기존의 학술사상에 대해

재검토하게 만든다. 정약용은 성리학이 곧 유학이 아니라 유학의 변형된 한 형태라는 것을 깨닫게 되는 것이다. 그래서 그는 성리학적 개념과 이 중심의 가치 체계를 부정하고 유학적 세계로 복귀한다. 정약용이 성리학의 사유 체계를 버리고 공맹의 본원 유학에서 유학적 진리를 찾으려 한 것은 근본주의적 태도다. 그가 성리학을 불교와 도교의 영향 아래 탄생한 변형된 유학이라고 비판하는 것도 그러한 태도의 연장이다. 이러한 점에서 정약용이 본원 유학으로 회귀한 것은 학술적으로 의미가 있다. 그러나 그러한 선택이 과연 철학적 사유의 진보를 낳고 있는가를 놓고 볼 때, 그 점은 유보적이다.

정약용은 스스로 밝히고 있듯이 이황을 사숙(「도산사숙록」)했고, 학통상으로 성호학파에 속한다. 성호학파는 이익李瀷(1681~1763)을 중심으로 하는 18세기 근기 남인 계열의 퇴계학파의 한 지류다. 그의 가계를 살펴봐도, 퇴계학파와의 친연성이 발견된다. 정약용의 방계 혈족은 17세기 퇴계학파의 종장이었던 정시한으로 연결된다. 이처럼 정약용은 퇴계학파와 긴밀한 연관을 맺고 있다. 하지만 그는 학술적인 면에서 율곡학을 배제하지 않는다. 오히려 율곡학과 친연성을 보이고 있다. 그는 태학생 시절(23세), 정조의 질문에 답하는 글에서 사단칠정의 문제를 이이의 기발일도설氣發一途說의 관점에서 해석한다. 이황의 호발설에 오히려 의혹을 보낸 것이다. 그러나 서암 강학회(34세)에서는 이황과 이이의 이기론이 각기 특장점이 있다고 밝히고 장기 유배되었을 때 작성한 「이발기발변理發氣發辨」(40세, 1801)에서는 이황의 이기호발설이 심성 수양에 타당하다고 인정한다. 정약용은 이기의 문제에 있어 특정한 국면만을 보지 않고 통합하여 파악하려는 관점을 보이고 있다.

정약용의 학술상의 특징은 첫째, 그가 지루한 성리학 논쟁에서 벗어나 있다는 점이다. 물론 그가 이황과 이이의 사단칠정 논쟁에 대해서 양자를 지양하는 통합적인 의견을 제시하고 있기는 하다. 그러나 거기까지다. 그는 학술이란 기본적으로 '천하의 공물公物'이라는 관점을 갖고 있다. 파벌보다는 도리를 중요시하고, 공평정대함을 높이 평가한다. 둘째, 주자성리학의 주요한 개념들에 대한 재해석을 시도한다는 점이다. 그는 이기와 관련한 태극, 음양, 오행 등의 개념뿐만 아니라, 성즉리 등 성리학의 핵심 명제를 완전히 새롭게 해석하고 있다. 이러한 학술상의 특징은 그가 정주성리학의 이기를 중심으로 한 사유와 학술 체계에서 벗어나 있다는 것을 의미한다.

서세동점의 시대에 19세기 조선 유학은 이를 중심으로 하는 경향에 서 있었지만 최한기崔漢綺(1803~1877)는 독특한 새로운 사유를 제시한다. 최한기는 자신의 사유 체계를 '기학氣學'이라고 명명한다. 그의 저술명이기도 한 『기학』(55세, 1857)을 통해서 최한기는 성리학의 '이학'과 확연히 구분되는 기일원론氣一元論인 기의 철학을 전개하고 있다. 정주성리학의 '이' 중심의 학문 풍토에 대한 반성은 이의 과도한 의미화에 대한 축소와 상대적으로 기 개념의 약화에 따른 확대를 필요로 했다. 율곡학파의 임성주에 의해 이가 기와 동등한 개념으로 조정되는 과정은 이미 있었다. 그것은 이를 기로 바꾼 것에 불과한 것이기는 했지만, 이 개념이 기로 바뀐 것은 학술사적으로 의미 있는 일이었다.

임성주 이후, 성리학적 이기 개념을 배제하고 새로운 기 개념에 의해 인간과 우주자연을 설명하는 기학이 바로 최한기가 제안한 학문이다. 기존의 학문, 즉 성리학뿐만 아니라 불교, 서학 등이 초래한 병통을 고치는 치유적 학문 체계가 기학이라는 것이다. 기학은 정주성리학적 질서와 가치 체계를 벗어나 있다. 기존의 사유 체계로는 설명할 수 없는 서구의 과학기술과 신문명은 경이로운 것이었고, 최한기는 이를 새로운 유학의 틀에서 수용하고자 했다. 그러한 점에서 현실의 지반과 다른 기학의 체계는 새로운 사유의 경계를 개시해준다. 유형을 미루어서 유형을 헤아리는 추측推測의 유형지학有形之學이 바로 최한기의 '참된 실학'인 셈이다.

최한기는 주리적 경향의 성리학이나 성리학의 층위에서 논의되는 기론의 흐름도 배제한다. 그러한 것은 모두 '중고 시대의 학문中古之學'이기 때문이다. 유학의 틀 안에서 중고 시대의 학문을 배격하고 서양의 과학적 지식을 받아들여 새로운 세상을 기획했던 것이 최한기의 기학이다. 엄청난 장서가이자 독서가였던 최한기는 책을 통해 세상을 만나고 개화된 지식인들과 교유하면서 새롭게 사유했지만, 여전히 유학의 범주 안에 머물러 있었다. 그가 기학을 통해 제안하려 했던 새로운 사유는 당대의 학술사상이 되기에는 한계를 지녔다. 최한기의 기학이 조선 유학의 마지막 유학적 변용을 위한 시도라는 점에서는 학술적 의미를 찾을 수 있지만 기학이 더 이상 지속되지 못하고 역사의 뒤안길에 묻히고 말았다는 것은 그것이 표방한 새로운 사유와 방법론이 당대의 요청에 접속하지 못했기 때문이다. 이도 기도 아닌 물리物理가 득세하던 19세기 조선의 현실에서 기학은 오히려 설 땅이 없었다.

5. 이기의 현대적 활용 가능성

이렇게 직설적으로 물어보자. 현대 한국사회에서 이기를 중심으로 사유하는 성리학은 살아 있는가? 학계에서는 매달 이기를 다룬 수 편의 논문이 생산되고 연례적으로 성리학과 관련한 학술대회가 곳곳에서 열린다. 아직도 이기에 대한 사유를 탐구하고 이론적으로 규명하고 있으며, 이러한 추세는 앞으로도 지속될 것으로 보인다. 학계에서는 '아직' 성리학적 이기 개념과 그에 기반한 사유 방식이 살아 있는 듯하다.

그렇다면 학계가 아닌 일반 시민사회에서는 어떤가? 대체로 사회의 구성원들은 이러한 일련의 '일들'에 대해 무관심하다. 성리학의 학술사상이 우리 사회의 현실과 접속하지 못하고 있기 때문이다. 이기와 관련한 개념과 사유가 현대의 철학적 개념으로, 유의미한 일상적 삶의 태도와 가치 추구에 관한 사상문화로, 현실을 비판하는 담론으로 기능하지는 못하고 있기 때문이다. 그래서 특정한 몇몇의 사람에 의해 성리학과 관련한 담론이 유지되고 있다고 보는 것이 대다수의 시선이다. 그러한 점에서 성리학은 이미 '단종 상품'과도 같다. '품절'되어 더 이상 유통되지 못한다. 단종되기 전의 상품을 소유한 몇몇 사람에 의해, 기억되고 공유될 뿐이다. 그나마 성리학을 포괄하는 유학은 그 명맥을 '오래된 기억의 흔적 속에서' 유지하고 있는 수준이다.

그러나 이와 기가 아직도 현대 한국어에서 관용적으로 쓰이고 있다. 이기가 무의식적으로 한국어에서 활용되고 있다는 것은 현대적인 재해석의 가능성을 남겨준다. 사실 우리가 오늘날에도 일상적으로 '순리'나 '객기'와 같은 단어를 쓰는 것은 800여 년의 누적된 시간을 거슬러 올라가 있다는 것을 의미한다. 12세기에서 13세기에 만들어진 순리와 객기 같은 개념을 지금도 사용하고 있는 것이다. 그토록 오래된 개념이 쓰이는 것은 한마디로 '경험적으로 유효하기 때문'이다. 만일 유효하지 않다면 당연히 폐기될 것이다.

이와 기는 오랜 역사 과정에서 그것을 필요로 했던 사람들에 의해 발명되고 재발견된 개념이다. 이 이기 개념을 중심으로 인간의 심성을 다루고 관계를 탐구하고, 세계를 이해하고자 했던 것이 성리학이다. '오래된 전통의 누적된 사유와 가치 체계'를 담고 있는 것이 '이'와 '기'다.

켜켜이 쌓인 묵은 때로 덮여 있는 이와 기를 '기억 속의 과거'로 호명해서는 더 이상 의미가 없다. 그러한 점에서 이제는 '이'와 '기'가 무엇인가를 묻는 대신 질문의 방향을 바꿔 그것이 '왜 필요한가'를 물어보자. 이와 기가 무엇을 의미하는가를 묻기보다는 전통 시대의 누군가는 '이'와 '기'를 어째서 철학적 개념으로 정립하려 했을까를 물어보자. 이 '이'와 '기'를 통해 무엇을 말하고 싶었는지를 묻자. '이'와 '기'는 특정한 시대에 특정한 사람들에게 전유되면서 어떤 사유를 촉발했고 또 그들은 무엇을 꿈꾸었을까를 물어보자. 이 물음에 답하는 과정은 온전히 우리 시대에 성리학적 이기 개념을 새롭게 창출하려는 성찰적 시도이기도 하다.

그럼 이렇게 다시 정직하게 물어보자. 과연 현재에도 성리학적 이기와 그러한 사유 방식은 유효한가? '아직도 유효하다'고 한다면, 이기를 포함한 성리학은 우리 시대에 어떤 점에서 유효할 수 있는가를 고민해야 한다. 성리학이 그러한 유효성을 확보하기 위해서는 우리 시대를 통찰할 수 있는 예민한 지성과 인정에 기반한 따뜻한 감성 그리고 공평무사한 의리에 기반한 도덕적 엄격성이 기본적으로 전제되어야 한다.

그리고 이기 개념을 현대적으로 재활용하기 위해서는 시대적 의미뿐만 아니라 학술적 맥락 또한 고려해야 한다. 성리학의 이기 개념은 오래된 유가철학의 학술 전통을 토대로 하기 때문에 현대적 지반은 상대적으로 약하다. 완고하게 전통적 사유 체계만을 고집할 것이 아니라 현대의 서양학술과도 대화할 수 있는 유연성을 확보해야 한다. 아울러 성리학이 유학의 근본정신을 회복하기 위해 태동했다는 점에서 유학적 가치에 대한 재조명이 필요하다. 유학적 가치는 곧 인간적 성숙을 통해 이 세계에서 타자와 연대하는 공존과 평화의 윤리를 추구한다. 그리고 그러한 공존과 평화의 윤리는 우리 시대에 요청되는 최대도덕보다도 최소도덕이라도 실천한다는 의무와 책임감으로 작동해야 한다. 적어도 잔혹한 세상을 막기 위한 도덕적 열망이 유학적 실천에 포함되어야 한다.

우리 시대에 이와 기가 유용하게 재해석되려면 경험적 세계의 일상성에 주목해야 한다. 현실을 주목하고 정당한 발언을 제기했던 학문이 성리학이었다는 것을 고려한다면, 이기론적 사유의 현대적 재활용은 생활정치에 대한 관심에서부터 시작되어야 한다. 사회 현실을 주목하고 부조리한 현실에 비판적인 대안을 제시할 수 있어야 한다. 그래야 현실과 괴리되지 않은 생명력 있는 사유가 추동될 수 있다. 그것은 일상성에 대한 재발견을 통해 가능해진다. 현실과 정의로운 정치적 실현에 대한 관심을 통해 이기를 근본으로 하는 성리학은 근본적이고 심층적인 철학적 주제로 전환될 수 있다.

그리고 무엇보다 중요한 점은 이와 기에 대한 사유는 획일화된 이념적 기획이 아니라는 것이다. 순리가 고착되고 경화될 때, 그것은 강요된 불소통의 이념으로 변질된다. 그것은 마땅히 거부되어야 하고, 그것은 자연스런 순리로 되돌려져야 한다. 왜곡되어 변질된 이의 숨통을 트이게 하는 것은 객기에 의해 수행될 수도 있다는 점이다. 객기는 성리학적 개념에서 부정적이지만 현대의 삶 속에서는 '자유로운 열정'으로 재해석될 수도 있기 때문이다. 이와 기 개념에는 고전적인 의미뿐만 아니라 우리 시대의 새로운 가치가 투여될 수도 있다는 점도 고려되어야 한다.

결국 이기에 대한 논의는 경험적 세계의 일상성에 대한 관찰에서부터 시작해 '경험의 너머'를 탐구하는 것으로 뻗어나가야 한다. 개별적인 이와 기는 사물의 구성 원리를 탐구하는 객관적 인식의 방법론에서부터 세계와 인간의 관계성에 관한 정치철학적 측면과 인간의 윤리적 실천 영역까지 포괄한다. 이와 기에 대한 사유가 '세계를 보는 두 개의 창'이 될 수 있는 것은 경험의 영역에 머물지 않고 초월적 세계까지 포함하기 때문이다. 경험의 세계와 초월적 세계를 이와 기 개념으로 구축하고 있는 것이 성리학이다. 그러나 오늘날 성리학의 이기 개념이 현대적인 의미를 확보하려면 추상적 관념화의 과정에서 벗어나야 한다. 따라서 성리학의 이기론은 경험화된 세계의 유의미성을 밝히는 철학적 개념으로 재정위되어야 한다. 그것은 신체화된 경험의 세계에서 비롯하는 자연주의적 관점을 통해 이기를 재해석하는 것이다.

　우리는 북송대의 성리학자뿐만 아니라 조선시대 성리학자들이 고민했던 철학적 문제를 똑같이 안고 있다. 그것은 이 일상적 삶의 세계를 과연 어떻게 파악할 것인가의 문제다. 그 관점은 단일할 수 없지만, 삶의 총체성에 대한 고민은 다르지 않다. '이'와 '기'가 비록 전통 시대의 가치를 담고 있는 개념이기는 해도 오늘 재론하는 것은 여기에 '삶의 총체성'에 대한 본질적인 사유가 담겨 있기 때문이다. 우리가 사는 삶의 세계는 어떤 기준으로 작동하는가? 규범의 원천에 대한 탐구는 현대사회에서 최소윤리를 위해서도 필요한 부분이다. 이기에 대한 사유는 합리적이면서도 분리되지 않은 전체에 대해 숙고하게 한다. 이러한 규범의 근거는 문턱에 놓여 있다. 찾아가는 것은 우리 몫이다.

2장
원전과 함께 읽는 이기

理氣

理氣

01
단계
성리학적 이기 개념의 원형적 이미지

대상 ⊙ 『시경』『주역』『예기』『논어』

1단계에서는 성리학적 이기 개념이 탄생하기 이전, 유가철학의 사유에 담겨 있는 이기 개념의 연원에 대해 살펴본다. 유학의 오래된 사유 속에는 이와 기로 구체화되고 추상화될 수 있는 원형적 이미지가 담겨 있다. 그러한 이미지를 『시경』『주역』『예기』『논어』를 통해 확인해보자.

【시경 1】 원문 1　　　　　　　　　　　　　천생증민, 연비어약

하늘이 백성을 낳으시고
사물에 법칙이 있게 하셨네.
『시경』「대아·증민」

솔개는 하늘 위를 날고
물고기는 연못에 뛰네.
「대아·한록」

존재하는 모든 것은 '있음'의 존재다.
'없음'에서 비롯하는 것이 아니라 있음에서 비롯한다.
있음에는 존재 원리가 담겨 있다.

　　이러한 사유의 원형을 『시경』의 가사는 보여준다. 『시경』은 특정한 개인에 의해 집필된 체계적인 저술이 아니라 집단 창작에 가까운 시가 모음집이다. 황하 유역을 중심으로 주나라 초기인 기원전 1046년부터 주나라가 붕괴되기 시작하는 동주 초기인 기원전 599년까지 민간에서 유행하는 시가를 수집해 모아놓았다. 『시경』의 탄생 배경은 그렇기 때문에 산만하지만 당시의 삶의 풍경을 진솔하게 엿볼 수 있게 한다.
　　『시경』에서는 '하늘이 사람과 사물을 낳았다'고 한다. 그리고 그렇게 하

늘에 의해서 생성된 모든 사물에는 '법칙이 있다'고 말한다. 여기서 '칙'은 현대적 의미로 '법칙'이라고 번역하지만 사실 사물이 지니고 있는 일정한 특성 혹은 성질과 같은 것으로 '패턴'이라고 보아도 좋을 것이다. 사물이 지닌 패턴이 다양하게 관찰될 때 그러한 패턴의 다발은 '법칙'으로 보편화된다. 『시경』의 사람들은 그들 자신을 포함한 모든 만물은 하늘로 대표되는 자연 공간에 포함되고, 만물은 자연의 일정한 '패턴'에 따라 탄생과 성장, 소멸의 변화 운행을 거친다고 보는 것이다.

이 사고를 확장하면 하늘은 생명의 원천이고, 생명을 받은 존재는 자연의 법칙성을 적용받는다는 추론이 가능해진다. 따라서 자연의 법칙성이 적용된 인간의 삶은 그러한 법칙성을 발견하고, 그러한 법칙에 따라 살아야 한다는 책무가 부여될 수 있다. 결국 '하늘-인간(세계)-법칙성'의 삼각 구도는 존재와 존재의 현실 그리고 도덕적 의무까지도 제기한다. 『시경』의 이 말이 유가철학에서 무수히 반복적으로 원용되고 재해석되는 이유는 바로 이러한 '있음'의 철학을 제안하고 동시에 그에 따른 풍부한 함의를 담고 있기 때문이다.

그러나 '하늘이 만물을 낳았다'고 하는 소박한 자연관은 현대인들에게는 비과학적인 것으로 여겨질 수 있다. 그럼에도 이러한 '하늘-인간-사물'과 관련한 소박하고 직관적인 일련의 사유 방식은 인간과 인간을 둘러싼 우주자연의 생성과 변화 그리고 공간에 대한 원형적 사고를 엿볼 수 있게 한다. 이러한 사유는 곧 그들이 파악한 이와 기의 세계에 대한 이해 방식이기도 하다. 이와 기에 대한 사유 방식은 하늘 관념과 직결된다.

하늘에 대한 고대 동아시아인들의 관념은 경험적 세계 혹은 그 너머의 근원에 대한 욕망과 연결된다. 하늘로 대표되는 자연현상의 순환적이지만 변화하는 반복은 두려움과 경이로움의 대상이었다. 태양이 있는 밝음의 시간이 지나면 온 세상을 검은 장막으로 뒤덮는 공포스러운 어둠이 찾아온다. 어느 순간에는 어둠을 밝히는 달과 무수한 별이 빛나다가 또다시 사라지는 하늘과 그 공간의 세계는 알 수 있을 듯하지만, 알 수 없는 세계다. 자연세계는 반복하는 듯하지만 예측할 수 없는 변화무쌍함이 항존하기 때문이다. 없음 혹은 사라짐에 대한 공포는 감성적 변이를 추동한다. 경이로움과 동시에 알 수 없는 것들에 대한 두려움에서 비롯한 경건함은 '안정적 공간'을 희구하게 만든다.

유동하는 자연세계에서 '안정적 공간'에 대한 희구는 자신에게 결핍된 것을 찾아서 충족하고자 한다는 점에서 자기원인적이기도 하다. 이런 점에서 욕망의 대상은 타자로서의 대상일 수도 있고, 자신의 내면적 상태일 수도 있다. 인지능력으로 파악될 수 없는 불가사의한 것들을 인간의 세계에 묶어두고 싶어하는 고대인들의 욕망은 '도달할 수 없는 공간'에 대한 상상과 '접근 불가능한 것'에 대한 사유를 촉발한다. 이러한 과정은 익숙하게 바라보았던 '하늘-공간'에 대해 새로운 '공간 분할'을 가능하게 한다. 그 분할은 시간을 포함한다.

공간을 구획하는 것은 고정된 것이 아니다. 새로운 시점 혹은 새로운 사유에 의해 새로운 공간이 창출되며, 또한 그러한 공간은 공간 그 자체가 연계됨으로써 새로운 공간이 구성된다. 구성은 이미 존재한 세계에 대한 발견일 수도 있고, 새로운 대상과 세계에 대한 발견일 수도 있다. 고대 동아시아인들에게 비바람 불고 눈보라 치던 객관적인 자연으로서의 '하늘'은 창조적인 사유자에 의해 어느 순간 '하늘-거룩한 존재'의 영토, '하늘-인문적 자연'의 세계로 전환되는 것이다. 소박한 실재론적인 자연관에서 인격적 존재가 포함된 주재적 자연관으로 변천했다가 다시 인격적인 면이 완화된 인문적 자연관으로 변화하는 과정은 매우 획기적이다. 이 공간의 창조와 해체 과정은 새로운 사유와 삶의 양식의 변화를 가져온다.

이렇게 본다면, 인간과 사물의 세계를 하늘이 낳았다고 하는 『시경』의 '있음'에 대한 감성적 사유는 하늘 아래 존재하는 모든 것이 경험을 공유할 수 있는 가능성을 부여한다. 그것은 단순히 생명을 부여받았다는 것에 한정하지 않고 법칙의 공유를 매개하고 있기 때문이다. 근본적인 원리는 오래 지속된다. '이-기'의 문제는 바로 이러한 사유를 전제로 세계와 삶의 의미를 발견하기 위한 철학적 탐구다.

『시경』의 '연비어약'은 물리적 자연 공간에 펼쳐지는 생명활동의 은유적 표현을 통해서 자연세계의 조화로움과 존재의 본질에 대한 유가철학적 사유의 한 형태를 보여준다. 이것은 가시적인 것과 비가시적인 것에 대한 사유와 연관된다.

솔개는 물속에서 날 수 있을까?
물고기는 하늘에서 헤엄칠 수 있을까?

'연비어약'으로 축약되는 『시경』의 시가는 솔개와 물고기조차 자신의 본성에 따라 자연스럽게 살아간다는 비유를 통해 도덕 인격의 화신인 문왕의 덕이 백성에게까지 미치고 있음을 칭송하는 내용이다. 대체로 생동하는 자연의 활발함과 각각의 공간에서 작동하는 질서의 바름을 표현한 것으로 해석되고 있다. 자연세계가 작동하는 법칙과 질서의 정연함 그리고 마땅함의 경지를 은유적으로 잘 드러내고 있다. 이 부분은 『중용』에서도 재인용되고 있다.

위에서도 '마땅함의 경지'를 언급했지만, 우리가 흔히 말하는 '자연스럽다'는 것은 '마땅하다' 혹은 '합당하다'는 것을 전제한다. 그래서 솔개는 하늘을 나는 것이 자연스럽고 마땅하며, 물고기는 물에서 헤엄치는 것이 자연스럽고 마땅하다. 이것은 사회적 위계나 정치적 권력관계에 의해서 역할이 나뉘고 책임이 부과되는 것이 아니다.

전통 시대의 관념에서 자연생물은 각각의 영역과 역할이 정해져 있다는 것, 그래서 그러한 각자의 역할과 책임을 다하는 것, 그런 것이 전체적으로 조화를 이루는 것이고 또한 자연스러운 것으로 받아들여진다. 이런 관점에서 만물이 우주자연의 이치에 따르는 것은 지극히 자연스럽고 당연하다는 의미다.

그런데 이 당연함을 당연하지 않게 만드는 것이 문제다. 당연하고 자연스러운 것을 당연하지 않고 자연스럽지 않게 만드는 요인은 무엇일까? 그것은 순리順理가 아니라 역리逆理이고, 인위의 욕망과 관련된다. 옛사람들은 바로 이 점을 잘 알았고, 그 지점에서 자신을 경계하고자 했다. 그래서 언어와 논리적 사유로 도달할 수 없는 원리적인 세계의 당연함과 생명활동의 자연스러운 경지를 내면에 형상화하는 방식을 취하게 된다. 비트겐슈타인Ludwig Wittgenstein(1889~1951)은 말할 수 없는 것, 언어로 표현할 수 없는 것에 대해서는 침묵하라고 했지만, 말로 표현될 수 없다고 해서 중요하지 않은 것은 아니다. 바로 경험적으로 도달할 수 없는 추상의 세계를 시적 이미지의 반복을 통해 체현해내고자 한다.

조선시대 유학자인 퇴계 이황은 「도산십이곡 6」을 통해서 '연비어약'이 전해주는 존재의 메시지를 내면에 묶어두려 한다. 그가 시를 짓는 것도 우주자연의 조화로움과 섭리의 경이로움을 시적 이미지를 통해 내면에 각인하려는 시도다. 이황은 들쑥날쑥한 마음의 영역에서 이법에 따르는 경지를 포착하고 지속하는 것이 중요한 일이라는 것을 알지만, 그것이 또한 쉽지 않다는 것을 잘 알고 있었다. 그래서 그는 경계의 마음을 가시적 영역에 구체화하고자 한다. 이황이 도산서당에서 낙동강을 바라볼 수 있는 서쪽의 한 지점을 '천연대天淵臺'라 명명하는 것도 바로 그와 같은 이유에서다. 천연대는 '연비여천鳶飛戾天, 어약우연魚躍于淵'에서 취한 것이다.

율곡 이이도 '연비어약'이 전해주는 존재의 메시지와 접속한다. 이이는 금강산의 한 작은 암자에서 만난 노승을 위해 '연비어약'의 시를 짓는다. 이이는 노승과의 대화를 통해 불교의 진리는 말로 표현되는 수준이지만 유가의 도는 말로 표현할 수 없다고 한다. 마치 '솔개는 하늘을 날고 물고기는 못에서 뛴다'고 하는 경지라고 설파한다. 이것은 유가의 도가 불교보다 한 수 위에 있음을 말하는 것이다. 이이는 유가적 진리의 세계가 "물고기는 뛰고 솔개는 날지만 위아래가 같다"는 깨달음을 통해 서로 다른 현상의 이면에 존재의 본질이 담겨 있음을 파지한다. 그러한 각성은 이이로 하여금 번민의 시간을 접고 금강산에서 하산하게 만드는 계기를 이룬다.

관찰 대상으로서 새와 물고기, 하늘과 연못은 『시경』의 사람들에게나, 현대를 사는 우리에게나 별 차이가 없을 것이다. 이황이나 이이와 같은 조선시대 성리학자들이 본 것과도 크게 다르지 않을 것이다. 그러나 그들은 동일하게 주어진 대상을 통해 이 세계를 구성하고 유지하는 법칙을 발견하고자 했고, 그러한 발견을 통해 자신들의 세상과 삶을 의미 있게 만들려 했다. 시계는 아무렇게나 모아진 시계의 부속들로 이루어지지 않는다. 시계의 부속들이 일정한 방식으로 결합될 때, 세계는 의미 있게 파악된다.

창문을 열고 고개를 들어 오늘 우리의 하늘을 나는 새를 찾아보자. 그리고 고개 숙여 오늘의 연못에서 뛰는 물고기를 바라보자. 변화하는 것과 변화하지 않는 것에 대한 유가철학의 원형적인 사유를 『주역』의 글을 통해 살펴보자.

【주역 1】 원문 2   역유태극

역에 태극이 있는데, 이것은 양의를 낳고, 양의는 사상을 낳으며 사상은 팔괘를 낳는다. 한 번 음하고 한 번 양하는 것을 도라고 이른다. 이것을 잇는 것은 선이요, 이것을 이룬 것은 성이다. 인한 자는 보고서 인이라 하고, 지혜로운 자는 보고서 지라고 하며, 일반 사람들은 날로 쓰면서도 알지 못한다. 그러므로 군자의 도가 적다. 그러므로 형이상의 것을 도道라 하고, 형이하의 것을 기器라 하며, 조화하여 재제하는 것을 변이라 하고, 미루어 행하는 것을 통이라 하며, 이것을 들어서 천하 사람들에게 베푸는 것을 사업이라 한다.

`『주역』「계사」`

변화는 생명이다.

변화하는 것만이 영원하다.

변화는 변화를 낳고, 그래서 변화한다.

변화하는 데는 변화하는 이유가 있고 원리가 있다.

『주역』은 존재하는 모든 것은 끊임없이 변화하고, 변화의 과정에 있는 것임을 알려준다. '역易'이 변색동물인 도마뱀을 형상화하고 있다는 점은 변화에 대한 관점을 함축한다. 이처럼 '변화의 철학'을 유가적 관점에서 축적하고 있는 것이 『주역』이다. 그러나 뒤집어 생각하면 『주역』은 '변화하는 것'을 통해서 '변화하지 않는 것'을 말해주고 있다고 볼 수 있지 않을까? 『주역』의 간결한 경문은 반사실적인 내용을 담고 있으면서, 사실적인 경험의 세계에서 지금까지 살아남을 수 있었던 이유는 무엇일까? 그것은 『주역』이 '점을 치는 것'과도 연관되기 때문일까?

사실 『주역』은 진시황의 분서焚書라는 폭력적인 사건에서 살아남았다. 자유로운 학술사상을 탄압하기 위해 서적을 불태워버렸던 폭력의 명분은 지식인들이 옛것을 기준으로 당대의 정세를 논란하여 민심을 어지럽히고 정치를 혼탁하게 한다는 것이었다. 그래서 유가의 전적을 비롯한 많은 서적이 불태워지고 의약에 관계된 서적이나 점술에 관련된 복서卜筮 등 일상적 생활과 관련한 일부의 책만이 화를 면했다. 역과 관련된 책들은 점을 치는 술수류術數類의 책으로 분류되어 살아남는데,『주역』도 여기에 포함되었다.

　『주역』이 '점치는 책'으로 활용된 것은 사실이다. 그러나『주역』은 고대 중국인들이 경험적으로 관찰한 내용을 상징적인 부호로 만들고 그 의미를 기록해놓은 책이다. 거기에는 가변적인 자연현상뿐만 아니라 판도라의 상자에 담겨 가늠할 수 없이 꿈틀거리는 욕망의 세계에 대한 우려와 우환의식도 담겨 있다. 그렇기 때문에『주역』이 지금까지 살아남을 수 있는 이유를 '점치는 책'에서 찾는 것은 근거가 약하다. 앞서 말했지만『주역』은 변화하는 세계상을 말하면서도 오히려 '변화하지 않는 것'을 주장한다. 표층 문법에서는 '변화하는 것'을 말하고 있지만 심층 문법에서는 '변화하지 않는 것'을 아주 긴 호흡으로 주장한다. 변화하는 현상이 아니라 변화의 근원arche에 대한 통찰은 변화의 원리principle에 대한 사유를 함축한다. 그것을 '도'라는 이름으로, 혹은 '태극'이라는 기표로, 아니면 기로, 신을 상정하는 '로고스logos'로 명명한다 해도 문제가 되는 것은 아니다.

　역의 세계는 변화를 통해 생명을 낳고 그래서 또 생명을 유지한다. 생명을 낳고 생명을 잇기 때문에 변화가 아름다운 것만은 아니다. 생명의 수수 과정은 인문적 가치가 생명에 전달되기 때문에 그러한 변화는 아름다운 것이요, 선한 가치다. 그러한 가치를 삶의 영역에서 실현하는 것이 사업이다. 조선시대 유학자 여헌 장현광은 도를 실현하는 일을 '우주사업'이라 정의하고, 이 우주사업이 인간의 가치 실천을 위한 도덕사업이자 인간사업이라고 제안한다.

　어찌 보면 변화하는 생명 현상 속에서 변하지 않는 영원한 생명의 본질

을 찾으려 했던 것이 역의 관점이 아닐까 한다.『주역』의 '역유태극易有太極'
은 '변화하는 세계'에서 '변화하지 않는 것'을 찾으려는 유가철학의 사유
와 가치의 원형을 보여준다. 변화하는 것과 변화하지 않는 것에 대한 관심
은『예기』의 천리天理와『논어』의 '요산요수樂山樂水'에서도 발견된다.

> **인생이정_천리멸**　　　　　　　　　　　　　　　　　【 예기 1 】 원문 3
>
> 사람의 본질이 고요한 것은 하늘의 성과 같다. 대상 사물을 느
> 끼고 마음이 움직이는 것은 성의 욕망이다. 대상 사물이 이르러
> 서야 알게 되고 알고 난 후에야 좋아함과 싫어함이 그로부터 형
> 체가 생긴다. 내면에서 좋아함과 싫어함의 절도가 없고, 밖으로
> 앎이 유혹되어 스스로 반성하지 못한다면, 천리는 없어진다.
>
> 『예기』「악기」19

『예기』「악기」 편에서는 '천리'를 말하고 있다. 이 글 뒤에는 천리와 대비
하여 '인욕'이 언급되고 있다. 「악기」는 지각에 의해 대상 사물을 파악하고
그러한 과정에서 빚어지는 사람들의 정서적 상태를 잘 표현하고 있다. 「악
기」의 저자는 사람이 태어날 때 호오의 감정과 하늘의 본질을 받는다고 믿
고 있다. 따라서 사람이 대상 사물을 접하여 마음이 감응하면 감정이 발생
하는 것은 당연하다. 그럴 때 하늘의 본질, 곧 성으로 이 감정을 조절하지

못하면 천리는 사라진다는 것이다. 대상 사물을 지각하고, 그 지각에 따른 감정의 발출이 적절하지 못한 것은 곧 사물에 구속되고 유혹되는 것과 같다. 이렇게 본다면, 이 글에서는 '천리'에 대한 명확한 개념이 보이지 않지만 '하늘의 성'과 연관된다는 점은 유추할 수 있다. 인간이 태어날 때 인성으로 주어진 하늘의 본질과 같은 것이 '천리'인 셈이다. 이 '천리'는 북송대 도학자인 정호에 의해 새롭게 발견되어 북송대 이학을 여는 단초가 된다.

'천리'와 감정의 동요로 발생하는 '인욕'의 문제는 북송 성리학에서 성性과 정情, 인심人心과 도심道心의 논의와 연관되어 중요한 철학적 쟁점이 된다. 「악기」는 인간의 도덕적 규범의 근거와 도덕감정 그리고 윤리적 실천의 정당성에 대한 논의를 담고 있기 때문에 북송의 유학자들에게 중요한 텍스트로 인용된다. 주희도 「악기동정설樂記動靜說」에서 '천리인욕天理人欲'에 대한 문제를 논의하고 있다. 이 문제는 조선조 성리학에서 도덕감정과 감정 일반을 다루는 사단칠정론에서 중요하게 다뤄진다.

【논어1】 원문 4　　　　　　　　　　　　　　　　　　요산요수

> 지혜로운 사람은 물을 좋아하고, 어진 사람은 산을 좋아한다. 지혜로운 사람은 동적이고, 어진 사람은 정적이다. 지혜로운 사람은 즐겁게 살고, 어진 사람은 장수한다.
>
> 「논어」「옹야」

동양적 사유는 어떻게 탄생했는가

북악산 기슭 계곡에 물이 흐르고, 주인이 있는지 없는지 알 길 없는 개울가 누정은 산과 물을 조망한다. 겸재 정선이 화폭에 담은 '독락정'의 풍광이다. 정선은 산과 물 그리고 누군가가 기거할 수 있는 누정을 화폭 속에 옮겨놓고 있다. 그는 이 그림을 통해 무엇을 그려내려 했을까?

여행이 자유롭지 못하던 전통 시대에 옛사람들은 자신이 직접 가지 못한 동경의 공간을 그림이나 글을 통해 상상하곤 했다. 정선이 소재로 삼고 있는 산과 물을 동시에 포함하는 풍광은 산수화의 단골 소재였다. 많은 사람이 산수의 풍광을 소재로 삼았다는 것은 화가 자신이 그러한 소재를 좋아했기 때문일 수도 있지만, 그러한 그림을 좋아하는 소비자가 있었기에 가능했을 것이다. 사람들은 어째서 산과 물의 풍광을 좋아한 것일까?

공자는 『논어』 「옹야」 편에서 '지혜로운 사람'과 '사람다운 어진 사람'을 구분하여 각기 물과 산이라는 대상을 짝하여 놓고 있다. 즉 지혜로운 사람은 물을 좋아하고 동적이어서 즐겁게 살고, 사람다운 어진 사람은 산을 좋아하고 정적이어서 장수한다는 것이다. 이 말은 매우 은유적이다. 이 짧은 편을 통해서 우리는 변하는 것과 변하지 않는 것, 움직이는 것과 움직이지 않는 것에 대한 공자의 관념을 엿볼 수 있다. 지혜로운 사람을 '물'에 연결시키고, 사람다운 사람을 '산'에 연결시키는 것은 우연이 아니다. '물'과 '산'의 은유를 통해 공자는 인간의 인지적 특성에 대한 통찰을 보여준다.

물은 자연세계의 변화무쌍함을 상징한다. 그 물은 쉬지 않고 흐르는 유장한 시간성과 아래로 흐른다는 하향성을 보인다. 공자는 『논어』 「자한」 편에서 "흘러가는 것이 이와 같구나. 밤낮으로 그침이 없구나"라고 하여 흐르는 강물을 바라보며 이 말을 내뱉는다. 공자는 이 말에서 시간의 흐름

⊙ 「독락정獨樂亭」, 정선, 종이에 담채, 29.5×33.7cm, 1753년경, 간송미술관.

과 인생의 시간이라는 상호 관련된 두 개념적 은유를 활용하여 자신의 의미를 전달하고 있다. 시간은 여행이며, 인생 또한 여행이다. 이 두 개념적 은유를 통해서 공자는 쉼 없는 생성의 시간과 동시에 소멸의 시간을 말하고 있다.

물의 흐름은 시간적이며 하향적이며 선형적이다. 하향적이고 선형적이라는 것은 물은 아래로 흐르고, 그 흐름은 순차적인 단계를 거친다는 말이다. 이것은 마치 인생의 여정과도 같다. 자신이 겪어온 삶의 시간을 파노라마처럼 떠올리는 것이다. 바로 물을 통해서다. 물은 일종의 스크린으로 작동한다. 물빛에 어린 시간의 기억은 이미지로 흐른다. 흐르는 물은 흐르는 시간이지만 흐르는 물에는 흘러간 인생의 시간 속에 포착된 정지된 영상image이 중첩된다. 이것은 물이 '흐르면서 정지해 있기 때문動中靜'에 가능하다. 인생은 흐르는 물의 여정과 닮아 있다. 그 흐름은 지상의 물길에서 영원의 바다로 지속된다.

반복되는 듯하지만 끊임없이 차이가 발생하는 변화의 세계가 우리가 살아가고 있는 삶의 세계다. 지혜로운 사람은 '물'로 상징되는 현상적 변화와 만나고 스스로를 조절하면서 변화의 근원이자 변화의 원리에 대해 성찰한다. 그리고 그것을 발견한다. 그래서 진리가 그를 자유롭고 즐겁게 한다.

산은 변화의 시간을 겪어가지만 한 자리에 고정되어 있다는 점에서 자연세계의 항상성을 상징한다. 그리고 인간세계의 현장이 아닌 거주지 밖에 위치한다는 점에서 산은 탈속적이며, 인간의 평균적 시선보다 높고 수직적 공간성을 띤다는 점에서 두려움과 경외의 대상이다. 신체화된 인지적 도상성과 연결된 경험의 질성은 산에 대한 우리의 무의식을 자극한다.

산에 대해 사유하지 않더라도 산에 대한 이미지는 우리의 의식에 자리하는 것이다.

인간세계가 비록 변화무쌍하지만 그러나 변화하지 않는 '산'의 속성은 그것과 닮아 있는 인간의 내면적 특성이 있음을 암시한다. 그래서 공자는 어진 사람의 특성을 '정적인 것'으로 파악한다. 정지해 있다는 것은 운동의 한 과정이다. 운동 변화의 한 국면이 정지로 표현될 뿐이다. 산도 정적이지만 그 안에 다양한 생명활동과 변화운동을 담고 있다. '멈춤 속에 움직임을 포함하고 있는 것靜中動'이 산의 특성이다. 그리고 공자는 이를 어진 사람의 내면적 특성과 연결하고 있는 것이다.

"지혜로운 사람은 물을 좋아하고, 사람다운 어진 사람은 산을 좋아한다"라는 공자의 은유 속에는 일상적 경험세계가 있고, 또한 그것과 분리될 수 없는 원리적 세계가 있다. 즉 물로 표상되는 세계와 산으로 상징되는 세계가 존재하는 것이다. 그런데 중요한 것은 대상으로서 물과 산은 서로 이질적이지만 이 두 존재는 원리적으로 연결되어 있다는 점이다. 『주역』의 세계관에서 산과 물의 관계는 몽괘蒙卦가 제안하는 것처럼 '산 아래에서 샘이 솟는다山下出泉'는 것으로 설정된다. 물이 지표로 솟아나는 발원 지점이 산이고, 산은 물을 담고 있다는 이러한 사고는 변화하는 것과 변화하지 않는 것이 분리되어 있지 않다는 것을 보여준다. 즉 '멈춤 속에 움직임이 포함되어 있고靜中動', '움직임 속에 멈춤이 내재되어 있다動中靜'는 상관적 사고와 다르지 않다. 사람은 바로 그 분리되지 않는 지점에 살고 있다. 정선의 산수화에서 산과 물 사이에 누정이 그려진 것도 바로 이러한 사유를 반영한다.

02
단계
북송 시기의 이기

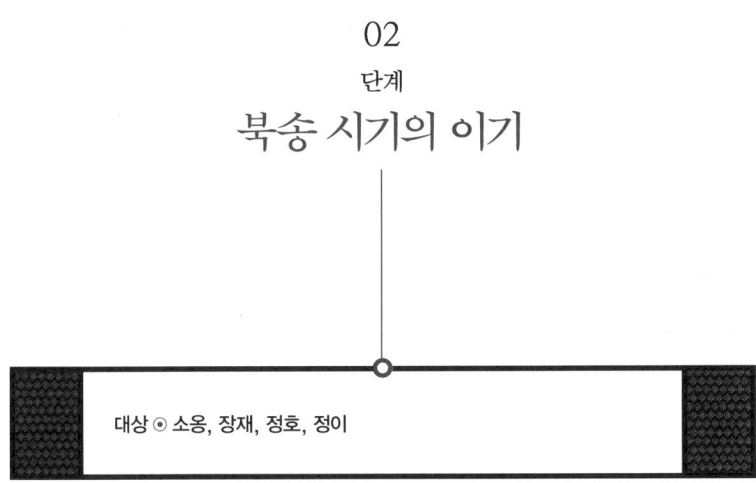

대상 ◉ 소옹, 장재, 정호, 정이

  2단계에서는 소옹, 장재, 정호, 정이를 통해서 북송 시기 낙양을 중심으로 형성된 이기 개념과 철학적 사유의 궤적을 살펴보겠다. 여기서는 북송 오자의 한 사람으로 평가되는 주돈이를 배제했다. 주돈이는 정향과의 인연으로 정향의 자식인 정호·정이가 어린 시절에 그에게 사사했다고 알려져 있다. 하지만 정호와 정이는 주돈이를 추존하지 않는다. 이들은 주돈이를 '궁선객窮禪客'이라 하여 참선하는 사람으로 평가한다.

  주돈이는 북송의 지식인들 사이에서 크게 주목받지 못했다. 그러나 그가 죽은 뒤 철학사에서 등장하는 것은 주희에 의해서다. 주희는 주돈이의

「태극도설」을 이기의 관점에서 재해석하여 자신의 철학적 근거로 삼는다. 이로써 주돈이는 유가철학사에 이름을 올린다. 따라서 주돈이는 3단계 주희의 이기철학을 다루면서 함께 살펴보도록 하겠다.

【소옹 1】 원문 5   무극 · 태극 · 하늘 · 마음

> 무극 이전에는 음이 양을 포함하고 있다. 상이 생긴 뒤에는 양에서 음이 갈라졌다.
>
> 『황극경세서』 5, 「관물외편」 상

> 태극이 나뉘어 양의가 세워진다.
>
> 「관물외편」 상

> 일기가 나뉘어 음양이 된다.
>
> 「관물외편」 상

> 하늘은 이理로써 다한다.
>
> 「관물외편」 상

> 자연히 그러한 것은 천이다.
>
> 「관물외편」 상

> 하늘은 기로써 위주로 삼는다.
>
> 「관물외편」상
>
> 태극은 도의 극이고 태현은 도의 현이다.
>
> 『황극경세서』 6, 「관물외편」 하
>
> 마음이 태극이 된다. 또 말했다. 도가 태극이 된다.
>
> 「관물외편」상

소옹邵雍(1011~1077)은 중국 송나라의 학자이자 시인으로, 자는 요부堯夫이고, 강절康節은 그의 시호다. 그는 사물에 구애되지 않는 초탈한 인품으로 진심으로 학문하기를 좋아하는 지식인으로 이름이 높아 '호학지사好學之士'로 불렸다.

소옹의 삶은 '한가함閑'과 '즐거움樂'에 있었다고 평가되며, 일생을 낙양에 숨어 살며 시정市井의 학자로서 평생을 마쳤다. 이런 그의 삶은 당시 낙양 사람들에게 깊은 인상을 남긴다. 정이는 그의 학문(상수학)을 '공중누각' 같다고 평가한다. 관물의 관점에서 만물일체론을 주장한 그의 선천상수학은 조선의 서경덕과 장현광에게 영향을 미친다.

태극에 대한 논의는 위진남북조 시기에 나타나기 시작한다. 이 시기에는 현학과 도교의 성행으로 태극은 혼연한 원기와 같은 것으로 논의되어 왔는데, 태극과 무극에 대한 본격적인 논의는 북송의 도학자 계열에서 나타나고 있다. 태극에 대한 논의는 소옹보다는 주돈이가 앞서 했는데, 주돈이의 논의는 3단계에서 살펴보겠다.

소옹이 주돈이의 「태극도설」을 열람했는지의 여부는 확인할 수 없지만, 소옹은 자신의 선천 상수역학 관점에서 태극과 무극에 대해서 언급하고 있다. 소옹은 「선천도」에서 무극과 무극 이전을 괘로 나누어 설명하고 있다. 「선천도」에서 '곤괘'를 중심으로 놓고 보았을 때, 곤괘에서 복괘 사이가 무극이 된다. 그 반대인 곤괘에서 구괘까지가 무극 이전이다. 소옹은 구괘에서 곤괘까지는 음이 양을 포함하고, 복괘에서 건괘까지는 양이 음을 나누고 있다고 설정한다. 상이 생기는 복괘에서 '천지의 마음을 본다'고 하는 것은 이 때문이다.

소옹은 『황극경세서』에서 여러 차례 태극에 대해서 언급한다. 그러나 태극을 명확하게 규정하지는 않는데, 이것은 태극의 의미가 사용하는 문맥에 따라 다양하게 해석될 수 있다는 말이다.

소옹은 태극이 나뉘어 양의가 된다고 본다. 태극은 정확히 규정되지 않지만, 양의는 음양의 두 기인 것이 확실하다. 소옹은 일기가 나뉘어 음양의 기가 된다고도 한다. 음양으로 나뉘기 전에는 분명 일기였을 터이고, 그럼 일기 이전에는 무엇이라고 할 수 있을까? 소옹은 무극 이전에는 음이 양을 포함한다고 말하고 있다. 무극과 태극의 관계를 정확히 알 수 없지만 무극이 기의 상태임이 확실해 보인다. 이렇게 본다면 단언할 수는 없지만 태극은 기의 요소를 띠고 있다고 해도 무리가 없을 듯하다. 태극의 의미를 확인하기 전에 도의 의미를 확인해보자.

소옹은 태극을 '도의 극'으로 보고 있다. '극'에 대한 소옹의 설명이 없기 때문에 '도의 극'이 무엇을 의미하는지 알 수는 없다. 하지만 그는 '도의 현'을 말하면서 태현太玄을 언급하고 있다. 이를 미루어본다면 '도의 극'은 '도의 지극함'이라고 해석할 수 있겠다. 도의 지극함이 곧 태극이다.

    소옹은 도를 매우 강조하면서 비교적 명확하게 개념 규정을 하고 있다. 먼저 도와 천의 관계부터 살펴보자. 소옹은 "천은 도로 말미암아 생겨난다天由道而生"(『황극경세서』 4, 「관물내편」 9)고 한다. 도에 의해 생겨난 천에 대해서 소옹은 여러 형태로 언급하고 있는데, "하늘은 이로써 다한다" 혹은 "자연히 그러한 것은 천이다"라고 하여 천을 '이'로 파악한다. 그러나 한편으로 "천은 기로써 위주로 삼는다"고 하여 천을 기로 이해하고 소옹은 천을 이와 기가 혼재한 것으로 보는 것이다. 천이 이와 기가 혼재한 것이라면 이러한 천을 낳은 도 역시 이와 기가 혼재한 것으로 보는 것이 타당하다.

    한편 소옹은 천지만물의 근본은 도라고 정의한다. 도에서 천지만물이 생긴다는 것이다. 이러한 관점은 도가 존재의 근거이자 생명의 시원이라는 의미다. 이렇게 본다면 도는 이기가 혼재한 존재의 근거이며 생명의 시원이라고 정의할 수 있다.

    따라서 '도의 지극함'인 '태극'은 이와 같은 도의 개념을 포괄하는 상위의 개념이라고 할 수 있다. 태극은 이와 기가 구분되지 않는 존재의 최상 근거이고, 모든 존재는 태극에서 비롯된다고 말할 수 있겠다. 소옹은 존재의 근거를 도에서 찾는 것에서도 모자라 사유를 극단까지 확장하여 도의 지극함인 태극까지 추론한 것이다.

    그러나 소옹은 이 지점에서 사유의 방향을 돌린다. 『주역』의 건괘가 상징하는 것처럼 소옹은 극즉반極則反의 사유를 통해 새로운 철학을 건설한다. 소옹은 우주의 근원이라는 최상의 단계에서 방향을 돌려 마음의 우주로 향한다. 밖으로 향했던 사유를 안으로 돌리는 것이다. 우주만물의 존재 근거인 태극을 마음에 정위시키는 새로운 기획을 하는 것이다.

소옹은 '마음이 태극이 된다' '도가 태극이 된다'라고 정의한다. '마음이 태극이 된다'고 하는 탁견은 마음의 근거를 태극으로 정리함으로써 '안-밖' '내-외'의 두 차원을 통합하여 '유'에 근거한 성리학적 사유의 초석이 된다. 소옹의 철학적 기여는 바로 이러한 점에서 찾을 수 있다.

【소옹 2】 원문 6 　　　　　　　　　　　　　　　도_도로_길

도는 천지의 근본이고, 천지는 만물의 근본이다.
『황극경세서』3, 「관물내편」3

일음과 일양을 도라 한다. 도는 소리도 없고 형체도 없어서 깨달아 알 수 없다. 그러므로 도로의 도를 빌려서 이름으로 삼았다. 사람이 다닐 때 반드시 기로 다니기 때문이다.
「관물외편」상

하늘은 도로 말미암아 생겨나고 땅은 도로 말미암아 이루어지고, 만물은 도로 말미암아 행하게 된다. 하늘, 땅, 사람, 만물은

동양적 사유는 어떻게 탄생했는가

다르지만 그것들은 도로 말미암았다는 점에서는 동일하다. 도
라 하는 것은 길을 의미한다. 도는 형상이 없으나 행하면 일이
나타나는 것이다. 마치 도로라고 할 때의 길道처럼 그 길이 평탄
하여 아주 오랫동안 지나다니면 사람들이 그 돌아갈 곳을 아는
것과 같다.

『황극경세서』 4, 「관물내편」 9

    소옹은 도를 강조한다. 그에게 도는 '참된 학문을 추구'하는 진리의 도
요, 음양의 변화를 가능하게 하는 근거로서의 도이고, 천지만물이 근거
하는 생명의 근본으로서의 도다. 존재하는 만물은 모두 이 도로부터 비
롯된다.
    그러나 이 도는 인간의 감각과 인식의 대상이 아니다. 볼 수도, 들을 수
도, 만질 수도 없다. 형체와 흔적이 없기 때문이다. 다만 도는 천지만물이
운행하는 과정에서, 생명의 창조 과정에서 알 수 있을 뿐이다. 비가시적인
도를 가시적인 형태로 제시할 수 없지만, 소옹은 설명을 위해 도를 '도로'로
비유한다. '도는 사람의 길'이라고 하는 개념적 은유는 맹자에게서 '대로大
路'로 표현되기도 하는데, 이 도는 천하 사람들이 함께 다닐 수 있는 길이다.
도는 그만큼 모든 사람에게 가까이 있는 것이며, 유용하게 하는 것이다.
    이와 같은 천지자연으로서의 도는 자연이 그러한 것처럼 무위이면서
무유다. 무위란 아무것도 하지 않는다는 것이 아니라 억지로 하지 않는다
는 것이다. 예를 들어 사람들을 웃게 하기 위해서는 먼저 웃음을 유발할

수 있는 기분 상태를 만들어야 한다. 즐겁고 유쾌해지면 사람들은 자연스럽게 웃게 된다. 자연스럽게 웃게 되는 것과 같은 것이 무위다. 따라서 소옹은 이를 따르는 것이 무위이고, 억지로 하는 것이 유위라고 한다. 무유는 소유하지 않는다는 것이 아니라 억지로 고집스럽게 소유하지 않는다는 것이다. 소유할 수 없는 것을 소유하고자 하는 욕망은 과도한 화를 불러온다. 소유에 대한 집착은 존재를 파괴하는 지경에 이르게 한다. 도는 이처럼 무위하기 때문에 무한히 넓어질 수 있고, 억지로 소유하지 않기 때문에 크고 넓게 빠짐없이 갖출 수 있는 것이다. 이 도는 심성의 영역과 연결된다. 도의 형체가 바로 성이고, 마음은 성의 윤곽이다.

이처럼 소옹의 도는 우주만물의 근거를 이기로 개념화하기 전에 나타나는 근본적인 사유를 담고 있기 때문에 중요한 의미를 갖는다. 조선시대에 장현광이 이기 개념을 구사하지만 이기를 포괄하는 것으로 도를 상정하고 도의 실현을 사업으로 강조하는 것은 소옹의 영향이다.

【소옹 3】 원문 7　　　　　　　　　　　　　　　　　　　관물하는 방법

관물이라고 하는 것은 눈으로 살피는 것이 아니다. 눈으로 살피는 것이 아니라 마음으로 살피는 것이다. 마음으로 살피는 것이 아니라 이로 살피는 것이다. 하늘 아래에 존재하는 만물은 이가 있지 않음이 없고, 성이 있지 않음이 없고, 명이 있지 않음이 없다. 이라고 하는 까닭은 궁구한 후에 알 수 있기 때문이고, 성이

라고 하는 까닭은 그것을 온전히 다 발현한 후에 알 수 있기 때문이며, 명이라고 하는 까닭은 거기에 도달한 후에 알 수 있기 때문이다. 이 세 가지 앎이라는 것은 천하의 참다운 앎眞知이다.

『황극경세서』 4, 「관물내편」 12

역에서 '궁리진성하여 명命에 이른다' 했는데, 궁리에서 이라고 한 까닭은 그것이 사물의 이이기 때문이고, 진성에서 성이라고 한 까닭은 하늘의 성이기 때문이다. '명에 이른다'에서 명이라고 한 까닭은 이와 성이 실현되기 때문이다. 능히 궁리하고 진성할 수 있는 까닭은 도가 아니고 무엇이겠는가.

『황극경세서』 3, 「관물내편」 3

모든 사물에는 기뿐만 아니라 이가 혼재되어 있다. 그 이를 어떻게 파악할 수 있는가?

소옹은 대상 사물의 이를 파악하는 학문을 '물리의 학문物理之學'(『황극경세서』 6)이라 한다. 이 물리의 학문에는 간혹 통하지 않는 곳이 있을 수 있다. 그러나 억지로 이해하려 하면 주관적 견해만 갖게 되고, 그러할 때 사물의 본질인 이를 잃어 술수에 빠지게 된다. 따라서 소옹은 대상 사물을 인식하기 위한 방법으로 궁리를 제안하면서, 이것을 관물의 방법을 통해 구체화한다.

소옹은 궁리의 구체적인 단계적 공부 순서를 제안한다. 『주역』 「계사」에서 제안했던 "궁리진성하여 명에 이른다"는 이 말은 나중에 정주성리학이 중시하는 주제 가운데 하나가 되는데, 소옹은 '궁리-진성'에 '지명知命'을 덧붙인 3단계 공부론을 제안한다. 천지 만물은 모두 이를 가지고 있다. 대상 사물들이 구비하고 있는 이를 파악하는 것이 궁리다. 그리고 사람은 자기 자신의 본질인 인성을 구체적으로 실천해서 그것을 가시화해야 한다. 그것이 진성이다. 이렇듯 사물의 이를 탐구하고 자신의 본질로 주어진 인성을 실현하여 대상과 주체가 합일의 경지에 이르는 것은 지명과 다르지 않다. 대상의 본질인 이를 탐구(궁리)하고 자신의 본질을 추구(진성)하여 하늘이 부여한 사명(천명)을 실현하는 것이 결국은 도를 실현하는 것이다.

궁리와 더불어 소옹이 제안하는 사물 인식의 방법이 관물이다. 관물이란 '순리順理', 곧 이에 따르는 것이다. 만물에 내재하는 사물의 법칙과 원리에 따라 이를 파악해내는 것이다. 다시 말하면, 관물은 객관적 대상을 파악할 때 감각이나 주관적 인식에 따르지 않고 이로 파악해야 함을 의미한다. 만물 인식의 과정에서 인식 주체의 감각기관이나 선이해에 의해 대상을 파악할 때 발생하는 오류의 가능성이 있기 때문이다.

관물은 대상 사물의 관점에서 사물을 보는 방식이다. 나의 관점에서 사물을 파악하는 것이 아니라 사물의 관점에서 파악하는 것, 그것을 다른 말로 반관反觀이라 한다. 대상의 본질에 입각하여 대상을 파악하기 때문에 만물의 실정을 그대로 파악할 수 있다는 것이 소옹의 주장이다. 이러한 인식의 과정은 합리적인 설명이 불가능한 무위無爲의 직관적 인식이라고 할 수 있다.

소옹이 제안하는 관물의 방식은 당시 사회에서 관습적으로 전승된 진리 파악의 주관적 오류를 극복하기 위해 제안된 것이라는 점은 인정해야 한다. 그러나 관물은 일종의 직관적인 인식 방법이기 때문에 오류의 가능성 또한 상존한다. 대상의 이가 그대로 자신에게 들어온다는 것, 그리고 그러한 대상의 이가 자신의 이와 만나는 것을 어떻게 검증할 수 있는가? 이에 대한 앎이 객관적 검증의 대상이 될 수 없지만 이러한 방식은 왜곡의 가능성이 얼마든지 있다. 직관의 정당성을 어떻게 확보할 것인가?

이러한 의문을 최소화하려는 사람들이 북송 초기의 도학자들이다. 그들은 '자기만의 도' 혹은 '깨달음'이 아니라 그것을 공유할 수 있는 틀을 모색한다. 공이나 무에 의존하지 않고 '유' 혹은 '가시적인 것' '실재적인 것'을 통해 인식의 주관성을 보다 객관화하려는 시도가 북송 초기 도학자들에게서 나타난다. 즉 주관적 인식의 영역을 객관화하려 시도하는 것이다. 이것은 곧 소수자에 의해 전유된 지식이 아니라 삶의 외연을 둘러싼 이름 없는 민중과의 연대를 모색하는 것이다.

역_상_수

【소옹 4】 원문 8

태극이 나뉘어져 양의가 세워진다. 양은 아래로 음과 사귀고 음은 위로 양과 사귀어 사상이 생겨난다. 양은 음과 사귀고 음은 양과 사귀어 하늘의 사상이 생겨나고, 강은 유와 사귀고 유는 강과 사귀어 땅의 사상이 생겨난다. 이리하여 팔괘가 이루어진다. 팔괘가 서로 뒤섞여 만물이 생겨난다. 그러므로 1이 나뉘어

2가 되고 2가 나뉘어 4가 되고 4가 나뉘어 8이 되고 8이 나뉘어 16이 되고 16이 나뉘어 32가 되고 32가 나뉘어 64가 된다.

『황극경세서』 5, 「관물외편」 상

역은 일음일양하는 변화를 의미한다. 변화의 과정은 태극으로부터 음양의 양의가 형성되고, 음양이 교차하여 네 가지 형상의 사상이 만들어진다. 이 사상에서 팔괘가 형성되고 천지만물이 생성된다. 『주역』「계사전」에서 태극으로부터 팔괘의 형성 과정을 설명하고 있는데, 소옹은 태극, 양의, 사상, 팔괘 등을 상象으로 파악한다. 이러한 상에는 수가 포함되어 있다고 보는 것이 소옹의 관점이다. 따라서 태극은 1이고, 양의는 2이며, 사상은 4이고, 팔괘는 8이고, 이것은 16, 32, 64로 분화된다. 이렇게 역의 변화를 상의 형태로 파악하는 관점뿐만 아니라 추상적인 수로 파악하는 관점이 결합된 것이 소옹의 상수학이다.

【소옹 5】 원문 9   선천_상수학

상象이라는 것은 형태에서 생기고 수數라는 것은 질에서 생긴다. 명칭은 말에서 생기고 뜻은 쓰임에서 생긴다. 천하의 수는 이에서 나오는데 이에서 어긋나면 술수로 흘러 들어간다. 세상 사람들이 수를 통해 술수에 들어가기 때문에 이를 잃는 것이다.

『황극경세서』 6, 「관물외편」 하

이미 지나간 것을 세는 것이 순順이다. 하늘을 따라 운행하는 것이다. 이것은 이미 생겨난 괘이므로 지나간 것을 센다고 하는 것이다. 앞으로 올 것을 아는 것을 역易이라 한다. 하늘을 거슬러 운행하는 것이다. 이것은 아직 생기지 않은 괘이므로 앞으로 올 것을 안다고 하는 것이다. 역易의 수數는 역逆으로 인해 이뤄진다.

『황극경세서』 6, 「관물외편」 하

선천학은 심법이다.

『황극경세서』 5, 「관물외편」 상

선천의 학문은 마음을 다루는 학문이다. 후천의 학문은 형적을 다루는 학문이다. 출입과 유무와 생사를 다루는 것이 도다.

『황극경세서』 6, 「관물외편」 하

소옹이 제안한 상수역학은 기본적으로 태극으로부터 음양의 기로 변화하는 과정에서 형태적 요소와 질료적 요소가 결합된다고 보는 것이다. 또한 이 두 측면이 상과 수를 파악할 수 있는 근거로 제시된다. 그리고 이러한 상과 수를 순추順推와 역추逆推의 추론을 통해 천지만물의 생성과 변화운동의 과정뿐만 아니라 인간의 삶과 역사의 성쇠까지도 설명하고 있

다. 순추는 일종의 연역추리와 유사하고 역추는 귀납추리와 유사한 방식이다. 이를테면 태극으로부터 음양오행과 만물이 생성하는 과정을 상象에 따라 추론하는 것이 순추라면, 현재의 구체적 사물에서 오행→음양→태극을 수數에 따라 추론해가는 것이 역추다. 역추의 방법은 아직 만들어지지 않은 미래를 예측하는 소옹 상수학의 주요한 방법론이다. 이 순추와 역추의 논리는 조선시대 이진상의 철학적 방법론으로 활용되기도 했다.

소옹의 상수역학은 그 스스로 "마음을 탐구하는 학문心法"이라고 명명한 선천학으로 심화된다. 선천의 학문은 하도河圖처럼 끝없는 변화가 일어나는 마음을 탐구하는 것이다. 소옹은 글도 없는 하도가 천지만물의 이치를 모두 담고 있다고 보았다. 그러나 소옹의 선천 상수역학은 그 연원이 이지재李之才에게 연결되어 도교적 색채를 의심받는다.

소옹은 낙양의 문화적 흐름에서 크게 벗어나지는 않았지만 그는 새로운 사유를 통해 다른 세상의 문을 열어가는 노정에 있던 사람이었다. 소옹은 선천 상수역학의 핵심 근거인 수학이 '이에서 나온다'고 천명한다. 그의 아들 소백온도 "수는 도의 운행이자 이의 모임이며, 음양의 법도이자 만물의 근본 줄기"라는 관점을 제시하고 있다. 소옹의 역학이 당시 유행하던 도교적 술수에 빠지지 않고 북송 초기 도학적 경향을 띠는 일군의 지식인에게 수용될 수 있었던 이유도 '이를 추구함'에 있었다. 그러나 소옹이 태극을 음양과 혼재한 기의 측면에서 파악하고 있고, 또 이를 명확히 구분하고 있지는 않다는 점에서 당시 도학을 주도하던 정이는 불만을 갖기는 했다. 그래서 정이는 소옹의 선천 상수역학이 '공중누각 같다猶空中樓閣'(『이정유서』 7)고 경계한다. 정이의 의심에도 불구하고 소옹의 학술은 당시 정호,

장재 등 북송 초기 도학적 경향의 지식인들에게 광범위한 영향을 미친다.

태허_기 　　　　　　　　　　　　　　　　　　【장재 1】 원문 10

태허太虛는 형체가 없으며, 기의 본체다. 그것의 모임과 흩어짐은 변화하는 일시적 형체일 따름이다.

『정몽』「태화」1

태허에는 기가 없을 수 없다. 기는 모여서 만물이 되지 않을 수 없고, 만물은 흩어져서 태허가 되지 않을 수 없다.

「태화」1

허공이 곧 기임을 안다면 유와 무, 숨고 나타남, 신묘함과 조화, 본성과 천명이 하나로 통하여 둘이 아님을 알 것이다.

「태화」1

기가 태허에서 모이고 흩어지는 것은 마치 얼음이 얼고 녹아서 물이 되는 관계와 같다. 태허가 바로 기라는 것을 안다면, 무라는 것이 없음을 알 것이다.

「태화」1

> 태허는 기의 체이고, 기에는 음양이 있다.
>
> 「건칭」 17

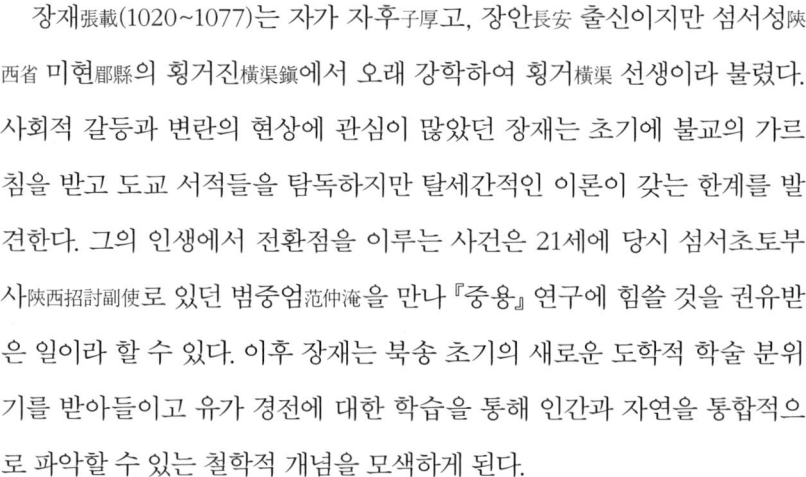

장재張載(1020~1077)는 자가 자후子厚고, 장안長安 출신이지만 섬서성陝西省 미현郿縣의 횡거진橫渠鎭에서 오래 강학하여 횡거橫渠 선생이라 불렸다. 사회적 갈등과 변란의 현상에 관심이 많았던 장재는 초기에 불교의 가르침을 받고 도교 서적들을 탐독하지만 탈세간적인 이론이 갖는 한계를 발견한다. 그의 인생에서 전환점을 이루는 사건은 21세에 당시 섬서초토부사陝西招討副使로 있던 범중엄范仲淹을 만나 『중용』연구에 힘쓸 것을 권유받은 일이라 할 수 있다. 이후 장재는 북송 초기의 새로운 도학적 학술 분위기를 받아들이고 유가 경전에 대한 학습을 통해 인간과 자연을 통합적으로 파악할 수 있는 철학적 개념을 모색하게 된다.

장재는 『예기』의 한 편명에 불과했던 「중용」과 『주역』에 대한 학습을 통해 유有에 근간하는 유가적 형이상학의 체계를 모색하고, 『맹자』를 통해 사회적 실천 윤리로서의 '도덕과 의리'를 인성론의 측면에서 탐구한다. 이러한 과정을 통해 장재는 중국의 문화적 전통에서 상식적으로 받아들여졌던 '기론氣論'을 자기 철학의 핵심 개념으로 설정하여 만물의 근원과 현상 사물의 변화운동을 설명해내고, 공空과 무無를 주제로 한 불교와 도교를 강력하게 비판하는 기철학을 체계화한다. 기를 중심으로 유가사상을 철학적으로 재해석하는 장재의 철학은 이를 중심으로 하는 정이의 철학적 방향과는 다른 입각점에 서 있다. 장재는 태허 개념을 중심으로 우주자연의 근거와 변화 현상, 그리고 인간의 규범적 원천에 대해 일관되고 통일적인 설명을 시도하는 것이다.

장재는 앞선 시기부터 있어왔던 기에 관한 논의를 새로운 개념을 통해 체계화하고, 기에 부가되어 있는 의미를 재해석함으로써 기철학의 체계를 세운다. 장재의 논의가 기에 대한 이전의 논의와 다른 점은 그가 기를 통해 현상 사물의 경험적 세계를 설명하면서, 동시에 경험의 범주를 넘어서는 존재의 영역까지 기를 통해 해명하고 있다는 점이다. 그는 상식적 수준에서 파악되었던 기 개념을 철학적 개념으로 전환하여 사물 현상의 변화를 설명하면서 그러한 원인자를 형이상학적 개념으로 재구성하여 연결하고 있다. 기를 통해 세계와 인간을 통일적으로 파악하려는 이와 같은 시도는 사물 현상과 그 배후, 곧 존재의 근원에까지 기 개념을 확장할 뿐만 아니라, 그러한 사유에 의해 인간의 도덕적 규범의 정당화까지 기를 통해 시도한다. 인간과 세계를 규범적으로 정당화하는 장재의 핵심 개념이 바로 태허다.

장재는 태허가 기의 본체이고, 이 기는 끊임없이 모이고 흩어지는 취산聚散의 과정을 통해 만물을 생성하며, 다시 흩어져서는 태허로 돌아간다는 '태허즉기론'을 전개한다. 태허는 본체를 지시하지만 규정할 수 없는, 무규정적인 최고의 개념으로 설정된다. 장재는 어떻게 이와 같은 기론을 전개할 수 있었을까?

장재의 기론에서 주의 깊게 살펴야 할 것은 '허虛' 개념이다. 장재는 유학의 경전을 공부하기 전에 불교와 도교 서적들을 탐독하면서 공과 무의 진리를 체득하고자 했다. 그러나 그는 진리가 유有의 세계에 있음을 자각하고 유가의 학문에 몰두하면서 특히 『주역』에 집중한다. 송대 초기 도학을 형성하는 인물들은 대부분 『주역』에 많은 관심을 갖는데, 그 이유는 『주역』이 경험의 세계와는 다른 반사실적 사례에 대한 진술을 담고 있으며, 그러한 진술은 변화하는 우주자연을 이해하기 위한 고대 사유의 원형을 포함하고 있기 때문이었다. 장재는 『주역』을 통해 변화의 현상과 그 원리성을 체득한다. 따라서 장재는 불교의 공이나 도교의 무의 형이상학을 논파하기 위해 유有의 철학으로서 기론氣論을 제시한다. 장재에게 있어 우주만물의 근원을 이루고, 통일적이면서도 다양한 세계상을 제시해주는 것은 기다.

　기론의 핵심을 장재는 '허虛'로 삼는다. 이때 '허'는 통상적으로 유보다는 공이나 무와 친연성이 있어 보이지만, 장재는 공이나 무와 유사한 개념으로서의 허를 통해 불교나 도교와는 전혀 다른 차원의 유가철학적인 기론을 전개한다. 이 세계는 공이나 무가 근본인 것이 아니라 '허'의 차원에서도 존재하는 유로서의 '기'에 근거한다. 따라서 '허'는 '아무것도 없는 텅 빈 상태'가 아니라 공간적으로 경계가 없으면서도 기로 가득 차 있는 상태다. 이 기의 본체를 장재는 '태허'라고 일컫는다. 그리고 변화하는 사물의 세계, 곧 현상은 단지 일시적 형태를 갖는 객형客形에 불과하다. 이러한 태허와 객형의 관계는 마치 얼음이 녹아서는 물이 되고 다시 얼어 얼음이 되는 것과 같이 상태의 변화가 있을 뿐이며, 이러한 상태의 변화는 기가 모이고 흩어져서 사물을 구성하는 것과 다르지 않다. 장재의 태허즉기론이 제기하고 있는 기의 지속적이면서 순환적인 구조는 기의 현상적 측면을 설명해줄 뿐만 아니라 현상의 배후에 본체로서의 태허가 있음을 체계적으로 논증하고 있다.

귀신_기

【장재 2】 원문 11

귀신이라는 것은 이기二氣의 양능良能이다.

「태화」 1

귀신은 있을까? LTE 세상에서 귀신이라니? 귀신 이야기는 주로 원한을 안고 죽은 사람이 원귀가 되어 인간 세상에 출몰하는 내용을 소재로 한다. 특히 한 맺힌 여인의 복수를 다룬 소재는 납량특집 호러물의 단골 메뉴이기도 하다.

귀신에 관한 이야기가 끊임없이 생산되고 재연되는 것은 사회문화적인 다양한 이유가 있겠지만, 성리학적으로 본다면 귀신 이야기는 허무맹랑하지만은 않다. 공자가 "사람을 아직 잘 섬기지 못하는데 어떻게 귀신을 섬기겠는가! 삶을 아직 모르는데 어떻게 죽음을 알겠는가!"라며 인간의 사후 세계에 대해서 다루지 않겠다고 천명했지만, 유가철학은 사람이 죽은 뒤 떠나보내는 과정을 중시한다. 유가에서는 산 사람과 이별하는 가장 큰 슬픔인 죽음과 그 이후를 신비적이고 기복적인 종교적 행위가 아닌 합리적인 절차와 방법에 따라 처리할 것을 제안한다. 『논어』에서도 증자의 말을 빌려 '신종추원愼終追遠'이라 하여 '부모의 장례를 극진히 하고, 조상에 대한 제사를 정성스럽게 지낸다'는 말을 전하고 있다. 이 맥락은 부모와 조상에 대한 효를 강조하는 것으로 이해될 수 있지만 한편으로는 '죽은 사람'에 대한 산 사람들의 인식과도 연관된다. 유가의 많은 예법과 예법 관련 서적이 상장례喪葬禮와 제례祭禮에 집중되어 있는 것만 봐도 그러한 점은 확인된다.

그러나 죽음이 산 사람들의 몫으로 남는 만큼 죽음 이후의 존재에 대한 처리 방식은 유가만이 아니라 많은 사상가가 다뤘고 또한 종교적인 제의와 관련하여 논의되었다. 특히 도교와 불교의 성행으로 사후의 문제와 귀신에 관한 내용은 무수히 재생산되었다. 이 과정에서 많은 사회적인 비용이 들 뿐만 아니라 윤리적인 문제까지 일어난다. 장재가 북송 초기의 도교와 불교가 혼재한 문화적 흐름에서 귀신에 대해 논의하는 것도 이러한 맥락에서 이해할 수 있다. 장재는 유가적인 관점에서 귀신에 대해 합리적인 설명을 시도함으로써 도교나 불교의 이론을 차단하려 한다.

장재는 귀신의 문제를 자신의 기론에 입각하여 논의한다. 그에 따르면 귀신은 단지 '두 기의 양능'일 뿐이고, 그것이 기라는 점에서 취산으로 설명된다. 사물은 처음 발생할 때는 기가 날로 이르러 번성하고 사물을 이루면 기가 가득 차게 되고, 그런 후에는 다시 흩어지기 마련이다. 장재는 기가 이르는 것을 '신神'이라 하여 '펴지는 것伸'이라 보고, 기가 날로 흩어지는 것을 귀鬼라 하여 '돌아가는 것歸'으로 봤다. 결국 귀신이란 기가 '펴지고' '돌아가는' 두 측면일 따름이다. 그리고 그러한 기의 운동 변화는 인위적으로 안배하고 조치를 취해서 이루어지는 것이 아니라 자연스러운 기 작용에 의한 것이므로 양능이라 하는 것이다. 주희는 귀신을 단지 음양의 기가 늘어나고 줄어드는 것에 불과하다고 평가한다. 장재의 귀신론은 서경덕의 '귀신사생론'에서 재해석된다.

성_심_천지지성_기질지성　　　　　　　　　　【장재 3】 원문 12

태허가 있으므로 천의 이름이 생겼고, 기의 변화가 있으므로 도의 이름이 생겼다. 허와 기가 합하여 성이라는 이름이 생겼으며, 성과 지각이 합하여 심이라는 이름이 생겼다.

「태화」 1

형태가 있은 뒤에 기질지성이 있다. 잘 돌이키면 천지지성이 존재한다. 그러므로 기질지성은 군자가 성이라고 하지 않는 것이다.

「성명」 6

　　천지만물과 도의 근본이 '태허즉기'에 근본하듯 인성이나 마음 혹은 감각 또한 태허즉기에서 비롯하는 것이다. 태허즉기는 곧 본체와 현상이 구분되면서도 또한 분리되지 않은 통합적 구조를 이루고 있음을 시사한다. 그러한 점에서 장재는 인성을 두 측면에서 이해한다.

　　인성을 태허의 본체 측면에서 파악할 때는 '천지지성天地之性'이라 하고, 기의 현상적 측면에서 파악할 때는 '기질지성氣質之性'이라 한다. 장재가 인성을 기론적 체계에 의해서 천지지성과 기질지성으로 구분하는 방식은 유가의 전통적인 성에 대한 이해를 반영한다. 즉 유가의 성에 대한 논의는 맹자의 성선설과 순자의 성악설로 구분되어 각기 다른 의미 체계로 이해되었는데, 장재는 이를 하나의 체계에서 두 가지로 구분하면서도 통합하고자 한다. 하나의 체계를 이루는 근본적인 개념은 '태허즉기'다. 이것을 천지지성과 기질지성에 연계시킨다면, '천지지성즉기질지성'이 된다. 장재는 태허의 본체적인 영역과 기라는 현상적인 영역이 '하나의 기'라는 것에 근본하고 있다는 점에서 통합적인 관점을 드러내지만, 중용적 사고에 따라 천리에 의해 부여된 인성과 태어나면서 기질에 의해 변형되는 인성을 구분하고 있다. '태허가 곧 기'가 될 수 있지만, '기가 곧 태허'가 되는 것은 제한적이듯, '천지지성은 곧 기질지성'이지만, '기질지성이 곧 천지지성'이 되지는 않는다. 왜냐하면 현상세계는 가변적이고 인간은 기질에 의해 제한을 받기 때문이다.

이렇게 천지지성과 기질지성을 구분하는 장재의 철학적 입장은 기질지성의 영역이 곧 인간이 실존하는 모습이라는 점을 드러내고자 하는 것이고, 이러한 기질지성의 왜곡된 현상을 천지지성으로 바꾸는 실천적인 공부가 필요하다는 것, 그러한 노력이 유가적 공부임을 제안하려는 것이다. 인성 개념의 새로운 발명을 통해 장재는 인성이 선험적으로 선할 수 있는 근거를 제시함과 더불어 현실적 인간에게서 나타나는 선악의 문제를 설명할 수 있는 단초를 만든다.

【장재 4】 원문 13　　　　　　　　　　　　　　　　　　　심통성정

마음은 성정을 통섭하는 것이다.
『장자전서』 권14, 「성리습유」

동양적 사유는 어떻게 탄생했는가

장재는 '심·성·정心性情' 셋을 '통統' 하나에 묶어서 표현했다. 이 심통성정은 인간과 우주자연을 통일적으로 설명하려는 장재의 '기철학적 기획'에 의해 제안된 명제다. 그러나 '심통성정'은 장재의 저술에서 한 번밖에 언급되지 않았고, 다른 설명이 덧붙여진 것도 아니다.

심통성정의 명제는 장재에서 정호·정이를 거쳐 도남학道南學과 호상학湖湘學이 서로 경쟁하는 과정에서 주희에 의해 재발견된다. 정에 대해서 고심하던 주희는 이 '심통성정'을 발견하고 "매우 좋다極好"고 극찬한다. 주희의 학술사상이 도남학과 호상학을 횡단하고 종합하면서 집중과 선택에 의해 당대 학술을 정리하는 과정은 압축되거나 생략된다.

주희의 심통성정에 대한 재발견은 미발未發과 이발已發을 구분하는 '중화설中和說'의 형성과 밀접한 연관을 맺고 있다.

기존 논의에서 마음은 이발의 현상에 한정해 탐구되어야 할 대상으로 인식됐다. 이발已發 시기에는 구체적인 대상에 대한 '찰식察識 공부'에만 경도되어 '미발'의 공부 영역을 따로 설정하지 않았다. 미발은 곧 성의 영역으로 여겨졌기 때문이다. 그러나 주희는 이 미발을 마음의 영역에 포섭해 이해하면서 '미발 시기의 함양' 공부의 중요성을 깨닫게 된다. 주희는 기존의 심과 성에 대한 논의를 확장하여 정까지 포괄할 수 있는 새로운 개념을 모색하게 된다. 그는 호굉胡宏에 의해 제기되었던 '마음이 성을 이룬다心以成性'는 관점에서 탈피하여 심-성-정을 개념적으로 구획한다.

물음은 언제나 새로운 발견적 지평을 제시해주지는 않지만, 필요는 항상 대안을 찾게 만든다. 그러한 개념적 대안을 주희는 누구에 의해서도 주목받지 않았던 장재의 '심통성정'에서 찾는다. 주희는 당시 최고의 석학이었던 장식張栻, 여조겸呂祖謙 등과 토론하면서 '통'에 '마음이 성과 정을 주재한다心主性情'라는 '주재主'의 의미로, 혹은 '마음이 성과 정을 겸한다心兼性情'라는 '겸섭兼攝'의 의미를 부여한다. 새로운 의미 부여는 새로운 사유를 전제하기 마련이다. '통'을 '주재'의 의미로 사용할 때는 주로 '마음과 정'의 관계에서 논의되고, '겸섭'의 의미로 사용할 때는 주로 '마음과 성'의 관계에서 논의된다. 이것은 마음이 성을 포함하고 있지만 성 그 자체는 아니라는 것이며, 한편으로 마음은 '마음에 담겨 있는 성'을 온전하게 정서로 드러내야 할 힘과 능력을 갖고 있다는 것을 말해준다.

【 장재 5 】 원문 14　　　　　　　　　　　　　　불교 비판_궁리진성

불교는 하늘이 부여한 성을 알지도 못하고 도리어 마음의 작용으로 천지天地를 일으킨다고 여긴다. 작은 것으로 큰 것을 해석하고, 말단으로 근본을 파악하지만 궁구할 수 없는 것을 환망이라 하니, 참으로 여름의 풀벌레가 겨울의 얼음을 의심하는 경우다. 불교는 천성을 망령되게 꾸며서 하늘의 작용을 헤아릴 줄 모르면서 도리어 육근과 같은 감각에 의거해 세계를 해석하려 한다. 지혜가 밝지 못해 천지일월이 환망이라고 속임으로써 그들은 작은 한 몸뚱이에 가려서 그 뜻이 큰 허공에 빠지게 된다. 그렇기 때문에 큰 것을 말하건 작은 것을 말하건 중도를 잃게 되는 것이다. 큰 과실은 이 우주자연을 먼지나 겨자씨로 여기는 것에

서 비롯하는 것이고, 작은 폐단은 인생을 몽환으로 여기는 것에서 비롯한 것이니, 어찌 궁리했다고 할 수 있겠는가. 궁리도 알지 못하면서 어찌 진성이라 할 수 있겠는가. 그것을 알지 못함이 없다고 말할 수 있겠는가.

「정몽」「대심」 7

유학적 세계관에서는 인간이 생존하고 있는 일상적 현상세계 그 자체가 탐구의 대상이다. 기의 실재성에 기반한 세계가 바로 현실이며, 그러한 세계는 불교에서 말하는 것처럼 헛되고 망령된 '환망'이 아니다. 이 세계는 환영처럼 나타났다 사라져버리는 허망한 것이 아니라 기의 운동에 의해 구성되고 변화하는 유有의 세계다. 따라서 유의 세계에 존재하는 대상 사물은 이의 법칙성을 갖고 있고, 그러한 법칙성을 탐구하는 것이 궁리다. 궁리는 기와 이로 구성된 현상의 세계가 태허의 본체와 연결되어 있기에 탐구 가능하다. 궁리 공부는 현상의 개별적 사물의 이치를 파악하는 것만이 아니라, 본체의 세계 곧 태허를 인식하는 과정까지도 포함하며, 그러한 태허로서의 본체가 인간 본성으로 구현되어 있음을 또한 파지해내는 것이다. 그러하기에 궁리가 있은 뒤에야 비로소 본성을 다하는 진성盡性의 공부가 가능해진다.

【정호 1】 원문 15　　　　　　　　　　　　　　　　　　　　천리

> 나의 학문은 비록 배우고 전해받음이 있었지만 천리라는 두 글자는 내가 창안한 것이다.
>
> 『명도학안』 상, 20

> 천리라는 것은 온갖 이치가 구비되어 있어 원래 조금의 흠도 없다. 천리라는 것은 하나의 도리道理일 뿐인데 무슨 끝이 있겠는가? 요 때문에 존립하는 것도 아니고 걸 때문에 없어지는 것도 아니다.
>
> 『유서』 권2

정호程顥(1032~1085)는 자가 백순伯淳이며 하남성 이천伊川 출신이다. 그는 흔히 명도明道 선생으로 불렸는데, 이 호칭은 그가 죽은 뒤 묘표에 기재된 '명도 선생'이란 이름에서 비롯된 것이다. 그는 15~16세에 아우 정이와 함께 주돈이를 찾아가 수학했다고 한다. 이후 도의 본질을 찾기 위해 도교(도가)와 불교에도 출입했고, 다시 육경으로 돌아와 경서를 통해 자득했다고 한다.

정호는 인척이었던 장재와도 교류했고, 소옹과도 막역하게 학술을 담론했다. 정호는 정이와 함께 이정二程으로 불리며, 낙양을 중심으로 강학하여 낙학洛學을 형성했다. 그의 학문은 정이와 더불어 송대 신유학인 도

학道學의 시원이 된다.

정호는 자기 학문의 핵심이 '천리天理'에 있다고 선언한다. 정호의 이 선언은 우주자연의 변화운동에 천리라고 하는 일정한 패턴 혹은 법칙이 있다는 발견인 동시에, 그러한 천리는 인간의 도덕적 패턴 혹은 법칙을 이루고 있다는 자각적 깨달음이다. 정호는 자연세계의 일정한 패턴 혹은 법칙이 인간과 사회를 구성하는 도덕적 패턴과 규범 체계의 근거로 작동하고 있음을 '천리'라는 개념으로 체험적으로 파지해낸다. 인간은 도덕과 규범의 근거인 천리를 내 마음속에서 체득하고 깨달을 수 있다는 것이다. 그렇기에 "천리 두 글자는 자신의 체첩體帖에서 나온 것"이라고 표현한다. 체첩은 '글씨체' 혹은 '글씨본'을 말한다. 서체는 붓글씨를 쓰는 사람들이 일상적으로 공유하지만 기존의 것과 다른 새롭게 창안된 글씨체가 만들어지면 그 글씨체를 쓴 사람의 이름을 붙여 말한다. 우리가 흔히 서예에서 '서체書體'를 말할 때 '왕희지체'나 '추사체'라고 하는 것과 같다.

정호는 유가적 전통에서 '천리'라는 용어가 없었던 것은 아니나 자신의 학문적 연찬과 체험을 통해 마치 하나의 서체가 발명되는 것처럼 정호식 사유 체계를 극명하게 보여주는 자기 철학의 개념으로 '정호의 천리'를 만들었다고 천명한다. 서예의 특정한 글씨체처럼 천리가 자신이 발명한 것임을 말하는 정호의 철학적 자긍심은 정당하다. 왜냐하면 송대 신유학은 '천리' 개념의 발명에서부터 시작되었다고 해도 지나친 말이 아니기 때문이다.

정호는 천리란 '온갖 이치가 구비되어 있는 것'으로 완전하기 때문에 조금의 결점도 없는 것이라고 정의한다. 천리는 인간의 의지와 관계없는 우주 자연의 객관적이고 보편적인 원리이자 법칙이다. 그렇기에 정호는 '천리는 도리'라고 말한다. 천리를 도리로 말하는 것은 천리의 보편적 원리가 곧 인간의 도리와 다르지 않다는 것을 의미한다.

사실 '천리'라는 용어는 『예기』「악기」편에서 보인다. 「악기」에서는 외물에 의해 감정이 동요되고 유혹당하는 것을 '천리가 없어진다天理滅' '천리를 없애고 욕망을 충족시킨다滅天理而窮人欲'라고 기록하고 있다. 「악기」의 이 내용에서 '천리'는 분명하게 정의되어 있지 않다. 다만 호오의 정서적 상태와 다른 층위의 상태를 지시할 뿐이다. 그러나 북송의 도학자들은 '천리'와 '인욕'을 이항 대립하는 짝 개념으로 설정한다. 생물학적인 인간의 욕구나 욕망을 '천리'라고 하는 새로운 윤리적 이상에 대비시키는 방식이다.

정호는 평범하게 인식되어오던 '천리'라는 오래된 용어에 '새로운 의미'를 부여해 이 문제를 자신의 철학적 개념으로 확보한다. 그 핵심은 천지간에 존재하는 만물은 모두 하나의 천리에서 근원한다는 것이다. 정호 이전까지 만물의 근거는 주로 도나 기로 논의되어왔고, 이는 조리條理 정도로 인정되어왔다. 그런데 정호는 그러한 사유의 방향을 전환하여 천리를 만물의 근거로 제안한다.

천리는 자연세계에 본래적으로 구비되어 있는 이를 의미한다. 천리가 만물의 근거라는 정호의 주장에서 하나의 문제가 발생한다. 정호의 주장에 따르면 선뿐만 아니라 악까지도 천리에 근거하게 된다. 천인합일과 성선론의 관점을 지지하는 정호의 입장에서 천리에서 악이 나온다는 것은 납득하기 어려운 불편한 진실이 아닐 수 없다.

정호는 천리란 마땅히 현실에서 실현되어야 할 원리이자 법칙임을 인정한다. 당위적으로 그것은 선으로 실현되어야 한다. 그러나 현실은 당위적 조건과 다르다는 점 또한 인정되어야 한다. 비록 천리가 당위적으로 구현되어야 하지만, 현실의 조건에서는 악으로 나타날 수 있다는 것이 정호의 입장이다. 선악을 느슨한 이원론의 관점에서 파악하는 정호의 독특한 사유는 이로서의 선을 확고하게 정립하려는 강경한 이원론자들에게 부정적으로 인식된다. 정호의 아우인 정이가 '성즉리'를 분명하게 제시하고 주희가 이를 계승하는 것도 이와 같은 문제의식에서 기인한다.

정호는 천리를 통해서 관습적으로 인식되어왔던 기론의 사유 체계에 새로운 질문을 던진다. 그 질문은 세계를 구성하는 객관적인 자연의 질서는 무엇이며, 인간은 어떠한 통일적 원리에 의해 도덕적 행위를 하며, 또한 어떻게 사회를 구성하는가 등이다. 천리를 근간으로 세계 구성의 원리와 인간의 규범 체계에 대한 정호의 논의는 이후 성리학사에서 근본적인 철학적 쟁점으로 자리한다. '천리' 개념의 천명을 통해 정호는 새로운 철학적 사유를 깨우쳐 이끌게 되는 것이다.『송원학안宋元學案』「명도학안」편에서는 "「악기」에 이미 '천리를 없애고 욕망을 충족시킨다'는 말이 있지만, '천리'라는 두 글자는 선생에 이르러 비로소 어렵고 숨은 뜻이 분명하게 천하에 드러나게 되었다"고 평가한다. 정호는 '천리' 개념의 발명을 통해서 우주자연의 질서를 포괄하면서 인간의 도덕과 규범을 설명해낼 수 있는 통합 이론 체계의 터전을 마련한다.

【정호 2】 원문 16   천_이

> 천天은 이理다. 신神은 만물을 신묘하게 하는 것을 말한 것이고,
> 제帝는 일을 주재하는 것에 대해 이름을 붙인 것이다.
>
> 『유서』 권11

　'천리' 개념에 대해서 정호는 다시 '천은 이다天者理也'라고 정의한다. 천리를 철학적 개념으로 호출한 것도 탁월한 점이었지만, 정호는 이것을 다시 '천'은 '이'라고 재정의한다. 이러한 천과 이에 대한 개념적 정의는 기존의 유학에서 '천(하늘)의 이'라고 하는 이해 방식과 다르게 '천(하늘)은 이'라고 하는 사고의 전환이다. '천의 이'라고 하면 천(하늘)으로 지칭되는 우주자연의 이치나 원리 또는 법칙을 의미하지만, 정호는 '천은 이'라고 함으로써 '이'의 개념을 '천'과 동일시한다. '이'는 단순히 우주자연의 작동하는 원리성이나 법칙성을 의미하는 것이 아니라 '이' 자체가 '우주자연'과 동일한 것으로 간주된다. 이의 개념적 근거를 '천' 혹은 '우주자연'에 정위함으로써 이는 비로소 존재론적 근거를 확보할 수 있게 된 것이다. 그리고 이러한 천, 곧 이는 만물을 생성하는 신묘한 것이고, 주재의 능력을 지닌 것이다. 이렇게 본다면, 정이에게 이는 우주자연과 동일한 존재론적 지위를 갖는 것이면서 동시에 활발한 것으로 상정된다.

　이처럼 이의 존재론적 근거가 동아시아적 사유 방식에 객관적인 '자연-천'이면서도 우월한 권능을 지니는 '주재-천'의 위상을 확보하게 된다.

이에 대한 정호의 이러한 인식은 이후 정이가 사물의 존재론적 근거로만 이를 설정하는 방식과는 차이를 보인다. 주희는 물론 정이의 이 해석을 수용한다. 어쨌든 정호가 이를 '존재'의 근거와 '활동' 두 측면에서 포착하면서 '이'는 절대화될 가능성을 예비한다. 그렇기에 정호의 '이' 개념은 존재론적으로 제1자의 위상을 갖게 될 뿐만 아니라, 가치론적으로 '최고의 것' 혹은 '최상의 것'으로 자리매김하게 되는 이론적 토대를 제공한다.

인간의 본질_성　　　　　　　　　　　　　　　　　　【정호 3】 원문 17

하늘이 하시는 일은 소리도 없고 냄새도 없다. 그 본체로 말하면 역易이고 그 이로 말하면 도道이고, 그 작용으로 말하면 신神이며, 그것이 사람에게 부여된 것으로 말하면 성性이다.

『유서』 권1

정호는 『예기』에 포함된 「중용」의 마지막 구절 '개상천지재 무성무취蓋上天之載 無聲無臭'와 첫 구절 '천명지위성天命之謂性'을 변용해 우주자연의 이치가 인간의 본성이 되는 이유를 설명하고 있다. '하늘이 하시는 일은 소리도 없고 냄새도 없다'는 구절은 원래 『시경』 「대아·문왕」 편에 보인다. 이 구절은 문왕으로 상징되는 도덕적 이상 인격의 덕이 우주적 본질에 근원하고 있음을 보여준다. 정호는 그러한 덕의 근거로서 우주적 본질을 말

한다. 그것을 본체의 측면에서 '역'이라 하고, 변화운동의 원리 측면에서는 '도'라 하며, 구체적인 작용의 측면에서는 '신'이라 정의한다. 그가 이렇게 객관적인 자연세계의 총체성을 설명하는 것은 뒤에 이어지는 인간의 성性을 규정하고자 함이다.

정호에 따르면, 『중용』의 사유 방식처럼, 인간은 우주자연이 총체성을 그대로 받은 존재로 파악된다. 이러한 설명 방식은 인간의 존재론적 근거가 결국 우주자연의 원리성과 다르지 않음을 암시한다. 따라서 인간은 본래적으로 우주자연의 존재라는 것이며, 그러한 것이 인간의 본질로서 본성을 이룬다. 이러한 점에서 인간은 우주자연의 보편적 법칙성 혹은 가치를 담지하고 있는 존재로 규정될 수 있다. 이러한 논리는 맹자가 말한 '성선'을 체계적으로 표현한 것이다. 인간이 지닌 본질을 규범성의 원천으로 명확히 규정하려는 시도다.

【정호 4】 원문 18　　　　　　　　　　　　성즉기_기즉성_이유선악

태어나면서부터 생겨나는 것을 성이라 했으니, 성은 곧 기이고 기가 곧 성이다. 그것은 태어나면서부터 본래적으로 갖는 것이다. 사람은 기를 받아서 태어나고, 그 이理에는 선악이 있다. 그러나 성에 원래부터 두 가지가 서로 대립하여 생겨나는 것은 아니다. 어떤 사람은 어려서부터 선하고 어떤 사람은 어려서부터 악한데, 이는 품부된 기가 그러하기 때문이다. 선은 진실로 성이

지만, 악 역시 성이라고 말하지 않을 수 없다.

『유서』 권1

    정호는 이렇게도 말한다. "성이 기이고 기가 곧 성이다." "이에는 선악이 있다." 이 두 문장은 후대의 성리학자들에게 많은 논란을 야기한다. 이 문장을 전후 맥락을 고려하지 않고 뚝 잘라서 본다면, 정호의 의도를 곡해하기 쉽다. 정호는 사람의 성품은 태어날 때 부여받는 '기'에 의해 결정된다고 본다. 이러한 점에서 '성은 곧 기'라고 말할 수 있다. 이럴 경우 사람은 온전하게 우주자연의 본래성을 받고 태어날 수도 있고, 그렇지 못할 수도 있다. 기품에 의해 선악이 결정되기 때문이다. 즉 "사람은 기를 품부받아" 태어나기 때문에 "그 이에는 선악이 있다"는 것도 가능하다. 그래서 정호는 "천하의 선과 악은 모두 천리다. 악이라고 불리는 것들은 본래 악했던 것이 아니라 지나치거나 미치지 못해서 그렇게 된 것이다天下善惡皆天理, 謂之惡者非本惡, 但或過或不及便如此"(『유서』 제2상)라고도 말한다. 정호는 형체도 그림자도 없는 형이상의 세계에서 순수한 객관적 원리로서의 이가 '조금의 흠결도 없다'는 것을 인정하지만, 사람이 태어날 때는 구체적 형상을 이루고 기질이 결합되기 때문에 인성에는 선악이 있을 수 있다고 보는 것이다.

    이와 같은 정호의 논리를 철학적으로 해석한다면, 형이상의 원리가 현실에 적용될 때 완전한 원리성 혹은 선이 인간의 본성으로 자리할 수 있지만, 경우에 따라서는 왜곡될 가능성도 인정하는 것이다. 정호는 맹자의 성선설을 인정하면서도 맹자식의 성선이 갖는 한 측면이 아니라 두 측면, 즉 맹자는 가능태의 측면만 논의하고 있다면, 정호는 가능태와 현실태 모두를 고려하고 있는 것이다.

그렇기 때문에 정호는 '의리義理'와 '객기客氣'를 구분하여 자기 실천을 강조한다. 도덕적 수양을 통해서 '객기'를 '의리'로 바꾼다면 '악인'도 '선인'으로 바뀔 수 있다는 것이다. 따라서 정호는 인간이 태어나는 객관적 조건에서 자기 기획을 통해 '천리'를 보존하고 '인욕'을 제어하는 방법을 「정성서定性書」로 제안하고, 또한 '식인識仁'을 통해 역설한다. '만물이 자기임을 체득하는 것' 곧 '천지만물을 한 몸으로 여기는 인을 체인하는 것'이 관건이다. 천리는 이미 내 안에 있는 것임에도 그것을 깨닫지 못하기 때문에 인욕과 악으로 흐르게 된다. 자기 변화의 기획은 결국 외재적인 것에 얽매이지 않고 자신의 본래성을 탐구하는 것에 있다는 것이다.

정호가 제안하는 자기 탐구와 인격 수양의 방법론은 후대의 성리학자들이 다양하게 해석할 가능성을 예비하고 있다. 특히 그가 인간의 품성은 기품에 의해 결정된다고 하면서 '성은 곧 기'라 하고, '이에는 선악이 있다'고 한 두 명제는 많은 논란을 야기한다. 정이는 이러한 관점이 갖는 오독의 가능성을 파악한 듯하다. 그래서 그는 '성은 곧 이'라는 '성즉리'의 명제를 명확하게 제시하고 이 철학의 입장을 강화하게 된다.

정리하면, 정호는 '천리'를 자기 철학의 핵심 개념으로 설정하고, '이'를 '천'과 동일한 위상에 놓음으로써 이후 송대 유학은 우주자연이 곧 법칙 혹은 원리라는 '이' 개념을 정립하게 된다. 아울러 이는 주재적인 능력을 갖는 것으로 파악된다. 정호에게 보이는 '이' 개념의 이중성은 정이와 주희에 이르러 '존재 근거'로 새롭게 정리된다. 정호는 이 개념의 설정을 통해 비로소 우주자연과 인간을 이와 기의 개념 체계로 일관되게 설명할 수 있는 이론적 토대를 마련한다. 이러한 점에서 정호를 송대 유학의 개창자라고 평가해도 좋을 것이다.

도_음양_형이상자_형이하자　　　　　　　　　　　【정이 1】 원문 19

한 번 음하고 한 번 양하는 것을 일컬어 도라 한다. 도는 음양이 아니다. 한 번 음하고 한 번 양하는 까닭이 도다. 마치 한 번 닫히고 한 번 열리는 것을 일컬어 변화라고 하는 것과 마찬가지다.

『이정유서』 권3

음양을 떠나서는 도가 없다. 음양하는 까닭이 도이고, 음양은 기다. 기는 형이하자이고, 도는 형이상자다.

『이정유서』 권15

정이程頤(1033~1107)는 자가 정숙正叔이고 하남성 이천 출신이다. 그는 흔히 이천伊川 선생이라 불렸다. 정이는 유년 시절에 형인 정호와 함께 아버지의 벗이었던 주돈이에게 학습하기도 한다. 태학의 학생 시절에 정이는 북송 도학의 기초를 제공하는 인물 가운데 한 사람인 호원의 '안연이 좋아한 것은 어떤 학문인가를 논하라'라는 시험 문제에 '성인의 도는 마음을

바르게 하고 본성을 기르는 학문을 통해서 도달 가능하다'는 안자소호하학론顔子所好何學論을 제출한다. 정이는 과거시험에 낙방한 이후 관직에 나가지 않고 낙양에 거주하면서 저술과 강학을 통해 도학을 주도한다. 그러나 당시 왕안석이 주도하는 신법당新法黨의 인물들과 대립하면서 말년에는 위학僞學으로 탄압받기도 한다.

정이는 장재와 소옹이 일체를 포괄하는 '유'의 철학을 체계화시키려는 문제의식에는 동의하지만, 이들이 '기'를 통해 만물일체의 '일一'을 설명하는 방식에는 반대한다.

정이는 정호가 제시한 천리天理 개념을 철학적으로 심화하여 우주자연과 인간 그리고 사회를 통합할 수 있는 형이상학적 체계로서 '이일理一'의 철학을 제시한다. 이에 대한 인식은 객관적이고 과학적인 법칙을 자연세계로부터 파악해내는 것에 있는 것이 아니라 인간의 삶을 이루고 있는 구체성의 원리를 파악해내는 것이다. 그러한 구체성은 '격물'을 통해 드러난다. 사물의 법칙성에 대한 탐구는 불가지한 것에 대한 묵시적 동의가 아니라 설명 가능하고 이해 가능한 합리적인 질서 체계를 발견해내는 것이다. 정이는 세계와 인간이 통일적이고 합리적인 질서 속에서 연계되어 있음을 '이일理一'을 통해 확보하고, 이것으로부터 천인합일이 가능함을 자신의 이리 철학을 통해 가시화한다. 이는 곧 내외를 통일적으로 파악하려는 시도다.

북송 유학의 철학적 전회를 이루는 계기는 정호가 '천天' 개념을 '이理'로 설정하고, '천리天理'를 새로운 철학적 개념으로 발명하는 것에서 비롯된다. 정호는 "천은 이"라고 정의하고, "천리라는 것은 온갖 이치가 구비되어 있는 것"이며, 또한 "천리라는 것은 하나의 도리道理일 뿐이다"라고 천명했다.

천리와 이 개념에 대한 이처럼 새로운 정의는 정이에게도 계승되면서 변형을 일으킨다. 정이는 도 혹은 이를 기와 분명하게 이분하여 파악한다.

일반적으로 유가철학에서 우주자연의 변화를 제시하는 근거로 『주역』「계사전」의 "한 번 음하고 한 번 양하는 것을 일컬어 도라 한다—陰一陽之謂道"는 구절이 인용된다. '한 번 음이 되고, 한 번 양이 되는 것'이 '도'라고 하는 이 말에는 '도'와 '음양'의 관계가 제시되어 있다. 즉 '도'는 음과 양이라고 하는 '기'의 상호 의존적인 관계 속에 있음을 보여주는데, 이러한 도와 기의 관계를 통해 우주자연은 끊임없이 변화하면서도 항상성을 유지하게 된다. 그런데 정이는 변화의 현상을 음과 양이라는 기 개념으로 포착할 때, 그러한 변화의 근거는 도(리)라고 하여 기와 도(리)를 분명하게 구분한다. 정이의 도(리) 개념에서 중요한 특징은 그것이 기의 변화운동하는 근거로만 제시되고 있다는 점이다. 기는 구체적 사물을 형성하는 '형이하자'이고 도는 사물의 구성 원리인 '형이상자'다.

음양동정_무시무단 　　　　　　　　　　　　　　　【정이 2】 원문 20

동정은 단서가 없고 음양은 시작이 없으니, 도를 아는 자가 아니면 그 누가 이것을 알겠는가?

『정씨경설』

동정이라고 하는 변화의 운동성은 끊임없이 지속되는 것이다. 그러한 지속은 일정하다는 의미와는 다르다. 정이는 우주자연의 이치는 항구적인 끝도 없고, 시작도 없다고 여긴다. 그는 '끝이 곧 시작終而復始'이고, 시작이 끝이 되는 반복되는 차이를 통해서 이 세계가 유지되고 지속성을 띤다고 본다. 이 지속성은 차이를 포함하고 있는 반복이기에 '일정一定'하지 않다. 정이는 '지속이란 일정함을 말하는 것이 아니恒, 非一定之謂也'라고 본다. '일정하다면 지속될 수 없기一定則不能恒' 때문이다. 동정의 변화운동은 일정하지 않기에 지속되는 것이다. 따라서 변화운동의 과정은 공간의 층위에서 시간성을 점유하고 있지만 단락이 있는 것은 아니다. 멈춤의 상태는 움직임을 예비하고 있는 멈춤이다. 그렇기에 움직이지 않는 상태에서 움직임의 상태로 이어지는 과정은 상태의 변화일 뿐이다. 동정은 흐름의 연속이라고 해도 좋다. 멈춤이 움직임의 연장에 있고, 움직임 또한 멈춤의 연장이기에 동정의 변화운동은 단서가 없다.

　동정이 변화운동의 측면이라면 음양은 기의 변화 양상인데, 아주 단순하게 보면 양은 빛이 전면에 있다는 것이고 음은 빛이 가려진 상태라고 할 수 있다. 빛이 있고 없음과 같은 상태가 각각의 기운으로 기호화되는 과정에서 음과 양이라는 명칭의 구분이 생긴다. 그렇지만 음과 양은 사실 동전의 앞면과 뒷면같이 '하나의 두 가지 양태'다. 따라서 하나의 두 상태를 무엇이 먼저라고 구분할 수는 없는 것이다. 그러한 점에서 음양은 시작이 없다고 하는 것이다. 결국 음과 양은 하나의 기가 두 양태로 표현된 것이고, 동과 정은 연속적인 운동의 두 상태를 일컫는다. 그러한 점에서 음양과 동정은 중간에 끊어지거나 사이가 생기는 것이 아니기 때문에 '간단間斷이 없다'고 하는 것이다.

사물의 생성과 변화의 창조적 과정이 간단이 없다고 하는 정이의 '동정무단, 음양무시'의 사유는 프랑스 철학자 베르그송Henri Bergson(1859~1941)이 말하는 '운동과 변화'의 관점과 유사하다. 베르그송은 모든 사물의 근원으로서 '순수지속'을 주장하면서 물질·시간·운동은 이 지속의 안에 보이는 여러 형태로 파악하고, '순수지속'은 신비적 직관의 방식으로 파악된다고 주장한다.

정이에게 있어서 '동정'과 '음양'의 지속에 대한 파악은 베르그송이 말하는 '직관'의 방식과 유사하다. 그러나 정이는 '직관' 대신 '도道'를 말한다. 정이가 말하는 도는 추상적 사유의 관념적 형태를 띠지만, 이 도는 아무런 근거 없이 인식에 주어지는 것이 아니라 인간의 누적된 경험에서 비롯된다. 도의 세계는 인간에 의해 포착된 경험의 일반화, 곧 법칙적 세계를 의미한다. 정이는 음양동정의 변화와 생성의 지속성을 막연한 추측이나 억측이 아니라 도라고 하는 인간이 세계를 이해할 수 있는 능력으로, 그리고 우주자연의 원리로 파악해내는 것이다. 따라서 정이는 "도를 아는 자가 아니면, 간단없는 음양동정의 변화와 생성의 지속성을 어찌 알 수 있겠는가?"라고 자신 있게 말할 수 있는 첫 번째 철학자가 되는 것이다.

【정이 3】 원문 21

도는 인仁과 불인不仁이 있을 뿐이라고 했으니, '스스로 그러한 이

自然理'가 이와 같은 것이다. 기에 순후와 희박이 있는 것은 자연의 이自然之理다.

『유서』 15

음이 있으면 양이 있고 양이 있으면 음이 있다. 일이 있으면 이가 있고 적어도 일과 이가 생기면 바로 일과 이의 다음이 생기니, 그것이 삼이다. 나중은 끊임없이 계속 이어져간다. 『노자』에서 역시 "삼이 만물을 낳는다"고 말하고 있지만, 이것은 「계사전」의 "생생을 역이라고 한다"고 하는 것이니, 그 이가 자연히 이와 같다.

『유서』 18

　　이기에 관한 정이의 용법에서 주목되는 것은 '자연지리自然之理' 혹은 '이자연理自然'과 같이 '~의 이之理'나 '자연自然'이란 용어를 많이 사용한다는 점이다. 자연지리는 '스스로 그러한 이'를 의미하고, 이자연은 '이의 스스로 그러함'을 뜻한다. 이렇듯 정이가 '~의 이'와 같은 용법을 통해 이를 드러내고자 하는 것은 이의 '마땅히 그러해야 한다' '그러한 것이 자연스럽다' 등과 같은 의미를 보이고자 함이다. 이러한 용례는 구양수가 일상적이고 상식적인 수준에서 알 수 있는 '가지可知'의 의미로 이를 사용하는 것과 유사하다. 즉 정이는 이를 일상적인 경험세계에서 파악 가능한 자연스러운 것으로 보며, 그것은 일종의 질서나 도리와 같은 의미로 쓰고 있다. 음양과 같은 기의 끊임없는 변화운동 또한 우주자연의 '스스로 그러한 원리'

에 의한 것일 뿐이다. 이는 작위적인 것이 아니라 자연스러운 것 그 자체다.

이처럼 정이가 파악한 이는 자연현상이나 인간 모두에 스스로 그렇게 되는 원리'다.

만물의 이_유물유칙　　　　　　　　　　　　　　　　【정이 4】 원문 22

하나의 물에는 모두 하나의 이가 있다. 하나의 풀, 한 그루의 나무에도 모두 이가 있다. 천하의 사물은 모두 이로 비춰 밝힐 수 있다. 사물이 있으면 반드시 법칙이 있고, 하나의 사물이 있으면 당연히 하나의 이가 있을 것이다.

『정씨유서』 18

눈앞에 있는 대상은 모두 물이 아닌 것이 없다. 각각의 물에는 모두 이가 있다. 불이 뜨겁고 물이 차가운 근거에서 군신, 부자의 관계에 이르기까지 모두 이다.

『정씨유서』 19

정이는 북송 초기 유학의 흐름에서 그의 형인 정호와 더불어 '만물에는 반드시 이'가 있으며, 그러한 이는 보편적으로 편재한다는 사유를 펼친다. 이러한 사유는 유가 경전에서 이미 '물이 있으면 법칙이 있다有物有則'고

제시되었지만, 만물에 편재하는 법칙성을 '이'의 철학적 개념으로 포착하는 것은 정호와 정이에 이르러서 새롭게 발명된 것이다. 정이는 만물에 편재하는 이, 곧 인간과 자연, 사물에 관통하는 이는 모두 밝힐 수 있다고 본다. 이를 밝혀나가는 과정이 바로 격물궁리格物窮理다. 정이에게 격물궁리가 중시되는 것은 그것이 이를 체득하는 공부이기 때문이다.

정이는 이 '이'를 통해 우주자연과 인간(사회)을 일관되게 설명할 수 있는 이론적 체계를 '이일'의 철학 체계로 구축하려 한다. 정이가 체계화하려는 '이일'의 사유는 우주자연의 객관적이고 합리적인 법칙성을 인간과 사회에 적용하려는 시도라고 할 수 있다. 그러한 점에서 객관적인 법칙으로서의 '이'가 인간과 인간이 거주하는 현실사회에서 그대로 구현되어야 한다는 입장이 정이가 추구하는 '이일'의 궁극적인 이유다. 정이는 '이일'의 포괄적인 세계 구성의 원리를 장재의 「서명」을 통해 독해한다.

【정이 5】 원문 23　　　　　　　　　　　　　　　　　　　　서명_이일분수

> 장재의 「서명」이라는 글은 이는 하나요 분은 나누어짐이라는 것을 밝혔고, 묵자는 본질을 둘이요 분은 없다고 했다. 분이 확립되어 이일을 규명함으로써 그것에 의해서 사심으로 흘러가는 것을 막는 것이 인의 방법이다.
>
> 『정씨문집』 9, 「양시가 서명을 논한 글에 답하다」

동양적 사유는 어떻게 탄생했는가

「서명」은 장재의 『정몽』 「건칭乾稱」의 상편으로, 원래는 「정완訂頑」이라 했다. 정이는 이 글을 읽고 탄복해 '서쪽 창 아래에 두는 맹서의 글'이라는 뜻으로 「서명」이라고 수정했다.

장재는 「서명」에서 "하늘을 아버지라 부르고 대지를 어머니라 부른다. 나는 하늘과 대지에 비해 아주 미미한 존재로서 다른 존재와 뒤섞여서 그 사이에 자리 잡고 있다. 따라서 천지간에 가득 차 있는 것은 나의 몸을 이루고, 천지간에 모든 존재를 이끌어가며 거느리는 것은 나의 성을 이룬다. 사람들은 나의 형제이고 사물은 나의 동료다"라고 기술한다. 장재는 '천지 만물이 나와 형제民吾同胞'이고 '동료物吾與'임을 밝히고 있다. 장재는 만물 존재의 근원적 동일성을 기론에 의해 설명하고, 인간의 당위적 가치가 인仁의 가치 실현에 있다고 설명하고 있다.

조선의 유학자인 송시열이 경연에서 "「서명」의 주된 뜻은 인仁인데, 곧 장횡거가 지은 것입니다. 일찍이 학당의 두 들창에다 왼쪽에는 폄우砭愚를 쓰고 오른쪽에는 정완訂頑을 썼습니다. 정이천이 말하기를, '이것이 논쟁의 단서를 열어주는 것이다' 하고 동명東銘과 서명西銘으로 고쳤습니다"(『숙종실록』)라고 말하는 것에서 알 수 있는 것처럼 「서명」은 정이가 재평가한 글이다. 정이는 어째서 장재의 글을 두고 "맹자 이후 이와 같은 글은 볼 수 없었다"라고 찬탄하면서, '논쟁의 단서를 열어주는 것'이라고 했을까?

정이는 장재의 「서명」이 비록 기론의 관점에서 작성된 것이기는 해도 '만물일체'의 철학적 관점을 제시하고 있다고 봤다. 정이는 인仁을 통해 인간과 우주자연이 합일될 수 있는 장재의 관점에 주목하면서, 자신의 이 철학적 관점에서 인의 편재성을 이로 재해석한다.

정이의 제자인 양시는 「서명」에서 제시되고 있는 인仁이 묵자의 겸애설 兼愛說과는 어떤 차이가 있는지를 질의한다. 정이는 양시에게 답하는 글에서 「서명」은 '이理는 일一이고 분分은 수殊'임을 밝힌 것이라고 전제하고, 유가적 인에 대해 밝힌 묵자의 '겸애'의 입장을 '이본二本'과 '무분無分'이라고 비판한다. 정이는 장재의 「서명」에서 만물일체의 근거로 제시된 기 철학적 관점을 이로 대체해 이일의 동일성이 분수分殊된 결과로 파악하는 것이다. 정이는 이일분수라는 새로운 개념으로 장재의 「서명」을 포착함으로써 새로운 철학적 논점을 생산해낸다.

이렇게 본다면, 정이의 '이일분수'는 엄밀하게 말해서 만물의 존재 근거에 대한 존재론적 개념틀이라고 말하기는 부족하다. 오히려 인仁의 실현을 통해 우주만물이 합일될 가능성을 제시해주는 가치론적 개념으로 파악하는 것이 타당하다. 그러나 정이의 이일분수 개념은 주희에 의해 이일의 보편성과 분수의 개별성을 설명해주는 주요한 철학적 개념으로 재정위된다. 조선 유학에서도 이일분수의 개념은 이이의 이통기국理通氣局의 문제와 함께 임성주, 기정진 등에 의해 주요한 논쟁적 주제로 제기된다.

【정이 6】 원문 24　　　　　　　　　　　　　　　　　　　성선_성즉리

성은 선하지 않음이 없다. 성이 선하지 않은 것은 재才 때문이다. 성은 이다. 이는 요와 순에서 거리를 지나가는 사람에 이르기까지 같다. 재는 기에서 얻어지는데, 기에는 청탁이 있다. 기의 맑

은 것을 받는 자는 어진 이가 되고 기의 탁한 것을 받는 자는 어리석은 이가 된다.

『유서』 18

성은 곧 이다. 이성理性이라고 하는 것이 바로 이것이다.

『유서』 22

'성의 이性之理'는 선이 아닌 것이 없다. 천이라는 것도 '자연의 이自然之理'다.

『유서』 24

　북송 시기 도학의 경향과 도학이 아닌 경향을 나누는 분기점은 천인론天人論과 성설性說에 있었다. 천인의 관계를 어떻게 볼 것인가의 문제와 인성의 선악 여부는 자연스럽게 연동된다. 천인론에는 천인합일과 천인분리의 두 관점이 공존한다. '참된 학문'으로서의 도학을 주도하는 정이는 하늘과 사람을 합일의 관점, 즉 천인합일의 입장에서 파악한다. 따라서 정이는 가치의 근원으로 하늘을 인정하고, 그러한 하늘의 본질은 사람의 본질이 된다는 관점을 취한다.

　맹자는 고자와의 논변을 통해 '인성은 선하다'는 것을 천명한 바 있다. 그런데 정호는 '타고난 것을 성이라 한다'는 입장을 취한다. 그래서 타고난 성은 기품에 의한 것이므로 태어날 때부터 선한 사람과 악한 사람이 구분될 수 있다고 본다. 이러한 정호의 인성에 대한 인식은 인성을 악으로 정의하고자 하는 데 있는 것이 아니라, 사람의 천성을 자기 주도 아래 공부를 통해 변화시킬 수 있다는 점에 주목하는 것이다. 그러나 이러한 정호의 논리는 자칫 인성을 악한 것으로 볼 여지가 있음도 사실이다. 정이는 이러한 경우를 차단하고자 인성은 선하지 않음이 없다 하고, 그러한 이유를 인성이 하늘로부터 부여받은 것이기 때문이라고 한다. 천이 '어그러지지 않은 자연스런 이'인 것처럼, 인성도 자연스런 이를 품부받은 것이어서 성은 선하지 않음이 없다. 다만 인간은 기를 통해 육체성을 구성하기 때문에 자질에 있어 혹 선하거나 선하지 않음의 차이는 있을 수 있다.

이렇게 보면 하늘은 자연의 이법과 다르지 않다는 점에서 '하늘이 곧 이天卽理'라는 명제가 논리적으로 가능해진다. 그리고 '하늘'과 '사람'이 합일된다는 관점에서 본다면 '하늘'의 법칙성은 '사람의 본질essence'이 되고, 사람의 본질은 '인성'으로 표현되므로 '하늘의 법칙성'은 곧 '인성'이 된다. '천즉성天卽性'이 되는 것이다. 따라서 인간의 본질로서 인성을 규정하는 측면에서 본다면, '하늘은 곧 성天卽性'이고 동시에 '하늘은 곧 이天卽理'이므로 '성은 곧 이性卽理'가 된다.

정이는 인성이 선하다는 논리를 '이의 자연스러움' 혹은 '이의 마땅함'과 연결하여 '성즉리'의 명제로 창안해내고 있다. 성즉리는 기본적으로 '인성이 이'라는 의미이지만, 이 명제는 이의 스스로 그러한 원리성이 성에 구현되어 있다는 것으로 독해할 수 있다는 것이다. 그렇기 때문에 성즉리는 '인성은 마땅히 이와 같아야 한다'는 당위를 담고 있는 셈이다.

그렇다면 이제 남은 문제는 인간의 특질이 본래 선함에도 어떻게 선하지 않을 수 있는가 하는 점이다. '천즉성' '천즉리'라는 명제 아래에서 '하늘' '이' '성'은 어느 하나 불선적 요소가 개입될 여지가 없다. 그럼 불선의 측면은 어디에서 찾아야 할까? 정이는 불선의 단서를 맹자가 제안했던 '재才'의 개념에서 찾고 있다.

맹자는 고자와 인성에 대해 토론하면서(「고자」 상) 불선의 직접적 원인은 물욕에 기인한 것이지 인성과 함께 주어진 타고난 재질 때문은 아니라고 말한다. 그러나 맹자는 인간에게 본질로서 주어진 성선의 가능성을 최대한 확충할 수 있는 능력으로서의 '재질'이 주어져 있음에도 그 역할을 다하지 못할 경우 물욕에 빠진다고 주장한다.

한편 정이는 맹자가 제안했던 재 개념을 변형하여, 재를 기와 연결하여 이해한다. 정이는 재를 장재가 제안하는 기질과 같은 것으로 재해석하는 것이다. 이렇게 함으로써 정이는 불선이 발생할 수 있는 가능성이 결국 기에 있다는 점을 분명히 한다. 이러한 사고는 점차 이에 비하여 기를 가치론적으로 구분하는 입장으로 고착된다.

이렇게 정이는 인성을 이와 연결하여 '선'으로 규정함으로써 객관적 자연세계의 원리성과 인간의 가치가 일관되게 연동할 수 있는 '이일理一'의 통합적 철학 체계를 구축할 수 있게 된다. 주희는 "정이가 성즉리라고 한 것은 가장 좋다此說最好"고 평가하고 마땅히 그러한 이 곧, 당연지리는 선하지 않은 것이 없다고 말한다.(『주자어류』 권4, 「성리」 1)

03
단계
태극도설과 주희

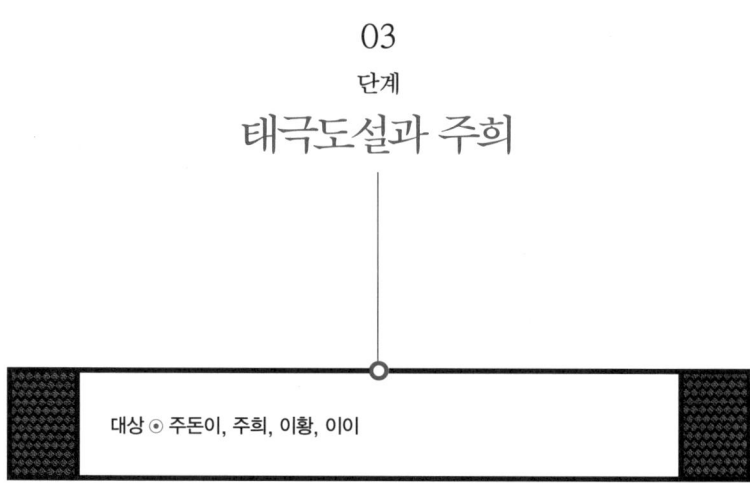

대상 ⊙ 주돈이, 주희, 이황, 이이

    3단계는 주돈이의 「태극도설」과 관련한 내용을 다룬다. 그 대상은 주희의 『태극도설해』와 이황의 「성학십도 제1도: 태극도설」을 다루며, 마지막으로 태극도설에 대한 이이의 논평을 살펴본다. 특별이 이 부분을 다루는 이유는 주돈이의 「태극도설」이 주희의 이기 성리철학 형성에 미친 지대한 영향 때문이다. 주희는 「태극도설」을 통해 자신이 구상한 이기론을 체계화시키면서 주돈이를 재발견해낸다.

주돈이_추숭 【주희 1】 원문 25

대개 태극이라 하는 것은 천지만물의 이치를 합해서 하나로 이름한 것일 뿐이다. 그것은 형체와 모양이 없지만, 천지만물의 이치가 여기에 있지 않음이 없기 때문에 '무극이면서 태극이다'라고 하는 것이다. 그것은 천지만물의 이치를 담고 있으면서도 형체와 모양이 없기 때문에 '태극은 무극에 근본한다'고 하는 것이다. 이 어찌 일반 백성들의 일상적 삶을 벗어나 독립적인 하나의 사물이 될 수 있겠는가? 그것이 음양오행의 심오한 조화가 되는 것도, 진실로 이런 이치다. 그것이 인의예지가 되고, 강유선악剛柔善惡이 되는 것 역시 이런 이치다. 이 이치를 본성으로 하여 편안한 사람이 성인이다. 이 이치를 회복하여 지키는 사람이 현인이다. 요순 이래로 공맹에 이르기까지, 서로 전수했던 말씀에 어찌 한마디라도 이것을 바꿀 수 있겠는가? 맹자가 죽고 나자, 많은 유학자의 지혜가 여기에 미치지 못했기 때문에 세상의 학자들은 막연해서 어디로 가야 할지 알지 못했다. 그래서 고원하게는 허무적멸虛無寂滅의 밖에서 방탕하고, 천박하게는 잡박화미雜博華靡한 곳으로 빠져들면서도 스스로는 도가 진실로 이와 같다고 여겨 그것이 잘못됐음을 조금도 알지 못했다. 선생이 세상에 나와 처음으로 그것을 밝혀 정씨에게 전하자, 그것은 마침내 천하에 널리 퍼졌다. 이에 비로소 세상의 학자들은 성현이 서로 전수한 실질을 알게 되었고, 노력해야 할 것도 알게 되었다. 이것이

선생의 가르침이 가버린 성인을 계승하고 후학을 계몽하여 이 세상에 커다란 공을 세운 까닭(내용)이다.

『주자대전』 권78, 「융흥부학 주돈이선생 사당기」

이 글은 주희가 50세(1179)에 지은 것이다. 당시 융흥부에서 세운 관립 부설교육기관인 부학의 교수로 있던 황호(자는 상백·경이, 호는 서파)의 요청으로 작성된 것이다. 황호는 남강군 출신으로 주희의 제자다.

1170년대 이후 주돈이의 행적이 닿았던 지방의 관학에서는 그의 사당을 짓는 것이 유행처럼 번진다. 이러한 현상은 주희에 의해 주돈이가 재발견되었기 때문이다. 주희는 자신의 도학적 연원을 이동으로부터 정호·정이-주돈이까지 소급하고, 주돈이의 저술인 「태극도설」과 「통서」를 발굴하고 재해석해 세상에 드러낸다. 이로 인해 주희 이전까지 주목받지 못했던 주돈이는 송대 도학의 개창자로 자리매김되면서 추숭되기 시작한 것이다. 이러한 일련의 학술적 분위기에 따라 황호는 주희에게 주돈이의 사당기를 부탁했다. 주희 입장에서 보면, 자신의 새로운 이기철학을 옛사람에 의탁하여 확산할 수 있다는 것은 그리 나쁘지 않은 일이었을 것이다.

황호가 주돈이의 학술에 대한 광범위한 관심을 전하고 있지만, 사실 주희가 1168년에 편집한 『정씨유서』에 기록된 주돈이에 대한 평가는 부정적이다. 새로운 이기 개념과 유학에 근거한 강렬한 의리 의식을 통해 도학을 체계화하려 했던 정이는 주돈이를 배제했다.

정이는 주돈이를 '궁선객窮禪客'으로 표현한다. 정이는 형인 정호와 함께 15세 무렵에 아버지의 권유로 주돈이에게 수학했음에도 '참선하는 사람'이라고 평가하고 있다. 엄정한 성품의 정이였기에 그가 주돈이를 판단한 것에는 그럴 만한 근거가 있을 듯하다. 그러한 근거 중 하나는 주돈이의 학술이 당시 사회문화의 주류를 이루던 도교의 영향을 받았다는 평가다. 「태극도」가 원래는 도교의 도상으로 진단陳摶-충방种放-목수穆修로부터 주돈이에게 전래되었다고 하는 것이다. 목수는 소옹에게 상수학을 전해준 이지재의 스승이다.

주돈이가 실제로 선학에 빠졌던 사람이었는지 그 사실 여부는 확인할 수 없다. 그렇지만 그는 매우 초탈한 삶을 살았던 것으로 전해진다. 염계濂溪라는 호는 여산의 시냇가에서 초탈한 삶을 살았던 그의 모습을 떠올리게 한다. 그리고 주돈이의 인품을 보여주는 에피소드가 『정씨유서』 제3편 21절에 전해진다. 창 앞에 잡초가 무성하게 자랐음에도 주돈이는 잡초를 뽑지 않았는데, 그 이유를 '자신의 마음(생의)과 잡초가 다르지 않기 때문與自家意思一般'이라고 했다. 자신(내면)과 외계의 대상이 둘이 아니라고 본 것이다.

다음은 주돈이의 「태극도설」과 주희에 의해 해석된 『태극도설해』다. 『태극도설해』는 조금 긴 글이지만, 주자학의 근거가 되는 자료인 만큼 원문을 옮겨본다.

1. "무극이면서 태극이다."

'하늘이 하시는 일은 없고 냄새도 없지만' 실제로는 조화의 중심 축이고 만물의 뿌리다. 그러므로 '무극이면서 태극이다'라고 말했으니, 태극 밖에 다시 무극이 있는 것이 아니다.

2. "태극이 움직여 양을 낳고, 움직임이 극단에 이르면 멈추게 된다. 멈춤은 음을 낳고, 멈춤이 극단에 이르면 다시 움직인다. 한 번 움직이고 한 번 멈춤이 서로 뿌리가 된다. 음으로 나뉘고 양으로 나뉘어 양의가 정립된다."

태극에 움직임과 멈춤이 있는 것은 천명이 유행하기 때문이다. 이른바 '한 번 음이 되고 한 번 양이 되는 것을 도라고 하는 것이니, 성誠이란 성인의 본령이고' '만물을 끝맺고 시작하게 하는 것이며' '천명의 도리다.' 그 움직임은 '성誠의 형통함'이고 '이어가는 것이 선이다'이니, 만물이 바탕으로 취하여 시작하는 것이다. 그 멈춤은 '성誠의 회복됨'이고, '이룬 것이 성이다'이니, 만물이 '각각 그 성과 명을 바르게 하는 것이다.' '움직임이 극단에 이르면 멈추게 되고, 멈춤이 극단에 이르면 다시 움직여, 한 번 움직이고, 한 번 멈추는 것이 서로 뿌리가 된다'는 것은 천명이 유행하여 그치지 않는다는 것이다. '움직여 양을 낳고 멈춰서 음을 낳아, 음으로 나뉘고 양으로 나뉘어 양의가 정립된다'는 것은 분수가 한 번 정해지면 바뀌지 않는다는 것이다. 태극이란 본연의 오묘함이고, 움직임과 멈춤이란 태극이 타는 기틀이다. 태극은 형이상의 도道이고 음양은 형이하의 기器다. 그러므로 그 현저함의 관점에서 보면, 움직임과 멈춤은 때가 같지 않고 음과 양이 위치가 같지 않지만 태극이 있지 않은 적이 없다. 그 은미함의 관점에서 보면 텅 비고 고요하여 아무런 조짐이 없는 가운데 움직임과 멈춤, 음과 양의 이가 이미 모두 그 가운데 구비되어 있다. 그렇지만 앞으로 미루어보아도 그 처음에 태극과 음양이 합쳐지는 것을 볼 수 없고, 뒤로 당겨보아도 그 끝에서 분리되는 것을 볼 수 없다. 그러므로 정자는 『이정수언二程粹言』에서 이렇게 말했다. "동정에는 단서가 없고, 음양에는 시초가 없다" 하니, 도를 아는 사람이 아니면 누가 그것을 식별할 수 있겠는가?

3. "양이 운동하고 음이 따라서 수화목금토를 낳는다. 다섯 가지 기가 순리에 따라 펼쳐져 사계절이 운행된다."

태극이 있으면 한 번 움직이고 한 번 멈춰서 양의가 나누어진다. 음양이 있으면 한 번 운동하고, 한 번 따라서 오행이 구비된다. 그러나 오행이란 질성은 땅에서 구비되고 기는 하늘에서 유행하는 것이다. 질성으로써 그 생성의 순서를 말하면 '수화목금토'라고 하니, 수와 목은 양이고 화와 금은 음이다. 기로써 그 유행의 순서를 말하면 '목화토금수'라고 하니, 목과 화는 양이고 금과 수는 음이다. 또 통괄하여 말하면 기는 양이고 질성은 음이다. 그리고 번갈아 말하면 움직임은 양이고 멈춤은 음이다. 오행의 변화는 다 탐구할 수 없는 데까지 이르지만, 어디에서건 음양의 도가 아닌 것이 없다. 음양이 되는 근거는 또 어디에서건 태극의 본래 모습이 아님이 없다. 어찌 부족하거나 틈이 벌어지는 일이 있겠는가?

4. "오행은 하나의 음양이고 음양은 하나의 태극이며, 태극은 본래 무극이니, 오행의 생성에 각각 그 성을 하나씩 가진다."
오행이 갖추어지면 조화와 발육의 도구가 구비되지 않음이 없다. 그러므로 또 여기에서 근본을 미루어보아 그 혼연일체가 무극의 오묘함이 아님이 없다는 것을 밝혔다. 그러나 무극의 오묘함은 또한 한 사물 가운데 각각 갖추어지지 않은 적이 없다. 오행은 질質이 다르고 사계절은 기氣가 다르지만 모두 음양을 벗어날 수 없으며, 음과 양은 위치가 다르고 움직임과 멈춤은 때가 다르지만 모두 태극에서 떨어질 수 없다. 태극이 되는 근거는 또 애초에 아무런 소리나 냄새도 말할 수 없으니, 이는 성性의 본체가 그러한 것이다. 세상에 어찌 성을 벗어난 사물이 있겠는가! 그러나 오행의 생성에 그 기와 질에 따라 품수한 것이 같지 않으니 이른바 '각각 그 성性을 가진다'라는 것이다. 각각 그 성을 하나씩 가지면 혼연한 태극의 완전한 본체가 한 사물 가운데 각각 갖추어지지 않음이 없으니, 성이 있지 않은 곳이 없음을 또 알 수 있다.

5. "무극의 진실함과 음양오행의 순수함이 오묘하게 결합하여 응취한다. '하늘의 도는 남성을 이루고 땅의 도는 여성을 이룬다.' 두 기가 교접하고 감응하여 만물을 변화 생성시킨다. 만물

이 낳고 낳아 변화가 끝이 없다."

세상에는 성을 벗어난 사물이 없고, 성은 있지 않은 곳이 없으니, 이것이 무극과 음양오행이 혼융하여 틈이 없는 까닭이며, 이른바 '오묘하게 결합한다'는 것이다. 진眞은 이로써 말한 것이니, 거짓됨이 없음을 말한다. 정精은 기로써 말한 것이니 둘이 아님을 이름 붙인 것이다. 응凝이란 모이는 것이니, 기가 모여서 형체를 이루는 것이다. 성이 그 주체가 되지만 음양오행이 종횡으로 얽히고, 또 각각 부류대로 응취하여 형체를 이룬다. 양으로서 강건한 것이 남성을 이루니 아버지의 도다. 음으로서 유순한 것이 여성을 이루니, 어머니의 도다. 이것이 사람과 사물이 처음에 기화氣化하여 생겨나는 것이다. 기가 모여 형체를 이루면, 형체가 교접하고 기가 감응하여 마침내 형화形化하며, 사람과 사물이 낳고 낳아 변화가 끝이 없다. 남성과 여성의 측면에서 보면 남성과 여성이 각각 그 성을 하나씩 가지고 있으나 남성과 여성은 하나의 태극이다.

만물의 측면에서 보면 만물이 각각 그 성을 하나씩 가지고 있으나 만물은 하나의 태극이다. 종합해서 말하면 만물의 통체는 하나의 태극이며, 나누어서 말하면 하나의 사물마다 각각 하나의 태극을 구비하고 있다. 이른바 세상에는 성을 벗어난 사물이 없고 성은 있지 않은 곳이 없다는 것은 여기에서 더욱 그 전모를 볼 수 있다. 자사子思가 "군자는 큰 것을 말하면 세상 어느 것도 그것을 싣지 못하고, 작은 것을 말하면 세상 어느 것도 그것을 깨뜨리지 못한다"고 한 것이 이것을 말한다.

6. "사람만이 그 빼어난 것을 얻어 가장 영명하다. 형체가 생겨나서 정신이 지각을 일으키면 오성이 감응하여 움직여 선과 악이 나뉘고 온갖 일이 나온다."

이것은 일반 사람들이 움직임과 멈춤의 이를 구비하고 있지만 항상 움직임에서 잘못됨을 말한다. 사람과 사물이 생겨날 때 태극의 도를 갖지 않음이 없다. 그러나 음양오행의 기氣와 질質이 교접하여 운행할 때, 사람이 받은 것만이 그 빼어난 것을 얻었으므로 그 마음이 가장 영명하여 성의 완전함을 잃지 않으니, 이른바 천지의 마음이고 사람의 표준이다. 그러나 형체가 음에서 생기고 정신이 양에서 일어나면 오상五常의 성이 외부 사물에 감응하여 움직이고 양의 선과 음의 악이 또 부류대로 나누어져, 서로 다른 오성이 온갖 일로 흩어진다. 음양과 오행이 만물을 변화 생성시키는 것은 사람에게서도 또 이와 같다. 성인이 완전한 본체의 태극을 안정시키지 않았더라면, 욕심이 발동하고 감정이 지나쳐 이로움과 해로움이 서로 공격하게 되었을 것이니 인극이 정립되지 않아 금수와의 거리가 멀지 않을 것이다.

7. "성인은 중정인의中正仁義로 안정시키되(성인의 도는 인의중정일 뿐이다) 고요함에 중심을 두어(욕심이 없기 때문에 고요하다) 인극人極을 정립했다. 그러므로 '천지와 더불어 그 덕을 합하고, 일월과 더불어 그 밝음을 합하며, 사시와 더불어 그 질서를 합하고, 귀신과 더불어 그 길흉을 합한다.'"

이것은 성인이 움직임과 멈춤의 덕을 완전하게 구현하되 항상 멈춤에 근본을 두고 있음을 말한다. 사람은 음양오행의 빼어난 기를 품수하여 태어나지만 성인이 태어날 때는 또 그 빼어난 것 중에도 더욱 빼어난 것을 얻는다. 이 때문에 그의 행동은 중도에 들어맞고, 그의 거처는 바르며, 그의 드러냄은 어질고, 그의 재단함은 의롭다. 한 번 움직이고 한 번 멈출 때마다 저 태극의 도를 완전하게 구현하여 부족한 일이 없으니, 앞에서 이른바 '욕심이 발동하고 감정이 지나쳐 이로움과 해로움이 서로 공격하는' 일이 여기에서 안정된다. 그러나 멈춤이란 성의 회복됨이고 성性의 정貞이다. 진실로 이 마음이 적연하여 아무런 욕심도 없이 멈추지 않으면, 또 어떻게 사물의 변화에 응대할 때 세상의 움직임을 하나로 하겠는가? 그러므로 성인의 중정인의는 움직일 때나 멈출 때나 두루 유행하되 움직일 때는 반드시 멈춤에 중심을 두니, 이것이 그가 천지 가운데 제자리를 잡아 천지 일월 사시 귀신도 어기지 못하는 까닭이다. 반드시 본체가 정립된 뒤에 작용이 유행한다. 정호가 건곤의 동정을 논하면서, "전일하지 않으면 곧게 수행하지 못하고, 모아들이지 않으면 발산하지 못한다"라고 한 것 또한 이러한 뜻일 뿐이다.

8. "군자는 그것을 수양하기 때문에 길하고 소인은 그것을 어기기 때문에 흉하다."

성인은 태극의 완전한 본체로서 일동일정할 때마다 어디서든 중정인의의 표준이 아님이 없는, 수양할 필요도 없이 저절로 그러하다. 아직 이 경지에 이르지 못해 수양하니 군자는 그 때문에 길하다. 이를 알지 못하여 어기니 소인은 그 때문에 흉하다. 수양하는 것과 어기는 것이 또한 경건함과 방자함 사이에 달려 있을 뿐이다. 경을 실행하면 욕심이 줄어들고 이치가 밝아지니, 욕심이 줄어들고 줄어들어 욕심이 거의 없는 데 이르면 멈출 때에는 텅 비고 움직일 때에는 곧아서 성인을 배울 수 있다.

9. "그러므로 '하늘의 도를 정립하여 음과 양이라 하고, 땅의 도를 정립하여 부드러움과 굳셈이라 하며, 사람의 도를 정립하여 인과 의라고 한다'라고 했다. 또 '시초를 추구하고 끝을 되돌아봄으로써 죽음과 태어남의 이치를 안다'라고 했다."

음과 양이 형상을 이루는 것은 하늘의 도가 정립되는 것이고, 굳셈과 부드러움이 형질을 이루는 것은 땅의 도가 정립되는 것이며, 인과 의가 덕을 이루는 것은 사람의 도가 정립되는 것이다. 도는 하나일 뿐이지만 일에 따라 드러나므로 삼재三才의 구별이 있고, 그 가운데 또 각각 본체와 작용의 구분이 있으나 실제로는 하나의 태극이다. '양-굳셈-인'은 사물의 시초이고, '음-부드러움-의'는 사물의 끝이다. 그 시초를 추구해 태어난 까닭을 알 수 있으면, 그 끝을 되돌아보아 죽는 까닭을 알 수 있다. 이것은 천지 사이에 조화의 기틀이 되어 예로부터 지금까지 유행하는, 말로 표현할 수 없는 오묘함이니, 성인이 역易을 지은 큰 뜻도 여기서 벗어나지 않으므로 인용하여 그 주장을 입증했다.

10. "위대하다 역易이여! 이에 지극하다."

"『역易』이라는 책은 광대하여 모든 것이 다 갖추어져 있다."(『주역』,「계사」하 10) 그러나 그 지극함을 말하면 이「태극도」가 모두 드러내고 있으니 그 뜻이 어찌 심오하지 않겠는가! 일찍이 듣건대 정호·정이(15~16세) 형제가 주돈이(30~31세)에게 배울 때 주돈이가 손수 이「태극도」를 전해주었다고 한다. 정호·정이천이 성과 천도를 말한 것이 대부분 여기에서 나왔으나 끝내 이「태극도」를 사람들에게 분명하게 제시하지 않았으니, 여기에는 반드시 숨겨진 뜻이 있을 것이다. 배우는 사람이 또한 이를 알지 않으면 안 된다.

『태극도설해』

주희가 주돈이의「태극도설」에 어느 정도 애착을 갖고 있는지는 그의 『태극도설해』를 보면 여실하게 알 수 있다. 주희는 주돈이를 통해서 자신의 새로운 이론을 쏟아내고 있다. 만일 주희에게 주돈이가 없었다면, 주희는 어떻게 했을까? 아마도 다른 주돈이를 찾지 않았을까? 주희는 자신의 사유 체계를 주돈이를 부활시켜 전하고 있다 해도 지나치지 않다. 주희 철학의 성취 여부에 관한 논의는 제쳐두고「태극도설」에 대한 주희의 논점을 간략히 살펴보자.

「태극도설」에서 가장 논란이 된 부분은 아무래도 "무극이면서 태극이다"라고 한 첫 구절이다. 주희는 이 구절의 해석과 관련하여 많은 토론을 거치게 되는데, 특히 육구연(상산) 형제들과의 토론은 유명하다. 그 내용은 4단계에서 주희가 육구연에게 보낸 편지인 「육자정에게 답하다」에 실려 있다.

주희는 태극과 연결되어 있는 무극을 『시경』의 은유적 표현과 연결하여 해석한다. 『시경』에서는 '소리도 없고 냄새도 없는 하늘'이 '조화의 중심축'이 되고 '만물의 뿌리'가 된다고 기술한다. '무극이태극'이라고 하는 본체의 세계는 논리적인 언어문자로 형용할 수 없기에 시적 상징으로 대체하는 것이다. 주희는 이러한 존재의 근거에 해당되는 기술을 '무극이태극'에 적용한다. 그래서 태극과 무극을 분리되지 않는 동체로 파악하고, 다만 무극이라는 지칭은 태극을 형용한 것이라고 설명한다. "태극 밖에 다시 무극이 있는 것이 아니다"라는 것은 태극 위에 따로 무극이 있는 것이 아니고 다만 태극이 어떤 사물이 아니라는 것을 형용한 것이라는 의미다.

주희는 이 부분을 설명한 글에서 '소리도 없고 냄새도 없는 하늘'은 단지 "푸르고 푸른 객관적인 자연으로서의 하늘蒼蒼者是上天"일 뿐이라고 한다. 그리고 그러한 하늘이 하는 일을 형용하여 '무극이태극'이라 했다고 한다. 제자 중 한 사람은 이 '무극이태극'을 이로 간주하는 것이 아니냐고 주희에게 질의한다. 주희는 그것은 자신의 주장이 아니라 도리가 본래 그러한 것이라고 하면서 '태극은 형상이 없으니 다만 이일 뿐'이라고 답한다.

주희는 태극을 분명하게 이로 확정한다. 그리고 '태극으로서의 이'는 '조화의 중심축'이고 '만물이 근거'하는 주재자다. 하지만 형용할 수 없는 대상이라는 점을 주돈이의 '무극'이라는 용어를 빌려서 말하고 있다. '형상이 없다'는 것이다. 여기에는 또 하나 주희 철학의 특징적인 점이 담겨 있다.

주희는 주돈이의 '무로부터 유로의 사유' 방식을 '유로부터 무로의 사유' 방식으로 전환시키고 있다는 점이다. 주돈이의 '무극이태극'이란 첫 구절은 「태극도설」이 전체적으로 '무'로부터 시작되어 '유'로 귀결된다는 점을 함축한다. 그 사유의 전체 방향을 주희는 이 첫 구절을 해석하면서 틀고 있다. 주돈이가 '무극이태극'이라고 한 것을 주희는 『시경』의 사유를 빌려서 '하늘의 일-소리도 냄새도 없음'의 구조로 변형시키고 있는 것이다. 즉 하늘이라고 하는 '유'에서 '없음'이라는 '무'를 보여주고 있다. 그래서 주희는 '무극이태극'을 유로서의 '이'를 말하는 것으로 확정한다. 우주만물은 이 '있음', 곧 이로부터 시작되는 것이다. 이와 같은 주자의 '유'에 대한 철학적 사유는 노자의 '무에서 유가 생긴다有生於無'는 관점이나 불교의 실체 없음을 말하는 '공空'의 논리를 논파하는 것이기도 하다.

두 번째로 논란이 되는 부분은 '태극이 움직이고 멈추어 음양을 낳는다'라는 『주역』「계사전」에 대한 해석의 문제다. 이 구절은 다양한 논란을 유발하는데, 우선 '음양의 기'를 낳는다고 하는 '태극'의 정체성에 대한 논란으로 나타난다. 음양은 분명 기인데 이 음양을 낳는 '태극'은 과연 '기'인가, 아닌가 하는 점이다. 주희가 태극을 '이'로 확정했다고 해서 이 문제가 해결되는 것은 아니다. 그의 이론에 동의할 수 없는 반대자들에게 이 문제는 논란이 될 수밖에 없다. 태극이 기라고 한다면 그것이 음양의 기를 낳는다는 것은 별 문제가 되지 않는다. 하지만 태극이 '이'라고 한다면, '이'에서 어떻게 '기'가 생겨날 수 있는가 하는 의문이 생겨난다. 여기서 '생'의 의미가 무엇이냐 하는 것도 논란이 된다. 생을 발생의 의미로 볼 것인가, 아니면 유출의 의미로 볼 것인가는 지속적인 논란거리인 것이다.

다음 논쟁점은 태극의 '동정' 문제다. 주희는 "태극이란 본연의 오묘함이고, 움직임과 멈춤이란 태극이 타는 기틀"이라고 정의한다. 움직임과 멈춤이라고 하는 변화운동은 '기틀'에 의한 것이고, 태극은 그러한 '기틀'에 타는 것이라는 설명이다. 이어지는 구절에서 주희는 " 태극은 형이상의 도이고 음양은 형이하의 기"라는 『주역』의 말을 인용하고 있다. 주희는 '태극-음양'이 '도-기'의 관계처럼 동전의 앞뒷면과 같다고 설명하려는 것이다. 그래야 태극의 동정이 설명될 수 있기 때문이다. 그러나 또 그럴 수만도 없는 것이, 그럼 '처음부터 태극음양은 하나였는가?' 하는 문제가 제기될 수 있기 때문이다.

주희도 '태극의 동정' 문제에 대해 무척 고심한 듯하다. 딜레마가 아닐 수 없다. 어떤 하나를 버리고 다른 하나를 취할 수 없는 상황이라고 할 수 있다. 앞서 '무극이태극'에서 태극을 '있음의 존재'이기는 해도 경험의 세계에서 상상할 수 없는 존재로 만들어놓았는데, 이러한 존재에 경험세계에서나 가능한 물리적 운동의 속성을 부여할 수는 없는 노릇이다. 그래서 창안한 것이 '태극이 타는 기틀'이다. 그렇다고 해서 '태극의 동정' 여부에 대한 의심이 해소되는 것은 아니다. 그래서 주희는 "동정에는 단서가 없고, 음양에는 시초가 없다"고 하는 정이의 말을 인용하고, "도를 아는 사람이 아니면 누가 그것을 식별할 수 있겠는가?"라고 한다.

태극의 동정 문제는 태극의 직접적 '동정' 여부와 동정하는 운동의 주체와 주재자의 문제 외에도 태극으로서의 이의 체와 용, 이기 관계 등 중요한 이기철학의 쟁점을 보여준다. 주희에 의해 명확하게 규정되지 않은 '태극의 동정 여부'는 후대에도 확대 재생산된다.

주희가 태극을 이로 확정하면서 이 구절은 '이는 동정하는가?'라는 문제로 전환된다. '태극유동정'에서 '이유동정'으로 변환된다는 것이다. 조선 유학의 핵심 쟁점 역시 바로 이 지점에서 시작된다고 해도 지나치지 않다. 표면적으로 '이의 동정' 여부를 거론하지만, 속내를 들여다보면 이 문제는 이 개념뿐만 아니라 이기의 관계 정의 문제가 긴밀하게 얽힌 복잡한 양상을 띤다. 게다가 이러한 이기의 철학적 문제는 현실 존재의 규범 및 제도와 긴밀하게 연동되기에 더더욱 복잡하다. 주희의 철학에서는 이러한 문제까지 상세히 논의되지 않기에 이 문제는 조선 유학의 흐름에서 살펴보기로 하겠다.

태극도설_이황 【이황 1】 원문 27

「태극도설」은 주렴계가 스스로 만든 도표와 해설이다. 평암 섭 씨는 "이 도표는 『주역』「계사」에 나오는 '역에 태극이 있다. 이것이 양의를 낳고 양의는 사상을 낳는다'는 뜻을 미루어 밝힌 것이다. 다만 역에서는 괘효를 가지고 말했으나 이 「태극도」는 조화로 설명했다"라고 했다. 주희는 "이 「태극도설」은 도리의 핵심이 되는 곳이요, 또한 후대에도 지속될 도리의 연원이다"라고 했다. 지금 이 「성학십도」의 첫머리에 「태극도설」을 게재한 것은 『근사록』에서 이 「태극도설」을 첫머리로 내세운 의도와 같은 것이다. 대체로 성인을 배우고자 공부하는 사람은 여기에서 단서를 구하고, 『소학』과 『대학』 등과 같은 공부에 힘을 쓰고, 그 효과를 얻을 수 있는 시기에 이르러 하나의 근원으로 소급해간다면, 이것이 『주역』에서 말하는 "사물의 이치를 깊이 탐구하고 성을 극진히 하여 명에 이른다"는 것이고, 또한 "신묘한 변화를 궁구하여 조화를 알면 덕이 성대해진다"는 것이다.

「성학십도」 제1도, 「태극도설」

주희가 재해석한 주돈이의 「태극도설」은 시공을 넘어 조선의 유자들에게 전달된다. 「태극도설」이 구체적으로 언급되는 것은 고려 말 권근을 통해서다. 그는 『입학도설』(1390)을 저술하면서 주돈이의 「태극도설」을 근본으로 하고 『중용』의 주자장구를 참고해 도설을 지었다고 말하고 있다. 이황도 「천명도설후서」(1553)에서 「천명도」가 「태극도설」에 의거하고 있음을 밝히고 있다. 이처럼 「태극도설」이 성리학을 탐구하는 유자들에게 관심을 끄는 이유는 그것이 성리학적 사유의 근본적 원리와 개념을 제시해주고 있기 때문이다. 그래서 성리학의 대가인 이황(68세)은 선조(17세)에게 성리학 공부를 위한 '성학'의 지침을 「성학십도」(1568)를 통해 제안하는데, 그 첫 번째 것이 「태극도설」이다.

「성학십도」 제1도 「태극도설」은 주돈이의 「태극도」와 「태극도설」을 게재하고, 이어 주희의 「태극도설」에 대한 설명을 병기한 후, 마지막에 이황의 설명을 기록하고 있다. 위 본문은 이황의 설명 전문이다.

이황의 설명에서 특징적인 점은 「태극도설」을 '조화'의 관점에서 파악하고 있다는 것이다. '조화'라는 말이 비록 평암 섭씨를 재인용한 것이기는 하지만, 이것은 성리학을 이해하는 이황의 근본적인 시각을 보여준다. 성리학적 사유세계가 정통과 이단, 군자와 소인을 구분하고 있기는 하지만, 의리와 도덕을 통해서 화해와 협력의 조화로운 세상을 추구한다는 점을 이황은 보여주고 있다. 이상의 「태극도설」에 대한 이해는 그의 「천명도설」에 반영되어 있다.

태극도설_이이 　　　　　　　　　　　　　　　　【이이 1】 원문 28

신은 생각합니다. 동하고 정하는 기機는 누가 시키는 것도 아니요, 이理와 기氣도 앞뒤를 말할 수 있는 것이 아닙니다. 그러나 기가 동하고 정하는 것은 모름지기 이가 근본이 됩니다. 그러므로 '태극이 동하여 양을 낳고 정하여 음을 낳는다' 한 것입니다. 만일 이 말을 고집하여 태극은 음양 이전에 홀로 존재하며 음양이 무無에서 나온 유有라고 한다면 이른바 '음양은 처음이 없다'는 것이 아니니 가장 융통성 있게 간파하여 깊이 익혀야 합니다.

「율곡전서」 권20, 「성학집요」 2, 「수기 상·궁리」

이 글은 이이가 선조에게 제출(1575)한 『성학집요』에 수록되어 있다. 『성학집요』에는 주돈이의 「태극도설」 전문이 실려 있고, 그것을 해석한 주희의 「태극도설해」를 대부분 옮겨놓았고, 이외에도 장재, 정이를 비롯한

북송 초기 학자로부터 장식, 황간, 섭채 등 남송대 학자들의 견해까지 발췌해놓고 있다. 그리고 중간에 이이의 견해를 기술하는 형태로 구성되어 있다. 『성학집요』에 실린 「태극도설」은 『성리대전』의 「태극도설」 관련 부분도 참조했기 때문에 이황의 「성학십도」에 수록된 것보다 내용이 훨씬 풍부하고 자세하다.

이이가 「태극도설」의 많은 쟁점 가운데 주목하는 것은 동정의 주체 문제와 이기의 선후에 관한 내용이다. 이이는 '동정하는 변화운동'은 '동정하는 기틀'의 '자기운동'에 의한 것이고, 그러한 운동이 가능한 근거는 '이'에 있다고 파악한다. 운동과 운동의 근거를 분명하게 이분하는 것이다. 이것은 이이가 일관되게 견지하고 있는 '기는 유위'이고 '이는 무위'라는 입장과 통한다. 이와 기의 관계에 있어서는 태극음양이 홀로 존재한 적이 없다는 점을 들어 '본유本有'의 관점을 취하고 있다. 이는 곧 이기는 혼융하기 때문에 선후를 말할 수 없다는 입장이다. 이이는 '이와 기는 원래 떠나지 못하기 때문에 합合이라는 말은 잘못되었다'고 본다. '합'은 이미 분리를 전제로 하기 때문이다.

이이는 이처럼 「태극도설」을 통해 자신의 이기 개념을 분명하게 규정하고 있다. 그 핵심은 첫째, 이기는 선후를 구분할 수 없는 '이기무선후'요, 둘째 이는 무위요 기는 유위이며, 셋째 기 운동의 근거는 이라는 점이다.

04
단계
주희와 이기

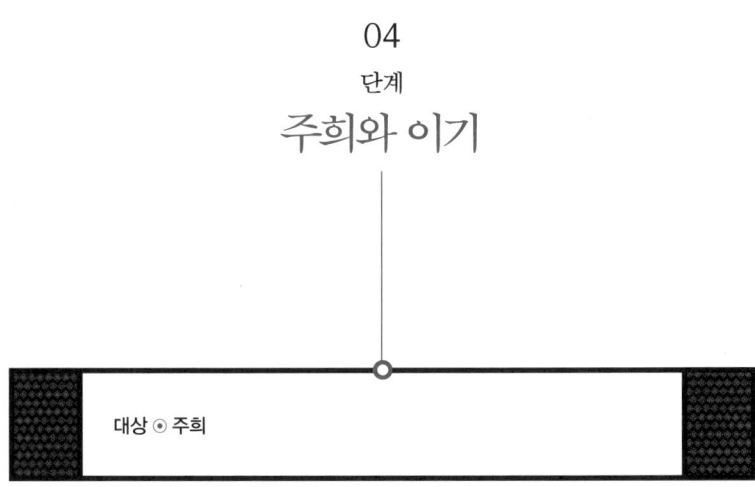

대상 ⊙ 주희

  1196년, 67세에 이른 노년의 주희(1130~1200)는 요상한 이론으로 세상 사람들의 눈과 귀를 어지럽게 하는 인물로 지목되고 그의 학문은 '거짓학문' 곧 '위학僞學으로 규정되어 금지된다僞學之禁'. 주희의 학문은 무엇을 주장하고 어떤 이론을 전개했기에 '거짓학문'이라는 치욕을 당해야 했을까?

  주희가 추구했던 학문은 북송의 호원-손복-석개에서 비롯하여 주돈이-정호·정이-장재 등과 같은 인물들이 추구했던 도학 계열이었고, 그러한 도학의 철학적 근거는 이와 기 개념에 의해 정립된다. 그런데 도덕과 의리, 이와 기를 핵심으로 하는 주희의 학문은 어째서 '위학'으로 지목된 것일까?

그러한 탄압의 직접적인 원인은 정치적 갈등에서 비롯된 것이다. 주희는 당시 재상이었던 조여우趙汝愚에게 발탁됐지만 그 반대자인 한탁주韓侂胄가 정권을 잡자 정치적 탄압을 받게 된다. 그러나 시류에 영합하는 한탁주와 주희의 도학적 입장 또한 분명하게 분기된다. 도덕적 정당성과 시비의 바름을 근거로 한 도학적 입장은 한탁주에게는 비현실적이고 위선적인 것으로 규정된다. 그렇기 때문에 이기를 근거로 한 주희의 성리학과 도덕적 실천학으로서의 도학은 위학으로 규정되고 제자들은 흩어진다.

주희는 이와 기의 개념 정립을 통해 유가의 가치질서와 규범의식의 철학적 토대를 확보하고자 했다. 도학의 실천적 근거가 도덕과 의리라고 한다면, 이론적 근거는 이와 기의 철학적 개념이었다. 주희의 이기 개념은 불교와 도교, 특히 불교에 대한 비판에서 두드러지게 나타난다. 그리고 그와 같은 이론 체계는 주희에 의해 계통지어진 '주돈이-소옹-장재-정호-정이'로 이어지는 북송오자의 철학에 대한 비판적 계승의 과정에서 종합적 체계를 이루게 된다. 이러한 도학의 흐름은 '성명의리지학性命義理之學' 곧 성리학으로 재탄생하게 되며, 성리학을 집대성한 인물이 바로 주희다.

【주희 3】 원문 29   무극이태극_태극동정에 대한 해석

태극에 관한 설명을 받아 보고 당신이 부지런히 힘쓴 것을 알 수 있어서 깊이 탄식하고 우러르게 되었습니다. 그러나 천박한 저의

생각에 여러 가지 점에서 만족스럽지 못해서 이제 대략 그 가운데 한두 곳 중요한 부분을 논하고, 그 연유에 대해서는 계통에게 말해달라고 부탁했습니다.

하늘과 땅 사이에 다만 움직임과 멈춤의 두 극단이 있어서 끊이지 않고 순환하여 다시 나머지 다른 일이 없으니 이를 일러 역이라고 합니다. 그런데 그 움직임과 멈춤에는 반드시 움직이고 멈추는 까닭이 되는 이치가 있으니, 이것이 태극이라는 것입니다. 성인이 이미 그 실제를 가리켜서 이름 붙였고, 주돈이 또한 도를 그려 형상화했으니, 이렇게 밝혀내고 겉으로 드러낸 이유는 다른 뜻이 없다고 할 수 있습니다. 원래 '극'이라고 이름 붙인 이유는 추극樞極의 뜻을 취한 것입니다. 성인이 태극이라고 한 것은 천지만물의 뿌리를 가리킨 것입니다. 주돈이가 이에 근거하여 무극이라고 한 것은 (태극의) 소리도 없고 냄새도 없는 묘함을 드러내려 했기 때문입니다. 그러나 무극이면서 태극이고 태극은 본래 무극이라 한 것은 무극 뒤에 따로 태극이 생겼다거나 태극 위에 먼저 무극이 있다는 것은 아닙니다. 또 오행이 음양이고 음양이 태극이라고 한 것은 태극 뒤에 따로 음양과 오행이 생겼다거나 태극 위에 먼저 무극이 있다는 것은 아닙니다. 남자를 이루고 여자를 이루고 만물이 변화되어 생겨남에 이르러서는 무극의 묘함이 대개 처음에 여기에 있지 않은 것이 아닙니다. 이 하나의 도의 강령은 역이 전해 내려온 뜻이니, 노자가 '사물은 유에서 생겨나고, 유는 무에서 생겨난다'고 하여 조화에 진실로 시작과 끝이 있다고 한 것과는 완전히 상반됩니다.

『주자대전』 권45, 「양자직에게 답하다」 1

주희는 30대 말 40대 초반의 시기에 자신의 공부가 '이미 드러난 것已發'에 치중하고 있음을 반성하게 된다. 그래서 '아직 드러나지 않은 것未發'에 대한 공부도 아울러 중시하는 학문 방향의 일대 전환을 시도한다. 그러한 변화의 시점에서 제기되었던 학문 주제가 '중화설'이었기에 이전을 중화구설 시기라 하고, 이후를 중화신설 시기라 나누어 일컫는다.

이 글은 이러한 시기에 주희(42세, 1171)가 양방(자는 자직, 호는 담헌노수)과 '무극이태극'에 대해 토론했던 내용을 담고 있다. 따라서 이 편지는 간략하지만 '미발'에 대한 주희의 사유가 '무극이태극'의 문제에 어떻게 닿아 있는지를 살펴볼 수 있는 단서를 제공한다. 양방은 주희와 50여 년 교유했던 주희의 문인이다.

이 편지에서 주희가 말하고자 하는 논점은 무극이태극에 대한 성격 규정이다. 태극은 비유하자면 천지만물이 근거하는 뿌리와 같은 것이다. 태극이 만물 존재의 근거라는 것을 '뿌리'로 은유하고 있다. 이 태극은 본질적인 것이어서 논리적인 언어문자로 표현할 수 있는 것이 아니다. 그러한 태극의 본질을 형용한 것이 무극이다. 태극은 감각의 대상이 아니기에 무극이라고 했을 뿐이며, 이것이 무극과 별개의 것은 아니다.

이처럼 '무극이태극'에서 태극을 형용하는 무극을 인정하는 주희의 관점은 이발뿐만 아니라 미발을 인정하는 사유 방식과 유사하다. 미발이라고 하는 새로운 사유의 출현은 그것을 지지해줄 이론의 외연을 필요로 한다. 주희는 무극이태극에 대한 새로운 해석을 통해 미발이라고 하는 마음의 상태를 지지하는 존재론적 근거를 모색하고, 이것은 그의 이기철학을 정립하는 과정과 연동되고 있다. 주희의 무극태극에 대한 논의가 정리되는 것은 『태극도설해』(44세)를 통해서다. 그렇지만 무극태극에 대한 문제는 그 애매성 때문에 이후에도 지속적인 논란거리가 된다. 주희(59세)가 육구연과 벌였던 '무극태극 논쟁'은 그러한 대표적인 사례다.

무극태극 논변_주희와 육구연　　　　　　　　　　　　【주희 4】 원문 30

앞의 편지에서 깨우쳐주신 모든 것은 감히 받들지 않을 수 있겠습니까? "옛날의 성현은 오직 이치만을 보았기에 말이 이치에 맞으면 비록 부인이나 어린아이의 말이라도 버리지 않았고, 어쩌다 이치에 어긋나면 고서古書에서 나온 것이라고 해도 다 믿지 않았다"고 하신 말씀은 지당하시니 세속 선비들의 얕은 소견이 미칠 수 있는 것이 아닙니다.

불행하게도 우리가 말하는 이치라는 것이 간혹 한 사람의 사사로운 견해에서 나온 경우에는 그 말을 취사선택한 것이 다른 모든 말을 절충한 것이라고 할 수는 없을 것입니다. 하물며 이치가 이미 밝지 않다면 다른 사람의 말에 대해 그 뜻을 다 알 수 없을 터인데 어떻게 갑자기 옛 책이 믿을 만하지 않다고 물리치고, 마음속에서 내려진 판단에만 맡길 수 있겠습니까?

보내신 편지에서 반복해서 말씀하신 것은 무극·태극에 관한 상세한 논변입니다. 그러나 제가 보기에 복희가 『역』을 지으면서 한 획을 긋고, 문왕이 『역』을 부연하면서 '건원'을 말한 뒤로 모두 태극을 말한 적이 없었는데, 공자께서는 말씀하셨습니다. 공자께서 『역』을 찬술하시면서 태극을 말한 이후 무극을 말한 적이 없었는데 주돈이가 말씀하셨습니다. 앞선 성인과 뒤따르는 성인이 어떻게 사리와 맥락이 통하지 않겠습니까? 만약 여기에서 태극의 참된 본체를 환하게 알았다면 말하지 않은 이라고 해서 경시한 것이 아니고, 말한 이라고 해서 그것을 중시한 것이 아님을 알 것인데, 어떻게 이처럼 어지러운 지경에 이르렀단 말입니까? 이미 그렇지 않다고 여기신다면 우리가 말하는 이치란 다른 모든 말을 절충한 것이라고 하기에는 충분치 못할 것입니다. 하물며 사람의 말에서 다 알 수 없는 것이 한둘이 아닌데 더 말할 나위가 있겠습니까? 저를 어리석게 여기지 않으시고 가르쳐주셨으니 저 또한 어리석은 생각을 다 말씀드리지 않을 수 없습니다.

또 『주역』의 태극이라는 것은 무엇입니까? 곧 양의·사상·팔괘의 이理가 이 세 가지에 앞서서 갖춰졌으면서, 이 세 가지 안에 온축되어 있는 것입니다. 성인의 뜻은 바로 그것이 궁극적인 것이어서 붙일 만한 어떤 이름도 없기 때문에 다만 태극이라고 한 것일 뿐입니다. 바로 "천하의 지극한 것이라도 여기에 더할 수가 없다"고 한 말과 같으니 처음부터 중中이라는 뜻으로 태극이라고 이름 붙인 것이 아닙니다. '북극北極'의 극이나 '옥극屋極'의 극, '황극皇極'의 극, '민극民極'의 극 같은 것들도 여러 학자가 비록 중으로 해석하기도 하지만, 이것은 이 사물의 극이 항상 이 사물 가운데 있다는 것이지 극을 가리켜 중으로 풀이하는 것은 아닙니다. 극이라는 것은 '지극함至極'일 뿐입니다. 형상이 있는 것으로 말하면 사방팔방으로부터 모여들어 여기에 이르러 완전하게 되므로 다시 갈 곳이 없는 것입니다. 여기에서부터 미루어 나가면 사방팔방이 방향을 가리지 않고 모든 것이 고르게 되기 때문에 극이라고 하는 것일 뿐입니다. 후대 사람들이 그것이 가운데 있으면서도 사방에 잘 응하기 때문에 그 장소를 가리켜 중이라고 한 것이지 그 의미를 중으로 풀이할 수 있다고 생각한 것은 아닙니다. 태극에 대해서는 또 처음부터 말할 만한 형상이나 장소가 없으니, 다만 이 이가 지극하기 때문에 극이라고 할 뿐입니다. 이제 중으로 이름을 붙인다면 이것이 '이치에 밝지 못한 점이 있어서 다른 사람이 말한 뜻을 다 이해하지 못했다'는 첫 번째 사례입니다.

무극이란 두 글자를 논하자면 이것은 바로 주돈이가 도의 본체를 환하게 알고서 일반적인 상식을 멀리 뛰어넘어 주변 사람들이 시비하는 것을 돌아보지도 않고, 자신의 득실도 따지지 않고서 용감하게 곧바로 나아가 다른 사람들이 감히 말하지 못했던 도리를 말한 것입니다. 이것은 후대의 학자들로 하여금 태극의 오묘함이 유나 무에 속하지 않고, 장소와 형체에서 떨어지지도 않는다는 것을 분명히 알도록 한 것입니다. 만약 이것을 간파해낼 수 있으면 비로소 주돈이가 진정으로 1000여 년 전의 성인 이래로 전해지지 않던 비의를 터득해서, 집 밑에 집을 짓거나 상 위에 상을 올리는 데에만 그치지는 않았다는 것을 알 것입니다. 이제 그대는 반드시 그렇지 않다고 여기니, 이것이 또한 '이치에 밝지 못한 점이 있어서 다른 사람이 말한 뜻을 다 이해하지 못했다'는 세 번째 사례입니다.

『대전』에서는 이미 "형이상의 것을 도라 한다"고 했고, 또 "한 번 음이 되고 한 번 양이 되는 것을 도라 한다"고 했지만, 이것이 어찌 참으로 음양을 형이상의 것이라고 여긴 것이겠습니까? 이렇게 말한 것은 바로 한 번 음이 되고 한 번 양이 되는 것이 형기에 속하는 줄은 알지만, 한 번 음이 되고 한 번 양이 되는 까닭은 바로 도의 본체가 그렇게 하기 때문입니다. 그러므로 도의 본체가 지극한 것을 말하면 태극이라고 하고, 태극이 유행하는 것을 말하면 도라고 하는 것입니다. 비록 두 가지 이름이 있지만 처음부터 두 개의 본체가 있는 것이 아닙니다. 주돈이가 '무극'이라고 한 것은 바로 장소도 없고 형상도 없이 사물이 있기 전에도 있고, 사물이 있고난 후에도 있지 않은 적이 없다고 여겼기 때문입니다. 또한 음양의 바깥에 있으면서도 음양의 가운데 있지 않은 적이 없다고 여겼기 때문입니다. 또한 전체를 관통하여 있지 않은 곳이 없지만 처음부터 말할 수 있는 소리나 냄새, 그림자나 메아리가 없다고 여겼기 때문입니다. 이제 무극이 그렇지 않다고 매우 비난을 한다면 이것은 바로 태극이 형상이 있고, 장소가 있다고 여기는 것입니다. 곧장 음양이 형이상의 것이라고 한다면 또한 도道와 기器의 구분에 어두운 것입니다. 또 '형이상의 것' 위에 다시 '하물며 태극이랴'라고 말하는 것이 있다면 또한 도道 위에 따로 한 사물이 있어 태극이 되는 것입니다. 이것이 또한 '이치에 밝지 못한 점이 있어서 다른 사람이 말한 뜻을 다 이해하지 못했다'는 네 번째 사례입니다.

제가 앞의 편지에서 "무극을 말하지 않으면 태극은 한 사물과 같아서 모든 조화의 근본이 되기에 부족하고, 태극을 말하지 않으면 무극은 공적에 빠져서 모든 조화의 근본이 될 수가 없다"고 한 것은 주돈이의 생각에 근본을 두고 미루어본 것입니다. 당시에 만약 이렇게 두 가지로 말하지 않았다면 읽는 사람이 말의 뜻을 잘못 알아 반드시 한쪽으로 치우쳐 이해하는 병폐가 생겨, 다른 사람이 있다고 하는 것을 들으면 실제로 있다고 하고, 다른 사람이 없다고 하는 것을 보면 곧 정말 없다고 여기게 될 것이라고 생각했습니다. 스스로는 이렇게 해야 주돈이의 생각이 분명해진다고 생각했습니다만 단지 도를 아는 사람들은 그것이 지나치게 누설한 것이라고 싫어할 것이라고만 걱정했을 뿐, 그대와 같은 사람이 온당하지도 않고 이해하기도 어렵다고 여길 것이라고는 생각하지 못했습니다. 제 편지의 위아래 글의 의미를 상세히 살펴보시기 바랍니다. 어찌 태극이 사람의 말로 더하고 덜 수 있는 것이라고 한 것이겠습니까? 이것이 또한 '이치에 밝지 못한 점이 있어서 다른 사람이 말한 뜻을 다 이해하지 못했다'는 다섯 번째 사례입니다.

보내신 편지에서 또 "『대전』에서는 분명히 '역에 태극이 있다'고 했는데, 지금 무無를 말하는 것은 어째서입니까?"라고 하셨습니다. 이것은 더욱 그대에게 바라던 것이 아닙니다. 올 여름 어떤 사람과 함께 『역』에 대해 논한 적이 있는데, 그 사람의 논리가 바로 이와 같았습니다. 당시에 그를 상대하면서 깨닫지도 못하는 사이에 실소를 하는 바람에 결국 탄핵을 당하기까지 했습니다. 저들 완고한 속유가 말을 따라 풀이하는 것은 아주 이상한 일도 아닙니다. 그러나 그대는 평소에 스스로를 어떻게 보시기에 또 이런 말을 하시는 것입니까? 그대는 또 『대전』에서 말한 '있다有'는 것이 과연 양의·사상·팔괘처럼 정해진 위치가 있고, 천지·오행·만물처럼 늘 같은 형상이 있는 것이라고 생각하십니까? 주돈이가 말한 '없다無'는 것이 과연 텅 비고 끊어져 없어져서 사물이 생겨날 이치라고는 전혀 없는 것이라고 생각하십니까? 이것이 또한 '이치에 밝지 못한 점이 있어서 다른 사람이 말한 뜻을 다 이해하지 못했다'는 여섯 번째 사례입니다.

노자는 "무극으로 되돌아간다"고 했는데 이 무극은 끝이 없다는 뜻입니다. 이것은 "장생은 무궁의 문으로 들어가서 무극의 들에서 노닌다"고 말한 것과 같은 것으로 주돈이가 말한 뜻과는 다릅니다. 이제 그것을 끌어다가 주돈이의 말이 실제로 거기에서 나왔다고 하니, 이것이 또한 '이치에 밝지 못한 점이 있어서 다른 사람이 말한 뜻을 다 이해하지 못했다'는 일곱 번째 사례입니다. 고명(육구연)의 학문은 세속을 뛰어넘어 쉽게 세간의 언어로 그 도량을 말하기 힘들고, 세간의 견해로 헤아리기도 힘듭니다. 이제 어리석은 제 생각으로 세속적인 견해를 고집한 채 논했더니, 앞에서 진술한 것처럼 합치되지 않는 것들이 있습니다. 또한 회신을 받고 싶습니다만 쓸데없이 어지럽히기만 해서 거듭 세속에서 보고 웃지나 않을까 걱정입니다. 하지만 이미 생각한 것을 말하지 않는다면 배우는 이들이 끝내 올바른 것을 취사선택할 수 없을 것입니다. 이 두 가지를 비교해보면 차라리 오늘날 사람들의 웃음거리가 될지언정 후세에 죄를 얻을 수는 없습니다. 이 때문에 결국 그만두지 못하고 이렇게 말하는 것입니다. 그대는 어떻게 생각하실지 모르겠습니다.

『주자대전』 권36, 「육자정에게 답하다」

이 편지는 주희(59세, 1188)와 육구연(자는 자정, 호는 상산)의 무극이태극에 관한 논변에 답변하는 형식을 취한 글이다.

이 논쟁 이전, 주희는 13년 전 46세 때(1175) 친구인 여조겸呂祖謙(자는 백공, 호는 동래)의 주선으로 육구연陸九淵과 그의 형인 육구령陸九齡(자는 자수, 호는 복재)이 참석하여 아호사鵝湖寺에서 학술토론을 벌인 적이 있었다. 일명 '주륙논쟁'이라 불리는 이 토론에서 주희는 육구연의 학술이 존덕성에 치우쳐 지나치게 간단하고 쉬운 공부를 위주로 한다는 의미로 '간이簡易'하다고 평가한다. 이에 반하여 육구연은 주희의 학술은 도문학에 치우쳐 이리저리 흩어져 갈피를 잡을 수 없는 공부라 하여 '지리支離'하다고 평가한다. 서로의 학술상의 차이를 분명하게 확인한 이 토론 이후에도 주희와 육구연 형제는 지속적으로 교유하는데, '무극태극 논쟁'은 오래된 주륙논쟁의 연장선상에 있다.

주희가 육구연과 '무극태극'에 대해서 논쟁(1188)하게 되는 발단은 육구연의 형인 육구소의 질의(1186)에서부터 비롯한다. 무극태극에 관한 1차 논쟁인 셈이다. 육구소는 「태극도설」에서 무극 두 글자를 붙인 것은 허무하고 고원한 것만 좋아하는 폐해가 있으며, 태극을 하나의 사물로 취급하는 경향이 있다고 지적한다. 이에 대해 주희는 태극이란 형체가 없고 이치만 있을 뿐인데, 무극을 붙인 것은 바로 태극이 형체가 없다는 것을 밝힌 것이라 답한다. 그리고 태극을 하나의 사물로 취급한 것이 아니라 오히려 사람들이 태극을 하나의 사물로 오해할까 걱정해서 그 앞에 무극을 붙였음을 설명한다. 즉 무극을 말하지 않는다면 태극을 마치 하나의 사물처럼 여기게 되므로 모든 변화의 근거가 되기에 부족하고, 반대로 태극을 말하지 않으면 무극은 공적에 빠져서 모든 조화의 근거가 될 수 없다. 무극이태극은 '형체가 없지만 이가 있는 것' 곧 '무형이유리無形而有理'를 의미한다.

이와 같은 육구소와의 선행 논쟁 뒤에 육구연과의 본격적인 '무극태극'에 대한 2차 논쟁이 진행된다. 육구연은 주희가 서책에서만 이치를 구하고 마음에서 찾고 있지 않음을 비판하면서 크게 세 가지를 문제삼는다. '극'의 자字의 해석, 무극 개념의 연원, 태극 개념에 대한 철학적 해석 등이다.

육구연은 전통적인 극에 대한 해석은 중용에서 말하는 중으로 이연己

然의 현상적인 세계에서 적용되는 것이 중이라고 보는 것이다. 이에 대해 주희는 극을 '중'이 아닌 '지극'의 의미로 해석하여 표준의 의미를 덧붙임으로써 궁극적인 기준이라는 의미를 갖는다고 본다. 이 궁극적 기준으로서의 '무극이태극'은 음양 이전에도 존재한다. 이 무극은 주돈이가 도체를 체득하여 발견한 것으로 태극의 초월적인 측면을 지시하기 위해서 무극이라고 이름한 것이라는 게 주희의 입장이다. 따라서 주희는 태극에 대하여 현상의 측면에서뿐만이 아니라 현상 이전, 즉 경험 이전의 초월적인 것이라는 의미를 부여한다.

이러한 무극이태극에 대한 논변에서 육구연은 '무극'을 지속적으로 적실한 개념이 아니라고 비판하고 있다. 이는 '무극'을 통해 경험 이전의 것, 혹은 초월적인 형이상적 근거를 가정하려는 주희의 주장을 논파하기 위한 것이다. 육구연은 철저하게 현상의 측면에 기대어 있기 때문이다. 그러나 주희는 이발의 현상뿐만 아니라 미발의 본체적인 측면을 상정하기 때문에 '무극이태극'에서 '무극'을 개념적으로 정초하려 한다.

주희와 육구연의 토론은 여기에서 끝나지 않고 이어진다. 서로 각자의 주장에 대해서 인정할 수 없기 때문이다. 이 토론에서 주목되는 점은 이들이 동시대를 살면서 동일한 철학적 문제의식에 기반하면서도 서로 다른 이론과 방법론을 제시하고 있다는 것이다. '이'를 우주만물의 근원이라고 파악하면서도 공부론(존덕성-도문학)과 본체론(무극태극)에서 차이를 보이는 것이 그것이다. 이 점은 이를 어떻게 파악할 것인가 하는 철학적 방법론과 또한 어떻게 실천적으로 구체화할 것인가 하는 철학함의 차이를 나타낸다. 이 토론은 '성즉리'로 대표되는 주자학과 '심즉리'로 대표되는 육왕학의 길항관계를 이해할 수 있는 단초를 제공해준다. 아울러 주자학으로 정리되는 학문적 통합 속에 도사린 배제의 층위를 가늠하게 한다. (주희가 육구소, 육구연 형제와 '무극태극'에 대해 논쟁했던 내용을 담고 있는 편지는 조선시대에 한강 정구에 의해 회재 이언적의 태극논변과 함께 묶여서 『태극문변太極問辨』으로 간행된다.)

【주희 5】 원문 31 이기

대체로 기는 응결하고 조작할 수 있지만, 이는 오히려 감정이나 생각이 없고 조작이 없다. 따라서 기가 모여서 응결하는 바로 그 속에 이가 있는 것이다. 또한 천지 사이에 사람과 사물, 초목과 짐승 등이 생겨날 때는 모두가 종자를 가진다. 종자가 없는 맨땅에서는 결코 어떤 것도 생겨날 수 없으니, 이것은 모두 기다. 이는 단지 깨끗하고 텅 빈 넓은 세계로서 형태와 흔적이 없고 조작하지 못한다. 기는 점차 변화하고 응결하여 만물을 만들어낼 수 있다. 그렇지만 기가 있으면 이는 곧 그 가운데 있다.

『주자어류』 권1, 「이기」 상

주희는 북송 도학을 자기 철학으로 체계화하면서 다양한 저술을 통해 그 근간이 되는 이와 기에 대해 개념 정리를 시도한다. 이 글은 이기에 대한 주희의 생각을 가장 압축적으로 보여준다.

주희에 따르면 태극은 이요 음양은 기이며, 또 이는 형이상자로서 형체도 없고 그림자도 없으며, 기는 형이하자로 형체가 있고 흔적이 있는 것이다. 따라서 이는 감정이나 생각이 없는 '깨끗하고 텅 빈 넓은 것淨潔空闊'일 뿐 흔적도 없고 조작도 없다. 반면 기는 모여서 응결하고 조작하는 성질을 지니므로 사물을 생성할 수 있다. 이러하기 때문에 이는 형이상의 도로서 '만물을 생성하는 근본生物之本'이요 기는 형이하의 기로서 '만물 생성의 재료이자 도구生物之具'가 된다.

주희는 유가철학의 전통에서 이미 오래전부터 논의되어왔던 도와 음양 개념을 전제로 해 이-기 짝 개념을 정의한다. 주희의 이기 개념에서 특징적인 것은 이에 대한 의미 규정을 새롭게 제시한다는 점과 우주자연의 근거로 파악되었던 기를 이의 하위 개념으로 규정하고 있다는 점이다.

주희는 현상성을 기로 파악한다. 음양-기는 비물질적인 것이지만 이것은 오행과 같은 형체와 질료적인 속성과 결합되어 구체적인 사물 현상을 가리키는 개념으로 정립된다. 그래서 기는 '사물 생성의 재료이자 도구'로 이미 구비된 것으로 본다. 이에 반해 이는 사물 현상의 궁극적 원인자로 파악된다.

주희는 유가철학의 도 개념을 이 개념에 연결하여 이해한다. 도는 형체를 파악할 수 없지만 우주자연과 인간의 존재를 가능하게 하는 근거로 논의되어왔다. 이 도 개념에 주희는 이 개념을 연결한다. 주희에 따르면, 도와 이는 마치 도로의 길道과 그 길의 이면을 구성하는 무수히 많은 '무늬결脈理'과 같은 것이다. 그렇기 때문에 도에는 포괄하는 의미가 있고, 이는 조리와 경계가 있어 정밀하다. 따라서 이는 조리와 경계가 있어서 하나의 길을 따르는 것과 같다. 주희는 이 도 개념에 태극이라는 근원성을 나타내는 개념을 중첩시키고, 태극의 추상적인 개념적 특성을 이로 다시 파악한다.

주희에 의해 새롭게 규정되는 이는 '정결공활한 것'으로 경험적 세계를 넘어서는 초월적인 존재다. 주희는 유가철학에 없었던 초월성을 이 개념에 적용한다. 유가철학의 초월을 이를 통해 발명하고 있는 셈이다. 이는 보편자로서 만물의 근원적 원리·원칙·이치로 규정된다. 이처럼 이 개념을 통해 제시된 유가철학의 초월은 도나 태극의 개념에도 적용된다. 그래서 도나 태극도 경험적인 것을 포괄하는 선험적인 것이 아니라 초월적인 개념으로 자리하게 된다.

주희가 이 개념에 초월성을 적용하고 있다는 것은 학술사적으로 볼 때 획기적인 일이다. 그러나 더 중요한 것은 주희가 그와 같은 추상적인 개념을 통해 어떠한 의미의 세계를 구축해내려고 했는가 하는 점이다. 주희가 수행한 개념을 통한 이론화 작업이 철학적으로 의미 있는 것도 바로 이 지점에서 발견된다.

주희가 이 개념에 초월성을 부여함으로써 경험적 세계에 한정되는 기 개념에 비하여 우월한 가치를 획득한다. 이와 기 개념을 가치론적으로 파악할 경우 우열이 가려지지만, 사실 초월성을 담보하는 이 개념도 경험적인 것을 추상화한 것이다. 이를 '무늬'와 같은 맥리로 이해하는 방식은 이의 경험적 근거를 보여준다. 이는 비가시적이면서 형체가 없는 초월적인 어떤 것 혹은 세계를 의미하지만 그 개념 형성의 바탕에는 경험적인 세계를 함축하고 있다. 따라서 주희는 이 개념을 통해서 경험적인 것과 초월적인 것을 연결하려고 한다. 이러한 주희의 기획은 초월적이고 보편적인 이 개념을 통해 당대의 봉건적 가치질서의 세계를 재편하려는 의도를 드러낸다. 주희는 인간의 규범적 근거와 인문적 질서를 통일적으로 파악하면서 이를 자연의 법칙적 체계로 정당화하려 한다. 다음의 '소이연所以然'과 '소당연所當然'은 주희의 기획을 잘 보여준다.

소이연과 소당연 【주희 6】 원문 32

천지간의 만물은 반드시 '그렇게 되는 까닭'과 '마땅히 그래야 하는 법칙'을 가지고 있다. 이것이 이른바 이理다.

『대학혹문』 제1장

이치를 궁구하는 것은 사물의 소이연과 소당연을 알려는 것일 뿐입니다. 그 소이연을 앎으로써 뜻이 미혹되지 않고 소당연을 앎으로써 행동이 어긋나지 않는 것이지, 저쪽의 이치를 가져다가 이쪽으로 돌아오게 하는 것을 이르는 게 아닙니다. 정자는 "만물과 나는 하나의 이치이므로, 저것에 밝아지자마자 이것도 깨닫게 되는 것이다"라고 했으니, 굳이 사물을 관찰하여 자신에게 돌이킨다고 말할 것은 없다고 한 것은 이미 이러한 병폐를 설파한 것입니다. 더구나 자기에게 돌아오도록 굴린다고 한 것은 그 조리도 없고 간격을 생기게 하는 병폐가 더욱 심합니다.

『주자대전』 권64, 「어떤 이에게 답하다」 7

주희는 이를 정의하면서 그것이 '객관세계의 사물의 법칙所以然之故'이면서 동시에 '행위세계의 규범 법칙所當然之則'임을 주장한다. '소이연지고'란 '소이연'으로 축약되는데, 사물 자체의 존재·현상·활동 등에 내재하는 원리로서의 필연 법칙을 말한다. '소당연지칙'은 '소당연'으로 축약되며, 마땅히 실천해야 할 당연의 법칙을 말한다. 이理 개념은 이 둘을 포괄하는 것이다. 다시 말하면 이 개념은 존재의 세계를 구성하는 인과적인 필연 법칙뿐만 아니라 인간의 윤리적 행위를 구성하는 당위 규범의 원리를 나타낸다는 것이다. 그러한 점에서 사물을 관찰해서 자신을 살핀다는 것은 사물을 관찰한 것으로 인해서 자신의 몸에 돌이켜 구한다는 것을 의미하지는 않는다. 왜냐하면 그러한 이는 둘이 아니라고 믿기 때문이다. 주희가 정호의 말을 인용하고 있는 것도 사물과 관찰자인 나는 하나의 이로 연결되어 있다고 보는 사례다. 결국 이는 사물의 존재 법칙일 뿐만 아니라 인간의 가치 규범에 일관하는 최고의 이법이라고 보는 것이다.

이러한 이에 대한 주희의 인식은 예측 가능한 경험적인 사물세계의 법칙성을 예측 불가능한 인간세계에 적용하려는 시도다. 문제가 되는 영역은 항상 인간의 세계이기에 윤리적 행위의 정당성과 규범의 원천을 자연세계의 불변하는 법칙성을 통해 정초하고자 하는 것이다.

주희는 '인간의 규범과 행위의 원천'인 '소당연'의 이를 '법칙적 질서'인 '소이연'의 이로 정당화하고자 한다. 그래서 주희는 주관성을 최대한 배제하고 객관성을 담보하는 이를 찾을 것을 강조한다. 주희의 철학에서 이를 파악하는 '궁리'와 궁리의 방법으로서 '격물'이 중시되는 것은 바로 이러한 이유에서다.

   존재의 법칙성과 규범의 원리를 동일시하는 이러한 사고는 존재와 가치를 별개로 구분하지 않음으로써 보다 넓고 풍부한 철학적 의미망을 확보하게 한다. 이 개념에는 이처럼 존재를 통해 가치의 세계로 넘어갈 수 있는 사다리가 놓여 있는 셈이다.

태극동정 【주희 7】 원문 33

제가 지난번에 태극을 본체라 하고, 움직임과 멈춤을 작용이라고 했는데 그 말에 본래 잘못이 있어서 뒤에 이미 '태극은 본연의 묘함이고, 움직임과 멈춤은 태극이 타는 기틀'이라고 고쳤습니다. 이렇게 한다면 거의 본래의 뜻에 가깝게 될 것입니다. 본체의 측면에서 태극이 움직임과 멈춤을 품고 있다고 한다면 옳고, 유행의 측면에서 태극에 움직임과 멈춤이 있다고 한 것도 옳습니다. 만약 태극이 곧 움직임과 멈춤이라고 한다면 이것은 형이상과 형이하를 나눌 수 없게 되고 '역에 태극이 있다'는 말 또한 군더더기가 됩니다.

『주자대전』 권45, 「양자직에게 답하다」 1

이 편지는 주희(42세, 1171)가 양방과 태극동정에 대해 토론했던 내용을 담고 있다. 이 편지에서 주희가 말하려는 논점은 다음과 같이 정리할 수 있다.

태극은 동정과 함께 체용으로 논할 수 있는 것이 아니다. 태극은 본연의 묘함 그 자체일 뿐이다. 동정이라는 것은 태극 자체의 동정이 아니다. 기(음양)의 동정이라고 하는 작용에 태극이 타는 것이다. 이것은 두 측면에서 이해할 수 있다. 본체의 측면, 곧 원리적인 측면에서 본다면 태극은 동정을 품고 있으며, 변화운동하는 현상의 측면에서 보면 태극에 동정이 있다고 할 수 있다. 그러나 태극을 단지 동정이라고 한다면 그것은 옳지 않다.

주희는 '태극동정'이라고 말할 때 오해의 소지가 있음을 잘 알고 있기 때문에 이에 대한 해명이 필요했던 것이다. 왜냐하면 동정 그 자체는 음양인 기요, 태극은 기인 음양을 동정하게 하는 소이, 즉 이치일 따름이다. 따라서 이 태극음양의 동정은 음양인 기의 동정에 있는 것이지 따로 태극이 동정하는 것은 아니다. 그러므로 태극은 본연의 묘妙요, 동정은 태극을 태우는 기틀이라고 말하는 것이다.

결국 주희는 태극과 음양이 형이상자와 형이하자라는 근거를 놓치지 않으면서 동시에 형이상자인 태극의 동정을 설명하기 위해 다소 모호하지만 본체와 현상의 측면에서 이것을 다룬다. 이는 바로 현상의 경험적 세계에 대한 근거를 확보함과 아울러 본체의 형이상학적 세계에 대한 정당성을 확보하기 위한 주희의 의식적 지향성이 개입된 증거이기도 하다.

이 편지에서 보듯 주희(42세)는 아직 알 듯 모를 듯 줄타기를 하면서 무극이태극과 동정에 대한 논의를 펼치고 있다. 태극동정에 대한 문제는 주희의 설명에도 불구하고 모호함으로 인해 후대에도 지속적인 토론거리가 된다.

이유동정 【주희 8】 원문 34

정가학: 「태극도」에서 "무극이면서 태극이다"라고 말했습니다. 저의 생각으로는, 무란 기는 없지만 이는 있습니다. 그러나 이는 형체가 없으므로 뚜렷이 항상 존재하고, 기는 형상이 있기 때문에 열리고 닫히고 모이고 흩어져서 한결같지 않습니다. 「태극도」에서 또 "태극이 움직여서 양을 낳고, 움직임이 극에 달하면 멈추게 되는데, 멈추면 음이 생겨난다"고 했습니다. 태극이란 이인데 이가 어떻게 동정하겠습니까? 형상이 있으면 동정이 있는데, 태극은 형상이 없으니 동정으로 말하기는 힘든 듯합니다. 남헌 장식은 "태극은 동정하지 않을 수 없다"라고 했는데, 그 의도를 알 수 없습니다.

주희: 이에 동정이 있기 때문에 기에 동정이 있는 것이니, 만일 이에 동정이 없다면 기가 무엇에 근거하여 동정하겠습니까? 우선 눈앞의 것을 가지고 논해보면, 인仁은 움직임이요, 의義는 멈춤이니, 이것들이 어찌 기와 관계가 있겠습니까?

『주자대전』 권56, 「정자상에게 답하다」 14

주희의 이기론에서 후대에 지속적으로 논의되는 명제 가운데 하나가 바로 '이유동정'에 관한 것이다. 주희(62세, 1191)는 문인인 정가학(자는 자상, 호는 지재)이 태극의 동정 문제를 질의하자 이에 답변한다.

정가학은 태극의 동정에 대해서 근본적인 질문을 던진다. 태극이 주희가 정의한 것처럼 이라고 한다면, 이는 동정할 수 없다는 것이다. 왜냐하면 동정이라고 하는 경험세계의 운동은 형상이 있는 것들에 적용되는 것이기 때문이다. 따라서 이는 형상이 없는 추상적인 개념이기 때문에 이것에 동정이라는 운동성을 적용할 수 없다는 것이다.

주희는 '태극은 이'이고 '동정은 기'임을 분명히 한다. 그러면서 그는 「태극도설」을 주해하면서 "이에 동정이 있기 때문에 기에 동정이 있다. 이에 동정이 없다고 한다면 무엇으로부터 동정이 있겠는가?"라고 하여 '이유동정'을 말한다. 이러한 주희의 사유는 좀더 확장되어 '움직이지 않으나 능히 움직일 수 있는 것未動而能動者'을 이라고 규정하기에 이른다.

【주희 9】 원문 35 　　　　　　　　　　모든 일에는 선후가 있다

동정은 단서가 없고 음양은 시작이 없으니 본래 선후를 가지고 말할 수 없습니다. 그러나 중간에서 잘라 말하면 또한 선후가 있다고 해도 해가 되지 않습니다. 주돈이가 말한 "태극이 움직여 양을 낳는다"는 말을 보면 아직 움직이기 이전은 진실로 멈춰 있습니다. 또 "멈춤이 극에 달하면 다시 움직인다"고 했으니 이미

멈춘 뒤에는 반드시 움직임이 있습니다. 예를 들면 춘하추동·원형이정과 같이 진실로 선후가 있으니, 겨울이 아니면 어찌 봄이 될 수 있으며, 정貞이 아니면 또 어찌 원元이 될 수 있겠습니까? 이렇게 보면, 본래 선후가 있는 것입니다. 또 자기를 극복하고 예를 회복한 다음에야 인仁이라고 할 수 있겠지만, 그 이전이라고 해서 인이 없었다고 할 수 없습니다. 그러나 반드시 멈춤으로 말미암은 뒤에 움직이는 것입니다. '오직 정밀하고 오직 한결같은惟精惟一' 다음에 중中을 잡을 수 있지만 그 이전이라고 해서 중中이 없다고 할 수는 없습니다. 그러나 역시 멈춤으로 말미암은 뒤에 움직이는 것입니다. 이러한 종류로 추론해보면, 반복 순환하는 것이 지극한 이치가 아닌 게 없습니다. 다만 어떠한 곳을 좇아서 말했는가를 보아야 하니, 어떤 특정한 곳에는 저절로 선후가 있습니다.

『주자대전』 권49, 「왕자합에게 답하다」 11

이 글은 주희(59세, 1188)가 자신뿐만 아니라 장식, 여조겸, 육구연 등에게서도 수학했던 문인 왕우(자는 자합, 호는 동호)에게 보낸 편지다. 주희는 정이가 '동정은 단서가 없고 음양은 처음이 없다'라고 하여 음양동정을 '선후'라고 하는 시간적 범주로 구분할 수 없다고 한 것을 인정한다. 그러나 그러한 반복 순환하는 듯한 운동 변화도 특정한 국면에서 본다면 선후를 나눌 수 있다는 것이 주희의 입장이다. 인간이 관찰할 수 없는 자연의 법칙은 인식의 범주에서는 구분할 수 있는 것이 아니지만, 그러나 주희는 모든 일에는 순서가 있고, 그 순서에 따른 단계가 있음을 설명한다. 주희는 선후라는 시간 개념을 불규칙적으로 보이는 인간의 다양한 사태에 적용함으로써 단계적이고 순차적인 합리적 세계 이해를 시도한다.

【주희 10】 원문 36　　　　　　　　　　　　　　　　　　　이기선후

물었다. 이가 먼저 있습니까, 아니면 기가 먼저 있습니까? 대답하셨다. 이는 기와 떨어진 적이 없다. 그러나 이는 형이상의 것이고 기는 형이하의 것이다. 형이상과 형이하로 말한다면 어찌 선후가 없겠는가? 이는 형체가 없지만 기는 거칠어서 찌꺼기가 있다.
어떤 사람이 물었다. 반드시 이가 있고 나서 기가 있다는 것은 무슨 뜻입니까? 대답하셨다. 그것은 본래 선후를 나누어 말할 수 없다. 그러나 꼭 그 근원을 따지고자 한다면, 반드시 이가 먼저 있다고 말해야 한다. 그러나 이 또한 별개의 어떤 것이 아니라, 바로 기 가운데 존재한다. 기가 없으면 이가 붙어 있을 곳이 없다. 기는 금목수화가 되고, 이는 인의예지가 된다.

『주자어류』 권1, 「이기」

개념적으로 볼 때, 이는 형이상자이고 기는 형이하자로 규정된다. 형이

상과 형이하라고 하는 진술에는 이미 '상하 위치'의 도식이 전제되어 있다. 구체적인 형상을 기준으로 하여 그러한 것을 벗어난 것이 형이상이다. 그리고 구체적인 형상을 이루고 있는 것이 형이하다. 이 형이상-형이하의 구분은 그리하여 상이 하보다 본질적인 것이라는 규정을 내리게 한다. 그래서 주희는 형상이 없는 이가 구체적인 형상을 이루는 기보다 시간적으로 앞선다고 판단한다. 이선기후다. 주희는 이기의 관계를 이해하면서 상하의 공간 은유를 근거로 선후라는 시간 은유를 결합시키고 있다.

그런데 이 상하의 공간 은유와 선후의 시간 은유는 이와 기로 구성되는 구체적인 현상세계에서는 구분이 가능할까? 답은 그러한 은유가 적용될 수 없다는 것이다. 이기의 선후 문제가 지속적으로 제기되는 것은 구체적인 현상세계에서는 선후를 엄밀하게 구분할 수 없다는 것에 있다. 이기무선후다. 여기서는 공간 은유가 탈락하고 시간 은유도 무의미해진다.

주희의 주장에 따르면 만물을 이루고 있는 것은 이와 기라고 상상된다. 그러나 이것은 가시적으로 확인될 수 있는 것이 아니다. 주희는 사물에는 이와 기가 구현되어 있다고 주장한다. 기는 형체와 질료적인 속성이 결합되어 구체성을 띠는 형질을 이루며, 이는 이 기를 통해 존재하게 된다는 것이다. 기는 이를 실현하는 구체적인 바탕인 셈이다.

그렇다면 어째서 이와 기의 선후 문제를 논의하는 것일까? 추상적 이론의 영역에서 구체적인 사실의 세계를 넘나들면서 이선기후, 혹은 이기무선후를 논의하는 철학적 함의는 무엇인가?

【주희 11】 원문 37　　　　　　　　　　　　　　재물상간_재리상간

> 이른바 이와 기는 결단코 서로 다른 '별개의 것二物'이다. 다만 사물의 관점에서 본다면 이와 기는 혼륜하여 따로 떼어 각각 한 곳에 있게 할 수는 없으나, 이와 기가 하나의 사물을 구성하는 것은 틀림이 없다. 만일 이의 관점에서 본다면 비록 구체적인 대상 사물이 있기 전에 이미 사물을 존재하게 하는 이는 있다. 그러나 역시 그 이가 있을 뿐이요, 실제로 이 사물이 존재하는 것은 아니다.
>
> 「주자대전」 권46, 「유숙문에게 답하다」

'이의 측면在理上看'에서 본다면 사물을 구성하는 원리로서 이는 먼저 존재한다. 이러한 관점은 이기는 본래 선후로 나눌 수 없다고 말하면서 또 개념적으로 따져본다면 이와 기는 구분되어 이가 기보다 선재한다고 말한다. 이와 기는 서로 구분되는 별개의 것으로 '결단코 두 가지 것決是二物'이라고 한다.

한편으로 주희는 사물에는 이와 기가 구현되어 있다고 주장한다. 기는 형체와 질료적인 속성이 결합되어 구체성을 띠는 형질을 이루며, 이는 이 기를 통해 존재하게 된다는 점이다. '구체적인 사물의 측면在物上看'에서 보면, 사물의 경험적 세계에서 이기는 뒤섞여서 나누어 볼 수 없다. 이기는 선후를 나눌 수 없는 것이다. 이와 기는 '혼륜하여 나눌 수 없는 것渾淪不可

分開'이라고 한다. 이와 기는 한 덩어리처럼 뒤엉켜 있는 것이기 때문에 서로 나눌 수 없다는 것이다. 기는 이를 실현하는 구체적인 바탕인 셈이다.

주희의 이기철학에서 이와 기의 선후에 대한 논의는 우주자연의 근거와 사물의 본질이 무엇인가를 묻는 존재론적 질문이다. 그러나 이 질문에는 선후라는 시간적 개념에 함축된 가치론적 의미가 내재해 있다. 즉 앞선 것은 뒤의 것보다 본질적이며, 그러한 점에서 뒤의 것은 앞의 것에 의해 주재된다는 의미를 포함한다. 주희는 이기의 선후를 논의함으로써 근본적이고 근원적인 것을 통해 현상세계의 다양성도 통일적으로 구획되어야 한다는 것을 주장하려고 한다.

이러한 주희의 이기관에 내재해 있는 이중적 측면으로 그 진의의 적실성 여부를 놓고 후대 학자들 간의 견해차는 매우 심각했다. 주희의 이기관이 이중적 성격을 띠는 것은 기본적으로 이와 기에 대한 그의 관점에서 비롯된 것이다. 통합할 수 없는 것을 어떻게든 통합하려는 데서 기인한 문제다. 이것은 이기에 근간한 이론적 분기 가능성을 담고 있다.

이일분수　　　　　　　　　　　　　　　　　　　　　【주희 12】 원문 38

만물의 측면에서 보면 만물이 각각 그 성을 하나씩 가지고 있으나 만물은 하나의 태극이다. 종합해서 말하면 만물의 통체는 하나의 태극이며, 나누어서 말하면 하나의 사물마다 각각 하나의 태극을 구비하고 있다.

「태극도설해」

「서명」은 처음부터 끝까지 모두 '이일분수'에 관한 것이다.
『주자어류』 권98, 「장재의 글」

이와 기에 대해서 물었다. 대답했다. "이천 선생이 '이는 하나이지만 나누어진다'고 한 말씀이 좋다. 천지만물을 합하여 말한다면 다만 하나의 이가 있을 뿐이지만, 사람은 제각기 하나의 이를 지니고 있다."
『주자어류』 권1, 「이기」 상

묻습니다. 이성명理性命을 주해한 곳에서 '그 근본으로부터 말단으로 가면 일리의 실이며 만물로 나뉘어져 체가 된다. 그러므로 만물이 각각 하나의 태극을 갖추고 있는 것이다'라고 했는데, 그렇다면 태극이 나뉜다는 것입니까?
답했다. 근본은 다만 하나의 태극이고 만물에는 각기 그 품부받은 것이 있으며, 또 스스로 각기 하나의 태극을 완전히 갖추고 있을 뿐이다. 마치 하늘에 있는 달은 하나일 뿐이지만 강과 호수에 흩어져서 곳에 따라 보이는 것과 같으니, 달이 나뉘어졌다고 하는 것은 옳지 않다.
『주자어류』 권94, 「주돈이의 글」

주희에 따르면, 이는 분수하여 만물에 각기 구비된 태극으로서, 그것은 일一과 다多의 형식적 분수를 이루지만 실질에 있어서는 일이 곧 다를 의미하며, 다로 분기되었다고 해서 일이 아니라는 것은 아니다. 그래서 만물은 하나의 총체인 태극이며, 각각의 구체적인 사물은 그러한 태극을 분유하고 있는 것이다.

주희는 이러한 이일분수에 관한 논의가 철학사적으로 볼 때, 정이에 의해서 발견되었고, 장재의 「서명」에서 잘 제시되었다고 인정한다. 이일분수의 명제는 근원적인 것이 분수의 과정을 통해 만물에 동질적으로 내재하게 됨을 보여준다. 그래서 하늘의 달과 천강에 비친 달로 은유적으로 제시되기도 한다. 여기서 이일의 분은 나누어 조각낸다는 의미가 아니라 마치 달이 모든 냇물에 비추는 것과 같다는 의미다.

일원과 이체 【주희 13】 원문 39

만물의 동일한 근원을 논하면, 이는 같고 기는 다릅니다. 만물의 서로 다른 형상을 보면 기는 오히려 서로 가까우나 이는 결코 같지 않습니다. 기의 다른 것은 순수하고 잡박한 것이 같지 않기 때문이고, 이의 다른 것은 치우치고 온전함에 혹 차이가 있기 때문입니다.

「주자대전」 권46, 「황상백에게 답하다」 4

주희(69세, 1198)는 황호(자는 상백)에게 만물의 일원과 이체에 대해 설명한다. 황호는 주희의 문인으로 앞서 주돈이의 사당을 세우는 데 스승에게 글을 부탁했던 인물이다.

주희는 만물의 근원을 보면 이는 같고 기는 다르며, 만물의 형체가 서로 다른 것을 보면 기는 오히려 서로 가까우나 이는 절대로 같지 않다고 파악한다. 이것을 이와 기를 포함하여 설명하면 이렇다. '하나의 근원一原'으로 본다면, 본체로서의 이는 태극이며 통체일태극이므로 이동理同이다. 하지만 분수하여 현상만물로 드러남에 있어 만물은 각각 형체를 달리하게 되므로 기이氣異다.

이것을 다시 설명하면 이렇다. 만물이 생성되는 시점에서 이는 같고 음양과 오행이 결합한 기는 맑고 탁한 것과, 순수하고 섞인 것이 있기 때문에 다르게 된다. 만물이 이미 구체적인 형상을 갖춘 뒤에는 음양·오행의 기를 같이했기 때문에 기는 서로 가깝고, 부여된 이는 절대로 같지 않게 된다. 주희는 이는 같고 기는 다르다는 '이동기이'와 동일한 근원과 서로 다른 개체성을 띠는 '일원이체'의 개념을 연결하여 사물의 형성을 설명한다. 이는 곧 이일분수의 설명과 다르지 않다.

05
단계
조선 초기 성리학의 이기 개념

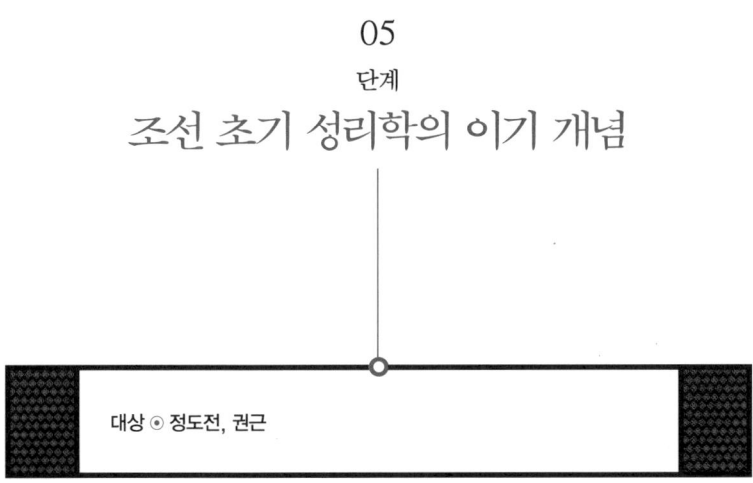

대상 ⊙ 정도전, 권근

    5단계에서는 역성혁명을 성공시킨 정도전과 권근의 이기를 중심으로 하는 철학적 사유를 살펴본다. 이들은 새로운 왕조의 기틀을 다지기 위해 학술과 사상을 새롭게 혁신하고 제도와 법규를 정비한다. 그러나 무엇보다 시급한 것은 조선의 정체를 굳건하게 세우는 일이었다. 왕조는 바뀌었지만 백성은 그대로인 상황에서 앞선 고려조와 차별성을 두면서 신왕조 조선이 제시하는 가치와 이념을 공고히 할 필요성이 있었다.

    정도전과 권근은 조선이 유교국가임을 천명하고, 기층에 깔려 있는 문화적, 정서적인 변화를 유도하기 위해 기층 신앙에 대한 공격을 학술적으로 시도한다. 기층의 신앙으로 광범위하게 자리 잡고 있던 불교와 도가(도교) 그리고 도교사상에 근거를 두고 있는 도참사상이 그 대상이었다. 국왕으로부터 일반 백성들에 이르기까지 유가적 가치 규범과 질서의식을 공고히 하기 위해서는 기존의 신앙과 가치 체계를 철저히 비판하고, 자신들이 주장하는 체계의 우월성을 드러내야 했다. 이들은 그래서 가장 적극적인 방식으로 유가의 입장에서 불교와 도교를 비판하는 방식을 취한다.

【정도전 1】 원문 40　　　　　　심_기: 불교의 관점에서 도교를 비판하다

> 온갖 육안으로 볼 수 있는 형상들은 그 종류가 매우 많으나, 오직 내(심)가 가장 신령하여 그 가운데 홀로 서 있도다. 나(심)의 본체가 고요하여 거울이 빈 것과 같으니, 인연을 따르면서도 변하지 않고, 변화에 응하여 다함이 없도다. 너(기)의 천지만물을 이루는 네 가지 요소가 서로 합하여 형체를 이룸으로 말미암아 눈이 있어 빛을 보고자 하며 귀가 있어 소리를 듣고자 하는지라, 선악의 환멸이 그림자를 인연하여 생겨서 나(심)를 공격하고 나를 해롭게 하니 내가 편안함을 얻지 못하도다. 상相을 끊고 본체에서 떠나, 생각도 없고 정情도 잊어버려 밝으면서 항상 고요하고 고요하면서 항상 깨달으면, 네가 비록 동하려 하나 어찌 나의 밝은 것을 가릴 수 있으랴!
>
> 『삼봉집』 권10, 「심이 기를 비난함」

정도전鄭道傳(1342~1398)의 자는 종지宗之이고, 호는 삼봉三峯이다. 문무를 겸비한 호방한 성격에 매우 총명했다. 그의 모계에 노비의 피가 섞여 있어 신분상의 제약이 되었다. 전라도 나주, 부평, 김포 등 9년간의 유배와 유랑생활 이후 이성계와 만나게 된다.

정도전은 이색의 문하에서 수학했고, 정몽주, 박상충, 이숭인, 이존오 등과 교유했다. 성균관 박사로 재직할 때(1370) 정몽주 등과 명륜당에서 성리학을 수업하고 강론했다. 친원배명 정책에 반대하다가 전라도 나주목 회진현의 거평부곡에 유배되기도 한다. 그는 조선왕조를 개창하면서 주요한 이론을 제공했고, 사상과 제도를 정비하여 조선왕조의 초석을 놓았다. 저술로는 「심문천답」(1375), 「심기리편」 3편(1394), 『조선경국전』(1394), 『경제문감』(1395), 「불씨잡편」(1398) 등이 있다.

정도전은 조선의 정체를 확립하기 위해 불교와 도교 등 기층의 신앙과 문화를 유가적 사상문화로 대체하려 한다. 그러한 기획의 산물이 그의 불교와 도교 비판 관련 글이다. 그래서 탄생한 것이 「심기리편」이다. 정도전의 「심기리편」에 대해 권근은 서문을 짓는다. 이들은 성균관에서 함께 활동했다. 권근은 뒤에 나오는 「불씨잡변」에 대한 서문도 짓고 있다. 권근은 정도전이 항상 도학을 밝히고 이단을 물리치는 것으로써 자신의 임무를 삼았다고 밝히고 있다.

"사람이 태어날 때 천지의 이를 받아 성이 되었고, 그 형체를 이룬 바는 기이고, 이와 기를 합하여 능히 신명한 것은 심이다. 유가에서는 이를 주로 하여 심과 기를 다스리니, 그 하나를 근본으로 하여 그 둘을 기르는 것이요, 도가는 기를 주로 하여 양생으로써 도를 삼고, 불교는 심을 주로 하여 부동으로써 근본을 삼아, 각기 그 하나를 지키고 그 둘을 버린 것이다. 도가는 무위를 원하여 일의 옳고 그른 것을 따지지 않고 모두 제거한다. 이는 그 몸의 수고로움 때문에 그 기를 해칠까 두려워함이니, 기가 잘 길러진다면 정신이 안정되어 비록 하는 일이 있어도 나의 삶을 해하지 못한다는 것이다. 불교는 무념을 원하여 생각의 선악을 막론하고 모두 버린다. 이는 그 정신의 수고로움 때문에 그 마음이 움직일까 두려워함이니, 마음이 잘 안정되면 본체가 항상 공적하여 비록 일의 변화에 응하더라도 나의 마음을 어지럽게 못 한다는 것이다. 그러므로 처음에는 모두 하지 않는 바가 있다가 마침내는 모두 하지 않는 바가 없게 된다. 대개 그 하지 않는 바가 있을 때는 이에 당연한 바도 또한 끊어버리고, 그 하지 않는 바가 없을 때는 비록 이에 마땅히 해서는 안 될 바도 또한 한다. 따라서 이 도교와 불교의 학설은 아무 쓸모없고 적멸한 데 빠지지 않으면 반드시 제멋대로 하는 데에 흘러들어, 그 인의를 해치고 윤리를 단절시켜 유가의 지극히 중정한 도의 가르침에 죄를 얻는 것은 마찬가지다. 우리 유가의 도는 그렇지 않으니, 하늘이 명한 성품이 혼연한 일리―理로써 만 가지 선이 모두 갖춰져 있다. 군자가 이에 항상 경외하고 반드시 성찰을 더하여 마음에 싹트는 것이 이에 본원한 것이면 확충하고, 욕심에서 생겼으면 막고 끊어버리며, 기에서 움직이는 것이 의리에 합하여 곧으면 용맹스럽게 나아가고, 곧지 않으면 겁내 물러간다. 그 심을 길러 의리를 보존하고, 그 기를 길러 도의에 합한다. 무릇 생각하는 바가 의리에 당연하지 않음이 없고, 무릇 동작하는 바가 자연 도리에 어긋난 나쁜 짓의 간여가 없어 그 마음의 허령함이 사물의 이를 주관하고, 그 기의 큰 것이 천지 사이에 가득하나 모두 의리가 주인이 되어 마음과 기가 매양 명령을 듣는다."
「심기리편 서」

권근이 설명한 바에 따르면, 사람은 천리를 받아 인성을 이루고, 기로써 형체를 구성하며, 이와 기가 합하여 마음을 이룬다. 이-기-심은 인간의 조건에서 없을 수 없는 것이다. 정도전은 이러한 인간의 근본적인 조건을 유가와 불교, 도교의 학술상의 차이로 구분하여 비유적으로 설명한다. 즉 유가에서는 이를 위주로 하여 심과 기를 기르는 것을 중요시하는 반면, 도교는 기를 위주로 양생에 주목하고, 불교는 심을 위주로 부동한 마음을 근본으로 삼는다는 것이다. 따라서 정도전은 심을 불교로 설정하고, 기는 도교로 설정한다. 이는 당연히 유가적 입장이 된다.

「심이 기를 비난함心難氣」은 「심기리편」 3부작의 첫 번째 글이다. 불교의 입장에서 마음을 닦는 취지를 중심으로 도교를 비판하고 있다. 불교의 핵심은 마음의 본체가 적연하여 조짐이 없어 그 신령한 지혜가 어둡지 않다는 데 있다. 마치 거울이 대상에 따라 비추는 것과 같은 것을 말한다. 『금강경』에서 무수한 변화에 감응해도 '감응함이 머무르는 바가 없으되 마음은 그대로 있다'고 말하는 것이 이러한 취지다. 즉 밖으로는 변화에 응하는 자취가 있지만 마음에는 한 가지 생각의 움직임도 없다는 것이다. 이러한 불교의 근본적 취지에서 가변적인 기의 변화에 따르는 도교를 비난하는 것이 이 글의 내용이다.

【정도전 2】 원문 41   기_심: 도교의 입장에서 불교를 비판하다

내[기]가 아주 오랜 옛적부터 있어 깊고 그윽한지라, 천진하고 자연하여 무엇으로 이름할 수 없도다. 만물의 시초에 무엇을 근거로 하여 생겼던가? 내가 엉기고 내가 모여 형상이 되고 정기가 되었으니, 내가 만약 없었다면 심이 어찌 홀로 신령할 수 있으랴! 슬프다! 너[심]의 앎이 있는 것이 모든 재앙의 싹이다. 미치지 못할 바를 생각하고 이루지 못할 바를 도모하여 이익을 꾀하고 손해를 계교하며, 욕됨을 근심하고 헛된 영광을 흠모하여 얼음같이 차고 불같이 뜨거워 주야로 분주하니, 생명의 원천이 되는 기운이 날로 흔들려 신명이 편안함을 얻을 수 없도다.

내[기]가 망령되이 움직이지 않으면 내면이 이에 고요하고 전일하여, 나무가 마른 것 같고 재가 타지 않는 것 같아, 생각하는 것도 없고 하는 일도 없어 도의 온전함을 본받을 것이니, 너[심]의 지각이 아무리 천착한들 나[기]의 하늘을 어찌 해롭게 할 수 있으랴!

『삼봉집』 권10, 「기가 심을 비난함」

「심기리편」 3부작 중 두 번째에 해당되는 「기가 심을 비난함氣難心」이다. 이 글은 도교에서 핵심으로 삼고 있는 양기를 중심으로 마음의 부동함을 추구하는 불교를 비난한다.

도교적 관점에서 보면, 우주만물의 근원은 도다. 이 도로부터 기가 생겨 난다고 본다. 그러한 기가 모이고 형태를 갖춤으로써 사람도 생겨나고 마음이라는 것도 이루어진다. 마음은 원래 대상에 따라, 지각에 따라 변하는 것이지만 기는 그렇지 않다. 생각함도 없으면서 인위적으로 함도 없는 것이 도의 근본을 이룬다. 이러한 도로서 기의 입장에서 심을 비난한 것이 이 글이다.

이_심_기: 유가의 입장에서 불교와 도교를 타이르다 【정도전 3】 원문 42

아, 지극히 맑고 순수한 저 이여! 천지보다 앞서 존재하는구나. 기는 나[이]로 말미암아 생기고, 마음 또한 나를 받았구나. 마음만 있고 내가 없으면 이해만 따질 것이요, 기만 있고 내가 없으면 육체의 욕망만이 활발해져서 동물과 같이 살아갈 것이니, 그렇게 되면 사람과 동물의 차이가 얼마나 되겠는가?

어린아이가 기어서 우물로 들어가는 것을 보면 놀라고 측은한 정이 생기니, 유가에서는 불교와 달리 염려가 생기는 것을 두려워하지 않는다. 마땅히 죽을 자리에서 죽는 것은 의리가 목숨보다 소중하기 때문이니, 그렇기 때문에 군자는 자신의 삶만을 탐하지 않고 희생하여 인仁을 이루는 것이다.

성인이 돌아가신 지 천 년이 되었는데 학문은 거짓되고 어지러워져서 기로써 도를 삼고 마음으로써 근본을 삼는다. 의롭지 못하면서 오래 살기만 하면 거북이나 뱀과 다를 것이 무엇이 있으며, 눈 감고 앉아만 있으면 흙이나 나무와 같은 형체와 무엇이 다르겠는가. 이인 내가 마음인 너에게 있으면 맑고 밝아질 것이요, 이인 내가 기인 너를 기르면 호연한 기가 생길 것이다. 옛 성인의 가르침에 "도의 존귀함은 두 갈래가 없다" 했으니, 마음과 기여! 이 말씀을 공경하여 받들어라.

『삼봉집』 권10, 「이가 심과 기를 타이름」

이 글은 「심기리편」 3부작 중 마지막인 「이가 심과 기를 타이름理諭心氣」이다. 앞서 두 편의 글이 각기 심과 기를 중시하는 불교와 도교의 입장에서 상대를 비난하는 글이었다면, 이 글은 이를 중시하는 유가의 입장에서 불교와 도교를 포용하는 관점을 보여준다. '타이른다'고 하는 표현 자체에서 이를 중시하는 유가의 우월성이 전제되어 있는 사고의 단면을 엿볼 수 있다. 유가에서는 이를 마음에 담겨 있는 덕이자 기가 생겨나는 원천으로 파악한다. 이 글은 유가의 이를 중심으로 하여 의리義理의 관점에서 '마음을 보존하는 것存心'과 '기를 기르는 것養氣'을 논의하고 있다.

유가적 관점에서 본 불교_윤회설 비판

사람과 만물이 생생하여 무궁한 것은 바로 천지의 조화가 운행하여 쉬지 않기 때문이다. 대저 태극이 동하고 정함에 음과 양이 생기고, 음양이 변하고 합함에 오행이 갖추어졌다. 이에 무극·태극의 진수와 음양오행의 정기가 미묘하게 합하여 엉겨서 사람과 만물이 생생한다. 이렇게 하여 이미 생겨난 것은 가면서 과거가 되고, 아직 나지 않은 것은 계속 와서 미래에 이어지니, 이 과過와 속續 사이에는 한순간의 멈춤도 용납되지 않는다. 부처의 말에, "사람은 죽어도 정신은 멸하지 않으므로 태어남에 따라 다시 몸을 받는다" 했으니, 이에 윤회설이 생겼다.

『주역』「계사」 상에, "시원을 따져 올라가보아 나중 일을 돌이키니 그러므로 그 생사의 설을 알 수 있다" 했으며 또 이르기를, "정기精氣는 물物이 되고 유혼游魂은 변變이 된다" 했다. 선유들은 이것을 해석하여 다음과 같이 말했다. 천지의 조화가 비록 끝없이 낳고 낳는 것이지만 모이면 반드시 흩어지고, 태어나면 반드시 죽는다. 그 시초를 살펴봐서 정기가 모여 태어남을 알 수 있다면 그것이 나중에 반드시 흩어져 죽는다는 것을 알게 될 것이다. 태어나는 것이 자연스러운 기의 조화에 의한 것이어서 애초부터 태허太虛 한가운데 정신이 깃들어 있는 것이 아님을 안다면, 죽는다는 것은 기와 더불어 흩어지는 것이지 다시 어떤 형상을 지니고 아득하고 광막함 속에 남는 것이 아니라는 것을 알게 될 것이다. 또 말하기를, "정기는 물이 되고 유혼은 변이 된다" 했는데, 이는 천지음양의 기가 교합하여 바로 사람과 만물을 이루었다가, 혼기魂氣는 하늘로 올라가고, 체백體魄은 땅으로 돌아가는 데 이르러서는, 바로 변이 되는 것이다. 정기가 물이 된다는 것은 정과 기가 합하여 물이 되는 것이니, 정은 백魄이요, 기는 혼魂이다. 유혼游魂이 변이 된다는 것은, 변이란 바로 혼과 백이 서로 분리되어 흩어져 변하는 것이니, 여기서 말하는 변이란 변화의 그 변이 아니라 이 변은 단단한 것이 썩음이요, 있던 것이 없어지는 것이다. 하늘과 땅 사이는 마치 난로와 같아서 비록 생물이라 할지라도 모두 다 녹아 없어진다. 어찌 이미 흩어진 것이 다시 합해지며, 이미 간 것이 다시 올 수 있겠는가?

이제 살펴보건대, 왕성한 세상을 당해서는 인류도 늘어나고 조수·어별·곤충도 함께 늘어나는가 하면, 쇠한 세상을 당해서는 인류도 줄어들고 조수·어별·곤충 또한 줄어든다. 이것은 사람과 만물이 모두 천지의 기로써 생기는 까닭이다. 그러므로 기가 성하면 일시에 늘어나고 기가 쇠하면 일시에 줄어듦이 분명하다. 나는 불교의 윤회설이 지나치게도 세상을 현혹하는 것에 분개하여, 깊게는 천지의 조화에 근본하고, 밝게는 사람과 만물의 생성에 징험하여 이와 같은 설을 얻었으니, 나와 뜻이 같은 사람은 함께 통찰하여주기 바란다.

어떤 사람이 내게 물었다. "그대는 선유의 설을 인용하여 『주역』에 있는 '유혼游魂은 변變이 된다'는 말을 해석하여 '혼魂과 백魄은 서로 떨어져 혼기魂氣는 하늘로 올라가고 체백體魄은 땅으로 내려간다' 했으니, 이것은 사람이 죽으면 혼과 백이 각각 하늘과 땅으로 돌아간다는 말이니, 그것은 불교가 말한 '사람은 죽어도 정신은 멸하지 않는다'는 것이 아닌가?"

나는 대답했다. "옛날에 봄·여름·가을·겨울의 불은 모두 나무에서 취했으니 이것은 원래 나무 가운데 불이 있으므로 나무를 뜨겁게 하면 불이 생기는 것이다. 그것은 원래 백魄 가운데 혼이 있어 백을 따뜻이 하면 혼이 되는 것과 같다. 그러므로 '나무를 비비면 불이 나온다'는 말이 있고 또 '형形이 이미 생기면 신神이 지知를 발發한다'는 말도 있다. 여기서 형은 백이요, 신은 혼이다. 불이 나무를 인연하여 존재하는 것은 혼과 백이 합하여 사는 것과 같다. 불이 다 꺼지면 연기는 하늘로 올라가고 재는 떨어져 땅으로 돌아가게 되나니, 이는 사람이 죽으면 혼기는 하늘로 올라가고 체백은 땅으로 내려가는 것과 같다. 불의 연기는 곧 사람의 혼기이며 불의 재는 곧 사람의 체백이다. 또 화기가 꺼져버리면 연기와 재가 다시 합하여 불이 될 수는 없는 것이니, 사람이 죽은 뒤 혼기와 체백이 또다시 합하여 생물이 될 수 없다는 이치는 또한 명백하지 않은가?" 할 것이다.

『삼봉집』 권9, 「불교의 윤회설에 대한 변」

정도전의 「불교의 윤회설에 대한 변佛氏輪廻之辨」은 「불씨잡변」 20편 가운데 하나다. 정도전은 마치 맹자가 양묵의 사설을 막기 위해 도를 지키는 위도衛道의 사명을 자임했듯이 불교의 폐해를 막는 데 자신의 사명을 걸고 있다. 불교에 대한 정도전의 인식을 그의 말을 통해 먼저 확인해보자.

"불교의 해가 인류를 헐어버린지라 앞으로는 반드시 금수를 몰아와서 인류를 멸하는 데까지 이를 것이니, 유가의 가르침을 주장하는 사람으로선 그들을 적으로 삼아 힘써 공격해야 할 것이오. 일찍이 '내 뜻을 얻어 행하게 되면 반드시 말끔히 물리쳐버리겠다'고 했는데 이제 임금께서 알아주심에 힘입어, 말을 하면 듣고 계획하면 따르시니 뜻을 얻었다고 하겠소. 그러나 아직도 저들을 물리치지 못했으니, 끝내 물리치지 못할 것만 같소. 내가 분을 참지 못해 이 글을 지어 무궁한 후인들에게 사람마다 다 깨달을 수 있기를 바라는 것이오. 이 때문에 비유를 취한 것이 비속하고 자질구레한 것이 많으며, 저들을 함부로 덤비지 못하게 하기 위해 글을 쓰는 데 분격함이 많았소. 그러나 이것을 보면 유가와 불교의 분변을 환히 알 수 있을 것이니, 비록 당장에는 행할 수 없다 하지만 그래도 후세에 전할 수 있으니 내 죽어도 편안하오."
「불씨잡변 서」

권근이 기록하고 있는 정도전의 말이다. 정도전은 1398년 성균관에 권근과 함께 재직했는데, 여름날 「불씨잡변」을 보여주면서 이렇게 말하고 있다.

불교에 대한 정도전의 인식은 송대 성리학자들의 그것과 크게 다르지 않다. 기본적으로 불교를 '인류를 버리고 나라를 해치는 것'으로 파악한다. 따라서 정도전은 불교와 유가의 차이를 밝혀서 불교의 폐해를 막을 수 있다면 죽어서도 여한이 없겠다고 하는 것이다.

사실 불교의 이론은 당시 유가철학에서 가지지 못한 정교한 논설과 초월적 세계관을 포함하고 있었다. 또한 출세간적인 구도의 측면은 인류을 저버리는 것이라 비판을 받았지만, 그러한 무소유와 무집착의 실천적 행위는 그렇지 못한 현실의 유자들에게는 뼈아픈 일침이기도 했다. 그렇기 때문에 유자들 가운데 불교에 경도된 사람이 많았고, 송대의 대다수 지식인 또한 그러했다. 대표적으로 주희도 젊은 시절 선불교에 경도되어 그로부터 자신의 실천적이고 철학적인 사유를 개발하기도 했다.

그러나 근본적으로 유가는 현실의 일상적 도리와 윤리적 세계를 근간으로 하기 때문에 불교적 윤리와 부합할 수 없었다. 정도전과 같은 강렬한 유가적 도를 지키려는 입장에서는 불교와의 구분이 따라서 엄정할 수밖에 없게 된다. 정도전은 「불씨잡변」의 연작을 통해서 불교의 이론과 실천적 행위의 모순을 강하게 비판한다.

「불교의 윤회설에 대한 변」이 정도전의 성리철학에서 주목되는 점은, 그가 이 글을 통해 불교 비판이라는 강렬한 이단의식을 보여주고 있다는 점에 국한되지 않는다. 비록 이 글이 불교의 핵심 이론에 대한 내밀한 논박에까지 이르진 못했지만, 이기론을 통해서 불교의 윤회설을 비판하고 있다는 점은 특기할 만하다.

정도전은 주돈이의 「태극도설」을 전제로 하여 만물의 생성과 변화 과정에 대해서 설명한다. 태극으로부터 동정과 음양오행의 결합은 생생불식하며 지속되는 우주자연의 변화 모습을 보여준다. 사물은 생겨나고 흩어지는 과정을 겪는데, 기론의 관점에서는 그것을 취산聚散이라고 한다. 혼령도 마찬가지다. 귀신의 존재란 기의 변화 과정일 뿐이다.

그러나 불교에서는 "사람은 죽어도 정신은 멸하지 않으므로 태어남에 따라 다시 몸을 받는다"라고 하여 윤회설을 주장한다. 정도전은 모든 만물은 태어나면 죽는 것이 당연한 이치이고, 그러한 이치는 기론에서는 기가 모이고 흩어지는 과정일 뿐이라고 설명한다. 그래서 죽는다는 것도 기와 더불어 흩어지는 것이지 어떤 형상을 지니고 남아 있는 것이 아니다. 또한 이미 지나간 기운은 가버린 것이고 반복되지 않는다. 다시 새로운 기운이 이어지는 것뿐이다. 따라서 생생불식하는 생명의 연속성의 관점에서 보거나, 기의 취산의 과정으로 볼 때도 윤회설은 맞지 않는다는 것이 정도전의 입장이다.

이와 같은 정도전의 불교 비판은 사실 송대 성리학에서 장재나 주희의 관점과 크게 다르지 않다. 그러나 불교의 이론을 『주역』과 「태극도설」을 바탕으로 기론의 측면에서 비판하고 있다는 점은 한국 유학사에서 주목할 만한 국면임에는 틀림없다. 불교에 대한 이후 조선 성리학자들의 시선은 이것에서 크게 벗어나지 않는다.

다음에서는 정도전과 함께 조선 유학의 시원을 이루는 권근의 불교 비판과 이기론을 「입학도설」을 중심으로 살펴보자.

【권근 1】 원문 44   불교 비판

내 일찍이 불교의 설이 세상을 매우 미혹시키는 것을 근심하여 말하기를, "하늘이 하늘 노릇을 하고 사람이 사람 노릇을 하는 데 있어서 유교와 불교의 설이 서로 같지 않다. 천문 현상을 관

찰한 뒤로부터 추위와 더위가 오가고, 해와 달의 빛이 그 위치에 따라 변화하는 데는 모두 그 일정한 수數가 있어 천만 년을 써도 어긋남이 없는 것은, 하늘이 하늘 노릇을 하는 데 정해진 것이니 불교의 그 수다하고 고상한 말들이 다 거짓이다. 하늘이 음양오행으로 만물을 화생시키는데, 이른바 음양오행이라는 것은 이도 있고 기도 있으니, 그 온전한 것을 얻은 것은 사람이 되고, 치우친 것을 얻은 것은 사물이 된다. 그러므로 오행의 이가 사람에게 있어서는 오상五常의 성이 되고 그 기는 오장五臟이 되니, 이것이 우리 유가의 설이다. 의원이 오행으로써 경맥의 허와 실을 진찰하여 그 병을 알고, 점치는 사람도 오행으로써 활동하는 기운의 쇠퇴하고 왕성함을 미루어 그 명命을 알고, 또 천만 년을 써도 다 증험할 수 있는 것이니, 이것은 사람이 사람 노릇을 하는 데 정해진 것이어서 불교에서 물질의 근본을 이룬다고 하는 지수화풍地·水·火·風의 사대설四大說은 허망한 것이다. 그 시초를 따져보아 사람이 태어난 까닭을 알지 못한다면 그 종말에 가서 사람이 죽는 까닭을 어찌 알리요? 그러므로 윤회설 또한 족히 믿을 수 없는 것이니, 내 이러한 이론을 가진 지 오래다" 했다.

「삼봉집」 권9, 「불씨잡변 서」

　　권근은 고려 말에 성리학을 연구한 학자로서는 독보적이다. 그는 정도전의 주요 저작인 「심문천답」「심기리편」「불씨잡변」의 서문을 쓰고, 「심문

천답」「심기리편」을 주해하고 있다. 그리고 그가 인용하고 있는 글에서는 당시 중국에서도 구입하기 어려웠을 『주자어류』의 내용도 산견된다. 그러한 만큼 성리학에 대한 권근의 조예는 남다르다.

권근의 이 글은 정도전의 「불씨잡변」에 서문을 붙인 「불씨잡변 서」다. 이 글에서 권근은 정도전이 어째서 불교에 대한 비판서를 쓰게 되었는지 그 동기를 밝히면서 자신의 불교에 대한 관점을 아울러 기술하고 있다. 권근도 정도전과 마찬가지로 불교 비판의 핵심은 '멸륜해국滅倫害國'에 있다고 본다. 일상적 윤리강상을 도외시하고 나라의 근간을 흔드는 불교의 이론과 수행법은 그럼에도 기층의 백성들에게는 귀의처라는 것이 문제였다. 풍속을 교화시키지 않으면 불교적 윤리관은 일상 속에서 그대로 잔존하기 때문에 권근도 이 점을 우려한다. 그래서 권근은 불교의 이론이 허황된 것이라는 점을 이론적으로 논파하려고 한다. 그러한 관점은 이 글에 잘 드러난다.

권근의 불교 비판은 앞서 살펴보았던 정도전의 논의보다 '성리학적'이다. 성리학적이라고 쓴 이유는 권근은 성리학 기론의 층위에서 불교의 윤회설을 비판하고 있지만, 기론과 아울러 이론의 측면에서 비판하고 있기 때문이다. 그는 상수적 관점도 아울러 피력하고 있다. 상수는 곧 이라고 하는 소옹의 관점인데, 천지만물이 운행하는 도수는 일정한 법칙이 있다는 것이다. 권근이 불교의 물질관을 초기 부파불교에서 말하는 지수화풍의 사대설로 본 것은 한계가 있지만, 이것을 기의 측면에서 파악하고 근원적인 것으로 이를 삼고 있는 것은 성리학적 입장을 보여준다.

하나의 태극_하나의 이_하나의 근원 【권근 2】 원문 45

사람이 태어나고 사물이 만들어질 때, 그 생하는 이는 동일하지만 기는 통하고 막히고 치우치고 바른 것 등 차이가 있다. 바르고 통하는 기를 얻으면 사람이 되고 치우치고 막힌 기를 얻으면 사물이 된다. 우주자연의 변화무쌍한 조화는 낳고 낳아 끝이 없다. 가버린 것은 그치고 오는 것은 이어진다. 사람과 짐승, 풀과 나무 등은 모양이 천만 가지로 다르지만 각기 성명을 바로 하는 것은 모두 '하나의 태극一太極'에서 유출되었기 때문이다. 그러므로 만물은 제각각 '하나의 이一理'를 구비하고, 모든 이는 똑같이 하나의 근원, 곧 동일한 근원에서 나오는 것이다.

한 포기의 풀과 한 그루의 나무까지도 제각기 하나의 태극을 가지고 있어서 천하에 성이 없는 사물은 없다. 그렇기 때문에 『중용』에서 "하늘로부터 부여받은 자기의 성을 온전히 발현할 수 있어야 다른 사람이 부여받은 성도 온전히 발현할 수 있게 하고, 사물이 부여받은 성도 온전히 실현할 수 있으니, 그래야 천지의 화육을 도울 수 있다"고 했다. 아! 지극한 말씀이다.

『입학도설』「천·인·심·성 합일의 그림」

권근이 성리학에 입학하려는 초학자들을 위해 지었다고 하는 것이 『입학도설』이다. 『입학도설』은 유가철학, 특히 성리학의 핵심 내용을 그림과 함께 설명하는 방식으로 구성되었기 때문에 접근하기 쉽지만, 그 내용은 사실 어렵고 복잡하다. 간결한 만큼 내밀한 의미가 함축되어 있기 때문이다.

이 글은 「천인심성 합일의 그림天人心性合一之圖」 일부다. 권근은 자신이 「천인심성합일지도」를 그린 이유가 심성의 이기·선악을 해명하기 위한 것이라고 밝힌다. 그러한 만큼 이 글에는 심성의 근간을 이루는 이기에 대한 그의 성리철학적 견해가 발견된다.

권근은 인간과 사물의 같고 다름의 차이를 주희가 제시했던 '이동기이'의 관점에서 설명한다. 태극으로서의 이는 보편자이기 때문에 만물에 산재하고, 만물은 이 태극으로서의 이와 기를 통해 구성된다. 따라서 만물은 하나의 태극으로서의 이를 구비하고 있고, 서로 다른 사물에 구비되어 있는 이는 그러나 하나의 근원에서 나온 것이다.

이러한 자각이 가능할 때, 인간은 자기의 타고난 인성을 온전히 발현할 수 있어야 한다. 그렇게 자기 인성을 온전히 발현할 수 있게 되어야 타인의 인성을 또한 온전히 발현하게 할 수 있다. 이 과정은 결국 모든 사물의 본질을 온전히 발현하게 함으로써 천지와 일체가 되는 경지다. 이것을 권근은 자신의 개념으로 '천인심성합일'이라고 명명한다. 이 천인심성합일의 핵심은 존재의 근거를 내적인 태극으로서의 이에 두고 있다는 점이다. 권근은 송대 성리학의 핵심을 이렇게 파지해내고 있다.

심_이기묘합 【 권근 3 】 원문 46

마음이란 것은 사람이 하늘로부터 받아서 몸의 주인이 되는 것이다. 이기가 묘하게 합쳐져 허령통철虛靈洞澈하니, 이 때문에 신명神明의 집이 되고 성정을 통섭한다. 이른바 밝은 덕으로 뭇 이치를 갖추고 만사에 응하는 것이다. 기품의 구애를 받고 물욕의 가린 바가 되어, 그 작용이 발함에 때때로 어두워진다. 학자는 모름지기 경敬으로써 안을 바르게 하여, 그 어두움을 제거하고 밝음을 회복해야 할 것이다. 그 글자 모양이 네모진 것은 몸 안에 있는 사방 한 치 되는 곳을 본뜬 것이고, 가운데의 한 점은 성리의 근원을 본뜬 것이다. 지극히 둥글고 지극히 바르고 한쪽으로 치우치거나 기운 바가 없어서 심의 체가 된다. 그 밑으로 오목 파인 것은 그 속이 텅 빈 것을 본뜬 것이니, 텅 비어 있기 때문에 모든 이를 갖출 수 있는 것이다. 그 머리끝이 위로부터 아래로 내려온 것은 기의 근원을 본뜬 것인데, 묘하게 합쳐져서 심을 이루는 까닭을 말해준다. 그 꼬리의 날카로움이 밑에서 위로 삐친 것은 심이 오행에서 불에 속하기 때문에 불꽃이 피어오름을 본뜬 것이다. 그래서 밝게 발동하여 모든 일에 응할 수 있는 것이다. 오른쪽의 한 점은 성이 발하여 정情이 됨을 본뜬 것으로 심의 작용을 나타내고, 왼쪽의 한 점은 심이 발하여 의意가 됨을 본뜬 것으로 이것 역시 심의 작용이다. 따라서 그 '본체體'는 하나이나 그 '작용用'은 둘이 되는 것이다.

『입학도설』「천인심성을 분석한 그림」

이 글은 『입학도설』 가운데 '심'을 분석한 것이다. 마음의 문제는 시대와 공간을 막론하고, 사상적 유파를 불문하고 핵심 '물음'이었다. 유가철학에도 마음의 문제는 핵심 주제여서 『심경』이 저술되고, 성리학을 다른 말로 '심학'이라고 하는 것도 이 때문이다. 이 마음의 문제는 단지 인간에 국한되지 않고 '천지만물을 낳는 마음'으로까지 확장된다. 그런 만큼 마음은 성리학을 이해하는 핵심 개념으로 다양한 층위에서 논의된다.

권근의 마음에 대한 이해는 대체로 주희의 성리학에서 제시된 것과 크게 다르지 않다. 마음은 몸을 주재하는 것이고, 이와 기가 합쳐진 것이며, 기의 영묘한 작용이 있어 사물을 인식할 수 있으며, 성과 정을 통괄하는 것이다. 그러나 첫째 심을 '이기의 묘합'이라고 파악하면서 이와 기의 근원에 대해서 설명하고, 둘째 그러한 '이의 근원'과 '기의 근원'을 근거로 '성발위정性發爲情' '심발위의心發爲意'를 말하고 있다는 점은 주목된다. '성리의 근원을 형상한 것'과 '기의 근원을 형상한 것'은 비록 도상 형식으로 나타낸 것을 설명한 것이지만, 두 근원을 분리하여 '성-정'과 '심-의'를 연결하고 있는 것이다. 이러한 심성정에 대한 이해 방식은 이와 기를 분리하는 철학적 경향으로 구체화된다. 권근이 제시한 이러한 이해 방식은 이황에게서 다시 나타난다.

예전에 한유는 원성原性을 지으면서 『예기』에 근거하여 희로애락 애오욕 일곱 가지를 성이 발한 정이라 했습니다. 정자 또한 이것을 취하여 말했습니다. 지금 그대는 사단을 성이 발한 것에 속하게 하고, 칠정을 마음의 아래에 나열했는데, 이렇게 한 이유는 무엇입니까? 칠정의 작용은 사람에게는 본유한 것이니 '당연한 것當然之則'입니다. 만약 칠정이 발하여 중절한다면 『중용』에서 말한 '달도의 조화로운 상태達道之和'가 됩니다. 어찌 성이 발한 것이 아니겠습니까. 그러나 경우에 따라 칠정은 발하여 중절하지 않을 때도 있습니다. 중절하지 않은 것을 그대로 성이 발한 것이라 하여 사단과 같은 정으로 나란히 할 수는 없습니다. 그러므로 심 아래에 배치하여 칠정이 발할 때 중절하거나 중절하지 않는 것이 있음을 드러내어 배우는 사람들로 하여금 자세히 살피게 한 것입니다. 또한 정자가 "외물에 감촉되어 마음에서 움직이니, 그 마음이 움직여서 칠정이 나오게 됩니다. 정이 이미 타오르면 그 성은 손상을 입게 됩니다"라고 했으니, 이렇게 본다면 칠정은 성이 발한 것이 아니라는 것이 확실합니다.

『입학도설』 권1, 「천인심성 합일의 그림」

이 글은 「천인심성 합일의 그림天人心性合一之圖」에서 사단과 칠정에 대해 논의한 것이다. 이기에 대한 개념을 다루면서 사단칠정의 문제까지 포함하는 것은 이유가 있다. 앞서 이기의 개념적 이해를 통해 성리학자들이 불교를 비판하는 관점을 살펴보았듯이, 이기 개념은 만물의 생성과 변화운동하는 근거뿐만 아니라 인간의 삶의 영역에서 나타나는 다양한 제도와 질서, 도덕과 관련한 규범적 원천을 모색하고자 하는 성리학자들의 열망을 담고 있다. 이들은 존재의 근거가 가치의 근거와 다르지 않다는 관점을 지니고 있기 때문에 결국 가치의 근거로서 규범성의 원천을 탐구한다고 볼 수 있다. 성리학자들은 그것을 이와 기의 개념을 통해 발견해내고자 하는 것이다. 사단칠정의 문제는 바로 규범의 원천과 관련한 도덕의 근거를 묻는 논의이기 때문에 이기론의 핵심 주제가 된다.

　권근의 사단칠정론에서 이와 기의 '발'에 대한 문제는 떠오르지 않는다. 발의 문제는 '성발위정'과 '심발위의'로 언급되고 있다. 그러나 권근의 사칠론에서 특기할 점은 첫째, 칠정을 인간의 당연한 원리에 의한 감정의 분출이라는 점에서 파악하고, 둘째 사단과 칠정을 각기 분리하여 성과 심에 분배하고 있다는 점이다. 칠정이 중절할 수도 있고 중절할 수 없는 두 가지 경우가 있는 반면, 사단은 성이 발한 것을 확연히 구분하고자 하는 것이다. 이것은 결국 칠정의 중절 여부에 대한 불안정성을 우려하는 것이고, 그것이 사단과는 동일하게 취급되어서는 안 된다는 입장이다. 이러한 관점은 이황과 퇴계학파의 논점으로 계승된다.

06
단계
서경덕의 기론과 이언적의 이론

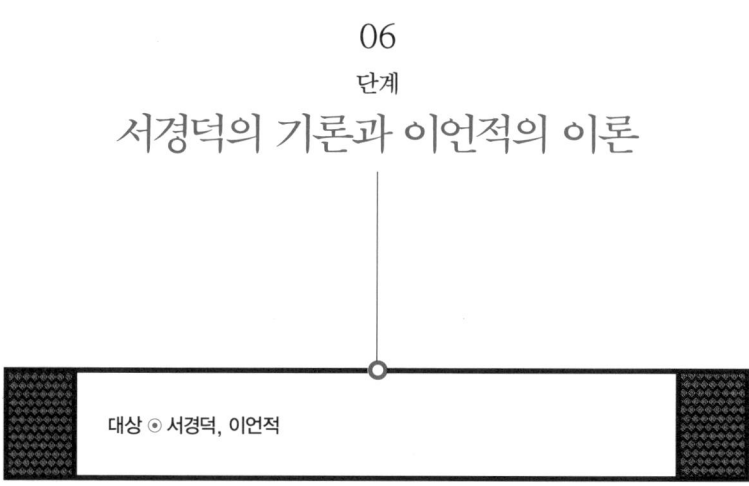

대상 ⊙ 서경덕, 이언적

6단계에서는 '조선성리학의 기론과 이론의 토대'를 이루는 서경덕과 이언적의 이기론을 살펴본다. 이 시기의 특징은 서경덕과 이언적에 의해 성리학의 이와 기 개념에 대한 정확한 입장이 개진되기 시작한다는 것이다. 서경덕은 송대의 소옹과 장재의 기론을 흡수해 독자적인 자기 철학적 개념으로 변용한다. 이언적은 태극음양에 대한 논쟁을 통해 기보다는 상대적으로 이를 중심으로 하는 관점을 제시한다.

【서경덕 1】 원문 48　　　　　　　　　　　　　　　　태허_기

태허는 텅 비어 있는 듯하면서도 비어 있지 않으니, '허는 곧 기'이기 때문이다. 허는 끝도 없고 그 한계도 없는데 기 역시 끝도 없고 한계도 없다. 이미 허라고 말했으면서도 어찌 그것을 기라고 할 수 있는가? 그것은 '텅 비고 고요함虛靜'은 곧 기의 본체이고, 모이고 흩어짐은 그 작용이기 때문이다. 허가 텅 비어 있는 것이 아님을 안다면, 그것을 무라고 할 수 없을 것이다.

노자는 "무에서 생기는 것이 있다"고 말했는데, 이것은 '허는 곧 기'임을 알지 못한 것이다. 또한 "허는 기를 낳는다"고 했는데 이것도 옳지 않다. 만약 허가 기를 낳는다고 한다면 그것이 생기지 않았을 때 이것에는 기가 있지 않으니 허는 죽은 것이 된다. 이미 기가 있지 않은데, 기는 어디에서 생기겠는가? 기는 시작도 없고 없다가 생겨나는 것도 아니다. 이미 시작이 없는데, 어디가 끝이겠는가? 이미 생겨나는 것이 아닌데 어찌 없어지겠는가? 도가에서는 '허무虛無'를 말하고, 불교에서는 '적멸寂滅'을 말하는데, 이것은 이기의 근원을 알지 못하기 때문이다. 어찌 도를 알 수 있겠는가?

『화담집』권2, 「태허설」

서경덕의 「태허설」을 비롯하여 다음 자료로 소개되는 「원리기」「이기

설」「귀신사생론」 등 4편의 글은 그의 말년(56세) 저작이다. 이 글들은 서경덕의 독특한 기론을 확인할 수 있는 좋은 자료다.

「태허설」에서 서경덕은 장재의 '태허' 개념을 받아들여 자신의 기론을 전개한다. 장재는 '태허즉기太虛卽氣'라고 정의하고 있는데, 서경덕은 태허는 '텅 빈 듯하지만 빈 것이 아니며虛而不虛', 허가 곧 기라고 파악한다. 이 태허는 텅 비어 있는 것이 아니므로 '무'가 아니고 '유'다. 그 속에는 만물의 근원인 기로 충만해 있다.

일정한 균형 상태를 유지하고 있는 허정 상태는 기의 체이고, 취산의 운동 변화가 있는 것은 기의 용이 된다. 이것은 경험적이고 감각적인 세계 이전에 태허의 선천세계가 존재한다고 보는 것이다.

서경덕은 초월적 개념으로서의 태허를 우주의 본질, 혹은 실재로 이해한다.

태허_선천과 이지시 【서경덕 2】 원문 49

태허의 맑고 형체가 없는 것, 이것을 '선천'이라 한다. 그 크기는 한이 없고, 그에 앞서는 아무런 시작도 없었으며, 그 유래는 밝힐 수도 없다. 그 맑게 비어 고요한 것이 기의 본원이다. 널리 퍼져 있어 한계가 없으며, 꽉 차 있어 빈 것이 없어 터럭 하나라도 끼어들 틈이 없다. 그러나 그것은 손으로 떠봐도 텅 비고, 그것을 잡아보아도 아무것도 없다. 그렇지만 그것은 차 있는 것이어서 아무것도 없다고 말할 수는 없다. 이 경지에 이르면 귀에 담을 소리가 없으며 맡을 냄새도 없으니, 여러 성인도 이에 관한 말이 없었고, 주돈이와 장재도 끄집어내어 드러내지 못했으며, 소옹도 이에 관하여 한 글자도 쓰지 못한 처지인 것이다. 성현들의 말씀을 근거로 하여 그 근원을 찾아보면 『주역』에서 말한 "멈춰서 움직이지 않는 것"과 『중용』에서 말한 "정성된 자는 스스로 이룩되는 것"과 같은 말씀이 그와 같다.

그 맑은 본체를 가리켜 '일기一氣'라 하고 그 혼연함을 일러 '태일太一'이라 한다. 주돈이도 이러한 것에 대해서는 명확하게 말할 수 없어서 다만 '무극이태극'이라고 했다. 이것이 곧 '선천'이니 기이하지 않은가? 기이하고 기이하다. 오묘하고 오묘하다. 갑자기 뛰어오르고 홀연히 열리니, 누가 그렇게 시킨 것인가? 스스로 그렇게 할 수 있는 것이고 또한 스스로 그렇게 하지 않을 수 없는 것이니, 이것을 이가 발휘된 때라 한다. 『주역』에서 말한 "느낌이 있으면 마침내 두루 통한다"는 것과 『중용』에서 말한 "도는 스스로 이끌어 나아간다"는 것과 주돈이가 말한 "태극은 움직여 양을 낳는다"는 것이 그것이다.

동정과 닫힘과 열림이 없을 수 없는데, 그것은 어째서 그러한가? '기틀'이 스스로 그렇게 하는 것이다. '일기'라 했지만 '일一'은 본래 '이二'를 품고 있고, '태일'이라 했지만 '일'은 '이'를 생하지 않을 수 없으며, '이'는 스스로 생극할 수 있는 것이다. 생하면 극할 수 있고, 극하면 생할 수 있다. 기가 미세하게 잘 드러나지 않을 때부터 진동하는 데 이르기까지 모두 그 '생극'이 그렇게 한 것이다.

'일'이 '이'를 생하는데, '이'라는 것은 무엇을 뜻하는가? 음양을 뜻하며, 동정을 뜻하며, 또한 '감리坎離'를 뜻한다. '일'이라는 것은 무엇을 뜻하는가? 음과 양의 시작이며 '감'과 '이'의 본체로서 맑게 하나로 되어 있는 것을 말한다. '일기'가 음과 양으로 나누어지고, '양'의 극이 진동하여 하늘이 되었으며 '음'의 극이 모여서 땅이 되었다. '양'이 진동한 끝에 그 '정기精'가 엉킨 것이 해가 되었으며, '음'이 모여든 끝에 그 정기가 엉킨 것이 달이 되고 나머지 정기가 헝클어져 별들이 되었다.

그것이 땅에 있어서는 물, 불이 되었는데, 이것을 후천後天이라 부르며, 곧 자연의 활동이 있게 된 것이다. 하늘은 그 기를 운용하여 한결같이 동을 위주로 하여 빙빙 돌면서 쉬지 않고, 땅은 그 '형상'을 한데 엉기게 하여 한결같이 정을 위주로 하여 중간에 꿈적 않고 있다. 기의 성질은 움직여 위로 올라가는 것이며 형상의 바탕은 무거워서 아래로 처지는 것이다. 기는 형상 바깥을 싸고 있고, 형상은 기 가운데 실려 있어서, 위로 뛰어오르는 것과 아래로 처지는 것이 서로 균형이 잡혀 멎어 있게 된다. 이리하여 태허 가운데 매달려 있으면서도 올라가거나 내려가지도 않고 좌우로 빙빙 돌면서 예로부터 지금에 이르도록 떨어지지 않게 된 것이다. 소옹이 말한 것같이 "하늘은 형상에 의지하고 땅은 기에 붙어, 자연히 서로 의지하고 붙어 있는 것"이다. 의지하여 붙어 있는 기틀이야말로 오묘하지 아니한가!

『화담집』 권2, 「원리기」

　　서경덕은 「원리기」의 글을 통해 이기의 근원성을 논의하고 있다. 이 글은 주돈이의 「태극도설」처럼, 우주의 생성 과정과 변화 양상을 선천과 후천으로 나누어 압축적으로 서술하고 있다. 선천과 후천 개념은 소옹의 선천 상수역학에서 제시된 것이다. 서경덕은 이 개념을 수용하여 자신의 기 철학을 펴나간다.

　　서경덕은 '선천'의 개념을 '태허가 담연무형湛然無形하여 형체가 없는 것'이라 규정한다. 그와 같은 상태는 『주역』에서 말하는 '적연부동寂然不動'과 같다. 주돈이의 '무극이태극'도 마찬가지 상태를 말한다. 이러한 선천은 담연한 본체의 측면에서 '일기一氣'로 규정할 수 있고, 그 기의 공간적 영역의 측면에서 '태일太一'로 나타낼 수 있다. 그리고 선천의 담연무형한 상태로부터 후천세계의 구체적 세계상이 구성되는 과정을 '합벽'(열림과 닫힘)이라 한다.

　　선천으로부터 후천으로의 이동은 중요한 시사점을 갖는다. 선천의 태허 상태가 안정적이고 균질적인 상태였다면, 이러한 상태가 깨지는 것이 후천이다. 그러한 힘이 곧 '기자이機自爾'다. 서경덕은 운동 변화의 가능성을 내재하고 있는 담연허정한 선천기로부터 이 기의 '자발적인 능동성自能爾'에 의해서, 또 '스스로 작용할 수밖에 없는 필연성自不得爾'에 의해 후천이라는 현상계가 '열리게 된다開闢'고 이해한다. 바로 이러한 구체적인 현상계의 사물들이 구성되는 순간 이는 기 운동의 원리로 드러난다. 그것이 바로

'이지시理之時'다. 이렇게 본다면, '이지시'에서의 '이'는 기 운동 변화의 기계적인 필연성을 의미하는 조리條理에 불과하게 된다.

이처럼 변화의 계기성과 운동의 역량이 들어 있는 필연성과 능동성을 함축하는 '기자이機自爾'는 서경덕의 기철학적 위상을 보여주는 개념이다. 그렇기 때문에 이 후천의 상태는 『주역』의 '감이수통感而遂通', 주돈이의 '태극동이생양太極動而生陽'과 같다. 이 기자이의 개념은 이이에게도 영향을 미친다.

태허_이기　　　　　　　　　　　　　　【서경덕 3】 원문 50

밖이라는 한계가 없는 것을 태허라 하고, 시작이 없는 것을 기라 한다. 텅 빈 허는 기다. 허는 본래 끝이 없고, 기 역시 끝이 없다. 기의 근원은 그 처음에 '일一'이다. 기가 일이니 곧 '이二'를 품고 있고, 태허도 '일一'이니 그 가운데 '이二'를 품고 있다. 이미 '이二'가 되면 이제는 합벽, 동정, 생극이 없을 수 없다.
그처럼 열리고 닫히고, 움직이고 멈추며, 생하고 극할 수 있는 까닭을 미루어 태극이라 명명했다. 기 밖에 따로 이가 있는 것이 아니다. 이는 기의 주재다. 이 주재라는 것은 밖으로부터 와서 기를 주재한다는 것이 아니다. 기가 작용할 때 그렇게 되는 바의 바름을 잃지 않게 한다는 것을 가리켜 주재라 한다. 이는 기에 앞선 것이 아니다. 기는 시작이 없고, 이도 시작이 없다. 만일 이가 기보다 앞선다고 한다면, 기에 시작이 있는 것이다. 노자는 "허가 기를 낳는다" 했는데, 이와 같다면 기는 시작이 있고 한계가 있게 된다.

『화담집』 권2, 「이기설」

서경덕의 「이기설」은 선천의 초월적인 성격과 후천의 현상세계를 태극과 이로 설명하고 있다는 점에서 이철학과 다른 기철학의 특징을 잘 보여준다. 그는 「이기설」을 통해 태허의 공간적 무한성과 기의 무시간성을 말한다. 시간과 공간에 제약되지 않는 태허의 기는 경험적 세계에서 파악할 수 없다. 그렇기에 선천이라는 초월적 개념이 탄생하는 것이다. 이 선천의 영역은 태허의 기로 충만해 있다. 세계의 근원은 기라는 서경덕의 입장이 명확하게 드러난다.

이러한 선천으로부터 후천세계가 나타나게 된다. 그러한 급격한 변화를 추동하는 것이 '기자이'다. 변화의 과정에 대하여 서경덕은 '그처럼 열리고 닫히고, 움직이고 멈추며, 생하고 극할 수 있는 까닭을 미루어 태극'이라 하고, '기 밖에 따로 이가 있는 것이 아니다'라고 한다. 기자이의 운동에는 그러한 운동의 조리인 태극으로서의 이가 있다는 의미다. 그러한 조리로서의 능력을 '주재'로 정의한다.

이기에 대한 이와 같은 관점은 결국 이기는 떨어져 있는 것이 아니라는 '불상리'의 관점이다. 그러나 그에게 불상리 혹은 이기무선후는 후천의 영역에 한정된다는 점이다. 선천의 영역에서는 시간적·공간적 범주를 적용할 수 없다. 왜냐하면 선천은 경험의 영역을 넘어서고 있기 때문이다.

【서경덕 4】 원문 51

일기장존_기

정자, 장재, 주희의 글에는 죽음과 삶 및 귀신의 실상에 대한 논설이 다 갖추어져 있다. 그러나 그것이 그렇게 되는 지극한 이치는 설파하지 못했고, 논점을 끌어내기는 했으나 명확하게 드러내지 않고 학자들로 하여금 스스로 깨닫도록 하고 있다. 그래서 후세의 학자들은 그러한 논의 가운데 하나만 알고 나머지는 알지 못했으며, 그 논의 가운데 말단만 전하고 정치한 것은 보지도 못하게 되었다. 나는 세 분 선생의 미묘한 뜻을 종합해서 전체적으로 논하려 하는데, 이것은 예로부터 지녀온 의문을 깨치기에 족할 것이다.

정자는 "죽음과 삶, 사람과 귀신은 하나이면서 둘이고, 둘이면서도 하나다"라고 했는데, 이것은 충분한 설명이다. 내 생각으로는 삶과 죽음, 사람과 귀신은 모두 기가 모이고 흩어지는 것에 불과하다. 모이고 흩어지는 것은 있어도 유와 무가 없으니, 기의 본체가 또한 그러하다. 담일하고 청허한 기가 한없는 공간에 가득 차 있어서, 그것이 크게 모이는 것은 하늘과 땅이 되고, 작게 모이는 것은 만물이 된다. 기가 모이고 흩어지는 형세가 미약한 것, 뚜렷한 것, 지속되는 것, 빠른 것이 있을 뿐이다. 크고 작은 것이 '태허'에 모이고 흩어지고 하는데, 크고 작은 차이는 있지만 비록 풀 한 포기, 나무 한 그루 같은 것이라 할지라도 그 기는 끝내 흩어져버리지 않는다. 하물며 사람의 정신과 지각처럼 크게 모이고 오랫동안 모인 기야 말할 것이 있겠는가.

몸과 넋이 흩어지는 것을 보면 영원히 없어져버리는 것 같기도 하다. 이것에 대해서는 모두가 생각해보지 않을 수 없을 것이다. 비록 앞의 세 분 선생의 제자라 하더라도 역시 그 궁극적인 것을 조화시키지 못했고, 쓸데없는 것들을 주워 모아 자기의 설을 만들었다.

기가 맑게 한데 어울려 맑고 텅 비어 있는 것은 태허가 움직여서는 양을 낳고 멈춰 있으면서 음을 낳는 시초에 근원을 두고 있다. 그것이 모인 것이 점점 쌓여 넓고 두텁게 됨에 이르러 하늘과 땅이 되었고 우리 인간이 된 것이다. 사람이 흩어짐에 있어서 몸과 넋은 흩어지지만 한데 어울려 맑고 텅 비어 있는 것은 끝내 흩어지지 않는 것이다. 태허의 맑게 한데 어울려 있는 가운데로 흩어지려 해도 모두 똑같은 기인 것이다. 그 지각의 모임과 흩어짐에는 다만 오래가고 빨리 됨이 있을 뿐이다. 비록 가장 빨리 흩어지는 것으로는 하루나 한 달이 걸리는 것들이 있고, 그것은 물건 가운데서도 미미하고 작은 것들이지만 그 기는 끝내 흩어지지 않는다. 왜 그런가 하면 기가 맑게 한데 어울려 맑고 텅 비어 있는 것은 그 시작도 없으려니와 그 끝도 없기 때문이다. 이것이 이기가 극히 오묘한 까닭인 것이다. 학자들이 진실로 이러한 경지까지 공부하게 된다면 비로소 수많은 성인이 일일이 전해주지 않은 미묘한 뜻을 엿볼 수 있게 될 것이다. 비록 한 조각 촛불의 형체를 이루고 있는 기가 눈앞에서 흩어지는 것을 볼 수 있지만, 그 기는 끝내 흩어지지 않다. 어찌 기가 무로 다 없어지겠는가!

『화담집』 권2, 「귀신사생론」

    서경덕의 「귀신사생론」은 그의 독창적인 기론의 입장을 잘 보여준다. 그 자신이 이 글의 서두에서 언급하고 있는 것처럼, 앞선 선배 학자들이 이 문제를 논의했지만 핵심을 명확하게 적시하지 못한 것은 기가 끝내 사라지지 않는다는 '일기장존—氣長存'을 알지 못했기 때문이라고 한다. 서경덕은 전통적인 기론의 입장에서 만물은 기를 근본으로 하여 취산에 의해 생성되고 소멸되는데, 그러한 기는 사라지지 않는다는 관점을 취한다.

    서경덕은 기가 보존된다고 하는 것을 경험적 세계에서 확인할 수 있는 비유를 제안한다. 촛불이 그 예다. 서경덕은 촛불이 타서 그 형체가 비록 사라지지만 그 기는 끝내 흩어지지 않고 존속한다는 것을 주장한다. 그러한 점에서 기는 무가 아니라고 한다. 이와 같은 관점은 장재가 기는 무가 아니라 '유'라는 것을 논의하면서 불교와 도교의 '무'의 관점을 비판하는 것과 연계된다.

【이언적 1】 원문 52　　　　　　　　　　　　　　　　무극태극_1

살펴보건대 망재의 '무극태극변'은 그 이론이 대부분 육구연(상산)에게서 나온 것이나 예전에 주희가 이미 상세하게 논변했다. 나는 부질없이 쓸데없는 말을 보태고 싶지 않지만, 망기당의 답서를 살펴보니 주돈이의 논지에 근거하고 있긴 하나 그 의론이 몹시 추상적이고, 견해도 아주 원대해 보인다. 그 논의와 견해가 추상적이고 원대해서 잘못된 점이 없지 않고, 유가 학설에 위배되는 점이 없지 않으므로 나는 그러한 점에 대해 몇 마디 하겠다.

주돈이(염계)가 '무극이태극'이라고 말했는데, 그 말은 도리라고 하는 것이 구체적인 형상을 갖는 것이 아니면서도 실제로는 만물의 바탕이 됨을 형용한 것이다. 이것은 주돈이가 당시의 상식적인 수준을 넘어 도의 본질을 분명하게 파악하고 과감하게 다른 사람들이 말하지 못했던 도리를 설파한 것으로, 후대의 학자들로 하여금 태극의 오묘함은 유나 무에 구속되는 것도 아니고, 구체적인 사물에서 떨어져 있는 것도 아님을 분명하게 알 수 있게 해주었다. 이와 같은 태극에 관한 이론은 참으로 수많은 성현 이래로 전해지지 않았던 비결이지만 그가 어찌 태극 위에 다시 무극이란 것이 있다고 말한 것이겠는가.

이러한 이는 비록 지극히 고원하고 지극히 오묘한 듯하지만 그 실체가 깃들어 있는 것을 찾아보면 지극히 가까이 있고 지극히 실질적인 것에서 발견할 수 있다. 만일 이 이를 연구하여 밝히고

자 하면서 부질없이 헤아릴 수도 없고 허탄한 지경으로 나아가기만 하고, 아주 일상적이고 실질적인 곳에서 찾지 않는다면 불교와 같은 이단에서 말하는 '만물에는 실체가 없다'고 하는 공적과 같은 것에 빠지지 않을 자가 없을 것이다.

이제 망기당의 이론을 검토해보면, 그가 '태극은 곧 무극이다'라고 한 것은 옳지만, 그가 '어찌 유와 무를 논하고, 안과 밖을 나누어 명과 수의 개념의 말단에 빠져 있는가?'라고 한 것은 잘못되었으며, 그가 '가장 근본적인 것[대본]만 파악하면 사람 사는 일상과 그것에 응대하는 것이 모두 보편적인 도리[달도]가 아님이 없다'고 한 말은 옳다. 그리고 그가 '가장 근본적인 것과 보편적인 도리는 혼연히 일치하니 어디에서 새삼스럽게 무극과 태극, 중이 있음과 중이 없음의 구별이 있다는 것을 말할 수 있겠는가'라고 한 것은 잘못되었다.

이 '극'의 이는 비록 '고금, 상하를 관통하고 혼연히 일치되었다'고는 하지만 그 정밀함과 거침, 본말, 내외, 주객의 구분은 선명하게 있어서 조금의 잘못도 용납될 수 없는 것인데, 어찌 명과 수의 개념으로 나누어 말할 수 없다고 하겠는가. 그 본체가 내 마음에 갖추어져 있다는 것은 비록 '가장 근본적인 것과 보편적인 도리는 처음부터 둘이 아니다'라고 말할 수 있지만, 그러한 가운데도 체용이나 동정, 선후나 본말은 분별하지 않을 수 없으니, 어찌 그 혼연함을 얻으면 다시는 구분과 차례는 말할 필요가 없다 하고, 반드시 허무적멸의 지경에 이른 뒤에야 이 도리의 극치가 된다고 하겠는가. 한갓 혼연이란 것이 큰 줄만 알아 거리낌 없이 말하고, 그 확연하게 드러난 것들이 애초에 서로 분리되지 않는다는 것은 알지 못한 것이다. 이런 까닭에 그의 이론은 '합한 것合'을 좋아하고, '분리된 것離'을 싫어하며, '실상實'을 버리고 허虛에 들어가서 마침내 '눈금 없는 저울과 치수 없는 자'와 같이 가늠할 수 없는 허탄한 지경에 이르게 되었으니, 이 어찌 고원한 것에만 몰두하여 그칠 바가 없는 것이 아니겠는가!

이 이가 어디에서부터 유래했는지 그 근거를 따져본다면 비록 극히 미묘한 만물의 변화가 모두 그 이 가운데서 나왔으나 실제로는 구체적인 형상을 가리킬 수가 없다. 이제 망기당의 말은 구체적인 일상의 공부는 전부 제쳐놓고 갑자기 무극이나 태허의 본체를 내 마음의 주인으로 삼고, 천지만물로 하여금 나에게 복종하게 하여 운용에 막힘이 없게 한다 하니, 이는 곧 하늘에 오르고자 하면서 그 사다리가 없음을 고려하지 않는 것이요, 바다를 건너고자 하면서도 그 다리 없는 것은 헤아리지 못하는 것이다. 결국에는 허무하고 고원한 것에 빠져서 얻는 것이 아무것도 없을 것이니, 그것은 필연적이다.

망기당이 평생토록 배우고 익힌 학술의 오류는 허무공적에 빠진 탓인데, 그 잘못된 학술의 근거가 그의 편지 가운데 있음을 나는 알게 되었다. 그가 '태허의 본체는 본래 적멸하다'고 했는데, 이 멸滅로 태허의 본체를 설명하는 것은 결단코 유가의 학설이 아니다.

『회재집』 권5, 「망재·망기당의 무극태극설 뒤에 쓰다」

　이언적(1491~1553)의 이 글은 망기당 조한보와 망재 손숙돈의 '무극태극' 논변에 대한 일종의 관전평이다. 망재의 조카인 이언적(27세)이 1517년 두 사람의 무극태극 토론을 지켜본 후 자신의 관점을 제기한 것이다.
　이언적은 무극이태극에 대한 주륙논변 등 앞선 시대의 선유들이 논의한 내용을 이미 알고 있는 상태에서 두 사람의 논쟁을 관전한다. 이언적의 논의는 대부분 주희의 이론을 따르고 있다. 그러한 관점에 망기당의 논의가 몹시 추상적이고, 견해도 원대해서 잘못된 점이 없지 않으며, 유가 학설에 위배되는 점이 있기 때문에 자신이 논평한다고 부기하고 있다.
　이언적이 망기당의 논점을 비판하는 것은 그가 불교나 노장의 관점에 있기 때문이다. 허무나 공적을 말하는 것은 그 때문이다. 따라서 이언적은 일상의 차원에서 구체적인 공부를 통해 단계적으로 이를 파악해야 한다는 점을 강조한다. 이러한 일상 공부는 뜬금없고 고원한 것을 추구하여 왜곡된 관점을 만들 수 있기 때문에 항상 경계해야 한다. 그렇기 때문에 올바른 이치를 파악하기 위해서는 이론의 종합뿐만 아니라 분석의 방법 또한 강구되어야 한다. 그리고 그러한 이는 구체적인 형상이 없지만 만물 생성의 근원적 원리라는 것이다.
　이언적이 무극태극에 대한 관전평에서 보여주는 철학적 관점은 일상성을 중시하면서, 기보다는 이에 치중되어 있음이 확인된다. 그리고 이론의 분석에 있어서도 '합合'보다는 분석적인 '이離'의 입장을 보여준다. 이러한 경향성은 이황이 이언적을 높이 평가하는 점이기도 하다.

【이언적 2】 원문 53　　　　　　　　　　　　　　　　　무극이태극_3

태극이라고 하는 것은 곧 우리 유가에서 말하는 도의 본체요 모든 변화의 준거로 자사가 '천명의 성'이라고 말한 것이 그것입니다. 태극은 텅 비고 고요하여 아무런 조짐이 없지만 그 속에는 온갖 사물의 이치가 이미 갖추어져 있습니다. 하늘은 만물을 덮고, 땅은 만물을 싣고 있고, 해와 달은 만물을 비추고, 귀신은 눈에 보이지 않고, 바람과 번개는 변화무쌍하고, 강물은 흐르고, 인간의 성명은 바르며, 사람이 지켜야 할 도덕과 규범이 밝게 되는 그 모든 이유와 사물의 본말과 상하가 '하나의 이—理'로 관통되어 '저절로 그러한 이實然理'가 아님이 없어서 바꿀 수 없는 것입니다.

주돈이(염계)가 무극이라고 말한 까닭은 그것이 공간을 점유하는 것도 아니고 구체적 형상이 있는 것도 아니지만, 사물로 드러나기 이전에도 존재하여 구체적인 사물로 드러난 이후에도 존재하지 않을 때가 없으며, 음양이 구체화되기 이전에도 존재했다가 음양의 변화 가운데 유행하지 않을 때가 없기 때문입니다. 또한 사물의 존재 이전과 이후의 전체를 통관하여 있지 않은 곳이 없어서, 애초에 소리나 냄새 혹은 구체적인 사물의 그림자나 울

림과 같은 감각의 대상으로 말할 수 있는 것이 아니라고 한 것입니다. 주돈이가 무극을 말한 것은 노자가 말하는 '무에서 나와 유로 들어간다'고 한 것이나 불교에서 말하는 '공'이란 것과는 같지 않습니다.

보내온 편지를 보니 "무라고 해도 무가 아니니 '신령한 근원靈源'은 홀로 있고, '유라고 해도 유가 아니니 점차 사라진다" 했습니다. 이것은 오로지 기의 변화를 가지고 이의 유무를 말하고 있는데, 어찌 도리를 안다고 하겠습니까. 말씀하신 신령한 근원이라는 것은 기이니, 그러한 기로써 이를 설명할 수는 없습니다. 지극한 무 가운데 지극한 유가 있기 때문에 주돈이는 「태극도설」에서 '무극이태극'이라고 한 것이며, 이가 있은 연후에 기가 있기 때문에 '태극생양의'라 한 것입니다. 이러한 것은 이가 비록 기와 떨어져 있는 것이 아니지만 실은 기와 혼잡되어 있는 것도 아니라는 것을 말한 것이니, 그대는 어찌해서 반드시 신령스런 근원이 홀로 있음을 본 뒤에야 비로소 이 이가 없지 않다는 것을 말하겠습니까?

「회재집」 권5, 「망기당에게 답한 제1서」

이언적이 '무극태극'에 대한 망기당의 관점을 논평한 이후, 망기당은 이언적에게 편지를 보낸다. 이 「망기당에게 답한 제1서答忘機堂第一書」는 이언적(28세)이 1518년에 망기당의 질문에 답한 글이다.

이 글에서 이언적의 논점은 크게 두 가지로 요약된다. 첫째는 태극에 대한 정확한 개념 파악이고, 둘째는 주돈이의 '무극'에 대한 개념이다. 이언적은 태극이 도의 본체이자 만물 변화의 근거인데, 이것은 자연의 이법이자 도덕규범의 원천으로서 '저절로 그러한 이'일 뿐이라는 점을 강조한다. 그리고 무극은 그것이 '무'를 말하는 것이 아니라 이의 형체 없는 속성을 형상화한 것이므로 '유'라는 측면으로 이해해야 한다고 주장한다. 따라서 이언적은 기의 변화로 이의 유무를 파악하는 '인기위리認氣爲理' 관점을 경계할 것을 주문한다.

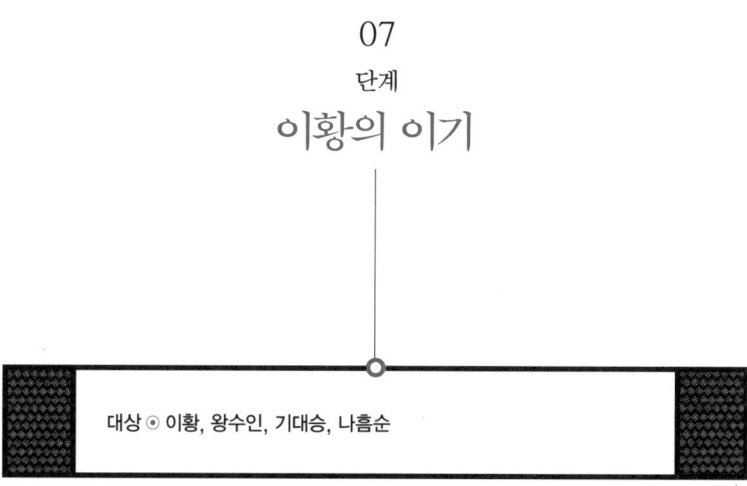

07
단계
이황의 이기

대상 ⊙ 이황, 왕수인, 기대승, 나흠순

7단계는 16세기 조선 유학의 황금기를 살펴본다. 이 시기에는 이황과 기대승에 의해 성리학의 주요한 개념들이 정립된다. 이와 기를 중심으로 성리학의 주요 개념인 태극음양, 도, 심성, 도덕과 의리 등의 개념이 유기적으로 연관되면서 조선성리학의 철학적 특색을 드러내게 된다. 그것은 이기론의 경우 주리론적 색채가 강화되고, 심성철학 속에서는 '심'이 '성'과 동일한 위상을 확보하게 된다는 점이다. 이 입장은 이황에 의해서 강하게 견인된다. 이황의 심학이 바로 그것이다. 이 과정에서 이황은 '심즉리'를 표방하는 왕수인王守仁(1472~1528)의 양명학을 비판하고, 이기를 구분하지 않는 나흠순羅欽順(1465~1547)을 비판한다.

【이황 2】 원문 5 4 　　　　　　　　　　　　태극_음양_형이상_형이하

보내온 편지에서 형이상·형이하에 관한 논설은 견해가 그다지 분명하지 않고 설명한 것도 여전히 명쾌하지 않습니다. 제가 개괄해보겠습니다.

형체와 형질을 가지고 천지사방에 가득 차 있는 것은 모두 기器이고, 그것이 갖추고 있는 이가 도道입니다. 도는 기를 떠나지 않지만 지시할 수 있는 형상이 없기 때문에 형이상이라 하는 것입니다. 기器는 도와 분리되지 않지만 말로 표현할 수 있는 형상이 있어서 형이하라고 하는 것입니다.

태극은 음양 중에 있으면서도 음양과 섞이지 않기 때문에 '상'이라 할 뿐이고, 그것을 초월해 위에 있는 것이 아닙니다. 음양은 태극에서 벗어나지 않지만 여전히 형체와 기질로 되어 있기 때문에 '하'라 할 뿐이고, 그것이 아래에 있다고 하는 것은 아닙니다. 그러나 조화의 측면에서 본다면 태극은 형이상이고 음양은 형이하입니다. 도덕과 규범의 인륜의 측면에서 본다면 부자와 군신은 형이하이고, 인과 의는 형이상입니다. 일상 사물의 측면에서 본다면 사물은 형이하이고, 사물에 갖춰진 이는 형이상입니다. 대개 사물이 없는 적이 없고 그렇지 않은 곳이 없습니다. 대개

> 형이상은 다 태극의 이이고, 형이하는 다 음양의 기입니다. 그런데 이제 반드시 사물을 낳는 근거를 형이상의 도로 보고, 사물을 낳는 재질을 형이하의 기器로 본다면 막히고 통하지 않을 듯합니다. 음양이 나뉘기 전과 후로 구분하여 말하는 것은 소견이 더욱 엉성하고 잘못되었습니다. 다시 더욱 연구하여 음미하고 정밀하게 살펴서 오래 침잠하면 분명하게 이해하여 의심스러운 점이 없을 것입니다.
>
> 『퇴계전서』 권35, 「이굉중에게 답하다」

이황은 제자인 이덕홍(자는 굉중, 호는 간재)이 형이상과 형이하에 대해 질의하자 이에 대해 답변한다. 이 글을 통해서 이황의 '형이상-도-태극-이'와 '형이하-기器-음양-기'로 이어지는 일련의 사고를 확인할 수 있다.

이황은 형이상과 형이하의 구분 근거를 형상의 유무에서 찾는다. 즉 지시할 수 있는 형상이 없는 것을 형이상이라 하고, 형상이 있어서 구체적으로 표현할 수 있는 것을 형이하라고 정의한다. 따라서 형체와 형질을 가지고 있는 것들은 형이하이고, 이것은 '기器'의 범주에 속하며, 달리 이름하면 '기氣'다. 그리고 '기器'와 분리되지 않으면서도 그것에 갖춰진 내재적인 법칙과 같은 것은 형이상이고, 이것은 '도道'의 범주에 속하며, 달리 이름하면 이理다. 이황은 이러한 정의에 따라 형이상은 태극이자 이이고, 형이하는 음양이자 기라고 구분한다.

그러나 이황은 이러한 구분을 지나치게 도식적으로 파악해서는 사물의 이치를 제대로 알 수 없다고 지적한다. 형이상과 형이하는 마치 '포개져 있는 하나의 앞뒷면'과 같기 때문이다. 형이상과 형이하가 도-기의 관계처럼 연접해 있으면서도 서로 다른 것이라는 관점은 이-기에 그대로 투영된다. 그리고 이러한 이기에 대한 이해에 기초하여 인간과 세계도 동일한 관점에서 파악하려는 것이 이황의 성리학적 세계관이다.

【이황 3】 원문 55　　　　　　　　　　　　　　　　이기_일물 비판

공자는 "역에 태극이 있으니, 이것이 양의를 낳는다" 했고, 주돈이(염계)는 "태극이 움직여 양을 낳고, 태극이 멈춰서 음을 낳는다" 했으며, 또 "무극의 진과 음양오행의 정기가 오묘하게 합하여 응결된다" 했다. 지금 살펴보건대, 공자와 주돈이는 음양은 태극이 낳은 것이라고 분명히 말했다. 만일 이와 기가 본래 하나라고 한다면 태극이 곧 양이니, 어찌 태극이 음양을 낳을 수 있겠는가. 무극의 진이니 음양·오행의 정기니 하는 것이 서로 다른 둘이기 때문에 묘하게 합하여 응결된다고 한 것이다. 만일 이와 기가 하나라면 어찌 묘하게 합하여 응결될 것이 있겠는가.

정호(명도)는 "형이상을 도道라 하고 형이하를 구체적인 기器라 하니, 모름지기 이와 같이 말해야 한다. 기가 또한 도이며 도가 또한 기다" 했다. 지금 살펴보건대, 만일 이와 기가 과연 하나라면, 공자는 어째서 형이상과 형이하로 도와 기를 나눴겠으며, 정

호는 어째서 "모름지기 이와 같이 말해야 한다"라고 했겠는가. 정호는 또 기를 떠나서 도를 찾을 수 없기 때문에 '기가 또한 도'라고 한 것이지 '기가 곧 도'라고 말한 것은 아니다. 기는 도를 벗어나 있을 수 없기 때문에 '도가 또한 기'라고 한 것이지 '도가 곧 기'라고 말한 것은 아니다. 이렇게 도와 기가 나뉘는 구분점이 곧 이와 기가 나뉘는 구분점이기 때문에 인용하여 증거로 삼은 것이다.

주희가 유숙문에게 답변하는 편지에서 "이와 기는 결단코 두 가지다. 다만 사물에서 본다면 두 가지가 한 덩어리가 되어 따로 떼어 각각 한 곳에 있게 할 수는 없으나, 두 가지가 각각 별개의 것이 되는 데 문제가 되지는 않는다. 만일 이에서 본다면 비록 사물이 있기 전이라도 이미 사물의 이는 있는 것이다. 그러나 또한 그 이가 있을 뿐이요, 실제로 이 사물이 있는 것은 아니다" 하고, 또 "이 기가 있기 전에 이 성이 먼저 있다" 했으니, 기가 있지 않더라도 성은 항상 있음을 알아야 한다. 그리고 비록 기 가운데 있을지라도 기는 기이고 성은 성이어서 또한 서로 섞이지 않는다. 이가 사물의 본체가 되어 있지 않은 곳이 없음을 논한다면, 또 기의 정미하고 거침을 막론하고 이 이가 있지 않음이 없다.

살펴보건대, 이가 사물에 국한되지 않는 까닭에, 사물마다 있지 않음이 없는 것이다. 따라서 기의 정미한 것을 성으로 삼고, 성의 거친 것을 기로 삼아서는 안 된다. 성은 곧 이이므로 인용하여 증거로 삼는다. 지금 살펴보건대, 주희가 평소 이와 기를 논한 많은 글 가운데 한 번도 이와 기 두 가지가 같은 것이라고 한 적이 없었고, 이 편지에 이르러서는 단도직입적으로 "이와 기는 결단코 두 가지다" 했다. 또 "성이 비록 기 가운데 있더라도 기는 기이고 성은 성이어서 서로 섞이지 않으니, 기의 정미한 것을 성으로 삼거나 성의 거친 것을 기로 삼아서는 안 된다" 했다. 이처럼 공자와 주돈이의 뜻이 이미 저와 같고, 정주의 설이 또 이와 같으니, 이 말이 화담의 설과 같은가 다른가?

내가 어리석고 고루하여 소견이 막혀서 성현을 독실히 믿을 줄만 알아 본분에 개진한 말씀을 따르기만 할 뿐 화담처럼 기기묘묘한 곳은 보지 못했다. 그러나 화담이 말한 것을 가지고 성현의 말한 것을 헤아려보면 하나도 부합하는 곳이 없다. 매양 생각건대, 화담이 일생 동안 성현의 도리를 궁리하는 일에 힘을 쏟아 스스로 '심오한 이치를 궁구하고 현묘함을 극진히 했다'고 여겼지만, 결국 이라고 하는 한 글자를 투철하게 알아내지 못했다. 그래서 비록 임종이 가까웠음에도 죽을힘을 다해 이기에 대해 기이하고 오묘한 것을 말했으나, 거칠고 얕은 형기形器 한쪽에 떨어지는 것을 면하지 못했으니 애석하다. 그런데도 화담 문하의 사람들은 잘못된 것을 그대로 고수하니, 참으로 알 수 없는 일이다. 그러므로 지금 보내온 말에 대하여 일일이 정정하고 평론할 겨를이 없다. 그러나 주희가 유숙문에게 하신 말씀을 보니, "숙문이 '정미하고 또 정미하여 명명하여 형상할 수 없으므로 부득이 억지로 태극이라 이름한다' 했고, 또 '기가 정미할수록 이가 존재한다' 했는데, 이는 모두 기를 가리켜 성으로 삼는 잘못이다" 했다. 나는 이 말씀이 숙문 때문에 한 말이 아니라 바로 화담 때문에 한 말이라고 생각한다. 또 말씀하기를, "숙문이 만일 이해가 안 되거든 우선 마음을 비우고 공평하게 보고, 강경하게 편중되어 주장하지 말아야 할 것이다. 오래되면 자연히 보이는 곳이 있으리니, 허다한 쓸모없는 얘기는 할 것이 없다. 만일 그렇지 않거든 우선 이 특정한 이론은 내버려두고 따로 다른 곳을 보면 도리가 아직 많아 혹시 다른 한 가지 일로 인하여 이 이치를 투철하게 알게 될지도 모르므로 굳이 이 아교 덩어리와 같은 것을 지켜서 마음과 힘을 공연히 허비할 것이 없다" 했다. 나는 또 이 말씀 역시 유숙문을 위하여 한 말이 아니라, 연로蓮老를 위하여 정수리의 혈자리에 침을 놓은 듯하다고 생각한다. 또 나흠순이 성리의 학문에 대하여 탁월하게 깨우친 것이 없지는 않으나 잘못 들어간 곳이 바로 이·기가 둘이 아니라는 말에 있으니, 뒤의 학자들이 또 어찌 오류를 답습하여 서로 이끌고서 미혹한 지경에 들어가겠는가.

「퇴계전서」 권41, 「이와 기가 하나라는 설을 비판하는 변증」

이황이 이기를 이해하고 있는 시선이 극명하게 드러나는 글이 「이와 기가 하나라는 설을 비판하는 변증非理氣爲一物辯證」이다. 이 글의 핵심은 제목이 시사하듯 '이기를 일물'로 보는 것을 논파하는 것이며, 논파의 대상은

서경덕과 나흠순이다.

이황은 이와 기를 일물로 볼 수 없는 전거를 공자로부터 주돈이, 정호, 주희에게서 찾는다. '태극생양의太極生兩儀'라는 것은 이와 기가 본래 하나가 아니라는 것이며, 정호가 '기역도器亦道' '도역기道亦器'를 말하지만 이것은 도가 곧 기인 것이 아니라 기가 도를 벗어나지 않는다는 의미라고 정리한다. 이와 기가 일물이 아니라는 강력한 전거는 주희가 유숙문에게 답한 편지에서도 확인된다. 그것은 이와 기는 '결단코 두 가지決是二物'라는 것이다.

이황은 서경덕이 죽는 날까지 자신의 도를 추구했지만 결국 이를 발견하지 못하고 이기를 일물로 보는 관점에 머물고 말았다고 논평하며, 나흠순 또한 마찬가지라고 평가한다. 이처럼 이와 기가 일물이냐 아니냐는 성리학의 핵심 논점이다. 그렇다면 어째서 이 문제가 중요할까? 이황은 어째서 이와 기를 엄격히 분리하여 파악하려는 것일까?

이것은 이와 기라고 하는 추상적 개념에 투영된 경험적 세계의 규정 문제와 관련 있기 때문이다. 아무리 엄밀한 논리적인 사유라 해도 그것이 현실을 설명할 수 없다면 일종의 '사고실험'을 위한 논리에 불과하다. 성리학자들은 이와 기를 통해 '사고실험'을 전개한 것이 아니라 현실에 대한 합리적 이해뿐만 아니라 당위적이고 목적의식적인 이해를 추구한다. 그렇기 때문에 현실의 경험적 세계에서 나타나는 다양한 문제를 해결할 수 있는 근거를 모색하게 된다. 이황은 기에 의해서 제한될 수 없는 이의 존재를 확보하려는 경향이 강하다. 그것은 다음의 자료에서 보이는 것처럼 '극존무대極尊無對'한 '이'의 개념을 상상하는 것에서 확인할 수 있다.

이_허_극존무대　　　　　　　　　　　　　　　　　　　　　【이황 4】 원문 56

이는 지극히 높아서 상대가 없습니다. 이는 본래 존귀하여 상대할 바가 없으며, 사물에게 명령할 뿐이요 사물의 명령을 받지 않으니 기가 이길 바가 아닙니다. 그러나 기가 형체를 이룬 후에 오히려 이 기는 이가 구체화될 수 있는 바탕이자 재질이 됩니다. 그래서 작용하여 응대할 때는 대개 기가 작용합니다. 기가 이를 따를 때는 이가 스스로 드러나는데, 그러한 것은 기가 약해서가 아니라 이가 순조롭기 때문입니다. 그러나 기가 만약 이에 반발할 때는 이가 반대로 숨게 되는데 이것은 이가 약한 것이 아니라 기의 세가 그러하기 때문입니다. 비유하면 왕은 본래 존귀하여 대적할 사람이 없습니다만, 강포한 신하가 발호하여 오히려 왕과 겨루게 되는 것은 신하의 죄입니다. 왕도 그것을 어찌할 수 없습니다. 그러므로 군자가 학문할 때는 기질의 치우친 것을 바로잡으며, 물욕을 막고 덕성을 높여서 지극한 중정의 도리를 회복해야 합니다.

「퇴계전서」 권13, 「이달, 이천기에게 답하다」

이것은 지극한 허이면서 지극한 실이고, 지극한 무이면서 지극한 유입니다. 움직이되 움직임이 없고, 멈추었으면서도 멈춤이 없습니다. 더없이 맑고 더없이 깨끗하여 털끝만큼도 첨가할 수 없고, 털끝만큼도 감할 수 없습니다. 음양오행과 만물만사의 근본이 되면서도 음양오행과 만물만사에 얽매이지 않는 것입니다.

『퇴계전서』 권16, 「기명언에게 답함」

"허가 기를 낳을 수 있다"는 것에서 허는 '이' 자로 보면 무방합니다. 다만 노자가 원래 이 자를 모르니 어찌 끌어다 설명할 수 있겠습니까.

『퇴계전서』 권25, 「정자중에게 답한 별지」

이황은 과거와 현재의 학문 및 도술이 차이나는 까닭을 논하면서 그 원인을 '이 자가 알기 어렵기 때문理字難知'이라고 한다. 실제로 그렇다. 이는 알기도 어렵다. 이는 도이기도 하고, 태극이기도 하고, 무극이태극이기도 하다. 그리고 이 이는 기와 더불어 상관적인 관계를 맺기도 하고 분리되어 독존하는 것이기도 하다. 이 기와 함께 논의되지만 구체적인 형상이 있는 것도 아니고, 작위적인 것도 아니기에 파악하기 어렵다. 그렇지만 만물의 근본이 되면서 만물을 주재하는 것이다. 그렇다면 과연 이러한 이는 실재하는가?

이황에 따르면, 이는 '극존무대理極尊無對'하여 명령하는 자이지 '명령을 받는 자가 아니며命物而不命於物', 기는 이가 실현되는 재질이나 바탕이 되는 것이다. 이 이는 기를 낳는다. 이처럼 이는 기에 비하여 상대적으로 우월한 존재로 파악된다.

그러나 우리는 이황이 주장하는 이와 기에 대한 논의는 사실의 영역이 아닌 추상의 영역이며 은유라는 점을 고려해야 한다. 이가 '명령을 내린다'는 것과 이가 기를 '낳는다'는 것을 마치 '사람이 명령한다'거나 '닭이 알을 낳는다'는 것과 동일하게 사유해서는 안 된다. 이 점을 간과한다면 추상적 개념으로서의 이가 구체적 사물을 낳고, 또 실제로 작동한다고 '믿게 되는 오류'를 범할 수 있다.

이것은 번역의 문제이기도 하다. 우리가 이와 기를 현대적 관점에서 파악할 때, 흔히 범하는 오류가 바로 이 지점이다. 동일한 문자이지만 번역이 다르다는 점이다. 이것이 우리의 사고를 제한하기도 한다.

이 자료에서는 이황의 이기 개념에 대한 주요한 정의가 발견된다. 이를 극존무대로 파악한다거나 '명령하는 자이지 명령을 받는 자가 아니며' '지극한 허이면서 지극한 실至虛而至實' '지극한 무이면서 지극한 유至無而至有' '움직이되 움직임이 없고動而無動' '멈추었으면서도 멈춤이 없는靜而無靜' 그리고 '더없이 맑고 더없이 깨끗한 것潔潔淨淨地' '허는 기를 생한다虛能生氣' 등이다. 반면 기는 '구체적인 재료나 바탕田地材具'이다. 이러한 이와 기에 대한 개념 규정은 퇴계 이후 후학들에게 지속적으로 변용되어 나타난다.

소이연_소당연 【이황 5】 원문 57

소당연과 소이연을 일의 측면에서 봐야 하는가 이의 측면에서 봐야 하는가.
『대학혹문』의 격물전 주석에서, 소이연이어서 바꿀 수 없는 것은 이를 가리켜 말한 것이고, 소당연이어서 그만둘 수 없는 것은 인심을 가리켜 말한 것인가를 묻고 있습니다. 이것은 보한경의 질문입니다. 주자는 말했습니다. "뒷구는 일을 지칭한 것이다. 모든 일이란 참으로 소당연이 있어 그만둘 수 없는 것이다. 그러나 또 그 소이연을 찾게 되는 이유는 소이연이 이이기 때문이다."

『대학』 8조목 가운데 격물을 논하여 "천하의 만물에는 '반드시 각각 그렇게 되는 까닭所以然之故'과 '당연한 법칙所當然之則'이 있으니, 이른바 이다"라고 했습니다. 그 주석에서 주자는 말했습니다. "당연한 법칙이란 임금의 인仁과 신하의 경敬 같은 것이고, 그렇게 되는 까닭이란 임금은 어째서 인을 해야 하며, 신하는 어째서 경을 해야 하는가와 같은 것이다. 모두 천리가 그렇게 하도록 한 것이다." 신안 진씨는 말했습니다. "당연한 법칙은 이가 실현되는 곳이고, 그렇게 되는 까닭은 한층 깊은 이의 근원이다."

격물전에서, "어떤 사물에서도 소당연이어서 그만둘 수 없는 것과 소이연이어서 바꿀 수 없는 것을 볼 수 있다"라고 했습니다. 그 주석에서 서산 진씨는 말했습니다. "임금이 되어서는 어질어야 하고 신하는 공경해야 되는 것 같은 유형은 도리가 응당 이러해야 하고 이렇게 하지 않으면 안 되는 것이기 때문에 소당연이라고 하는 것이다. 그러나 인仁·경敬 등은 인력으로 억지로 하는 것이 아니라 태어날 때 이 이를 타고나는 것이다. 이것은 곧 하늘이 주신 것이므로 '소이연'이라고 한다. 그러므로 소당연을 아는 것은 본성을 아는 것이고 소이연을 아는 것은 하늘을 아는 것이다." 그 이가 어디서 왔는지 안다고 하는 것입니다.

「성리대전 서」에서 진안경이 물었습니다. "이에는 능연能然이 있고 필연必然이 있고 당연當然이 있으며 자연自然이 있는데, 모두 겸해야만 이 자의 뜻풀이에 구비된 것입니까? 대체로 일이 다 그렇다면 능연과 필연은 이가 일에 앞서 있는 것이고, 당연은 바로 그 일에 나아가 직접 그 이를 말한 것이고, 자연은 일과 이를 관통하여 바로 말한 것입니까?" 선생이 말했습니다. "그 뜻이 매우 완비하다."

제가 살피건대, 명언이 당연을 일이라 하고 소이연을 이라 한 것은 곧 주자가 보한경과 문답한 뜻입니다. 그러나 주자가 뒤에 하신 두 가지 말씀과 신안 진씨·서산 진씨·북계 진씨 등 여러 논의를 가지고 생각한다면 당연이라는 것 역시 원래 이이니, 자중과 명언의 두 가지 말은 서로 통한다고 봐도 무방하다 하겠습니다. 그러나 궁극적으로 논한다면 당연이 이가 된다는 설이 좋습니다. 대체로 임금은 어질고, 신하는 공경하는 것이 모두 하늘이 명한 당연한 이이며 실로 정미함의 극치입니다. 이것을 벗어나서 일에 소당연이 따로 있는 것이 아닙니다.

「퇴계전서」 권25, 「정자중과 기명언이 학문을 논하다」

소이연과 소당연은 객관세계의 사물 법칙으로서의 이와 행위세계의 규범 법칙으로서의 이 두 측면을 말한다. 주희도 이 문제에 대해서 논의했음을 앞서 살펴보았다.

조선 유학에서 소이연과 소당연의 문제는 이황에 의해서 정리된다. 대체로 주희의 논의와 유사하다. 이황은 정유일(자는 자중, 호는 문봉)과 기대승(자는 명언, 호는 고봉)이 '소당연과 소이연을 일事의 측면에서 봐야 하는가 이理의 측면에서 봐야 하는가' 하는 문제로 논란을 벌이자 이 논의를 정리한다. 결론부터 말하면, 이황은 소이연과 소당연을 '이'의 측면에서 일치시킨다.

기대승은 소당연과 소이연을 분리하여 소당연-일事, 소이연-이理의 측면에서 파악할 것을 주장한다. 소당연은 구체적인 행위에서 발견되기 때문이다.

이황은 이에는 능연能然, 필연必然, 당연當然, 자연自然 등의 네 측면이 있지만 일과 이를 관통하는 것이 자연의 측면이고, 능연과 필연은 이가 일 앞에 있는 것을 말하며, 당연은 일에 바로 나아가 이를 말한 것이라는 진안경의 견해를 받아들인다. 아울러 이황은 소당연은 본성을 아는 것이고, 소이연은 하늘을 아는 것이라는 진덕수의 견해 또한 받아들인다. 이황은 기존의 소이연과 소당연에 대한 논의를 종합하여 존재 법칙으로서의 소이연이 규범 법칙으로서의 소당연과 차이가 없음을 말한다.

소이연과 소당연의 일치 여부에 대한 논의는 이라고 하는 진리에 대한 두 관점을 지시한다. 하나는 사실에 근거한 진리이고 다른 하나는 의미에 근거하는 진리라는 것이다. 이 두 진리 사이에 과연 차이가 있을까? 콰인은 '경험주의의 두 가지 도그마Two dogmas of Empiricism'에서 분석과 종합 판단 사이에 근본적인 차이가 있다는 믿음을 깨버린다. 두 개의 진리를 구분하는 경계가 모호하다는 점을 지적한다.

    이황의 소이연과 소당연에 대한 논의가 의미 있는 것은 그가 소이연과 소당연을 일치시한다는 점에 있지 않다. 이 논의의 중요성은 인간이 어째서 소당연을 추구하는가에 있다. 예측 불가능한 인간의 다양성을 유지할 수 있는 근거는 과연 무엇일까를 찾는 과정에서 소당연의 문제가 제기된다. 특수한 상황의 개별자들에게만 적용되는 것이 아니라 보편적 인간들에게 공통적으로 적용될 수 있는 규범과 제도의 근거는 과연 무엇인가 하는 점이다. 행위와 규범의 원천에 대한 철학적 탐색 과정에서 이황은 이를 찾아내는 것이다.

태극유동정_태극자동정 【이황 6】 원문 58

이달과 이천기: 태극에 동정이 있으니, 이것이 천명이 유행하는 것입니다. (…) 이가 주인이 되어서 유행하게 하는 것입니까?

이황: 태극에 동정이 있다는 것은 태극이 스스로 동정한다는 것이며, 천명이 유행하는 것은 천명이 스스로 유행하는 것입니다. 어찌 따로 그렇게 하도록 시키는 자가 있겠습니까. 다만 무극과 음양과 오행이 오묘하게 합하고 엉켜 만물을 화생하는 것을 보면 마치 주재하고 운용하는 존재가 있어서 그렇게 되도록 하는 것처럼 보입니다. 즉 『서경』에서 '상제께서 백성에게 정성스런 마음을 내리셨다'고 한 것이라든지, 정자가 '주재로 말하면 제帝라

고 한다'고 한 것이 이것입니다.

대개 이와 기가 합하여 사물을 구성하니, 신묘한 운용이 저절로 이와 같을 뿐입니다. 천명이 유행하는 곳에 따로 '시키는 자'가 있다고 말할 수는 없습니다. 이 이는 지극히 높아서 상대가 없습니다. 왜냐하면 이는 사물에게 명령할 뿐이요 사물에게서 명령을 받지 않기 때문입니다.

「퇴계전서」 권13, 「이달, 이천기에게 답하다」

이황은 이달과 이천기의 질문을 축약하여 제시한 뒤 자신의 답변을 이어간다. 이달과 이천기의 질문은 크게 두 분으로 나뉜다. 첫 번째는 태극 동정론에 대한 일반론의 제기다. '태극에 동정이 있으니 이것은 천명이 유행하는 것'이라고 제시된다. 두 번째 질문은 이가 변화운동의 주체인가를 묻는다. 즉 '동정하는 것은 이가 주인이 되어서 유행하게 하는 것'이냐는 물음이다.

첫 번째 질문에 대하여 이황은 태극의 '자동정自動靜'과 천명의 '자유행自流行'을 들어 설명한다. 태극과 천명이 스스로 동정과 유행한다는 것이다. 따라서 자연스럽게 두 번째 질문에 대한 답이 도출된다. 태극과 천명이 '스스로' 동정과 유행할 수 있는 것은 특별히 다른 존재의 명령에 의한 것이 아니라는 점이다. 태극과 천명의 자기원인에 의한 동정과 유행일 뿐이라는 점을 밝힌다.

태극과 천명에 자기운동의 원인성을 부여하고 있는 이황의 이론은 이유동정의 문제와 직접적으로 연결된다.

이동기생_기동리현　　　　　　　　　　　　　　【이황 7】 원문 59

살펴보건대 주희가 일찍이 말하기를, "이에 동정이 있기 때문에 기도 동정이 있는 것이다. 만일 이에 동정이 없다면 기가 어디서부터 동정이 있겠는가" 했습니다. 대개 이가 동하면 기가 따라서 생겨나고 기가 동하면 이가 따라서 나타나는 것입니다. 주돈이는 "태극이 동하여 양을 낳는다" 했으니, 이것은 이가 동하면 기가 생겨남을 말한 것이고, 『주역』에서 "복괘에서 천지의 마음을 볼 수 있다" 했으니, 이것은 기가 동하면 이가 나타나기 때문에 볼 수 있다고 한 것입니다.

『퇴계전서』 권25, 「정자중에게 답하다」

　　이황은 '이유동정'에 대한 논의를 『주자대전』을 통해 확인한다. 주희는 '이에 동정이 있기 때문에 기도 동정이 있는 것이다. 만일 이가 동정이 없다면 기가 어디서부터 동정이 있겠는가'라고 『주자대전』에서 한 번 언급한다. 이황은 이것을 근거로 '이가 움직이면 기가 따라서 생겨나고理動則氣隨而生', '기가 움직이면 이가 따라서 나타나는 것氣動則理隨而顯'이라고 제안한다. 이것을 축약하면 이동기생理動氣生, 기동리현氣動理顯으로 명제화된다.

태초에 이가 움직임에 따라 기가 생기며, 복괘에서처럼 기가 움직이면 이가 드러나게 된다는 것이다.

이황은 이유동정이라고 하는 주희의 이론을 수용하면서 이동설을 추론해내고 있다. 그런데 이동이라고 할 때 이는 형이상자로서 무형무위하다고 정의되어왔는데, 직접적인 운동을 지시하는 '동動'을 이와 결합하여 사용하기에는 부담스러운 점이 없지 않다. 그것이 아무리 논리적인 추론에 의한 것이라 해도 혐의를 받을 소지가 있기 때문에 이황은 심성론의 영역에서는 '동'을 『중용』의 '발發'로 바꾼다. 그래서 '이발'을 주장하게 된다.

【이황 8】 원문 60　　　　　　　　　　　　　　　　　이발기발_호발상수

공의 생각으로는 '사단칠정이 다 이기를 겸하여, 동실이명이므로 이나 기에 분속할 수 없다'고 했습니다. 저의 생각으로 말하면 다른 것 중에 나아가 그 같음이 있음을 보기 때문에 둘을 실로 혼륜하여 말하는 것이 많이 있고, 같은 것 중에 나아가 다름이 있음을 알기 때문에 둘을 가리켜 말함이 본래 주리와 주기의 같지 않음과 분속이 있게 됩니다. 어찌 이러한 이치가 있을 수 없습니까. 원래 인간의 몸은 이와 기가 합하여 생겨납니다. 그런 까닭에 '이기二者'는 서로 '발하여 쓰이고發用' 그 발함에서는 또 서로 기다립니다. '서로 발互發'한다면 각기 주하는 것이 있음을 알 수 있고, '서로 기다리면相須' 서로가 그 가운데 있음을 알 수

있습니다. 서로 그 가운데 있으므로 혼륜하여 말함이 있고, 각기 주로 하는 것이 있으므로 분별하여 말해도 괜찮은 것입니다. 성을 논할 때는 이가 기 중에 있는데도 자사와 맹자는 본연의 성을 지적했고 정자와 장자는 기질의 성을 지적했는데, 어찌 정을 논할 때만 성이 기질에 있다 하여 유독 그 발함에 입각하여 사단 칠정의 소종래所從來를 분별할 수 없습니까? 혼륜의 관점에서 말하면 칠정이 이기를 겸한 것은 더 말할 필요 없이 명백합니다. 만약 칠정으로 사단에 대비하면 각기 분별하여 말하게 되는데, 칠정이 기에 대한 것은 사단이 이에 대한 것과 같습니다. 그 발함에는 각각 혈맥이 있고 그 이름은 다 가리키는 것이 있는 까닭에, 그 주로 하는 것에 따라 분속할 수 있습니다. 저 역시 칠정이 이와 관련 없이 외물과 만나 감동된다고는 생각지 않습니다. 그리고 사단이 물에 감촉되어 동함은 진실로 칠정과 다르지 않습니다. 그러나 '사단은 이가 발함에 기가 따르고 칠정은 기가 발함에 이가 타는 것입니다. 사람의 한 몸은 이와 기가 합하여 생겨난 것이기 때문에, 이 이와 기 두 가지가 서로 발하여 쓰임이 되고, 또 그 발할 때는 서로 따르는 것입니다. 서로 발한다면 각각 주되는 바가 있음을 알 수 있고, 서로 따른다면 함께 그 속에 있음을 알 수 있습니다. 서로 그 속에 있기 때문에 물론 혼륜하여 말할 수도 있지만, 각각 주가 되는 바가 있기 때문에 분별하여 말해도 괜찮을 것입니다.

무릇 이가 발함에 기가 따른다는 것은 이를 주로 하여 말한 것일 뿐, 기 밖의 이를 말함이 아니니 사단이 바로 이것입니다. 기가 발함에 이가 탄다는 것은 기를 주로 하여 말한 것일 뿐 이 밖의 기를 말함이 아니니 칠정이 바로 이것입니다.

『퇴계전서』 권16, 「기명언에게 사단칠정에 대해 답한 두 번째 편지」

이황은 태극음양론에서 '이유동정'을 통해서 '이동기생'이라는 명제를 도출해냈음을 위에서 살펴보았다. 이동理動의 개념은 심성의 층위에서 이발理發로 바뀐다.

이황의 견해에 따르면 '성즉리'이고 '심, 이기지합'이다. 성은 이이고, 마음은 이와 기가 결합된 것이다. 이 두 명제를 결합하면 마음에는 이로서의 성이 들어와 있는 셈이다. 이황은 명시적으로 도덕(선)의 근거를 '내 마음 속에 들어 있는 이로서의 성'에 두고 있다. 곧 '본성=이=마음=사단'의 모델이다.

이황은 마음이 대상 사물에 반응하는 방식을 이발理發과 기발氣發로 개념화한다. '이가 발한다'고 하는 개념은 태초에 다른 매개가 없으므로 태극의 움직임을 '이동'이라고 표현하는 것과는 다르다. 이발은 이미 그것이 '마음의 영역'에 포함되었다는 것을 의미한다. 기발도 마찬가지다.

이황은 사단과 칠정의 드러남에 대해서 이것을 각기 위주로 하는 바에 따라서, 혹은 드러날 때 근거하는 바에 따라서, 그리고 의미상의 차원에서 주리와 주기로 구분할 수 있다고 본다. 즉 '사단은 이가 발함에 기가 따른 것이며, 칠정은 기가 발함에 이가 탄 것四則理發而氣隨之, 七則氣發而理乘之'으로 정식화할 수 있다고 본다. 이것이 가능한 것은 '이기가 호발互有發用하고 '상수相須하기' 때문이라고 주장한다.

이것이 사단칠정에 대한 이황의 이기론적 해석이다. 그런데 이 논의에서는 매우 중요한 문제가 간과되어 있다. 기발은 기 자체가 작위성을 지니므로 고려의 대상이 아니지만, '이발'은 어떻게 이해해야 할까? '이'가 발하는 것인가? 아니면 이를 발하게 하는 '무엇'이 있다는 것일까?

이황에 따르면, 사단은 '이로서의 본성'이 '이와 기의 합'으로 이루어진 마음의 작용으로 드러난 것이다. 이때 '이와 기의 합'으로 이루어진 마음은 '기가 최소한이고 거의 전체가 이인 마음'인 것으로 상정해야 한다. 그래야만 '기에 의한 방해가 거의 없는 이'인 '마음의 작용'은 본성을 온전하게 드러낸다. 따라서 이발에서 이는 '발현되는 것 혹은 구현되는 것'이지 '발현시키는 것 혹은 구현시키는 것'이 아니다. 발현(구현)시키는 것은 '마음'이 될 수밖에 없다. 그렇기 때문에 이가 '스스로 드러난다' 혹은 '이가 능동적으로 움직인다'고 하는 것은 불가능하다.

이황이 제기한 심여이일心與理一의 관점은 곧 온전한 마음의 이를 드러내기 위한 것이다. 이황이 마음의 문제에 집중해 '심학'을 제기하는 것도 이러한 이유에서다. 그러나 이황의 이발은 '마음에 의해서' 드러나는 이라는 한계를 안고 있다. 이 문제를 해결하려는 이황의 노력은 죽음을 앞둔 시점까지 이어진다. '이자도理自到'의 깨달음이 그것이다.

【이황 9】 원문 61   이자도

물격物格과 '물리의 지극한 곳이 이르지 않음이 없다'는 설에 대해서는 삼가 가르침을 듣겠습니다. 전에 내가 잘못된 설을 고집했던 이유는 주자가 말한 "이는 정의情意도 없고 계탁計度도 없고 조작造作도 없다"는 설만을 단지 지켜서 내가 궁구하여 물리의 지극한 곳에 이르는 것이지, 이가 어찌 스스로 지극한 곳에 이르는 것이겠는가라고 생각해서였습니다. 그러므로 물격의 격格과 무부도無不到의 도到를 모두 '내가 격'하고 '내가 도'하는 것으로 보았습니다. 지난날 서울에 있을 때 '도到한다'는 설로 깨우쳐 주심을 입고서 반복해 자세히 생각해보았으나, 오히려 의혹이 풀리지 않았습니다.

주자가 말하기를 "이에는 반드시 용이 있으니 무엇 때문에 또 심의 용을 말할 필요가 있겠는가. 심의 체는 이 이를 갖추고 있고, 이는 모든 것을 다 갖추지 않음이 없어 한 물건도 있지 않음이 없다. 그러나 그 용은 실로 사람의 마음에서 벗어나지 않는다. 대개 이는 비록 물에 있지만, 용은 실로 심에 있는 것이다" 했습니다. 그 "이가 만물에 있으나 그 용은 실로 한 사람의 마음에서 벗어나지 않는다"는 말로써 보면 이가 스스로 작용할 수 없으므로 반드시 사람의 마음을 기다려 작용한다는 것인 듯하니, 이가 스스로 '이른다到'고 말할 수 없을 것 같습니다. 그러나 또 "이에는 반드시 용이 있는데 무엇 때문에 또 심의 용을 말할 필요가 있겠는가"라는 말로써 보면 그 용이 비록 인심에서 벗어나지 않으나 용이 되는 묘는 이의 발현이 인심이 이르는 바에 따라 이르지 않는 바가 없고 극진하지 않는 바가 없다는 것입니다. 다만 나의 격물이 지극하지 못함을 두려워할 뿐, 이가 스스로 이르지 않는 것을 걱정할 것이 없습니다. 그렇다면 바야흐로 그 격물을 말한 것은 진실로 내가 궁구하여 사물의 극처에 이르는 것을 말한 것이지만, 그 물격을 말한 곳에 미쳐서는 어찌 물리의 극처가 나의 궁구한 바에 따라 이르지 않음이 없다는 것을 말한 것이라 할 수 없겠습니까.

여기에서 정의情意도 없고 조작造作도 없는 것이 이의 본연의 체라는 것을 알 수 있습니다. 그 보는 바에 따라 이르지 않음이 없는 것이 이의 지극히 신묘한 용입니다. 전에는 단지 본체가 무위한 줄만 알고, 묘용妙用이 드러나 행할 수 있다는 것은 알지 못해 이를 아무 작용이 없는 '죽은 물건死物'으로 인식하는 데 가까웠으니, 도와 거리가 어찌 멀지 않겠습니까. 그런데 지금 고명의 부지런한 인도와 가르침으로 인하여 잘못된 견해를 버리고 새로운 뜻을 터득하고 새로운 격조로 나아가게 되었으니 매우 다행입니다.

『퇴계전서』 권18, 「기명언에게 답함」

기대승에게 보내는 이 편지는 이황이 죽기 한 달여 전에 작성된 것이다. 이 글이 이황의 학술사상 중요한 이유는 그가 이전까지 해결하지 못했던

'이발'의 문제를 비로소 풀었기 때문이다.

이황은 기대승과 사단칠정에 대한 논변을 나누면서 이발을 주제화시켰지만, 그 이발은 이가 스스로 운동한다는 것이 아니었다. 그것은 마음의 작용에 따라 이가 드러나는 것이었다. 이황은 기대승과의 사단칠정에 관한 토론 이후 '이발'의 문제에 대해 적극적으로 고민을 시작한 듯하다. 무규정적이며 절대적인 위상을 갖는 이가 마음의 작용에 따른다는 것은 논리적인 문제가 있을뿐더러 평가적인 의미에서도 문제가 있기 때문이다. 이황은 1570년 후반기에 무극이태극無極而太極과 이자도理自到에 대한 연구를 통해 '이발'의 문제를 풀어간다.

이황은 앞선 시기까지 무극이태극에서 '극極'을 '이'로 해석했었다. 그는 기대승의 계속되는 비평에도 불구하고 자신의 관점을 고수하다가 '극'과 '격물' '물격'의 의미를 새롭게 깨닫게 된다. 이황은 극을 '무위'로 해석함으로써 '태극이 동정할 수 있는 이유'를 찾아낸다. 그리고 격물과 물격에 대해서도 재해석한다. 격물은 '내가 궁구하여 사물의 극처에 이르는 것'이라고 한다면, 물격은 '물리의 극처가 나의 궁구한 바에 따라 이르지 않음이 없다'고 해석한다. 이황은 이전 시기까지 부정했던 '이가 스스로 이른다理自到'는 것을 수용하면서 인식의 전회를 이룬다. 그는 이 해석을 통해 주희 철학에서 제기하는 이의 무위성에 위배되지 않으면서, '주체로서 작동하는 이'를 설정할 수 있게 된 것이다. 이황의 이 깨달음은 임종 두 달 전에 이뤄진다. 이 글은 1570년 10월, 이황이 죽기 한 달여 전 기대승에게 보낸 편지의 내용이다.

심즉리_성즉리 비판　　　　　　　　　　　　　【왕양명 1】 원문 62

서애가 물었다: 지선을 단지 마음에서만 구한다면, 천하의 사리를 모두 궁구하지 못할 것 같습니다.
선생이 답했다: 마음이 바로 이인데, 마음 바깥에 또다시 사물이 있고 이가 있겠는가?

『전습록』 상, 1

주자의 격물 운운하는 것은 사물에 나아가 그 이를 궁구하는 데 있다. 사물에 나아가 이를 궁구한다는 것은 각각의 개별적 사물에서 이른바 '정해진 이치定理'를 구하는 것이다. 이것은 내 마음을 써서 각각의 개별적 사물에서 이를 구하는 것으로, 마음과 이를 둘로 나누는 것이다. 무릇 각각의 개별적 사물에서 이를 구하는 것은 마치 부모에게서 효의 이를 구한다는 말과 같다. 부모에게서 효의 이를 구한다면 효의 이는 과연 내 마음에 있는가, 아니면 부모의 몸에 있는가? 가령 효의 이가 부모의 몸에 있다면 부모가 돌아가신 뒤에 내 마음에는 어떠한 효의 이도 없게 되는 것인가? 어린아이가 우물에 빠지는 것을 보면 반드시 측은지리가 생기는데, 이 측은지리는 과연 어린아이의 몸에 있는가, 아니면 내 마음의 양지에 있는가? 혹은 '우물 속에 따라 들어가면 안 되는 것인가?' 혹은 '손으로 구원할 수 있는 것인가?'라는 것이 모두 이른바 이다. 이것이 과연 어린아이의 몸에 있는가, 아니면 내 마음의 양지에서 비롯되는 것인가? 여기서 유추하면 온갖 사물의 이가 모두 그렇지 않음이 없다. 따라서 마음과 이치를 둘로 나누는 것이 잘못되었음을 알 수 있다.

『전습록』 중, 「고동교에게 답하는 편지」 135조목

왕수인은 젊은 시절 주희를 무한히 신뢰하여 그가 제시해준 격물格物 공부에 빠진 적이 있다고 한다. 종일토록 대나무의 도리를 궁구하기 위해 노력해도 그 이는 알 수 없었고, 칠 일째가 지나서는 지쳐서 병에 걸리고 말았다고 한다. 이 에피소드는 왕수인이 객관 사물에 존재하는 이를 궁구하기 위해 심혈을 기울였음을 보여준다. 왕수인은 대상에 정해져 있는 이를 알기 위한 주자학적인 궁리의 공부가 갖는 폐해를 직접 체험한 셈이다. 그는 마음 밖에 존재한다고 여겨졌던 이는 이미 내 마음속에 구비되어 있음을 깨닫게 된다. 따라서 자신의 내면에서 이를 탐구하기보다는 내외를 구분하고 객관 사물에서 이를 추구하는 주자학을 비판하게 되는 것이다. 주자학은 '마음과 이를 둘로 나누었다心與理而爲二'는 것이다. 이것이 왕수인의 주자학 비판의 핵심이다.

이러하다보니 왕수인은 성즉리의 명제를 부정하지는 않지만 그와 다른 공부론을 제기한다. 왕수인은 나의 마음에 우주적 본체가 들어 있다는 '심즉리'의 명제를 제시한다. 이가 마음속에 이미 본구되어 있는 것이다. '마음이 곧 이'이기 때문에 '마음을 떠나서 이가 있는 것이 아니며心外無理', '마음 밖에 대상 사물이 있는 것도 아니며心外無物', '마음 밖에 있는 일도

없다心外無事.'

    왕수인은 이러한 마음의 철학으로부터 내 마음의 양지良知를 사물에 실현하는 것을 치지致知라 하고 각각의 사물이 그 이를 얻은 것으로 격물을 정의한다. 이라고 하는 것은 사물에 있는 것이 아니라 나의 내면에 온전히 구비되어 있다는 것이다. 왕수인의 철학은 16세기 조선의 유자들에게 전달된다. 그러나 이황은 「전습록논변」을 통해 왕수인 사상을 차단한다.

왕수인_전습록 비판　　　　　　　　　　　　　　【이황 10】 원문 63

변별하여 말한다. 마음에 근본하지 않고 단지 겉으로만 예절을 강구하는 것은 왕수인이 비판하는 것처럼 참으로 '꾸며서 연기하는 자扮戱子'와 다름이 없을 것이다. 그렇지만 사람의 떳떳한 도리와 사물의 법칙은 하늘이 내려준 참되고 지극한 이가 아님이 없는데, 이러한 말을 듣지 못한 것인가. 또 주희는 "경敬을 주로 하여 근본을 세우고, 궁리하여 그 지식을 지극히 한다"라고 했는데, 그런 말을 듣지 못했는가.
마음은 경을 주로 하여 사물의 참되고 지극한 이를 탐구한다. 마음이 이와 의를 깨달으면 보는 것에는 아무런 장애가 없고 내외가 완전하게 통하며 정밀한 것과 거친 것이 일치하게 된다. 이러한 것들을 염두에 두고서 뜻을 진실하게 하고 마음을 바르게 하며 몸을 닦아, 그러한 태도를 집이나 나라의 일에까지 미루어가고, 천하에까지 펼치면, 그 성대한 기운을 막을 수 없을 것이다. 이와 같다면 '꾸며서 연기하는 자'라고 할 수 있겠는가.

왕수인은 한갓 외물이 마음의 폐단이 되는 것을 근심하여 사람의 떳떳한 도리와 사물의 법칙의 참되고 지극한 이가 곧 '내 마음에 본래 갖추어진 이吾心本具之理'이며, 강학하고 궁리하는 것이 바로 '본심의 본체'를 밝히고 '본심의 작용'을 통달하게 하는 것임을 알지 못했다. 도리어 사물을 남김없이 쓸어 없애고 모두 '본심'에 끌어들여 뒤섞어서 말한다. 이것이 불교의 견해와 무엇이 다르겠는가. 그럼에도 틈만 나면 조금씩 불교를 공격하는 말을 해 자신의 학문이 불교에서 나온 것이 아님을 밝히고자 했다. 이것 역시 자기를 속일 뿐만 아니라 다른 사람들을 속이는 것이 아닌가.

「퇴계전서」 권41, 「전습록논변」

불교에 애착을 가졌던 문정왕후가 죽고 난 후 이황은 「전습록논변」(1566)을 작성한다. '심즉리'를 종지로 하는 왕수인의 새로운 사유가 '불교'의 논리와 유사하다고 하는 점이 비판의 논거였다.

「전습록논변」은 내용적으로 볼 때, 『전습록』 전체를 비판했다기보다는 서애의 기록 일부를 중심으로 왕수인의 새로운 철학적 사유를 논평하고 있다. 이 글에서 크게 '친민설' '심즉리' '사물에서 의절을 배우는 것' '지행합일설' 등을 비판적으로 기술하고 있다.

왕수인은 마음에 근본하지 않고 형식적인 의절을 강구하는 것을 연기하는 자와 다름없다고 비판한다. 이것은 주자학적 의리 탐구 방법을 비판하는 것이다. 그러나 이황은 주자학이 경을 위주로 하여 사물의 참되고 지극한 이를 구하기 때문에 단지 꾸며서 연기하는 자와 같지 않다고 반박한다. 또한 이황은 왕수인이, 외물이 마음에 폐단이 되는 것을 근심하여 사물을 아예 제거하여 본심에 끌어들여 논의하는 방식은 불교와 다를 바 없다고 비판한다.

왕수인의 심즉리가 객관적 대상의 이를 추구하기보다는 내면화된 마음에서 이를 추구하는 경향은 일면 선불교적인 색채를 띤다. 그러한 점에서 이황의 비판은 일면 정당하다. 그러나 왕수인은 자신의 학술은 불교와는 다르다고 주장한다. 또한 『전습록』의 다른 부분에서는 자신의 입언종지立言宗旨가 심즉리에 있음을 밝히면서, 그것은 주자학의 폐단을 극복하기 위한 방편이었다고 한다. 그에 따르면, 당시 명대 주자학은 마음과 이를 둘로 나눠 내면 공부를 도외시하는 경향을 띠고 있었는데, 그러다보니 많은 폐단이 생겼다는 것이다. 그래서 왕수인은 마음과 이가 하나라는 것을 사람들이 알도록 심즉리를 제시했다고 한다.

왕수인의 말이 얼마나 신빙성 있을지는 확인할 수 없다. 하지만 그가 스스로 밝히고 있듯 마음과 이가 하나임을 구하고자 한 것은 '심과 이의 일치心與理一'를 추구했던 이황의 방법과도 들어맞는다. 이황이 비판했던 왕수인 심학의 지점은 두 사람이 공유할 수 없는 구분처다.

【기대승 1】 원문 64　　　　　　　　　　　　　태극음양_이기

> 태극이 이기를 겸했다고 한 것은 선생(일재 이항)의 뜻이었습니다. 저의 의견은 다만 천지만물의 이를 들어 태극이라고 이름한 것이었고, 이른바 태극이란 단지 이일 뿐이고 기에 간섭되지 않는 것으로 했습니다. 그러나 종일토록 변론하며 여러 가지로 반복해서 의논했으나 그 큰 요체는 여기에서 벗어나지 않았습니다. 겨울에 다시 찾아뵙고 서로 변론하고 논란한 것도 전날 논한 바에 불과했습니다. 선생님과 제가 태극이기에 대해서 말한 두 설이 각각 주장하는 바가 있기는 합니다만, 선현들의 말씀에 증명하여 돌이켜 구한다면 어찌 자상하고도 분명하지 않겠습니까.
>
> 『고봉집: 양선생왕복서』 권1, 「퇴계 선생께 답하여 올립니다」

기대승과 이항이 태극이기에 대해 토론하는 과정은 사실 우연한 계기로 시작된다. 1558년 7월, 32세의 기대승은 과거를 보기 위해 서울로 향한다. 기대승은 수험생 신분으로 당시 태인에 거주하던 이항에게 인사를 하러 갔다가 태극음양에 대해 논의하게 된다. 우연한 계기로 기대승과 이항 사이에 시작된 태극에 대한 토론에는 나중에 하서 김인후가 참여하고, 퇴계 이황도 이들의 논변에 관심을 갖게 된다. 당시 성리학의 대가들이 '태극음양, 이기일물 여부'에 관심을 보이는 것은, 이 문제가 존재의 근원과 사물의 운동 변화에 관한 성리학적 사유에서 중요한 비중을 차지하기 때

문이다.

이항은 『주역』의 "태극이 양의를 낳는다"고 한 것에 대하여 '양의를 낳기 전에는 양의가 어디에 있으며, 이미 양의를 낳은 뒤에는 태극의 이치가 또한 어디에 있겠는가'라고 하여 이와 기가 혼연한 일물이라는 것을 주장한다. 즉 태극과 음양이 일물이라고 보는 것이다. 이항은 태극이 음양의 두 가지 기를 낳기 전에는 음양이 태극 속에 있는 것이고, 태극이 이미 음양을 낳은 뒤에는 태극의 이치가 또한 음양 속에 있다고 판단한다. 이항은 태극과 음양이 '서로 떨어져 있다면 사물은 존재할 수 없을 것相離則無物'이라고 여긴다. 그렇기에 태극음양은 일물이며, 곧 이기일물이라는 입장이다.

기대승은 태극음양에 대해 이항과 두 차례 토론하면서 명백하게 다른 두 관점을 발견한다. 인용문에서 '두 설이 각각 주장하는 바'라는 것은 '태극음양은 일물이다'라는 주장과 '태극음양은 일물이 아니다'라는 주장이다. 이항은 태극과 음양을 분리될 수 없는 것으로 본다. 그렇기 때문에 '태극은 이기를 겸한 것'이라는 관점이 제시될 수 있다. 이것은 '이와 기는 떨어져 있지 않다理氣不相離'는 명제로 정리된다. 기대승도 그것은 인정한다. 그러나 그것이 전부가 아니다. 또 다른 한 측면이 동시에 있다. 이항은 '이와 기는 떨어져 있지 않다'는 한 면만 보고 있다고 기대승은 지적한다.

기대승은 '태극은 이'라는 관점에 입각해 있다. '태극은 이'이고, '이로서의 태극'은 기에 의해 간섭되는 것이 아니다. 이것은 '이와 기는 서로 분리되어 있다理氣不相雜'는 명제로 제시된다. 결국 기대승은 '이와 기는 떨어져 있지 않다'는 한 측면이 있지만, 동시에 '이와 기는 서로 분리되어 있다'는 또 다른 한 측면이 있다고 보는 것이다. 기대승은 이 두 측면을 모두 고려해서 이기를 봐야 한다는 입장이다. 그렇기 때문에 그는 태극과 음양을 일물로 파악해서는 안 된다는 것이다. 기대승에게 있어서 사물 생성의 근원적 원리는 이이고, 그것이 태극이다. 기는 이의 재료일 뿐이다. 이는 보이지 않는 것이고, 기는 흔적이 있지만, 기를 주재하는 것은 이다.

【기대승 2】 원문 65　　　　　　　　　　　　　　　이_기의 주재 ; 기_이의 재료

이는 기의 주재이고 기는 이의 재료입니다. 이와 기 두 가지는 진실로 구분이 있습니다만, 이기가 사물에 있어서는 혼륜하여 나누어 구분할 수 없습니다. 다만 대체로 이는 약하고 기는 강하며, 이는 조짐이 없고 기는 자취가 있습니다. 그렇기 때문에 이기가 유행하고 발현하는 때에 과불급의 차이가 생기게 됩니다.

「고봉집: 사칠이기왕복서」 권3, 「고봉이 퇴계에게 사단칠정설을 올리다」

기대승의 이기 개념은 명확하다. 그에 따르면, 이와 기는 역할이 서로 다르다. 이는 '기의 주재'이고 기는 '이의 재료'다. 그래서 이와 기는 나누어 구분할 수 있다. 기대승이 기를 '이의 재료理之材料'라고 규정한 것은 기가 이를 구체화하는 것이라는 점을 분명히 한 것이다. '이의 재료'로 기를 규정하는 것은 갈암 이현일에게서 보인다.

이렇게 이와 기는 그 본질상 구분되지만, 사물에 있어서는 혼륜하기 때

문에 나누어지지 않는다. 현상의 경험적 세계에서 이는 주재이기는 하지만 작위성이 없기 때문에 대체로 약하고 기는 운동 변화하는 유위의 성질이 있기 때문에 강하다.

기대승은 사물상에서 이와 기는 혼륜한다는 입장이기 때문에 이기를 분개하여 사단과 칠정에 나누어 소속시키는 것을 반대한다. 그러한 이와 기에 있어서 이는 무위이고 기는 유위이며, 이는 무형이고 기는 유형이다. 따라서 이는 조짐이 없고 기는 흔적이 있는 것이다.

이기_불가분개 【 기대승 3 】 원문 66

천지의 측면에서 이기를 나눈다면 태극은 이이고 음양은 기입니다. 인물의 측면에서 이기를 나눈다면 건순과 오상의 덕은 이이고 혼백과 다섯 가지 장기의 기운은 기입니다. 이기가 사물에 있을 때는 비록 혼륜하여 분개할 수 없으나, 이기 두 가지가 각자 하나임에는 틀림없습니다. 그러므로 천지·인물의 측면에서 이와 기로 나누는 것은 진실로 하나의 물이 각자 하나의 물이 됩니다.

『고봉집: 사칠이기왕복서』 권3, 「고봉이 사단칠정을 재론하여 퇴계에게 답하다」

이 글은 기대승이 사단칠정에 관한 토론 중 이황의 견해에 반론을 제기하는 형식으로 구성되어 있다. 이황은 통합해서 보는 것보다는 쪼개어 나

누는 관점을 선호한다. 그렇기에 이황은 기대승과의 토론에서 "성이 기질에 있는 것이라 하더라도 어찌 분별하여 말할 수 없겠는가"라는 의견을 제시한 적이 있다. 이황은 '기질의 성'이라 하더라도 그것을 쪼개어 보면 이와 기로 나누고, 이를 다시 '본연의 성'과 '기질의 성'으로 구분할 수 있지 않겠느냐는 입장을 보인다.

기대승은 이황의 의견에 분별을 주장하는 뜻이 많음을 지적하고 자신의 논점을 밝힌다.

기대승은 이기 관계를 세 가지 층위에서 검토한다. 첫째는 천지의 관점에서 이기를 파악하는 것이다. 이 경우 태극은 이이고 음양은 기가 된다. 둘째는 인물의 관점에서 이기를 파악하는 것이다. 이때는 건순오상健順五常이 이이고 혼백오장魂魄五臟은 기가 된다. 셋째는 사물의 관점에서 이기를 파악하는 것이다. 이 경우는 이기가 혼륜하기 때문에 나눌 수 없지만 이기 두 가지가 각자 하나임에는 틀림없다.

기대승이 이처럼 세 가지 관점을 제기하면서 자신의 논의를 전개하는 이유는 결국 이황의 분별의 관점에 반대하기 위한 것이다. 기대승의 관점은 이와 기가 사물에서는 혼륜되어 있는데 그것을 나누어 각기 쪼개 분석해서는 안 된다는 것이다.

【기대승 4】 원문 67 　　　　　　　　　사단칠정_인설과 대설

제 생각으로는 주희가 말한 사단은 '이의 발'이고 칠정은 '기의

발'이라 한 것은 대설對說이 아니라 인설因說입니다. 대설이라는 것은 논의 대상을 좌우로 벌려놓고 말하는 방식으로 '상대하여 말하는 것對待'이고, 인설이라는 것은 논의 대상을 상하로 벌려놓고 말하는 방식으로 '이어서 말하는 것因仍'입니다. 성현의 말씀에는 진실로 대설과 인설의 다름이 있으니 살피지 않을 수 없습니다. 그리고 그다음 조항에서 선생님께서는 어찌 각각 발한 바를 가지고서 사단과 칠정의 소종래를 나눌 수 없겠느냐고 하셨지만, 저는 사단과 칠정이 다 같이 성에서 발한 것이기 때문에 각기 발한 바에 나아가서 나누는 것은 아마 불가할 것이라고 봅니다.

『고봉집: 사칠이기왕복서』 권3, 「고봉이 사단칠정을 재론하여 퇴계에게 답하다」

기대승은 이황이 자신의 이기호발설의 전거로 제시하고 있는 주희의 '사단은 이의 발'이고 '칠정은 기의 발'이라 한 것은 상하 도식에 의한 인설因說의 구조라고 말한다. 기대승이 제기하는 인설과 대설을 이해하기 위해 사단칠정에 관한 논쟁의 추이를 살펴보자.

이황의 관점은 이렇게 정리될 수 있다. 1)사단은 이와 기가 합쳐진 것이지만 '가리켜 말한 내용所指-所就而言-所重-爲主'이 '이'에 있고, 칠정은 이가 없는 것은 아니지만 '가리켜 말한 내용'이 '기'에 있다. 2)사단은 순선한 본체에서 발현되는 것이고, 칠정은 이의 본체에서 발현되는 것이 아니기 때문에 사단과 칠정은 '유래하는 바所從來'가 다르다. 3)성은 하나의 성이지만 '근거한 본래의 본연源頭本然處'으로 말하면, 본연지성과 기질지성으로 구분된다. 4)이와 기는 분합分合의 차원에서 봐야 하지만, 분개를 싫어하고 '기가 자연발현하는 것은 이의 본체가 그러하다'는 것은 '이기일물'의 관점으로 '나흠순의 이론'과 다르지 않다. 5)추만의 정설과 퇴계의 제1설은 『주자어류』에서 "사단은 이의 발이고四端是理之發, 칠정은 기의 발이다七情是氣之發"라고 한 전거에 비춰볼 때, 오류가 아니다.

    기대승의 논점을 정리하면 다음과 같다. 1)'정은 성(리)에 근거하여 발현된다性發爲情.' 사단과 칠정은 '하나의 정'일 뿐이다. 『주자어류』에서 '사단은 이의 발이다'라는 것은 오로지 이만을 가리켜 말한 것이고, '칠정은 기의 발이다'라는 것은 이와 기를 섞어서 말한 것이다. 2)사단과 칠정은 소종래가 같다. 대대對待로 봐서는 안 된다. 칠포사七包四다. '칠정이 발하여서 절도에 맞는 것發而中節'은 성의 본연이다. 평범한 보통 사람들도 '저절로 천리가 발현하는 때가 있다自有天理發現時節.' 3)이는 기를 타고 행해지는 것이다. 대개 발하지 않았을 때에는 오로지 이일 뿐이지만 이미 발하면 바로 기를 타고서 행해진다. 4)기질지성이란 이가 기질 속에 떨어져 있는 것일 뿐이다. 본연지성과 기질지성은 하나의 성을 있는 곳에 따라서 분별하여 말한 것이다. 천지지성과 기질지성은 천상지월天上之月과 수중지월水中之月의 관계다. 5)이와 기는 각각 한계가 있어서 서로 섞이지 않는 것이라고 분별하여 기가 자연히 발현發現되는 것이 바로 이의 본체가 그러한 것'이라고 한 것은 이기의 이합처를 말한 것이다. 이, 기를 일물로 여긴 것은 아니다. 이기는 분별하여 볼 수도 있지만 원천적으로 이기는 합해서 있는 것이다. 이것은 이기일물의 관점이 아니다.

기대승은 성이 정으로 드러날 때는 기를 타고 드러나는데 이약기강理弱氣强이기 때문에 '지나치거나 미치지 못함過不及'이 있다는 입장이다. 그래서 정은 이기를 겸하고 선악이 있고 본다. 다만 발할 때 기준에 적합하게 '맞는가中節 아닌가不中節'에 따라 사단과 칠정의 구분이 있다고 본다. 그럼에도 한편으로 사단은 '이가 발한 것'이라고 할 수 있다고 이황의 논점에 동의한다. 비유하자면, '달天上之月'이 '고요한 못에 비쳤는데水中之月', 물이 이미 맑고 깨끗하다면 달이 더욱 밝아 수면과 수중이 환하게 통하여 마치 물이 없는 것과 같기 때문에 이에서 발한다고 할 수 있다는 것이다.

기대승에 따르면, 기가 자연스럽게 발현하여 과불급이 없는 것이 이의 본체다. 사단도 기의 자연 발현이며, 그렇게 되는 까닭은 이 때문이다. 기대승은 인간의 감정 일반에서 도덕적으로 구성되는 '도덕 감정'을 인정하는 셈이다. 그러므로 '이에서 발한다'는 이황의 논점은 인정된다는 것이다. 그러나 기대승은 칠정은 이와 기가 합해진 것이기 때문에 '기만이 발하는 것'으로 보는 것은 잘못이라는 관점을 굽히지 않는다.

이러한 기대승의 반론에 대해서 이황은 최종적인 입장을 정리한다. 그는 "사단은 이가 발함에 기가 이를 따르는 것이요, 칠정은 기가 발함에 이가 기를 타는 것이다四則理發而氣隨之, 七則氣發而理乘之"라는 최후 정론을 제시한다. 이기는 상수相須하면서 상대相待의 관계라 합해서도 볼 수 있지만, 분별을 위주로 볼 수도 있다. 그러므로 주리主理, 주기主氣의 다름이 있기 때문에 이발, 기발의 구분이 있을 수 있다. 이발이기수지理發而氣隨之는 이를 주로 한 것이요, 기발이리승지氣發而理乘之는 기를 주로 한 것이며, 이 관계는 인승마人乘馬의 비유로 설명할 수 있다는 것이다.

기대승은 이황의 정론에 대해서 한편으로는 수용하고 다른 한편으로는 반대한다. 기대승은 사단-이발의 구도는 수용한다. 그러나 여전히 칠정-기발의 논점은 부정한다. '사단은 이의 발이다'라는 것은 정론으로 인정하지만 '칠정은 기의 발이다'라는 것은 오로지 기만을 말한 것이 아니므로 반대한다. 기대승은 이황의 논점을 비판하기 위해 인설因說의 관점을 제시한다. '사단은 이발이고, 칠정은 기발'의 논의는 이황의 정론처럼 대설對說(수평적 관계)이 아니고 인설(수직적 관계)이라는 주장이다. 기대승은 인설의 관점이다. 인설의 관점에서 '정은 하나의 성에서 발하는 것'이다. 그렇기 때문에 이황의 정론도 차라리 "정이 드러날 때는 혹 이가 동하여 기가 함께하기도 하고, 혹 기가 감응하여 이가 타기도 한다情之發也, 或理動而氣俱, 或氣感而理乘"로 고칠 것을 제안한다.

사단칠정에 대한 이황의 논점은 첫째, 사단은 이발로, 칠정은 기발로 각각 분개하여 분속할 수 있다. 둘째, 사단-이발, 칠정-기발의 구도는 사단과 칠정의 발출내원을 근거로 한 사실적 관점에서도 구분될 수 있고, 지시하는 맥락(위주爲主-소지所指-소중所重-소취이언所就以言)에 따른 평가적 관점에서도 구분된다. 이황의 이러한 관점은 사단-칠정, 이-기를 혼륜의 포함관계보다는 분개의 분리 측면에서 파악하는 것이다.

이에 비하여 기대승의 논점은 첫째, 사단-이발은 인정할 수 있지만, 칠정-기발은 끝내 인정할 수 없다. 왜냐하면 사단은 이라고 말할 수 있지만, 칠정은 이와 기를 겸해 있기 때문이다. 둘째, 사단과 칠정은 드러난 마음이고, 마음의 발현은 성에 근원할 뿐이며, 성발위정性發爲情의 발출 과정에서 중절中節과 부중절不中節에 의해 선악이 구분된다. 기대승의 이러한 관점은 이황에 비하여 상대적으로 분개보다는 혼륜의 관점에서 사단칠정, 이기를 파악하는 것이다.

이기_불상리_이일분수 【나흠순 1】 원문 68

내가 정주의 학문에 종사한 지 어언 몇 년간, 되풀이해서 이것저것을 다 상세히 연구한 결과, 이와 기는 하나라고 인식했다.

『곤지기』 부록, 「답임차애첨헌임인동」

주돈이의 「태극도설」의 첫머리에 무극 두 자는 주희가 해석한 바와 같이 의심할 것이 없다. 그렇지만 '무극의 진無極之眞'과 '이오의 정二五之精'이 '묘합하여 응결'했다는 세 말씀에 대해서 나는 의심하지 않을 수 없다. 대체로 사물은 반드시 두 측면이 있은 뒤에야 합한다고 말할 수 있다. 그렇다면 태극과 음양은 과연 두 가지 것인가? 그 사물됨이 과연 둘이라면, 바야흐로 아직 합쳐지지 않았을 이전 시점에는 그것들이 각각 어디에 존재하는가? 주희는 종신토록 이기를 두 가지 사물로 알았는데, 그 근원이 여기에서 비롯되었다.

『곤지기』 권하, 19

이는 모름지기 기에 나아가 파악해야 하나 기를 이로 알면 잘못이다. 이 점은 터럭만큼도 차이가 용납되어서는 안 되니, 가장 말하기 어려운 부분이다. 요컨대 사람이 잘 살펴서 아는 데에 있다. 다만 기에 나아가 이를 파악한다는 것과 기를 이로 안다는 두 말은 명확하게 분별해야 한다. 만일 이것에 대해 투철하지 못하면 많은 말도 쓸모없게 된다.

『곤지기』 권하, 35

대개 사람과 사물이 생겨나는 것은 기를 받은 처음에 그 이는 오직 하나이고, 형체를 이룬 뒤에야 그 나뉨이 다르게 된다. 그 나뉨의 다름은 자연한 이가 아님이 없고, 그 이가 하나임은 항상 분수 가운데 있으니, 이것이 성명의 묘가 되는 것이다.

『곤지기』 권상, 14

나흠순(1465~1547)은 왕수인(1472~1528)과 동시대를 살았던 인물이다. 이들은 이른 시기부터 교유를 했지만 본격적인 학술 토론이 시작된 것은 왕수인이 『대학고본방석大學古本旁釋』과 『주자만년정론朱子晚年定論』을 나흠순에게 보내주는 1520년을 전후한 시기부터다. 나흠순은 주자학을 비판하기는 했지만 주자학의 입장에서 왕수인의 철학적 입장을 비판했고, 왕수인은 철저하게 주자학을 비판하면서 자신의 학문을 정립해나갔다. 나흠순은 특히 왕수인의 격물의 관점을 비판했다. 나흠순은 왕수인이 『대학』을 재해석하여 주자학의 격물을 외부의 객관적 이치를 탐구하는 것이라 하여 배제하고 내향적 공부로 돌아섰다고 비판한다. 나흠순은 주자학의 관점에서 '외부-밖'의 이를 부정하는 왕수인의 심학을 비판하는 것이다.

그러나 나흠순도 주자학에 대한 새로운 해석으로 주자학자들에게 비판받기는 마찬가지였다. 그렇지만 나흠순은 이를 중시하면서 이를 파악하는 것을 학문의 관건으로 삼는다.

그는 『곤지기困知記』를 저술하여 주희의 이기에 대한 견해를 비판적으로 재해석한다. 나흠순이 볼 때, 주희는 이기이물理氣二物의 관점에서 벗어나지 않았다. 그래서 '주자는 종신토록 이기를 두 가지 사물로 알았다'고 하여 그러한 근원이 '태극음양'에 대한 이해에서 비롯되었음을 지적한다.

따라서 나흠순은 이를 파악하기 위해서는 기의 실상에 나아가서 봐야 한다는 입장을 취한다. 이러한 태도는 관념적이고 추상적인 개념이 아니라 객관적으로 실재하는 대상에 나아가 이와 기를 파악하려는 것이다. 그는 이를 '기 작용의 저절로 그러한 질서'로 파악하고, 이를 '기의 이氣之理'로 정의한다. 이를 기와의 연관성 속에서 파악하는 관점이기 때문에 그는 분수라는 것도 경험적 세계의 수렴과 확산의 과정으로 파악한다. 이일에서 분수의 과정은 '스스로 그러한 이에 의한 것自然之理'이며, 그러한 이에 의해서 이일의 동일성을 유지하면서도 개별 사물의 근거를 이루게 되는 것이다.

이처럼 나흠순은 이를 기와 함께 파악한다. 철저하게 기와 분리되지 않는 이를 상정하는 것이다. 이것은 곧 '이기불상리'를 강조하는 관점이다. 그렇기 때문에 추상성보다는 실재성을 중시하는 나흠순의 학술 태도는 이보다 기를 중시하고, 또 이기를 일물로 여기는 관점에 빠졌다는 혐의를 받는다. 그러나 나흠순은 오히려 '기를 이로 아는 오류'를 적극 경계한다.

　나흠순이 명대 사회에서 주자학의 문제점을 진단하고 다른 대안을 제시한 것은 학술사적으로 의미 있는 것이었다. 그러나 동시대의 묵수 주자학자들과 조선의 성리학자들은 나흠순을 비판한다. 그가 특히 '기와 분리될 수 없는 이'를 강조했기에 이기일물의 관점에 빠져 있다는 것이 비판의 핵심이었다. 이황과 기대승이 비판하는 지점도 이 부분이다. 그러나 이이만은 예외적이다. 이이는 나흠순이 이기가 원래부터 떨어져 있는 것이 아니라는 것을 제대로 이해했다고 본다. 이이의 이기에 대한 개념적 이해가 나흠순과 상통하는 지점이다. 이기를 분리시켜 보지 않을 때, 현실의 다양성을 파지해낼 수 있기 때문이다. 이이가 나흠순을 이황보다 나은 점이 있다고 평가는 것도 이와 같은 맥락에서다.

　기대승은 나흠순의 이기에 대한 관점을「곤지기를 논함論困知記」을 통해 비판한다.

【기대승 5】원문 69　　　　　　　　　　　　　나흠순_곤지기 비판

　나흠순(정암)의『곤지기』를 세상에서는 높이고 숭상하는 사람이 많다. 내가 그 책을 열람해보니, 내용이 해박하고 정미하며 글을 다루는 솜씨가 변화무쌍하여 그 범위를 측량할 수가 없었다. 그 대강을 살펴보면, 공맹과 정주를 추존하여 종주로 삼아서『역경』『시경』『서경』『예경』을 근거로 하여 학설을 장황히 늘어

놓았으며, 또 몸소 선학을 탐구하고는 이것을 깊이 배척했다. 언변을 구사하여 오르내리고 글의 높낮이와 말을 넣고 빼는 글의 솜씨가 있는 힘을 다했다고 할 만하다.

세상 사람들은 그의 새롭고 기발한 학설을 좋아하고 실상을 연구하지 않으니, 그를 높이고 숭상하는 것은 당연한 노릇이다. 그러나 나의 얕은 소견으로 본다면, 나흠순의 학문은 진실로 선학에서 나온 것이나 그 얼굴을 바꾸어 성현의 말씀으로 문식했으니, 바로 피음사둔詖淫邪遁, 곧 번지르르한 말로 위장한 것이다. 만일 맹자가 다시 태어나신다면, 반드시 그의 죄를 성토하여 인심을 바로잡을 것이요 진실로 그대로 내버려두지 않으실 것이다.

『곤지기』는 모두 4권에다 부록까지 겸해 있는데, 내용이 무려 수만 자나 되니, 그 사이에 어찌 한두 글귀가 도에 가까운 것이 없겠는가? 그러나 그 큰 강령과 큰 근본은 성현과 서로 현격하게 배치되고 있는데, 그러한 것을 본다면 학문의 그릇됨과 옳음이 과연 어떠하겠는가. 『곤지기』에서는 "도심은 성이요, 인심은 정이다" "이기는 한 물건이다" "양지는 천리가 아니다" 등등의 말을 하고 있는데, 이것은 모두 성현의 본지와 모순된다. 이러한 것들을 굳이 다시 변론할 것이 없으나 그의 학문이 선학에서 나온 실상은 변론하지 않을 수 없다.

나흠순의 학문은 처음에 이미 선학에 빠져 잘못되었고, 뒤에 성현의 글을 보고 문식하여, 그의 말이 이와 같은 것이다. 이것은 유가와 불교는 도가 이미 같지 않고 마음을 세움 또한 달라서 음양과 주야의 상반되는 것과 같음을 알지 못한 것이니, 어찌 저들 불교의 소견에 근거하여 우리 유가의 도를 행할 수 있단 말인가. 불교에서 "작용이 바로 성이다"라고 한 말은 진실로 기를 이로 알고서 심을 성이라고 논의한 것이다. 나흠순의 실제적인 견해의 오류는 진실로 이 점에서 나온 것이다. 그러므로 이기는 한 물건이라는 말과 도심은 성이요 인심은 정이란 말도 또한 다 이것으로 인하여 잘못된 것이다. 이미 이와 기를 한 물건이라 했다면, 인심과 도심을 진실로 이와 기에 나누어 소속시킬 수는 없는 것이다. 그러므로 그의 학설이 이와 같은 지경에 이르렀으니, 나흠순이 스스로 위로 향하여 찾아간다는 것도 불교의 소견 외에 이理 자가 있다는 것을 알았음에 불과할 뿐이요, 그 이란 것도 기 위에 그 절도가 있음을 인식함에 불과할 뿐이다. 나흠순이 말하는 이란 것은 다만 '기의 이'일 뿐이니 "마땅히 기가 전환할 때 그것을 볼 수 있다"는 것이 바로 그의 병통이다. 비록 그의 학설이 장황하고 화려하며 변화무궁하나 그 귀결은 여기에서 벗어나지 않는다.

『고봉집』 권2, 「곤지기를 논함」

16세기 중반 조선의 지식인들과 동시대를 살았던 명나라의 왕수인과 나흠순은 새로운 학술을 주도하는 인물들로 인식된 듯하다. 왕수인의 심학은 주자학을 뒤엎는 발상의 전환과 실천적 공부를 강조했기에 조선의 주자학자들에게는 경계의 대상이었다. 이황이 「전습록논변」을 저술한 것도 왕수인의 학술을 차단하고자 하는 의도를 담고 있다. 그러나 나흠순은 주자학을 재해석하여 자신의 이론을 내놓고 있는데, 그에 대해서는 조선에서 수용적이면서도 거부하는 양상을 동시에 보인다. 수용하는 사람들은 나흠순의 주자학 재해석이 이기를 둘로 나누기보다는 이기불상리를 강조한다는 점을 받아들인다. 거부하는 사람들도 바로 동일한 지점에서 반대한다. 이와 같은 이중적인 평가를 받은 나흠순에 대해서 기대승은 『곤지기』를 대상으로 논평을 작성한다.

기대승은 나흠순의 이기일물적인 관점을 수용하는 노수신, 이항 등과 태극음양, 인심도심의 문제를 비롯하여 나흠순의 『곤지기』에 대해서도 토론한다. 기대승은 이들이 '이와 기를 일물로 보는 잘못된 견해理氣一物之病'에 빠졌다고 판단하고, 그 연원이 나흠순에게 있으므로 「곤지기를 논함」을 지어 논박한다.

기대승의 나흠순 비판의 핵심은 그가 '이기일물의 병'에 빠져 있다는 점이다. 나흠순은 '이기를 분리될 수 없는 것'으로만 보는 관점을 고수하면서 '이기는 혼융하다'는 입장을 견지한다. 그렇기에 나흠순은 인심도심에 대해서 이와 기를 적용하여 분석하지 않는다. 이기는 분리하여 나눌 수 없기 때문이다. 그래서 나흠순은 '도심은 미발'로 '인심을 이발'로 보아, 이것이 서로 체용의 관계라고 주장한다. 나흠순이 인심과 도심을 체용의 관점에서 파악하는 근본적인 이유를 고봉은 '이기일물지병'에서 찾는 것이다.

기대승은 나흠순이 선학에 빠졌다고 비판하고 있지만, 이기에 대한 철학적 입장에서 볼 때, 사실 기대승은 나흠순과 유사한 면이 있다. 그가 이황과의 논의 과정에서 보여주는 이기불상리의 관점은 나흠순의 입장과 유사하다. 그렇기에 이황은 기대승을 비판하면서 나흠순과 같이 이기일물의 폐단에 빠졌다고 말하기조차 한다. 그러나 근본적인 차이가 있다. 그것은 '이' 개념에 대한 차이다. 기대승이 이황과 끊임없이 토론하는 것도 따지고 보면 '이' 개념의 차이에서 비롯된다. 이황이 주희 철학을 다시 거론하는 것도 '이' 개념이 서로 다르기 때문이다. 학술상의 차이는 '이' 개념에 달려 있다.

기대승은 나정암이 이를 '기의 이'로 규정하는 것을 인정할 수 없는 것이다. 그렇기 때문에 기대승은 "나흠순이 말하는 이란 다만 '기의 이'일 뿐"이라 적시하고, 그 기가 전환할 때 '기의 이'를 볼 수 있다고 한 나흠순의 견해를 '바로 그의 병통'이라고 지적한다.

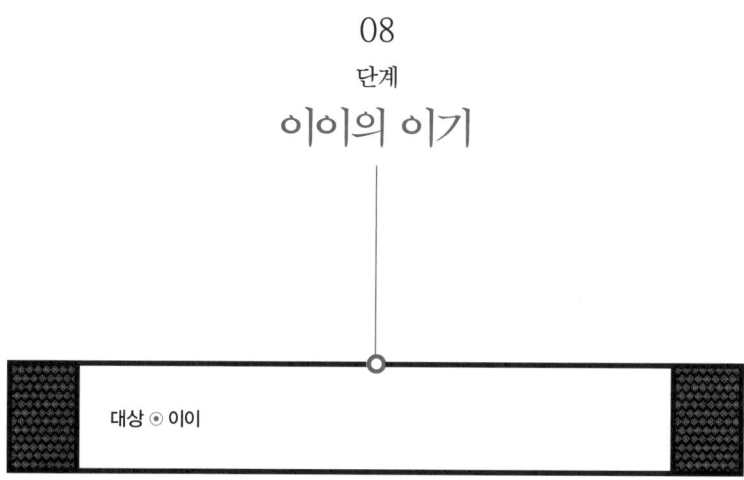

08단계
이이의 이기

대상 ⊙ 이이

8단계는 이황과 함께 16세기 조선성리학을 새로운 단계로 진입시킨 이이의 이기 개념과 사유 방식을 살펴본다. 이이는 앞선 시기 이황과 서경덕에 의해 정립된 성리학의 이기 개념에 대해서 총체적으로 검토한 뒤 독자적인 이론을 제안한다. 이이는 이와 기에 대한 논의를 통해서 주자학의 이중적인 철학적 한 지점을 가시화한다. 그것은 이황이 주자학의 심성 문제에 있어 심을 성으로 끌어올렸다면, 이이는 심을 성과 다른 층위에서 정위시킨다. 이이는 심과 성을 일치가 아닌 대등한 개별적 지위에서 파악한다. 이러한 철학적 입장은 이와 기에 대한 그의 새로운 사유로부터 추동된다.

【이이 2】 원문 70   태극음양_전천지 후천지

공자는 "『역』에는 태극이 있으니, 이것이 양의를 낳는다" 했고, 주돈이는 "무극이면서 태극이다" 했습니다. 잘 알지 못하겠습니다만 그대는 이런 말들을 모두 천지가 이미 생긴 이후로 돌리는 지요? '소합벽小闔闢'과 '대합벽大闔闢'의 설은 진실로 그렇습니다. 그리고 천지가 생기기 전을 음이라고 한 것도 매우 이치에 합당하니, 비록 성인이라 하더라도 바꿀 수 없을 것입니다. 다만 이미 음이라고 하면 이것 또한 상象이니, 어찌 '충막무짐冲漠無朕'이라고 이를 수 있겠습니까. 이것으로써 '충막무짐'이란 것은 다만 단순하게 태극을 가리킨 것이지 실은 음·양 없이 충막하기만 한 때는 없다는 것을 알 수 있습니다. 그대는 또 천지를 다만 하나일 뿐이라고 생각하십니까. 아니면 과거에 무한한 천지가 있었다고 생각하십니까. 만약 천지를 하나일 뿐이라고 한다면 저는 더 말하지 않겠습니다만, 그렇지 않고 천지가 무궁하게 생멸한다고 하면 이 천지가 생기기 전에 음이 양을 내포하고 있는 것은 바로 전천지前天地가 이미 소멸한 나머지인 것이니, 어찌 이것이 우주의 본원을 추구하는 논법이 될 수 있겠습니까.

보내신 편지에 또 "그렇다면 태극은 허공에 매달려 있는 독립된 것인가?" 했는데, 이것도 그렇지 않습니다. 전천지가 이미 소멸된 뒤에는 태허가 적연하여 다만 음일 뿐인 때는 태극이 음에 있고, 후천지가 장차 개벽하려고 하여 일양이 처음 생겨날 때는 태극이

양에 있으니, 비록 허공에 매달려 있으려 해도 그렇게 될 수 있겠습니까. 장재의 의론은 본래 어폐가 있어 한쪽에만 집착했고, 서경덕의 주장은 지나쳐서 음양추뉴陰陽樞紐의 오묘한 것이 태극에 있는 줄을 모르고서 바로 일양이 생기기 전에 기의 음한 것을 음·양의 근본인 줄 알았으니, 성현의 뜻에 어긋남이 없겠습니까. 아! 음양은 처음도 없고 끝도 없고 바깥도 없으며, 일찍이 움직이지 않거나 멈추지 않은 때도 없습니다. 일동·일정·일음·일양에 이가 있지 않음이 없습니다. 그렇기 때문에 성현이 우주의 근원을 추구하는 의론도 "다만 태극은 음양의 근본이다"라고 한 것에 불과하고, 그 실상에 있어서는 본래 음양이 생기지 않고서 태극이 홀로 존립한 때는 없었습니다. 이제 우주의 근원을 추구하면서 도리어 음기로써 음양의 근원을 삼는 것은 이 음이 앞 양의 뒤인 줄을 전혀 알지 못하는 것입니다. 다만 올해의 봄은 작년 겨울로 근원을 삼는 줄만 알고, 작년 겨울은 또 작년의 봄으로 시초를 삼는 줄을 모르는 것이니, 분명치 못한 점이 없겠습니까. 뜻은 도를 밝히는 데 있는데 말이 공손하지 못하게 되었습니다.

「율곡전서」 권9, 「박화숙에게 답하다」

서경덕의 제자이기도 한 박순은 이이의 오래된 선배이자 동료와 같은 존재다. 이이는 서경덕의 기론을 잇고 있는 박순과 천지의 전후에 대해서 논의한다. 이 글은 박순의 편지를 받고 이이가 답하는 형식을 취한 것이다.

박순은 이이에게 태허를 설명하면서 천지가 아직 생기기 전인 '천지미생지전天地未生之前'과 천지가 이미 생긴 '천지이생天地已生'을 구분한다. 천지 이전에서 이후로 넘어가는 것이 '대합벽'이고 천지가 생긴 이후 구체적인 사물이 발생하는 것을 '소합벽'이라 정의한다. 박순은 천지미생지전을 역의 차원에서 설명함으로써 만물의 시원이 태허임을 논증하려 한다. 그러나 이이는 천지지이생과 대비되는 천지지미생지전은 논리적인 측면에서 인정하고, 그러한 조건 아래에서는 태극으로서의 이만이 존재한다고 주장한다.

이이는 전천지에도 태극은 존재하며, 전천지가 멸하고 후천지가 생겨날 때도 태극은 기와 더불어 존재한다고 본다. 따라서 태극은 음양의 기와 항상 함께 존재하는 것이며, 그러한 점에서 본체를 기로 상정할 수 없다고 주장한다. 이이의 관점에서 장재나 서경덕은 음양을 추동케 하는 근본 원인이 태극에 있다는 것을 알지 못하고, 일양이 생기기 전의 기가 음인 것으로써 음양의 근본을 삼고 있다고 본다. 그렇기 때문에 궁극적인 근원자를 현상의 존재로 설정하는 잘못을 범하고 있다는 것이다.

이러한 점은 '태극만이 홀로 남는 때'를 상정하여 묻고 있는 박순의 태도를 비판하는 것이기도 하다. 이이는 음양이란 시간적으로 시작도 끝도 없고, 공간적으로 충만할 뿐만 아니라 조금의 쉼도 없는 상태로 이해한다. 이러한 가운데 변화운동을 주재하는 '이는 존재하지 않을 때가 없다理無不在.' 그러므로 성현들이 태극음양의 중심 관념, 곧 원두처를 논한 것은 태극이 음양의 근본이 되지만 실제 현상에서는 음양과 태극이 서로 독립적으로 존재하는 것은 아니라고 하는 데 불과하다는 점을 역설한다.

이렇게 본다면, 박순에 대한 이이의 비판의 관점은 원두처, 곧 궁극처를 어떻게 이해하고 있는가에서 비롯된다. 이이는 원두처의 존재 방식을 '이선기후'로 잡는다. 반면 박순은 '이기무선후'를 말하면서, 이는 기의 조리에 불과하므로 기를 근원자로 설정한다. 따라서 이이는 이러한 박순의 입장을 비판하는 것이다.

태극음양_본유 【이이 3】 원문 71

성현의 설도 과연 미진한 곳이 있다. 이것은 다만 '태극이 양을 낳았다'고만 말하고 '음양은 본래부터 있는 것이요, 처음으로 생긴 때가 있는 것이 아니다'라는 것을 말하지 않았기 때문이다.

『율곡전서』 권9, 「박화숙에게 답하다」

주돈이는 "태극이 움직여 양을 낳고 멈춰서 음을 낳는다"고 했는데, 이 두 구절이 어찌 잘못된 말이겠습니까. 그러나 만약 오해하여 잘못 보면 음양은 본래 없는 것으로 여겨서 태극이 음양보다 먼저 있다가 태극이 움직인 뒤에 양이 생기고, 태극이 멈춘 뒤에 음이 생긴다고 여길 것입니다. 이렇게 이해하면 본래의 뜻을 크게 잃어버리게 되니, 어구대로 해석하면 순조로워 막힘이 없습니다.

『율곡전서』 권10, 「성호원에게 답하다」

이이는 『주역』「계사」에서 "역에 태극이 있으니 이것이 음양을 낳았다"고 하여 태극생양의만을 말하고, 태극음양은 본유하다는 것은 말하지 않았다고 본다. 그래서 태극음양에는 시초가 없다는 것을 언급하지 않아 분분한 견해가 생겼다는 것이다. 음양은 본유한 것으로서 음양의 양단은 끊임없이 순환하여 본래 그 시초라는 것이 없기 때문이다. 그러므로 이 음이 다하면 양이 생기고, 또 양이 다하면 음이 생겨 한 번 음이 되었다가 한 번 양이 되었다가 하지만, 태극이 거기에 있지 않을 때가 없다고 파악한다. 이것은 음양은 태극과 더불어 본유한 것이라는 이해다. 이이는 음양을 본유로 이해하기 때문에 태극과 음양은 시간적 선후를 나눌 수 없게 된다. 이러한 이이의 입장은 주돈이의 '태극생음양太極生陰陽'에 대한 이해에서도 나타난다.

이이는 '생生'을 '생성'이나 '발생'의 의미로 본다면 태극이 음양을 '생'하는 것이 되고, 그러한 점에서 태극이 음양보다 앞선 것으로 볼 수 있는 가능성을 인정한다. 그러나 태극음양을 '태극 대 음양'이라는 이분적 대대관계나 '태극선음양'의 관계로 파악하는 것은 '크게 본의를 잃은 것'이라며 반대한다. 이것은 '태극理'과 '음양氣'을 선후로 나누고 분개하여 보는 입장이기 때문이다. 따라서 이이는 태극음양은 본유라는 관점을 재천명한다.

결국 이이의 관점에서 태극이란 이로서 음양인 기와 동시적으로 존재하고, 태극과 음양은 태극이 음양을 직접적으로 생하는 것과 같은 발생·분화의 생성론적 관계가 아니라 내재적인 관계에 있다고 이해한다. 태극과 음양은 질적인 차이는 있을지라도 동시적으로 존재하게 된다.

이이는 음양과 대별되는 초월적 실체로서의 태극을 인정하지 않는다.

달리 말하면 현상과 본체를 일관하여 파악한다는 것이며, 본체계인 형이상의 세계는 현상의 경험세계 속에서 구체화된다고 보는 입장이다. 그러므로 이이는 음양으로 표현되는 현상세계를 움직이고 이끌어가는 변화·운동성에 주목하면서도 태극이라는 근원적 원리에 대하여 놓치고 있지 않다. 이것이 바로 형이상의 원리를 수시변통하는 형이하의 현상세계에 재구성하려는 이이의 철학적 입장이다.

이기_원불상리 　　　　　　　　　　　　　　　【이이 4】 원문 72

이와 기는 원래 서로 떠나지 아니하여 흡사 한 물건 같으나 그 다른 것은 이는 무형이고, 기는 유형이며, 이는 무위이고, 기는 유위입니다. 무형·무위하여 유형·유위의 주主가 되는 것은 이요, 유형·유위하여 무형·무위의 기器가 되는 것은 기입니다. 이는 무형이요, 기는 유형이므로, 이는 통하고 기는 국한되며, 이는 무위요 기는 유위이므로, 기가 발하면 이가 타는 것입니다.

『율곡전서』 권10, 「성호원에게 답하다」

이라는 것은 기의 주재이고, 기라는 것은 이가 타는 것입니다. 이가 아니면 기는 뿌리내릴 곳이 없고, 기가 아니면 이는 의지할 데가 없습니다. 이와 기는 이미 두 물건도 아니요, 또한 한 물건도 아닙니다. 한 물건이 아니기 때문에 하나이면서 둘이요, 두 물건이 아니기 때문에 둘이면서 하나입니다. 한 물건이 아니라는 것은 무슨 말인가 하면, 이와 기가 비록 서로 떨어지지 못하지만 묘합한 가운데 이는 이요, 기는 기입니다. 서로 뒤섞이지 않으므로 한 물건이 아니라고 한 것입니다. 두 물건이 아니라는 것은 무슨 말인가 하면, 비록 이는 이요, 기는 기라 하더라도 혼륜무간하여 선후도 없고, 이합도 없습니다. 그것이 두 물건이 됨을 볼 수 없으므로 두 물건이 아니라고 한 것입니다. 이런 까닭에 동정에는 단서가 없고, 음양에는 처음이 없습니다. 이에 처음이 없으므로 기 역시 처음이 없습니다.

이는 하나일 뿐입니다. 본래 '치우치고 바른 것偏正'과 '통하고 막힌 것通塞'과 '맑고 탁한 것淸濁'과 '순수하고 잡박한 것粹駁'들의 구분이 없습니다. 이를 태운 기는 올랐다 내렸다 하면서 일찍이 쉬는 일이 없고 뒤섞여 고르지 못하니, 이것이 천지만물을 낳게 됩니다. 어떤 것은 바르고 어떤 것은 치우치며, 어떤 것은 통하고 어떤 것은 막히며, 어떤 것은 맑고 어떤 것은 탁하며, 어떤 것은 순수하고 어떤 것은 잡박합니다. 이는 비록 하나나 이미 기에 탔으므로 그 나눔이 만 가지로 다릅니다. 그러므로 천지에 있어서는 천지의 이가 되고, 만물에 있어서는 만물의 이가 되며, 사람에 있어서는 사람의 이가 됩니다. 이렇게 고르지 못한 것은 기가 '하는 바所爲'입니다. 비록 기가 하는 것이라도 반드시 이가 있어 주재하는 것이니, 만 가지로 고르지 못한 '까닭所以'은 역시 이가 마땅히 그러한 것이요, 이가 그렇지 아니한데 기만 홀로 그러한 것은 아닙니다.

발하는 것은 기요, 발하는 근거는 이다. 기가 아니면 능히 발할 수 없고, 이가 아니면 발할 바가 없다. ['발지' 이하의 23자는 성인이 다시 나타난다고 해도 바꿀 수 없을 것이다.]

『율곡전서』 권10, 「성호원에게 답하다」

이이는 그의 오래된 벗이자 학술 토론 대상인 우계 성혼에게 이렇게 말한다. 심성정에 관한 성리학 이론에 정통하지 못한 것은 '이기 개념을 제대로 파악하지 못했기 때문'이라고 한다. 그래서 이이는 자신의 이기 개념을 명확히 정의하려 한다.

이이의 이기 개념에서 주목할 점은 이 개념에 있다. 이이는 이 개념에서 경험적 세계에서 관찰되는 운동과 작위적인 힘을 완전히 배제한다. 그래서 이는 작용이 없는 무위이고, 형체가 없는 무위다. 이이는 이의 무형무위의 원칙을 고수하기 때문에 주재라고 하는 '힘을 행사하는 주도자'라는 측면에서 곤혹스러워하는 점이 있다. 퇴계학파에서 이이의 이를 '죽은 이死理'라고 하는 것도 이 때문이다. 그러나 이는 언제나 기와 짝하기 때문에 운동 변화할 수 있다. 기는 작위적인 운동 변화의 힘을 갖고 형체를 갖는다.

이이는 이와 기를 분리하여 보지 않는다. 이와 기는 원래부터 분리되어 있는 것이 아니고, 합쳐진 때도 없기 때문에 '합合'을 쓸 수도 없다. 그래서 이이는 이러한 이기의 관계적 양상을 '혼륜'이나 '혼융' 혹은 '본유'라는 용어를 써서 설명한다. 이기관계를 '불상리'의 측면에서 마치 '일물'의 의혹이 들 만큼 강조하는 것이 이이가 파악하는 이기 관계의 특징이다. 그래서 이이는 이기를 설명할 때, 논리적 추론에 의해서 이기를 구분할 수는 있지만 이기는 처음도 말할 수 없고, 선후를 구분할 수도 없다고 한다. 처음이 있다는 것은 언젠가는 끝이 있을 수밖에 없음을 상정해야 하는데, 이와 기는 그렇지 않다는 것이다.

따라서 이이는 이기를 쪼개어 구분하는 이황의 관점에 극력 반대한다. 더구나 이기가 호발한다고 하는 이황의 관점은 이의 무위성에 어긋나기 때문에 절대로 인정하지 않는다. 그렇기 때문에 '발하는 것은 기요, 발하는 근거는 이다. 기가 아니면 능히 발할 수 없고, 이가 아니면 발할 바가 없다'라는 글자를 성인이 다시 나와도 바꿀 수 없노라고 못 박는다.

이와 기는 이처럼 분명히 구분되는 역할과 영역이 정해져 있다. 이러한 이이의 이기 개념의 엄격성은 기에 의해 훼손될 수 없는 이의 영역과 역할이 있다는 것을 확보하고자 하는 그의 철학적 요청의 결과다. 이이는 불변하는 근원자, 보편자로서 이를 설정한다. 불가침의 영역을 확보하고 있는 '이'를 상정하는 것이다. 그렇지만 이 이는 이황이나 주희처럼 '초월적'인 성격을 띠지 않는다. 극존무대하거나 정결 공활한 세계를 상정하지 않는다. 이는 추상적이기보다는 언제나 기와 짝하여 있기 때문에 객관적 실재 속에서 논의된다.

현실세계는 이보다는 기의 강력함에 의해 주도된다. 이약기강의 세계가 그것이다. 이이가 불변의 이와 더불어 기의 측면을 강조하는 것은 이 때문이다. 이는 조정의 대상이 아니므로 기를 변화시켜야 하는 것이다. 현실의 토대에서 불변하는 이를 표준으로 삼아 현실을 조정하고 바꿔나가야 한다. 그렇기에 자기 자신과 현실에 대한 성찰을 통해 부조리한 측면이 일어나면 그것을 고칠 수 있도록 실천적인 대안을 강구해야 한다. 그 대안은 무엇에서 찾을 수 있을까? 이미 보편적 진리로서의 이가 존재하지만 기에 의해 가려져 있다면 그러한 진리를 어떻게 회복시킬 것인가? 이이의 이기에는 바로 이러한 물음이 담겨 있다.

　이는 모든 사람에게 이미 있다. 그것은 사람의 본질을 이루는 인성으로 주어져 있다. 그러한 인성으로서의 특질은 마음과 함께 드러난다. 그렇기에 이의 실현 문제는 심과 함께 논의될 수밖에 없다. 이 지점에서 이황과 이이의 철학적 방법이 구분되고 철학적 입장도 분기된다. 이황은 이가 그 스스로 실현되어야 한다는 데 주목하는 반면, 이이는 이가 심을 통해 드러난다는 점에 주목한다. 이황의 이는 인간의 본질을 이루는 도덕적 특성으로서의 인성을 의미한다. 그것을 양심이라고 할 수도 있다. 그래서 이황은 그러한 인성으로서의 양심이 드러날 수 있도록 자신에 대한 탐구에 집중한다. 이론적 탐구보다는 실천적 공부를 통해 본질이 드러날 수 있게 내면의 덕성을 함양하는 공부에 치중하게 된다.

　그러나 이이는 이를 드러낼 수 있는 마음의 움직임을 중시한다. 그렇기 때문에 마음이 온전히 드러나는 지점에 집중하고 그러한 마음이 유지될 수 있는 방법을 강구한다. 따라서 의지가 중요해진다. 이를 드러낼 수 있는 초기의 마음이 지속될 수 있도록 해야 한다. 그래서 입지立志가 중요하다. 도달할 수 있는 지향으로서의 목표가 정립되어야 한다. 그 목표가 이이에게는 성인이며, 성인이 제시한 규범과 가치다. 곧 경敬 공부를 통해 도달해야 할 '정성스러움'이면서도 동시에 '진실무망한' 성誠이다. 그것은 혼자만의 가치가 아니라 많은 사람이 공감하는 가치이자 정당함이어야 한다. 정당하면서 공감할 수 있는 가치가 바로 표준으로서의 이다. 이는 사람 사는 세상에서 함께 공유하는 가치와 규범이다. 공유하는 가치와 규범은 세상과 함께 만들어가야 한다. 불변의 이를 닮아가는 현실의 가치와 규범은 완결된 것이 아니다. 현실의 가치와 규범은 고정되어 있지 않다. 그것은 시대에 따라서, 현실에 맞게 조정되고 조절되어야 한다. 이처럼 불변의 이로부터 현실적 조건 속에서 새롭게 탄생하는 가치와 규범이 이이의 현상화된 이다. 본체로서의 이가 현상화된 이에 투영되는 것이다. 그렇기 때문에 이이는 경장과 쇄신을 말할 수 있게 된다. 그것이 고정되어 있다면 결국 폐단을 낳을 수밖에 없다. 시대의 현실에 따라 변용되어야 한다. 그것이 이는 통하면서 기에 의해 국한된다는 의미다. 현실의 조건에서 만들어진 가치와 규범이 이이의 현상화된 이인 것이다. 본체로서의 이를 추구하기보다는 현상화된 이를 만들어가는 실용성을 중시하는 것이 바로 이이의 철학적 태도다. 그렇기에 이이의 이는 조정되고 만들어져가는 과정적인 가치와 규범인 셈이다. 따라서 이이는 사람이 도를 넓히는 것이지 도가 사람을 넓히는 것이 아니라고 한다. '사람이 도를 넓혀나가는 것人能弘道', 이것이 이이가 말하는 이의 세계다.

이기_그릇에 담긴 물 【이이 5】 원문 73

원기가 어디서 비롯했나,
무형이 유형 가운데 있도다.
근원을 찾으니 본래 합해 있고,
흘러가는 것을 따르니 뭇 정기로다.
물은 그릇을 따라 모나고 둥글며,
허공은 병을 따라 작고 커진다.
그대여 두 갈래에 미혹되지 말고,
성이 정 되는 것을 가만히 체험하오.

『율곡전서』 권10, 「이기에 대해 읊은 시를 우계 도형에게 드리다」

　이 시는 이기의 시원성에서부터 현상세계에 구체화되는 과정을 묘사하고 있다. 이이는 이 시를 통해 이기는 근원의 영역에서 본래 합쳐진 것이므로 분리하여 볼 수 없다는 점을 분명히 한다. 그리고 그러한 이기의 분수 과정을 '그릇-물' '허공-병'의 비유를 통해 묘사한다.

　그릇에 담긴 물은 그릇의 형태에 따라 모양이 달라진다. 이것은 이이가 '그릇 속의 물'이라고 하는 개념적 은유를 통해서 이기를 파악하는 방식이다. 이 '그릇' 은유는 '말타기'(인승마) 은유와 함께 이기 이해의 두 축을 이룬다. 이이는 인승마 은유보다는 그릇 은유를 선호한다.

　물과 공기로 은유되고 있는 이는 그릇의 모양과 크기로 은유되는 기에 따라 통과 국의 의미가 드러나게 된다. 이이에 따르면, 이는 무형이기 때문에 이통理通이라 하고 기는 유형이기 때문에 기국氣局이라고 한다. 이것은 무형성으로 인해 이는 시간·공간에 제약받지 않지만 유형성으로 인해 기는 시간·공간에 제약을 받게 되는 의미다. 따라서 "물은 그릇에 따라 모나고 둥글며, 허공은 병을 따라 작고 커진다"고 하는 것이다.

이렇게 본다면, 이는 형이상자로서 시공을 일관하는 보편성을 지니므로 통이라는 것이고, 기는 형이하자로서 구체적 사물의 현상으로 드러나는 특수성이므로 국이라고 이해해도 좋다.

【이이 6】 원문 74   이유동정_음양동정_기자이

나는 누가 음양을 빠르고 더디게 하는지 알지 못한다. 다만 자연히 그러한 것에 불과하다.

『율곡전서』 권14, 「천도책」

음양동정은 기틀이 스스로 그러할 뿐이지 누가 시켜서 그러한 것이 아니다. 양의 움직임이란 이가 움직임에 타는 것이지 이가 움직인다는 것이 아니요. 음의 멈춤이란 이가 멈춤에 타는 것이지 이가 멈춘다는 것이 아니다.

『율곡전서』 권10, 「성호원에게 답하다」

> 그릇이 움직이면 물이 반드시 움직이나 물이 스스로 움직이지
> 못함은 이는 무위요, 기는 유위인 것과 같다.
>
> 『율곡전서』 권10, 「성호원에게 답하다」
>
> 동정의 기틀은 누가 시키는 것도 아니요, 이와 기도 앞뒤를 말할
> 수 있는 것이 아니다. 그러나 기가 동정하는 것은 모름지기 이가
> 근본이 된다.
>
> 『율곡전서』 권20, 「성학집요」

이이는 이유동정이란 이가 동정에 있다는 말이지 이 자체가 동정하는 것은 아니라고 본다. 이는 형이상자로서 무형무위하기 때문이다. 형이상자인 이가 동정하는 것이 아니고, 동정하는 것은 음양의 기일 뿐이다. 그렇기 때문에 이가 동정함에 따라 음양이 동정하는 것이 아니라 음양의 동정이라는 작용성에 의해 이는 단지 '동정에 타는 것乘於動靜'에 불과하다.

이이는 '기자이機自爾' '자연이연이自然而然爾' '비유사지자非有使之者' 등의 운동 변화를 기에서 찾는다. 이것은 운동성의 원인을 선험적인 원인자를 설정하지 않고 기 자체의 내재적 성질로 파악하고 있다는 점에서 주목할 만하다. 태극인 이의 운동성을 철저히 부정하고 오직 음양인 기 자체의 운동성을 인정하는 태도다.

이렇게 볼 때 이이가 인식하고 있는 태극의 존재는 음양에 비하여 상대적으로 능동적이지 못하며 오히려 음양에 의해 제약당하는 것으로 비칠

가능성이 있다. 이러한 점을 이이 자신도 염두에 두지 않을 수 없었던 듯하다. 그래서 이이는 태극음양은 선후를 말할 수 없고 동정은 비록 기 자체의 작용성에 의한 것이라고 해도 모든 현상성의 배후에는 이가 있다고 결론내린다. 기가 동하고 정한 것은 모름지기 이가 근본이 되는 것이다.

【이이 7】 원문 75　　　　　　　　　　　　　　　　　　　　기발리승

이에는 체용이 있으니 진실로 그러하다. '하나의 근본인 이一本之理'는 이의 체요 '무수하게 나뉘는 이萬殊之理'는 이의 용이다.
『율곡전서』 권12, 「안응휴에게 답하다」

합해서 말하면, 천지와 만물이 동일한 기이고, 나누어 말하면 천지와 만물이 각각 한 기를 가지는 것이다. 동일한 기이기 때문에 이일인 것이요 각각의 기이기 때문에 분수하는 것이다.
『율곡전서』 습유 권5, 「수요책」

이는 비록 하나이나 이미 기에 타면 그 나뉨이 만 가지로 다르게 된다. 그러므로 천지에 있어서는 천지의 이가 되고, 만물에 있어서는 만물의 이가 되며, 사람에 있어서는 사람의 이가 된다. 그런데 그와 같이 무수히 고르지 못하게 되는 것은 기가 그렇게 하기 때문이다.

『율곡전서』 권10, 「성호원에게 답하다」

본연이란 것은 이일이요, 유행이란 것은 분수다. 유행의 이를 버리고 따로 본연의 이를 구하는 것은 진실로 옳지 않지만 만약 이에 선악이 있다는 것으로써 이의 본연으로 삼는다면 이것 역시 옳지 않다. 이일분수 네 글자는 가장 체인하고 연구해야 한다. 한갓 이일만 알고 분수를 알지 못한다면 이는 불교에서 작용을 성으로 생각하여 함부로 방자한 것과 같은 것이요, 한갓 분수만 알고 이일을 알지 못한다면 순자와 양웅이 '성이 악하다든지 선악이 혼효되어 있다性善惡混淆說'든지 하는 것과 같은 것이다.

『율곡전서』 권10, 「성호원에게 답하다」

이이는 이일인 통체일태극統體一太極이 만리라는 각구일태극各具一太極으로 어떻게 전이되는지를 분수라는 구체적 과정을 통해서 일관된 설명을 한다. 이가 어찌하여 만 가지로 다름이 있는가 하면, 기가 가지런하지 못하므로 기를 타고 '변화운동流行'함에 만 가지로 다름이 있게 되는 것이다. 이가 어찌하여 유행하는가 하면, 기가 유행할 때에 이가 그 기틀을 타기 때문이다.

이이가 파악하고 있는 이와 기는 불상리하므로 무위인 이는 유위의 운동성을 가진 기의 특성으로 말미암아 유행하게 되고 이러한 결과로 다양하게 나뉜다. 이이는 이발이란 있을 수 없고 다만 '기발리승일도'를 말하고 있는데, 이러한 기발리승이 바로 이일로부터 만수로 전화되는 내적 동인인 셈이다. 태극인 이 자체는 기가 갖는 유위의 운동성에 타는 것이다. 그러나 이가 유행하는 기에 탔다고 해서 이 자체의 성질에 변화를 가져오는 것은 아니다. 이는 '본연한 이本然之理'일 뿐이다.

본연의 이는 기의 유행에 의해 현상세계에서 개별적인 이가 된다. '하나의 이理—'가 나뉘어 개별의 이가 되지만, 그것은 동질의 이다. 이것이 바로 각각 하나의 태극이면서 전체로 보면 하나의 태극이라는 것이다. 따라서 이이는 이러한 이일분수에 의해서 이가 분기되지만 본체의 이와 현상의 이는 별도로 구분지을 수 없다고 본다.

이이는 여기서 이의 체용을 들어 이일분수를 설명하기도 한다. '하나의 이理—'라는 본체가 기발리승의 변화운동을 통해 현상화된다 하더라도 그 본연의 특질에는 조금도 변화가 없다는 점을 강조하기 위한 것이다.

그러나 이이의 이일분수설에는 근본적인 의문점이 있다. 이일분수라고 했을 때 기는 어디에 존재하는가라는 의문이다. 이이가 정의하고 있는 이기관에서는 '이기는 원래 떨어져 있는 것이 아니고元不相離' '본래 합해 있는 것理氣本合'이다. 이러한 이기관은 나흠순의 관점과도 유사하다.

이이의 관점에서라면 이가 분수될 때 기도 마찬가지로 분수되어야 하지 않을까? 이만 분수한다면 이것은 '이기불상리理氣不相離'의 모순이다. 이이의 고민도 여기에 있었을 듯하다. 이이는 명시적으로 기의 분수에 대해 언급하고 있지는 않지만 기의 분수에 대해서는 인지하고 있었다. 그런데 만일 기의 분수를 말한다면, 이발기발과 다를 것이 없게 된다. 그러한 개념상의 혼선을 막기 위해 이이는 단지 이일분수만을 말한다. 그것을 말하면 이기불상리이므로 당연히 기의 분수도 포함되기 때문이다. 그런데 보다 근본적인 문제가 있다. 그것은 기 자체의 유동성이다.

이이는 이를 '본연의 이本然之理'와 '유행의 이流行之理'로 나누어 본체와 현상의 이로 구분한다. 기도 마찬가지로 '본연의 기'와 '유행의 기'로 구분한다. '하나의 기一氣', 즉 본연의 기가 유행의 기로 나뉘어 만물의 기가 된다. 그런데 이의 분수에서는 '이理一', 곧 본연의 이가 갖는 보편성이 현상과 본체에 구애됨 없이 드러나지만 기는 그렇지 않다는 것이다. 기는 그 본연을 잃어버리면 기의 본연은 이미 있는 데가 없게 된다. 이이는 본연의 기가 일관되게 존재할 수 없다는 한계를 인정함으로써 그 보편적 성질이 제약될 수 있다고 본다. 기일분수의 문제는 임성주에 이르러 재론된다.

이통기국_1 　　　　　　　　　　　　【이이 8】 원문 76

'기가 발하여 이가 탄다'는 것은 무슨 말인가? 음양이 동정하는 것은 기틀이 스스로 그러한 것이지, 별도로 시키는 것이 있는 것이 아닙니다. 양이 움직이면 이가 움직임에 타는 것이지 이가 움직이는 것이 아니고, 음이 멈추면 이가 멈춤에 타는 것이지 이가 멈추는 것은 아닙니다. 그러므로 주자는 "태극이란 것은 본연의 묘요, 동정이라는 것은 이것이 타는 기틀이다"라고 했습니다. 음양의 동정은 그 기틀이 스스로 그러한 것이지만 음이 멈추고 양이 움직이는 까닭은 이 때문입니다. 그러므로 주돈이는 "태극이 움직여 양을 생하고, 멈춰서 음을 생한다"고 했습니다. 이른바 "움직여 양을 생하고 멈춰서 음을 생한다"는 말은 아직 작용이 '미치기 전의 상태未然'에 근거해 말한 것이요, "동정은 이것이 타는 기틀이다"라는 말은 이미 작용이 '일어난 상태已然'을 보고서 말한 것입니다. 동정은 단서가 없고 음양은 시초가 없으니, 이기의 유행은 모두 작용이 일어난 상태입니다. 유행이 어찌 작용이 일어나지 않은 때이겠습니까. 그러므로 천지의 조화와 우리 마음이 발하는 것은 기가 발하여 이가 그것을 타지 않음이 없습니다.

그릇이 움직일 때 물이 움직이는 것은 기가 발할 때 이가 타는 것이요, 그릇과 물이 함께 움직이나 그릇의 움직임과 물의 움직임에 다름이 있지 않은 것은 이기호발로 나뉨이 없는 것과 같다. 그릇이 움직이면 물이 반드시 움직이나 물이 스스로 움직이지 못하는 것은 이는 무위요, 기는 유위인 것과 같다.

『율곡전서』 권10, 「성호원에게 답하다」

이이는 이기 개념에 있어 엄정한 원칙을 고수한다. 그것은 이는 무형무위이고 기는 유형유위라는 것이다. 이러한 규정에 근거해 '발하는 것은 기'이고 '발하는 근거는 이'이며, 이와 기는 분리되어 있지 않기에 발하는 데 있어 시간적 선후를 적용시킬 수도 없다. 이러한 이기에 대한 이이의 사고가 구체화된 것이 기발리승의 명제다.

이이는 기의 운동 변화를 서경덕의 개념인 '기자이機自爾'를 차용해 자기 개념화한다. '기틀이 스스로 그러하다'는 것은 그러한 운동 변화를 '이끄는 별개의 존재를 상정하지 않는다非有使之者.' 그러나 운동 변화를 할 수 있는 근거는 실제적인 운동과는 다르다. 그 근거가 바로 이다. 현상세계에서 다양한 사물의 생성과 변화의 양상이 나타날 수 있는 것은 이기의 유행에 의한 것이고, 이것은 기발리승일 뿐이다. 이황이 주장하는 것처럼 이발과 기발로 나누어서 말할 수 있는 것이 아니다.

이이의 기발리승도 은유적인 개념이다. 이 개념은 경험적 세계의 실상을 상상적 세계 속에 반영한다. 그래서 이 개념을 이해하기 위해서 경험적으로 '가까이 있는 것'을 사례로 들게 된다. 이이는 '이가 탄다'라고 하는 추상적 개념을 경험적 세계의 사실인 '말타기'로 비유한다. 말을 타고 가는 것도 탔다고 말하고, 말을 타고서 가지 않는 것도 또한 탔다고 말하는 것과 같다는 것이다.

기발리승에서는 기발과 이승이 순차적인가의 문제도 의문시된다. 그래서 이이는 기의 유위성을 통해 이의 무위성이 드러나게 되는 것을 '물과 그릇'의 비유를 통하여 설명한다. 그릇이 움직일 때 물이 움직이는 것이 바로 기가 발할 때 이가 타는 것이라는 설명이다. 이것은 그릇과 물이 따로 움직이는 것이 아니라 함께 움직이는 것이다. 이 비유에는 최초로 그릇을 움직이는 존재나 힘을 상정해야 하는 문제를 안고 있기는 하지만, 이이는 물의 움직임은 물을 담고 있는 그릇의 움직임을 통해 가시화된다고 이해한다.

그러나 호발이 가능하려면 물이 움직이는 것과 그릇이 움직이는 것의 차이가 있어야 함에도 그러한 차이는 없다는 것이다. 따라서 물과 그릇이 함께 움직일 수 있는 것은 이기가 불상리하기 때문임과 동시에 기가 발하여 이가 그 기에 타기 때문에 가능한 것이다.

【이이 9】 원문 77　　　　　　　　　　　　　　　　　　　　　　이통기국_2

'이통기국' 네 글자는 내가 숙고하여 깨달아 얻은 것이기는 하지만, 그러나 혹 나의 독서가 많지 않아서 선유들에게 이런 말이 있는 것을 보지 못했을 수도 있을 것입니다.

이와 기는 원래 서로 떠나지 아니하여 흡사 한 물건 같으나 그 다른 것은 이는 무형이고, 기는 유형이며, 이는 무위이고, 기는 유위입니다. 무형·무위하여 유형·유위의 주主가 되는 것은 이요, 유형·유위하여 무형·무위의 기器가 되는 것은 기입니다. 이는 무형이요, 기는 유형이므로, 이는 통하고 기는 국한되며, 이는 무위요 기는 유위이므로, 기가 발하면 이가 타는 것입니다.

이가 통한다는 것은 무엇을 말하는가? 이는 본말선후도 없습니다. 본말선후가 없으므로 감응하지 않았을 때도 먼저인 것이 아니며, 이미 감응했을 때도 뒤인 것이 아닙니다. 이는 정자의 말입니다. 그러므로 기를 타고 유행하여 천태만상으로 고르지 아니하나 그 본연의 묘리는 없는 데가 없습니다. 기가 치우치면 이 역시 치우치게 되지만, 그 치우치는 것은 이가 아니라 기 때문이며, 기가 온전하면 이 역시 온전하게 되니, 온전해지는 것은 이 때문이 아니라 기 때문입니다. 맑고 탁하고 순수하고 잡박한 것과 찌꺼기, 재, 거름, 오물 가운데도 이가 있지 않은 곳이 없고, 각각 그 성이 되지만 그 본연의 묘리는 손상되지 않고 그대로입니다. 이것을 이통이라고 하는 것입니다. 기가 국한된다는 것은 무엇을 말하는가? 기는 이미 형적에 관계되기 때문에 본말선후가 있습니다. 기의 본체는 담일청허湛—淸虛할 뿐이어서 일찍이 찌꺼기, 재, 거름 오물 등과 같은 잡스러운 기가 있겠습니까마는 그것이 끊임없이 변화 운동하여 조금도 쉬지 않기 때문에 천태만상으로 고르지 않게 되고 무수한 변화가 생깁니다. 이에 기가 유행할 때에 그 본연을 잃지 않는 것도 있고, 그 본연을 잃어버리는 것도 있게 됩니다. 이미 그 본연을 잃어버리면 기의 본연은 이미 존재할 곳이 없게 됩니다. 치우친 것은 치우친 기이지 온전한 기가 아닙니다. 맑은 것은 맑은 기이지 탁한 기가 아닙니다. 찌꺼기나 재는 찌꺼기나 재의 기이지 담일청허의 기가 아닙니다. 이것은 만물에 이의 본연한 묘리가 어디서나 그대로 있지 않음이 없는 것과는 같지 않습니다. 이것이 기의 국한이라고 하는 것입니다.

『율곡전서』 권10, 「성호원에게 답하다」

이통기국설은 이이의 사변철학에서 백미라고 해도 좋을 듯하다. 그의 이기에 대한 개념적 정의와 이러한 개념들을 통해 체계적으로 사고하는 개념 체계가 하나의 틀로 구축되어 있다. 이러한 이론의 제기는 이황이 '호발설'을 제안한 것과 마찬가지로 성리학사에서 새로운 획을 긋는 분기점을 만든다. 이 말은 이황의 호발설이 주자성리학의 한 면을 확장시킨 것처럼 이이의 이통기국설은 주자성리학의 또 다른 면을 확장시킨 것이다. 이황과 이이의 그 서로 다른 지점은 결국 주자성리학의 서로 다른 지점이기도 하다. 그 차이의 근원은 '이' 개념에 있다.

이이에 따르면 이는 본래 선한 것으로 형체가 없고 작위함이 없다. 반면 기는 선 그 자체가 아니라 맑고 탁함의 차이가 있고 형체가 있으며 작위함이 있다. 이와 기의 이러한 성질상의 차이에도 불구하고 이기는 원래 불상리不相離하면서 불상잡不相雜할 뿐만 아니라 본유本有하다. 그래서 이기는 일이이一而二, 이이일二而一의 관계로 말해지고, 이러한 관계는 이이에게 있어서 이기지묘理氣之妙로 설명된다. 그리고 이기의 발동은 기발리승일도氣發理乘一途이며, 현상의 다양성은 이일분수理一分殊에 의해서 만들어진다. 이러할 때, 현실에서 생기는 부조리함은 무엇으로 설명할 수 있을까? 이이는 이러한 문제를 설명해낼 이론을 고안한다. 현실적으로 이의 주재가 문제가 되기보다는 기의 세력이 강한 게 문제가 될 때가 많기 때문에 이이는 이 문제를 자신의 철학으로 설명하려 한다. 이의 주재성과 기의 용사用事를 하나의 개념 속에서 설명할 수 있는 방도를 모색한다. 그래서 탄생한 것이 이통기국이다. 이이는 이통기국 네 자는 자신이 스스로 체득하여 깨달은 것이라고 한다.

이통기국은 자의로만 해석한다면 이는 통하고 기는 국한된다는 의미다. 이통이란 무엇을 말하는가? 이는 본말 선후가 없다. 이에 본말 선후의 차별성이 없으므로 이는 일관하다는 뜻이기도 하다. 그러나 기는 '균질하지 못하기 때문에參差不齊' 편전이 있게 된다. 이는 곧 구체적 사물 현상에 있어 편전의 원인은 이에 있는 것이 아니라 기에 의한 것임을 말하며, 기의 이러한 변화에도 불구하고 이는 그 본연성을 훼손당하지 않고 그대로 유지된다. 본연지리는 기발에 타 유행지리가 된다 하더라도 그 본체의 속성을 잃지 않고 '어디에든 항상 존재無所不在'한다. 이의 이러한 특성을 '이통'이라 한다. 본체로서의 이일이 분수되어 만리가 됨에도 불구하고 통체일태극은 각기일태극으로서 존재하는 것, 이것이 이통이다.

그럼 기국이란 무엇을 말하는가? 기는 구체적인 현상성을 일컫는다. 따라서 그 현상에는 선후 본말이 있다. 여기서 선이라 함은 기의 본연, 즉 본연지기를 말하고 후란 본연지기가 발현된 양태를 말한다. 본연지기는 기 자이한 유위성으로 기발하게 되고 그 균질적이지 않은 기의 특성으로 말미암아 변화의 양상이 생겨난다. 물론 기의 유행 과정에서 담일청허한 '기의 본연'을 그대로 보존할 수도 있고 그것이 변화될 가능성도 있다. 그러나 기의 본연은 현상 속에서 '전일하게 드러나지 않으므로 항상 존재하는 것만은 아니다多有不在.' 이것을 기의 국한됨이라고 말하는 것이다. 이이가 기일분수를 말하지 못하는 한계가 바로 여기에 있다.

【 이이 10 】 원문 78　　　　　　　　　　　　호발설 비판_기발일도

> 이통기국이라는 것은 요컨대 본체의 측면에서 논의해야 할 것이기는 하지만, 역시 본체와 분리된 유행의 측면에 대해서 논구할 수는 없습니다. 사람의 성이 사물의 성이 아닌 것은 기의 국한된 것이요, 사람의 이가 곧 사물의 이인 것은 이가 통한 것입니다. 모나고 둥근 그릇은 같지 않지만 그릇 속의 물은 한가지입니다. 크고 작은 병은 같지 않지만 병 속의 허공은 한가지입니다. 기가 근본이 하나인 것은 이가 통하기 때문이요, 이가 만 가지로 나뉘는 것은 기에 국한되기 때문입니다. 본체 중에 유행이 갖춰져 있고, 유행 중에 본체가 존재합니다. 이것을 미루어보면 이통기국설이 과연 일변에 떨어져 있겠습니까?
>
> 『율곡전서』 권10, 「성호원에게 답하다」

이통기국은 본체상으로 말한 것이기는 해도 그 본체라는 것도 구체적인 현상과 분리되어 따로 존재하는 것은 아니다. 이이는 그러한 사례로 인성과 물성의 차이를 말한다. 인성과 물성은 근원의 이는 같으나 기질에 국한되어 통하고 막힘의 차이가 생기므로 각기 구별된다. 그러나 이 자체는 기의 국한됨에 의해 가려질 뿐이지 변화가 있는 것은 아니다. 따라서 기의 국한됨에 가려진 이의 본체는 현상의 이면에도 존재하고, 그러한 점에서 현상에는 본체가 내재된다.

이러한 이통기국의 논리는 그것이 본체상에서 말한 것이기는 해도 또한 유행, 즉 현상을 떠나서는 본체를 말할 수 없다는 데 중요성이 있다. 이것은 현상과 본체의 불가분리성에 근거를 두고 있다. 다시 말하면 인간의 현상적인 불완전성은 바로 균질적이지 않은 기의 특성에서 비롯되지만 그러나 동시에 선의 본체인 이가 어디에나 존재하기 때문에 그 선을 추구하는 인간의 노력이 절실히 요청되는 것이다. 이것은 바로 인간 누구나 '성인의 가능성'을 가지고 있음을 말하는 것이다.

이일분수　　　　　　　　　　　　　　　　　　　　【이이 11】원문 79

이는 형이상자요, 기는 형이하자다. 이 둘은 서로 떨어질 수 없으며, 이미 서로 떨어질 수 없으면 그 발용도 하나이니, 서로 각각 발용함이 있다고 할 수 없을 것이다. 만약 '서로 발용함이 있다' 하면, 이것은 이가 발용할 때 기가 혹 미치지 못하는 경우도 있고, 기가 발용할 때 이가 혹 미치지 못하는 경우도 있을 것이니, 이렇다면 이와 기가 이합이 있고 선후가 있고, 동정에 단서가 있고, 음양에 시초가 있는 것이니, 그 오류가 적지 않을 것이다.

『율곡전서』 권10, 「성호원에게 답하다」

이제 만약 "사단은 이가 발할 때 기가 여기에 따르고 칠정은 기가 발할 때 이가 여기에 탄다"고 한다면, 이는 이와 기라고 하는 두 개의 것이 혹 앞서기도 하고 혹 뒤에 있기도 하여, 서로 대대가 되어 두 갈래로 제각기 나오게 된다. 사람의 마음에 어찌 두 근본이 있겠는가?

『율곡전서』 권10, 「성호원에게 답하다」

주자가 '이에서 발하고, 기에서 발한다'고 한 말은 그 뜻이 반드시 다른 데 있다. 오늘날 사람들은 그 뜻을 터득하지 못하고, 다만 그 말씀만 지켜 이와 기를 분개하여 끌어대니, 갈수록 그 참뜻을 잃어버리게 되지 않겠는가. 주자의 의도는 '사단은 오직 이만을 말하고 칠정은 기를 겸하여 말한 것'에 불과할 뿐이요, '사단은 이가 먼저 발하고 칠정은 기가 먼저 발한다'는 것은 아니다. 이황은 주자의 설을 근거로 하여 이론을 세워, '사단은 이가 발할 때에 기가 따르고, 칠정은 기가 발할 때에 이가 탄다'고 했으니, 이른바 기가 발할 때 이가 탄다는 것은 옳다. 단지 칠정만이 그러할 뿐만 아니라 사단 역시 기가 발할 때 이가 타는 것이다.

『율곡전서』 권10, 「성호원에게 답하다」

혼륜하여 서로 떠나지 않는 이와 기가 어찌 상대하여 호발하는 이치가 있겠는가. 만약 주자가 진정 이와 기가 서로 발용하고 상대하여 각각 나온다고 여겼다면 이는 주자 역시 잘못 안 것이니, 어떻게 주자가 될 수 있겠는가.

『율곡전서』 권10, 「성호원에게 답하다」

이이는 우주자연에 대한 파악을 인간에 대한 이해의 관점과 직결시키고 있다. 그래서 이기론의 관점은 심성론과 연동한다. 이러한 관점은 소이연과 소당연을 함께 논하는 대다수의 성리학자와 다르지 않다.

　이이의 이기관에서 핵심은 이는 형이상자로서 무형무위하다는 것이다. 그래서 운동성이 없다. 기는 형이하자로서 유형유위하기 때문에 운동성을 가진다. 이러한 관점을 근거로 이이는 이황의 호발설을 비판적으로 이해한다.

　이이는 사단과 칠정은 하나의 정인데 이를 이발과 기발로 분속하는 것은 이와 기를 두 개로 나누는 것으로 본다. 이것은 마음에 두 근본을 두는 것이기 때문에 잘못이라고 지적한다. 따라서 이황이 호발론의 근거로 들고 있는 호유발용互有發用의 입장과 이를 소주所主로 나누어 파악하는 것에 대하여 비판한다.

　이이는 이기불상리의 관점에 선다. 그래서 드러나는 작용은 하나라고 본다. 만일 각기 드러난다고 하는 '호유발용'을 인정할 경우, 이도 발용하게 되므로 무위한 것이 아니라 유위한 것이 된다. 그러면 이는 형이상자가 될 수 없다. 따라서 이기는 선후가 없고, 분리되거나 합치는 때가 없기 때문에 호발은 불가하다.

　이황은 기대승과 사단칠정에 대한 논변을 하면서 주희가 '사단은 이의 발四端是理之發이고, 칠정은 기의 발七情是氣之發이다'라고 한 것을 발견한다. 그래서 자신의 견해가 크게 잘못되지 않았음을 믿게 된다. 이이는 이황과는 다른 해석을 한다.

　이이는 주희가 말한 의미는 사단은 오직 이만을 전제하여 말한 것이고,

칠정은 기를 겸해서 말한 것이라고 본다. 그렇기 때문에 사단은 이가 먼저 발하고 칠정은 기가 먼저 발하는 것이 아니다. 이황이 주희의 말을 근거로 이기호발을 말하는 것은 잘못되었고, 단지 기발리승이라고 해야 할 뿐이라고 비판한다.

이이는 만일 주희도 이기가 서로 발용하여 상대해서 각자 드러나는 것이라고 인정했다고 한다면, 그것은 주희가 잘못 이해한 것이라고 단언한다. 이이는 주희가 적어도 그렇지 않을 것이라고 여기지만 이러한 입장은 자신의 이론에 대한 강한 확신에서 비롯된 것이다. 이처럼 이이는 이황이 이기를 이물二物로 파악하기 때문에 이기호발을 주장한다고 본다. 따라서 "이황의 병은 오로지 호발 두 자에 있으니 애석하구나!"라고 한다.

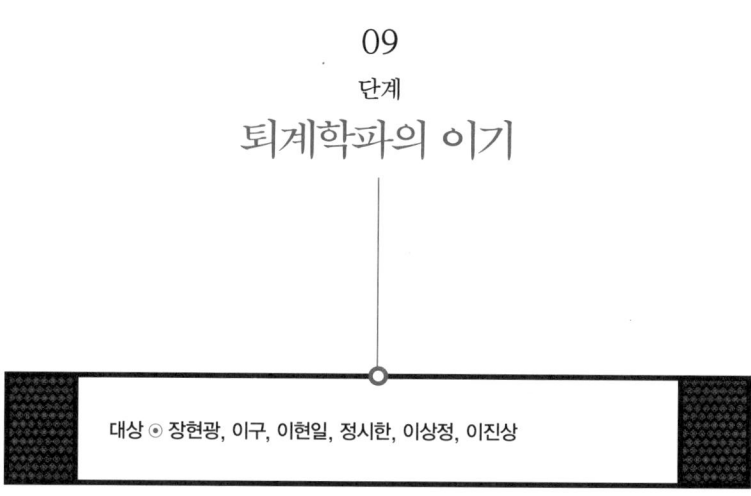

09
단계
퇴계학파의 이기

대상 ⊙ 장현광, 이구, 이현일, 정시한, 이상정, 이진상

9단계에서는 퇴계학파가 형성되기 이전인 17세기 중엽부터 퇴계학파가 성립되는 17세기 후반 이후의 주요한 이기론적 갈래를 살펴본다.

장현광은 이황 사후 영남의 대표적인 사림으로 퇴계학을 독창적인 관점에서 계승한다. 이구는 율곡학을 논파하기 위해 퇴계학을 옹호하는 첨병과도 같은 역할을 한다. 이현일과 정시한은 17세기 중후반에 율곡학파에 맞서서 퇴계학파를 이끌었던 대표적인 인물이다. 이현일이 학술 외적인 측면에서까지 율곡학을 비판했다고 한다면, 정시한은 상대적으로 학술적인 면에 입각해 퇴계학의 논리를 정립하고자 했다. 이상정은 18세기 퇴계학파를 새롭게 일신하는 '소퇴계'로 평가된다. 그는 분별에 치우쳤던 퇴계학을 혼합의 관점을 통해 합리적으로 재해석한다. 이진상은 퇴계학의 종지를 '심즉리'로 파악하고 이理를 중심으로 한 이황의 근본적인 사유로 재복원하고자 시도한다.

【 장현광 1 】 원문 80　　　　　　　　　　　　　　　이기_경위설

이는 곧 도의 경(날실)이고 기는 곧 도의 위(씨실)입니다. 경이 되고 위가 되는 것은 비록 구별되지만 실이라는 점에서는 같으니, 그 근본을 둘로 나눌 수 있겠습니까? 이가 되고 기가 되는 것은 비록 구분되지만 도라는 점에서는 같으니, 그 근원을 둘로 나눌 수 있겠습니까? 그 항상된 것을 가리켜 이라고 하고, 변화하는 것을 가리켜 기라고 하니, 이는 진실로 기에 대한 경이고 기는 본래 이에 대한 위입니다. 이가 어찌 기의 이에 관여하지 않겠으며, 기가 어찌 이의 기에 근본하지 않겠습니까? 오직 이는 변화 없이 일관되고 기는 변화하여 고르지 않기 때문에 이는 그 자체로 이이고 기는 그 자체로 기라고 의심하게 됩니다. 그러나 변화하지 않는 것은 변화하는 것의 체이고 변화하는 것은 변화하지 않는 것의 용입니다. 그러므로 용이 체를 이기고 말단이 근본을 어그러뜨린 연후에 도는 그 항상됨을 잃게 되고, 위와 경은 반대가 되며 비로소 이를 거스르는 기가 있게 됩니다. 그 이를 거스른

기를 보고 곧 이 밖에 기가 있다고 여긴다면, 이것은 진실로 도
를 모르는 것입니다.

『성리설』권4, 「경위로 이기를 비유하여 논하다」

장현광張顯光(1554~1637)은 이황과 이이 사후 조선 중기를 대표하는 성
리학자다. 그는 퇴계 문하인 한강 정구의 조카사위고 지역적으로 영남 안
동 출신이어서 학통상 퇴계학과 연결된다. 대체로 이황의 주요한 이론을
계승하지만 이와 기를 구분하는 퇴계학의 일반 경향과 달리 이와 기의 근
본이 하나임을 강조하고, 부분적으로는 이이의 이론을 받아들이면서 자
신의 이론을 제안한다. 이와 같은 개성적인 학술상의 면모로 인해 그는 영
남의 유자들로부터 비난을 받기도 한다.

장현광의 성리학은 송대 소옹의 선천 상수역학에서부터 정주 성리학의
이기심성에 대한 이론까지 그 영역이 넓고 깊다. 방대한 자연학적 탐구로
부터 도덕형이상학에 이르는 학술 영역이 그가 탐구한 유학의 세계다.

그의 학술상의 특징은 이기론과 심성론에 일관하여 이의 본연성을 확
보하고 동시에 기를 포용하는 경위론적 태도를 취하고 있다는 점이며, 궁
극적으로는 도로 포괄하려 한다. 이것은 주경치위主經治緯 혹은 준경치위準
經治緯의 공부론으로 구체화된다.

우리는 이런 질문을 던질 수 있다. 장현광은 이기를 다루면서 어째서
'경위'를 말했을까? 경위를 통해서 그는 무엇을 말하고 싶었을까?

새로운 개념의 탄생은 이전과는 다른 사유 내용과 방식을 함께 보여준

다. 개념의 탄생은 새로운 사유의 발견이라고 할 수 있다. 장현광이 경위라는 개념을 발명한 것은 새로운 사유를 발견했다는 것을 의미한다.

장현광은 이를 경에 비유하고 기를 위에 비유해 자신의 이기설을 경위로 설명하면서 이와 기를 도로 통합하고 있다. 이렇게 경위를 통해 이기를 비유할 수 있는 것은 경위가 두 사물이 아니고 이기가 두 도가 아니기 때문이다.

장현광은 하나의 도에 체용 본말이 있다는 것을 주목해 이와 기가 서로 별개의 것으로 분리되는 것이 아니라고 설명한다. 이는 '기의 이氣之理'고 기는 '이의 기理之氣'이기 때문이다. 이와 기는 상관적이다. 이러한 이기에 대한 장현광의 사유는 일면 나흠순의 사유와 닿아 있다. 나흠순도 '이는 기의 이氣之理'라고 언급하고 있는데, 이는 이기를 객관적 실재로부터 사고하려는 경향의 유사성 때문이다. 우주자연과 인간의 실상은 '날실經-이'와 '씨실緯-기'의 결합을 통해 직조된다. 장현광의 학설에서 이처럼 이 세계와 우주의 전개 과정은 도라고 하는 포괄적이고 통합적인 개념에 포섭되고 있는데, 이것이 이기경위설이다.

경위를 통해 이와 기를 설명하는 것은 장현광의 독특한 은유다. 경과 위가 비록 경험적으로 발견되는 천과 같은 직물의 직조 방식, 곧 베틀에서 베를 짜는 방식을 염두에 두고 상상된 것이라는 한계는 있지만, 이 경위의 은유는 이와 기가 구체적으로 결합되는 방식에 대한 사유를 가능하게 한다는 점에서 탁월하다. 경이라고 하는 날실이 위라고 하는 씨실과 만나는 지점이 구체상을 형성하는 좌표다. 좌표가 만나는 지점으로서의 경과 위는 변화하는 것과 변화하지 않는 것이 만나서 만들어지는 지점이다. 곧 이와 기가 구체성을 형성하고 상호 관계 속에 상관적으로 얽혀 있다는 것을 시사한다. 변화하는 것에는 변화하지 않는 것의 정체가 담겨 있고, 변화하지 않은 것에는 변화하는 것이 관계한다. 서로 얽혀서 관계적으로 구성된다. 그럼에도 이와 기는 각각의 경위의 위상을 갖는다는 점에서 일물이 아니다.

 그렇다면 장현광은 어째서 천을 직조하는 것과 같이 경위의 비유를 들어 이와 기를 설명하고자 했을까? 장현광은 당대의 학자들이 틀에 갇힌 관점으로 이와 기를 차별적이고 대립적으로 이해하는 것에 대해 비판적이다. 특히 그 자신이 퇴계의 학통과 연결되면서도 이와 기를 엄격히 분리하여 파악하는 퇴계학파의 견해에 비판적이다. 장현광이 이황의 '이발기발'의 '호발설'에 부정적인 것도 이와 같은 이유에서다. 장현광은 이와 기는 쪼개어 나눌 수 있는 것이 아니라고 본다. 그런 점에서 장현광은 이와 기가 서로 뒤섞여 있다는 '불상리不相離' 또는 '혼륜渾淪'의 관점에 있다. 궁극적으로는 도를 통해 포괄하려 한다.

 이와 기를 통한 경위설의 제기는 그 이론의 타당성 여부를 떠나서 치유적이다. 이황의 호발설을 보완하면서도 이이의 기발 일변의 설도 조정한다. 기존의 논의들이 이 혹은 기를 말하여 경쟁적으로 대립하는 상황에서 그러한 대립 구도를 다른 방향에서 조정하고 조절하려 하기 때문이다. 장현광은 이와 기는 하나의 근원, 도로 포괄된다고 주장한다. 장현광의 사유는 이미 논의되었던 것들을 조정하고 화해하는 치유적 색채를 보여준다.

【장현광 2】 원문 81

이라고 하는 것은 동정[움직임과 멈춤]으로 말할 수 없습니다. 이미 동정이라고 말했다면 그것은 곧 기입니다. 이는 본래 기를 산출하는데, 기가 산출되기 전에는 그 자체가 이일 뿐이니 어찌 멈춤을 이라고 할 수 있겠습니까? 기가 산출된 뒤에도 그 자체가 역시 이일 뿐이니, 어찌 움직임을 이라고 할 수 있겠습니까? 다만 멈춤에 이가 없을 수 없고 또한 움직임에 이가 없을 수 없기 때문에 산출된 기에 반드시 멈춰서 한 번 음이 되는 것이 있고 반드시 움직여서 한 번 양이 되는 것이 있습니다. 이라고 하는 것은 있음의 근본이지만 있음에 간섭되지 않고, 온갖 작위의 근원이지만 작위에 간섭되지 않으니, 그것을 움직임과 멈춤으로 말할 수 있겠습니까? 주돈이가 "움직여 양을 낳고 멈춰서 음을 낳는다"라고 한 것은 역시 이 이가 기를 산출하는 것을 가지고 말한 것입니다. 이른바 낳는다는 것 역시 형체를 가진 존재들 사이에서 낳는 것과는 같지 않습니다.

「성리설」 권3, 「태극설」

장현광의 이기론에서 핵심은 '일원一源'의 관점이다. 이와 기는 각기 다른 근원을 가진 것이 아니라 하나의 근원을 갖는다고 이해한다. 왜냐하면 기는 이에서 산출되기 때문이다. 기가 이에서 산출된다는 것은 사실적인

진술이 아니라 은유적 진술이다.

그렇다면 이는 동정하는가? 장현광은 이의 직접적인 운동성을 차단한다. 직접적인 운동 변화는 기에 의한 것이고 이는 그러한 변화운동의 근원이다. 이는 동정의 항상성을 가능하게 하는 근거라는 것이다. 이렇게 보면, 동정이라는 작위의 운동성은 기에 귀속되지만 기의 운동을 가능하게 하는 것은 이에 의해서다. 따라서 이와 기가 하나의 근원, 특히 이에 근원한다는 점을 염두에 둔다면 기의 운동은 실제로 이의 운동으로 설명될 수 있다. 그래서 장현광은 '기의 동정은 곧 이의 동정'이라고 규정한다. 이렇기 때문에 사단칠정의 발용에서 장현광은 이발을 말할 수 있게 된다. 장현광에게 있어서 사단과 칠정은 모두 이에 근본하고 있기 때문에 사칠은 '이발'일 뿐이다.

이기_주재와 성취 【장현광 3】 원문 82

이는 기를 주재하고 기는 이를 성취합니다. 주재라는 것은 운동 변화의 근거와 근본이 된다는 것을 말합니다. 그리고 성취라는 것은 실행과 사업을 말합니다. 이일지라도 기의 실행과 사업이 없으면 그것이 어찌 무극·태극의 지극히 높고 지극히 귀한 전체가 될 수 있으며, 기일지라도 이의 근거와 근본이 없으면 그것이 어찌 하늘·땅·사람·사물의 지극히 무성하고 지극히 완비된 큰 실현이 있을 수 있겠습니까?

「성리설」권4, 「이기 경위에 대해서 거듭 논하다」

장현광의 이기론이 독특한 성격을 띠는 것은 그의 이 개념에서 기인한다. 이와 기를 하나의 근원으로 보고, 그러한 근원을 이로 규정한다. 이것은 역으로 말하면 근원인 이를 드러내는 것은 곧 기라는 의미다. 따라서 이가 기에 의해 현실화되는 과정은 이가 기를 주재하는 것이고, 동시에 기에 의해 이를 성취하는 과정이다.

이와 같은 기에 의한 실행과 이의 성취 과정은 보편적 삶의 도리를 실현하는 과정이다. 그것은 날줄과 씨줄로 삶을 직조하는 것과 다르지 않으며, 도의 실현 과정이다. 장현광은 소옹이 선천 상수역학을 통해서 강조했던 도 개념을 받아들여 사업으로 구체화한다. 그것이 바로 우주사업으로서의 도덕사업이다.

【장현광 4】원문 83　　　　　　　　　　　　　　인승마_이기

만약 사람과 말을 하나는 이에 비유하고 하나는 기에 비유하면 주인과 심부름꾼의 나뉨이 제법 그럴듯하게 됩니다. 그렇지만 두 사물로 이기를 비유하면 아마도 사람들은 이기에 두 근본이 있는 것처럼 의심하게 됩니다. 사람이 비록 말을 타지만, 혹 말 없이 가는 경우도 있으니, 이는 과연 기를 기다리지 않고 스스로

가는 경우가 있습니까? 이렇기 때문에 참으로 사람과 말을 이와 기에 서로 비유하는 것은 마땅하지 않습니다.

『성리설』 권5, 「경위설」

이와 기는 어떻게 드러날까? 이는 무위이고 기는 유위라는 개념은 추상적이기 때문에 쉽게 이해할 수 없다. 그래서 이 개념을 일상적 경험의 세계로 끌어와 설명하는 방식이 인승마 은유다. 한마디로 '말타기'다. 주희가 이 은유를 쓴 이래로 성리학자들은 이기의 발현 양상을 설명하는 데 이것을 활용한다. 특히 이의 운동성을 설명할 때, '이가 스스로 운행할 수 없어 기를 타고 운행하는 것'은 '사람이 스스로 갈 수 없어 말을 타고 가는 것과 같다'라고 하는 이 '인승마'의 비유는 매우 자주 인용된다.

이황은 호발설을 설명하는 방편으로 인승마 은유를 적극 활용한다. 그러나 이 은유는 이이에 의해 호발설을 비판하고 기발리승일도설을 옹호하는 데도 사용된다. 두 사람의 상이한 이론이 동일한 은유를 통해 정당화된다는 것이 가능할까? 이론의 문제일까 아니면 말타기 은유에 문제가 있는 것일까?

장현광은 이기의 발출 문제를 말타기 은유를 통해 설명하는 것은 부적절하다고 지적한다. 말타기는 기본적으로 '사람-말'의 구조로 되어 있다. 이 구도는 '사람은 이'이고 '말은 기'로 구분된다. 장현광은 이와 기가 각기 근원을 갖고 있는 것이 아니라 하나의 근원, 즉 이를 근원으로 하고, 이것은 도로 통합되는 것으로 이해한다. 애초부터 이와 기가 두 개의 근원으로 설정될 수 없기 때문에 말타기는 성립될 수 없다는 것이다.

【이구 1】 원문 84　　　　　　　　　　　　　주리치기_이이 비판

율곡이 이기를 논한 글을 읽어보니, 모두 기氣 자를 강조하여 뒤섞음을 좋아하고 분석을 싫어했으니, 실로 근세 학문의 생사의 갈림길이다. 이에 대략 조목별로 따져서 연구의 바탕으로 삼는다.
『활재집』 권3, 「이기에 대해 변론한 글」

이가 발동하여 사단이 된즉 발동하게 하는 원인이 이가 아니고 무엇이겠는가? 다만 발동하는 것은 이이고 기는 그것을 따른다. 기가 발동하여 칠정이 된즉 발동하게 하는 원인이 기가 아니고 무엇이겠는가? 다만 발동하는 것은 기이고 이가 그것을 탄다. 사단이 순전히 선한 것은 성명의 바름에서 발원하여 애초부터 기가 능히 할 수 있는 것이 아니므로, 기가 아니면 발동할 수 없다고 말할 수 없다. 칠정이 선악을 겸한 것은 형기의 사사로움에서 생겨나서 진실로 이의 본연이 아니므로, 이가 아니면 발현될 것이 없다고 말할 수 없다.
『활재집』 권3, 「이기에 대해 변론한 글」

이는 본래 모두 선하고 기는 선악을 겸했다. 그러므로 천지의 성

은 지극히 선하지만 기질이 있자마자 곧 선악의 뒤섞임이 없을 수 없다. 대상을 느껴 마음이 동하는 데 이르러 어느 것은 의리의 올바름에서 발동하고 어느 것은 형기의 사사로움에서 발동하여, 선악의 기미가 나뉘고 온갖 변화가 생겨난다. 대저 사람은 이 이가 없지 않고 이 기가 없지 않다. 다만 보통 사람은 이가 기에 의해 어지럽혀지고 욕망이 동하여 정이 기승을 부리게 되니, 사람다움이 혹 거의 소멸하게 된다. 그러므로 이와 기의 구분을 분명하게 하지 않을 수 없고, '이를 주인으로 삼아 기를 다스리는' 공부를 더욱 엄격하게 하지 않을 수 있겠는가?

「활재집」권2, 「태극도설은 이기를 분명하게 드러냈다」

1650년 한 장의 상소문은 조선 정계를 발칵 뒤집어놓는다. 영남의 유생들이 집단적으로 서명한 이이와 성혼의 문묘종사 반대 상소 때문이었다. 그것이 「영남유생논우계율곡불합종사소嶺南儒生論牛溪栗谷不合從祀疏」다.

당시 학술과 정권은 서인 계열이 주도하고 있었다. 서인 계열은 학통상 성혼과 이이의 문하생들이 주류를 이룬다. 그러한 상황에서 퇴계 계열의 유생들이 성혼과 이이를 비판하는 상소를 올린 것이다. 이 일로 상소를 주도했던 유직은 성균관 유생들의 명부에서 삭제되고, 율곡 계열과 퇴계 계열은 서로 반목하게 된다. 그러나 실제로 상소를 작성한 사람은 따로 있었다. 활재活齋 이구李榘(1613~1654)였다.

이구는 서인이 주도하는 학술 풍토에서 이황의 학술과 사상을 굳건하게 지켜내고자 했다. 이구에 의하면 이황이 이와 기를 분속하여 호발설을 천명한 것은 '천고의 비밀스러운 관문'을 연 것으로 '수천 년 동안 성인을 기다려도 의혹이 없을 것'이라고 단언한다.

이구의 문묘종사 반대 이유는 간명하다. 이이는 불교의 가르침을 따랐고, 학술적으로는 '기' 자를 주로 하여 기를 이로 여기는 잘못을 범했다. 게다가 마음을 기로 여길 뿐만 아니라, 가치론적으로나 존재론적으로나 명백히 다른 이와 기를 하나의 존재로 보아 분별하지 않았다. 이구가 볼 때, 이러한 입장은 육구연의 연장선에 있다. 그렇기 때문에 문묘에 종사할 수 없다는 것이다. 이구는 기본적으로 이기 관계를 이를 주인으로 하여 운동 변화하는 기를 다스려야 한다고 보는 주리치기主理治氣의 관점이다.

이구가 이이를 비판한 「변론이기서」는 24개 항목으로 구성되어 있다. 이구는 이기심성의 문제 가운데, 특히 이이가 이기의 분개分開 · 분별分別 · 분리分離를 지적한 부분과 호발론에 반대하는 내용을 중심으로 변론한다. 이 변론의 핵심은 이이의 학술이 '기' 자에 중점을 두고 있으며 '뒤섞는 것'을 좋아하지만 '분별하는 것'을 싫어한다는 점이다.

이구는 이이가 제시하는 이기론의 핵심 정리 중 하나인 "발동하는 것은 기이고 발동하게 하는 것은 이다. 기가 아니면 발동할 수 없고 이가 아니면 발현될 것이 없다"는 정식을 비판한다. 발동의 주체는 기이고, 그 기 운동을 통해 발현되는 것은 이라는 것이다. 이러한 이이의 관점에 대해 이구는 전혀 다른 논점을 제시한다. 사단은 발동 주체와 발동 원인이 이이고, 칠정은 발동 주체와 발동 원인이 기다. 극명하게 이이와 차이나는 지점이다.

이구는 이황이 이와 기를 분리하여 파악하고, 호발설을 통해 순선한 사단을 칠정에서 분리한 것은 타당하다고 본다. 그렇게 구분한 데는 의미론적 이유가 있다고 보는 것이다. 욕망에 의해 사람다움이 없어질 수 있기 때문이다. 따라서 이와 기의 구분을 분명하게 하고, '이를 주인으로 삼아 기를 다스리는 공부主理治氣'를 강조하게 되는 것이다.

이_무위: 조화의 근본, 품위의 근거 　　　　　　　　　【이현일 1】 원문 85

이는 비록 무위하지만 실제로는 우주 변화의 중심이고 모든 사물의 근거다. 이이의 이론대로 한다면 이는 단지 허무하고 공적한 것이어서 만물의 근원이 될 수가 없고 음양이라는 기 변화만이 제멋대로 움직여 세계의 변화를 만들어내는 것이 되고 만다.

「갈암집」 권18, 「율곡 이씨의 사단칠정에 대한 글을 변별하다」

이현일은 '상대적으로 소외되었던 퇴계학의 복권'을 통해 시대의 갈등과 모순을 해결하고자 한다. '퇴계학의 복권'은 율곡 계열의 서인(노론) 정권이 주도하는 학술적·정치적 현실에서 그리 녹록한 일은 아니었다. 퇴계를 복권하기 위해서는 16세기 후반 이후 약화되었던 '퇴계학'의 정체성을 규명해야 하고, 또한 정치적으로 퇴계의 철학을 실현시킬 수 있는 정책과 강령이 모색되어야 했다. 보다 근본적인 학술의 정립이 무엇보다 선행되어

야 할 과제였다. 퇴계학에 대한 새로운 학술적 정립과 학파적 규합이 요청되던 시기에 퇴계학파의 종장은 영남 영해의 이현일이었다. 이현일은 퇴계학의 옹호를 위해 학술적·정치적으로 자신을 투기投企한 대표적인 인물이다. 그렇기 때문에 이현일의 율곡학 비판에는 정치적 색채가 강하게 드러난다.

이현일은 율곡학을 비판하면서 퇴계학의 정체성을 모색하기 위해 「율곡이씨논사단칠정서변栗谷李氏論四端七情書辨」을 저술한다. 이 글은 1688년 그의 나이 62세에 작성된다. 퇴계학을 옹호하기 위해서라도 이이의 이론을 논파할 필요성을 절감한 것이다. 따라서 이현일은 이이가 성혼과 인심도심을 포함한 사단칠정을 논의한 편지글 가운데 결코 묵과할 수 없는 '바르지 않은 논의'를 항목화하여 변파한다. 이 과정에서 저술된 것이 이현일의 「율곡이씨논사단칠정서변」이다.

기발만을 인정하고 이발을 부정하는 이이의 이기론에 대한 비판이다. 이현일은 이황의 호발설을 충실히 계승한다. 특히 이발을 부정하는 논거가 이의 무위성에 있다는 점을 인식하고 '무위성'을 해명하는 데 초점을 기울인다. 이는 무위이지만 변화의 근본이고, 만물의 근거라는 점을 강조하는 것이다. 상대적으로 이이의 이는 기에 의존하는 것이어서 활동성이 없고 죽어 있는 것과 같다고 비판한다. 따라서 자발성을 갖는 기의 변화운동을 통제할 수 없게 된다.

이_심중유리 【이현일 2】 원문 86

사단의 발출은 기가 그 안에 없다고 말할 수 없다. 그러나 심 안에는 원래 이가 외부의 자극에 따라 드러날 때 이가 위주가 되고 기가 아직 마음대로 활동하지 않으면, 기가 동하는 것이라고만 말하고 이가 발한다고는 말할 수 없는 것이겠는가?

『갈암집』 권19, 「수주관규록」

　　이현일은 마음은 '이와 기의 합'이라는 퇴계학의 정리를 준수한다. 이로서의 성이 마음 안에 있는 것이기에 당연히 마음은 구조적으로 '이기의 합'이다. 사단의 경우, 외부 자극에 따라 이기가 드러나고 기는 활동하지 않게 되어 이발이 가능하다는 것이다. 이발을 충실히 따르려는 입장이다. 이처럼 이현일의 이기 논의는 원리적인 층위를 넘어서 마치 사실세계에서 이의 유위적인 측면을 인정하는 듯하다. 추상적 원리의 세계를 마치 사실의 객관적 세계처럼 인정하는 것은 믿음의 세계에서 가능하다. 문제는 그러한 믿음을 강조할 때, 독단으로 흐를 개연성이 농후해진다는 것이다. 퇴계학에 대한 그의 옹호가 이념적인 지층을 보이는 것은 이러한 이유에서다.

【이현일 3】 원문 87　　　　　　　　　　　　　　　　　사단칠정_인심도심

> 이이가 '사단·칠정은 인심·도심을 서로 대비·분리해서 말하는 것과 다르다'고 했습니다. 그러나 주희는 '희로와 같은 칠정은 인심이고, 측은·수오·사양·시비의 사단은 도심'이라고 했습니다. 그렇다면 주희는 사단과 칠정을 도심과 인심에 분속시켜 서로 대비·분리해서 말한 것입니다.
>
> 『갈암집』 권18, 「율곡 이씨의 사단칠정에 대한 글을 변별하다」

　　사단칠정의 문제는 외부의 자극에 의해 마음이 움직여 감정이 드러날 때 칠정이라고 하는 감정 일반과 사단이라고 하는 도덕감정은 어떻게 드러나는가를 이기로 해석하는 것이다. 인심도심은 마음이 막 드러날 때, 지각의 대상이 무엇이었는가를 문제삼아 사사로운 감정에 따랐다면 인심으로, 도덕적인 감정에 따랐다면 도심으로 구분한다. 동일하게 마음이 드러나는 것을 다루지만 인심도심의 문제는 직접적으로 지각 및 지각 대상과 관련되어 있고, 사단칠정의 문제는 발출의 근거와 그 과정에 관련되어 있다.

　　퇴계학파에서는 이황의 견해에 따라 사단-도심, 칠정-인심의 관계로 이해한다. 이현일은 이러한 구분법을 그대로 받아들이고 있다. 율곡학파에서는 사단칠정과 인심도심은 다른 구도로 이해하기 때문에 논란이 지속되는 것이다.

이유동정_기유동정　　　　　　　　　　　　【정시한 1】 원문 88

> 주돈이는 "태극이 움직여 양을 낳고 멈춰서 음을 낳는다"고 했습니다. 주자는 "이에 동정이 있기 때문에 기에 동정이 있고 만약에 이에 동정이 없다면 기가 어떻게 동정할 수 있는가"라고 했습니다. 이것으로 보면 천지의 변화는 이가 움직여 기가 움직이고 이가 멈춰서 기가 멈추는 것입니다.
>
> 「우담집」 권7, 「사칠변증」

정시한은 이구의 「변론이기서」(24조) - 갈암의 「율곡이씨논사단칠정서변」(19조)으로 이어지는 퇴계학파의 율곡 비판 계보를 잇고 있다. 그러나 이전 글들이 인상비평 수준이었다면, 이 글은 보다 학리적인 차원에서 비판하고 있다.

정시한은 「사칠변증」 42조목을 통해 율곡학을 단순히 '이단지학'으로 폄하하지 않는다. 그는 호발설에 대한 정치한 이론을 전개하면서 논리적이고 치밀하게 이이의 성리설을 비판한다. 특히 주목되는 점은 이이의 입론이 나흠순에 근거하고 있다는 진술이다. 또한 이이의 이론 속에서 이황과의 같고 다른 점을 추출해내고, 이를 통해 호발설에 대한 논의를 한층 강화하고 있다는 점이다. 이는 이理 주재에 대한 강화의 입장으로 나타난다.

정시한의 「사칠변증」에서 드러난 율곡학 비판은 단지 '반대를 위한 비판'의 부정적 비판의식이 아니다. 오히려 퇴계학을 합리적으로 설명해내기 위한 '부정의 수용'이라는 측면 또한 발견된다. 퇴계학파 안에서도 율곡학의 비판적 수용을 통해 퇴계학을 심화시키는 흐름으로 나타난다.

주돈이는 태극의 동정에 의해 음양이 있다고 말한다. 이 해석에 대해서는 다양한 논의가 있었지만 주희의 관점에서는 '이유동정'으로 정리된다. 이 '동정'의 문제는 주희의 애매한 해석으로 인해 끊임없는 논쟁점이 되어왔다. 정시한은 이의 '동정' 문제에 대해서 분명하게 정리한다. 천지자연의 변화운동은 '이가 동정'하기 때문이라는 것이다. 이의 동정 문제가 중요한 것은 그것이 이의 주재성 문제와 긴밀하게 연동되기 때문이다. 정시한은 그 이의 동정이 '사실적 차원'이라고까지는 언급하고 있지 않다.

【정시한 2】 원문 89 　　　　　　　　　　　　　　　　　이주기보

> 주자는 비록 기 가운데 있지만 이는 이이고 기는 기여서 서로 섞일 수 없는 것을 성이라고 했습니다. 이것은 이와 기가 오묘하게 결합되어 있는 상태에서 이는 항상 주인이 되고 기는 보조자가 되어 이는 기 가운데 있지만 이는 기에 매몰되지 않고, 기에 명령을 하지만 기에서 명령을 받지 않는다고 말한 것입니다.
>
> 『우담집』 권9, 「임오록」

성리학자들에게 존재론이나 우주론의 영역 혹은 인간론의 경계는 모

호하거나 아예 고려의 대상이 아니었다. 그들이 그러한 경계에 대한 구분 의식을 가졌다고 한다면, 각각의 영역을 구분하고 그 영역에 맞는 개념어를 만들어냈을 것이다. 그러나 그들은 그렇게 하지 않았다. 그렇게 구분할 이유가 없었기 때문이다. 성리학자들에게 인간세계의 영역과 인간 이외의 자연세계의 영역이 명확히 이원적으로 존재하는 것은 아니었다. 이 점은 성리학이 자연주의적 관점에 서 있다는 것을 의미하기도 한다. 이들은 자연과 인간을 이원적으로 분리하는 대신 통합적으로 이해하려 했다. 통합적으로 이해하려는 것은 그렇다고 분리하지 않는다는 것은 아니다. 인간과 자연은 하나이면서 둘이고 둘이면서 하나인 그러한 관계로 설정된다. 구별되면서도 연결되고, 연결되면서도 구분되는 인간과 자연은 그래서 통합적일 수밖에 없다는 것이다.

이러한 구별되면서 연결되는 인간과 자연을 이와 기 개념으로 설명하는 것이 성리학이다. 그렇기 때문에 자연의 영역뿐만 아니라 인간의 영역도 이기 개념을 통해 설명하는 것은 당연하다. 성리학의 이기는 존재론의 영역뿐만 아니라 가치론 혹은 규범론의 영역까지 포괄하는 개념이다.

주희는 인간의 특질을 이루는 인성은 인간의 육체성에 기인하는 기질적인 요소와 결합되어 있다고 본다. 그것이 이라고 하는 성이 기와 결합되어 있다는 것이다. 그렇기에 인간의 육체에 들어 있는 이로서의 성은 이와 뒤섞이지 않는다. 이것을 기 가운데 이는 이대로, 기는 기대로 있다고 한다. 이것을 정시한은 '이주기보理主氣補'로 명제화하여 재해석한다.

즉 이는 기 가운데 있지만 이는 기에 매몰되지도 않고, 또 기에 명령하지만 명령을 받지 않는다는 것이다. 이러한 이기의 상관적 관계를 '이는 주인이고 기는 보조'라고 하는 것이다. 이기의 상관적 관계를 '이기불상리' 혹은 '이기불상잡'으로 제안하던 것에서 '이주기보'라는 새로운 명제가 탄생한다.

【정시한 3】 원문 90　　　　　　　　　　　　　　　　　　심_이기호발

> 사람은 하늘의 이를 품부받고 하늘의 기를 얻어서 이와 기가 합하여 심이 됩니다. 그러므로 인간의 마음에서 이와 기가 서로 상호 작용하는 것은 실제로 천지가 부여한 것에 근거한 것입니다.
>
> 『우담집』 권7, 「사칠변증」

성리학에서는 인간도 우주자연의 일부라고 이해하기 때문에, 우주자연의 존재 방식처럼 인간도 존재한다고 이해한다. 인간의 육체와 마음도 동일한 방식으로 이해하는 것이다. 천지자연에는 만물을 구성하는 원리로서의 이와 실재적인 구성 재료로서의 기가 있는 것처럼 인간도 이와 기로 구성된다. 특히 마음의 경우, '이와 기가 합하여 마음이 되었고理與氣合而爲心', 그러한 마음의 작용은 기발과 이발로 나타난다. 그것은 천지자연의 원리에서 비롯된 것이다.

정시한은 성리학자답게 자연주의적 관점에서 인간을 이해한다.

이기호발 【정시한 4】 원문 91

대개 퇴계의 호발설은 곧 주자의 말을 조술하고, 주자가 남겨둔 뜻을 미루어 부연한 것이다. 주자의 말이 분명 직절하지 않은 것은 아니지만, 이발, 기발이라고만 한 까닭에 퇴계는 또 이발 아래에다 기수라는 말을 붙였다. 기수라는 것은 '기가 이를 따르고, 이는 기가 없이는 발할 수 없다'는 점을 밝힌 것이다. 기발 아래에 이승을 붙인 것은 이승이라는 말이 '이가 기를 타고 기는 이 없이는 발하지 못한다는 점'을 밝힌 것이다.

『우담집』 권7, 「사칠변증」

정시한은 이황의 호발설이 주희의 이론에 근거하며, 또한 그 이론을 창의적으로 재해석하여 이승과 기수라는 말을 덧붙였다고 변론한다. 이황은 주희의 '사단은 이의 발이요, 칠정은 기의 발이다四端理之發, 七情氣之發'라는 명제를 확인하기 이전에 호발설을 주장했다. 그가 호발을 주장하는 이유는 마음은 '이와 기가 합理氣之合한 것'이어서 마음이 외부의 자극을 따라 발출될 때, 어떤 때는 이가 발하고 어떤 때는 기가 발하기 때문이다. 이러한 호발론에 대한 인식을 정시한이 이어받는다.

정시한은 이황과 마찬가지로 마음은 하나지만 사단과 칠정은 '각기 위주하는 바'에 따라 이발과 기발로 나타난다고 본다. 정시한에 따르면, 이가 발할 때 기가 없다고 할 수 없으므로 기가 따른다고 한 것이요, 이가 먼저 발한 다음에야 비로소 기가 그 뒤를 따른다는 것이 아니다. 또한 기가 발할 때 이가 없다고 할 수 없으므로 이가 탄다고 한 것이요, 기가 먼저 발한 다음에야 비로소 이가 그 뒤를 따른다는 것이 아니다.

정시한은 이황의 호발설이 이기를 구분한 관점에 있고, 시간적인 선후를 상정한다는 율곡학파의 비판을 염두에 두고 있다. 그렇기에 그는 오히려 호발설이 이기불상리의 관점을 유지하면서 '시간적 선후'를 나누는 것이 아님을 변론한다. 호발설에서는 이기불상리理氣不相離의 혼륜渾淪의 관점을 적용할 수도 있고, 이기불상잡理氣不相雜의 분개分開의 관점을 적용해도 문제가 되지 않는다는 주장이다. 따라서 이이의 지적처럼 '마음에 두 근본이 있는 것'도 아니고, '이와 기'가 두 개의 물건이 되어 앞뒤로 하면서 각기 발출하는 곳이 따로 있는 것도 아님을 알 수 있다고 반론한다. 이와 같은 주장은 율곡학파의 비판에 대한 변론의 차원만이 아니라 호발설에서 언급되지 않았던 '혼륜의 측면'을 적극 개진함으로써 이론적인 보완을 시도하고 있다는 점에서 의미가 있다.

【이상정 1】 원문 92　　　　　　　　　　　　　　　　이_무이이위

이는 살아 있는 활물이어서 비록 기를 타고 동정하지만 운용 발휘하는 오묘한 특성은 지극히 신묘한 작용입니다. 그러므로 이는 '하지 않는 듯하면서 하는 것無爲而爲'이지 아득히 아무것도 하지 않는 것이 아닙니다. 그리고 이는 '주재하지 않는 듯하면서 주

재하는 것不宰而宰'이지 명연히 주재하지 않는 것이 아닙니다.

『대산집』 권40, 「성학집요를 읽다」

    퇴계학파의 이기 개념에서 핵심은 형체도 없고 능동적인 활동성도 없다고 논의되었던 이 개념을 어떻게 능동적으로 규정할 것인가에 집중되어 있다. 이 문제에 대한 시원은 사실 주희의 태극동정에 대한 해석에서 비롯했다. 주희는 주돈이의 「태극도설」에서 '동하여 양을 낳고 정하여 음을 낳는다'는 구절을 '동함은 곧 태극의 동함이고, 정함은 태극의 정함'이라고 해석한다. 주희의 애매하고도 모호한 발언은 이후 성리학의 발전사에서 무수한 논란을 낳았다. 퇴계학파도 이 명제로부터 이의 동정 문제를 유추하여 이의 능동성을 확보하고자 한다.

    이상정은 「이기휘편異氣彙編」에서 이와 기의 개념과 상관관계를 총체적으로 정리한다. 이러한 작업을 통해 그는 이의 선후와 동정의 문제에 대한 자신의 해석을 내놓는다. 이상정은 이가 '무위'라고 하는 성리학의 기본적인 개념 규정을 인정한다. 그러나 이에는 또 다른 측면이 있다. 이상정은 이의 능동적인 특성을 이황처럼 본체와 작용의 측면으로 나누어 이해한다. 운용발휘하는 오묘한 특성은 신묘한 작용적인 특성이라는 것이다. 따라서 이는 '하지 않는 듯하면서 하는 것無爲而爲'이고, '주재하지 않는 듯하면서 주재하는 것不宰而宰'이다.

    이처럼 이상정은 '이의 무위성'을 이의 본체에 대한 규정으로 수용하면서도, 이를 확장하여 작용의 측면을 '무위'에서 '무위이위'로 파악하는 것이다. 당연히 '무위'한 본체의 이는 주재성이 없는 '부재'이지만 작용의 측면에서 '부재이재'가 된다. 이상정은 이의 능동성과 주재성을 이렇게 확보하고 있다.

【이상정 2】 원문 93　　　　　　　　　　　　　　　　이기동정_주리주기

> 이는 동정의 신묘한 작용으로 주재하는 것이고 기는 동정의 기틀로서 그 주재의 바탕이 되는 것이라고 들었습니다. 그러므로 이를 위주로 동정을 말한다면, "이는 동정을 함축한다"(이것은 본체로 말한 것입니다)거나 "이에 동정이 있다"라고 말할 수 있습니다.(이것은 유행 변화 과정으로 말하는 것입니다.) 그리고 기를 위주로 동정을 말한다면, "동정은 기다"라고 하거나 "동정은 이를 태우는 기틀이다"라고 말할 수 있습니다. 이처럼 동정을 주리나 주기의 두 가지 설로 서로 함께 해도 잘못되지 않습니다. 지금 "막 동정하는 순간은 곧바로 기다"라고 한다면 비록 기를 위주로 말하더라도 그 말은 지나친 것입니다.
>
> 『대산집』 권7, 「이중구에게 거듭 답하다」

이는 동정을 주재하고, 기는 동정의 기틀이다. 이 말은 동정이라고 하는 직접적인 변화운동은 기에 의한 것이고 이는 변화운동을 주재한다는 의

미다. 그래서 주희는 동정을 본체의 측면과 현상의 두 측면으로 나누어 설명하기도 했다. 즉 본체의 측면을 주리의 관점에서 본다면 동정의 원인이 이에 있으므로 이유동정이라고 할 수 있다. 현상의 측면을 주기의 관점에서 본다면 동정은 기에 있으므로 이무동정이다. 이처럼 동정에는 주리의 분별적 관점과 주기의 혼합적 관점을 적용할 수 있다. 주기의 관점은 마치 말이 움직이지만 그 움직임을 사람이 조절하는 것과도 같다.

이유동정_이무동정 【이상정 3】 원문 94

동정 두 글자는 사용에 해당되는 글자이므로 그 가리키는 의미에 따라서 '이유동정'이나 '이무동정'으로 사용될 수 있습니다. 그러나 그것을 분석하여 따져본다면, 동정은 기에 속하지만 기가 동정할 수 있는 까닭은 실로 이가 기를 주재하기 때문입니다. 그렇다면 또한 이에 동정이 있다고 하더라도 무방합니다. 대체로 이는 본래 기를 타기 때문에 동정이 있다고 말하더라도 본체의 무위함은 그대로입니다. 그리고 이는 실제로 기를 주재하기 때문에 동정이 없다고 말하더라도 그 지극히 신묘한 작용은 조금도 훼손되지 않습니다.

『대산집』 권39, 「이기동정설」

이상정은 이의 동정 여부와 관련한 논의에서 '이의 동정'을 두 가지 측면에서 설명한다. 첫째로, 동정이라는 글자를 사용의 측면에서 논의하여 이의 동정에 대해서 '유'와 '무'로 말할 수 있음을 설명한다. 이것은 이의 동정이 직접적인 운동의 유무와 관계없이 말할 수 있다는 점을 도출하기 위한 장치다. 둘째로, 동정의 문제를 본원의 측면과 현상의 측면에서 논의한다. 본원의 측면은 분리하여 나누어 보는 분별적 관점(분개)이 적용된다. 즉 기가 동정할 수 있는 까닭은 이에 있게 된다. 따라서 이유동정이라 해도 무관하다. 현상의 측면은 혼합적 관점(혼륜)이 적용된다. 현상에서는 직접적으로 동정하는 것이 기다. 그러므로 기가 동정하는 것이므로 이는 무동정이라고도 할 수 있다.

이상정은 여기서 한 걸음 더 나아간다. 분별적 관점과 혼합적 관점을 통합적 관점으로 보면 다른 답이 제시될 수 있기 때문이다. 이상정은 통합적인 관점에서 동정을 파악한다. 즉 분별하여 동정의 원인을 위주로 말한다면 이유동정이라 할 수 있고, 혼합하여 직접적 동정을 위주로 말한다면 이 무동정이기는 하나, 이것을 통합적 관점에서 본다면 이는 동정을 탄다 해도 본체의 무위함은 손상되지 않는다. 또 이는 기를 주재하기 때문에 동정이 없다 해도 이의 신묘한 작용에는 아무런 해가 되지 않는다. 이상정은 퇴계학파의 오래된 물음에 대해 제3의 통합적 관점을 통해 응답하고 있다. 이의 동정 논의에 하나의 관점만이 아니라 다른 관점이 적용될 수 있다는 새로운 사유는 논의의 외연을 확장시킨다. 이상정은 이유동정을 분별적 관점에서만 파악했던 퇴계학파의 완고한 입장을 혼합적 관점과 결부시킴으로써 유연하게 국면을 전환시키고 있다.

이기_손님과 주인의 관계 　　　　　　　　　　　　【이상정 4】 원문 95

사람은 천지의 기를 품부받아 형체로 삼고 천지의 이를 얻어 성으로 삼는다. 그리고 이기의 합으로 마음이 된다. 그러므로 적연부동寂然不動, 감이수통感而遂通하는 동정의 사이에 서로 기다려 체용이 된다. 미발에는 하나의 성이 혼연하되 이발에는 칠정이 서로 번갈아 들면서 운용된다. 이것이 바로 이 마음의 전체대용이며, 맹자의 이른바 사단이란 것 또한 그 가운데 포함되어 있는 것이다. 퇴계 선생께서 이른바 혼륜으로 말한 것이 바로 이것이다.

이가 기 속에 들어감으로써 성의 명칭이 있게 된다. 이의 동정은 기를 타고 우주 변화 과정을 거치면서 서로 분리된 적이 없다. 그러나 이는 공이고 기는 사이며, 이는 형체가 없으나 기에는 흔적이 있고, 이는 불선함이 없으나 기는 쉽게 악으로 흐른다. 그러므로 그 외부의 자극에는 공정함과 사사로움이 있는 것을 살피고, 발출할 때 주인 역할과 손님 역할이 있는 것을 파악하게 되면 이 둘은 구분되지 않을 수 없다.

『대산집』 권39, 「사단칠정설」

이상정은 이기의 문제를 분별이나 혼합의 특정한 관점에 치중하지 않고 통합적인 관점에서 파악한다. 통합적 관점은 이기의 다양성을 인정하면서도 제3의 지점에서 이를 바라볼 수 있는 시선을 제공한다. 이상정은 이황의 사단칠정설에는 바로 통합적 관점이 이미 제시되어 있다고 본다. 율곡학파에서 이황의 사칠설이 분별적 관점에 치우쳐 있다고 비판하지만, 그것은 잘못된 비판이라고 본다. 또한 분별적 관점에서 이황의 호발설을 옹호하려 했던 이상정 이전의 이구나 이현일 등 퇴계학파의 논의도 지나친 점이 있음을 지적한다. 따라서 이상정은 이황의 사칠설에서 혼합적 관점과 분별적 관점을 나란히 제시한다.

이상정은 특히 분별적 관점에서 '손님賓'과 '주인主'의 관계로 이기를 설명한다. 그는 이발을 주장하지만 그 이의 작위성에 대한 설명을 무리하게 이 자체에 부여하지는 않는다. 이가 직접적으로 작용하는 것이 아니라 기에 그러한 특성을 부여한다. 이것은 혼합적 관점이다. 그렇다고 이의 주재성이 훼손되는 것이 아니다. 외부의 자극에 의해 감정이 발출할 때, 대상의 '바름과 사사로움正私'을 관찰하고 '드러남의 역할賓主'을 탐구한다면 이와 기는 확연하게 구분된다. 이것은 분별적 관점이다.

【이상정 5】 원문 96 　　　　　　　　　　　　　　　　　이기_이주기자

측은·수오·사양·시비의 사단은 인의예지의 성에서 발하지만, 바탕이 되어 발하는 것은 기다. 그러나 그 주가 되는 것은 이에 있다. 희·노·애·구·애·오·욕의 칠정은 형기의 사사로움에서 발하지만 기를 타고 행하는 것은 이에 있다. 그러나 그 주가 되

는 것은 기에 있다. 이것이 주자의 이발기발의 설이요 퇴계 선생이 도해를 해서 그 설을 드러낸 것이니, 이른바 분별해서 말한 것이다.

「대산집」 권39, 「사단칠정설」

이상정은 이황의 호발설에는 혼합적 관점(혼륜)뿐만 아니라 분별적 관점(분개)이 동시에 포함되어 있다는 점을 새롭게 논증한다. 그는 이기 관계에 있어서 분별적 관점에서 이발과 기발을 '주인'과 '손님'의 관계로 설명하는데, 이를 보다 구체적으로 '소주所主'와 '소자所資'의 관계로 변용한다.

이상정은 이를 '드러낼 수 있는 바탕所資'이 기라고 보고, 그 이를 '주재하는 주인所主'을 이라고 보는 것이다.

따라서 혼합적 관점에서 사단은 성에서 발하고, 성에 바탕하여 발하는 것은 기이고 그 위주가 되는 것은 이이며, 칠정은 형기에서 발하지만 기를 타고 행해지는 것은 이이며 그 위주가 되는 것은 기로 정리한다. 이처럼 이상정이 '소주'와 '소자'의 관점에서 호발론을 재해석하는 것은 정시한의 영향을 받은 것이다. 이러한 '주인(주도자)'과 '바탕'이라는 구도는 호발론을 시간적 선후로 비판하는 율곡학파의 견해를 무화시키고 이의 주재라는 문제까지도 효과적으로 설명하는 장점이 있다.

【이진상 1】 원문 97					이유동정_이주기자

> 태극은 사람과 같고 음양은 말과 같다. 이가 기를 타고 동정하는 것은 사람이 말을 타고 출입하는 것과 같다. 기가 한 번 동정하면 이 또한 그와 더불어 한 번 동정하며, 말이 한 번 들어오고 한 번 나가면 사람 또한 그와 더불어 한 번 나가고 한 번 들어온다. 이것은 기 위에서 이를 본 논의와 같지만, 실은 사람이 출입의 주가 되고 말은 출입의 바탕이 되니 다만 사람의 출입만을 이야기할 수 있다. 이는 동정의 주가 되고 기는 동정의 자資가 되니, 다만 이의 동정만을 이야기할 수 있다.
>
> 『이학종요』 권1, 「천도」

이를 위주로 하는 퇴계학파의 학술사상은 한주寒洲 이진상李震相(1818~1886)에 이르러 극점에 도달한다. '극점'에 달했다고 한 이유는, '위주'라는 구분법 없이 아예 '이'를 중심으로 새로운 철학적 관점을 제기했기 때문이다. 이진상의 저술 가운데 『이학종요理學宗要』는 이와 같은 그의 관점을 온전히 드러내는 저작이다. 이진상은 성리학의 무수히 많았던 논의를 '이학'의 계통 안에 흡수시키고, 그것을 체계적으로 정리하고 있다.

성리학을 이학으로 총칭하는 것은 중국 유학사에서 육왕계의 심학에 대비하여 이를 최고의 범주로 삼는 학문 경향을 일컬을 때 사용되었던 개념이다. 이진상은 학술적 분류 개념인 이학을 자신의 학문 전체를 세우는 개념으로 차용한다. 이 이학의 개념 속에는 퇴계학의 본령을 '이'로 파악하고 그것을 '심즉리설心卽理說'이나 '이발일도설理發一途說'로 정당화하는 그의 관점이 함축되어 있다.

이진상이 제안했던 '심즉리心卽理'는 율곡학파의 '심시기心是氣'에 대응하는 명제이고, '이발일도설理發一途說'은 '기발일도설氣發一途說'에 응전하는 명제다. 그러나 이진상의 독창적인 사유에 기반한 개념과 명제는 퇴계학파의 이론에서도 차이를 보임으로써 논란을 야기한다. 논란은 결국 영남의 퇴계학파 내에서 이진상의 이론을 배척하고, 그의 문집은 도남서원에서 불태워지는 지경에까지 이른다.

이의 동정에 대한 문제는 성리학에서 이의 주재성과 연관되기에 지속적으로 논의된다. 특히 퇴계학파에서는 '무위'가 아닌 '이'를 설명해내야 하기 때문에 이유동정은 그들 이기론의 근간을 이룬다고 해도 지나치지 않다. 이진상도 태극동정 혹은 이유동정의 문제를 인승마의 전통적인 은유 속에서 설명한다.

이진상의 인승마 은유에서 특징적인 점은 이기의 동정을 말 탄 사람이 출입하는 것으로 비유하고 있다는 점이다. 사람이 직접 말을 타고 움직이는 것은 경험적 세계에서 관찰 가능한 것이다. 관찰 가능한 경험의 영역에서는 당연히 말이 움직이는 것이고, 이것을 동정의 문제로 보았을 때, 기가 동정한다고 파악된다.

그러나 이진상은 이 구도를 바꾼다. 직접적인 동정이 문제가 아니라 동정을 주재하거나 주도하는 것이 무엇이냐는 점이다. 이진상은 말 탄 사람이 출입할 때, 그러한 과정을 주도하는 것은 사람이고 말은 그러한 과정의 바탕이 되는 것으로 본다. 그렇기에 동정을 주재하는 것은 이이며, 기는 동정의 바탕이 된다.

동정에 대한 이진상의 새로운 해석은 본체의 측면이나 현상의 측면에 일관되어 적용된다. 현상의 혼합적 관점에서조차 주재의 측면을 위주로 보기 때문에 '이주기자理主氣資'의 명제가 만들어진다. 이진상의 '이주기자'는 정시한이나 이상정의 명제와 동일하지만 그 의미는 현격하게 차이가 난다. 이진상에게는 본체와 현상을 일관한 '이주기자'의 논리인 것이다. 이러한 사유는 이기선후의 문제에도 그대로 적용된다.

【이진상 2】 원문 98　　　　　　　　　　　이선기후_상주상자

이 기가 아직 있기 전에 먼저 이 이가 있다. 이 이가 있어야 비로소 동정이 있을 수 있는 것이다. 그러니 움직임도 태극의 움직임이고, 멈춤도 태극의 멈춤이다. 움직이면 곧 양을 낳고 멈추면 곧 음을 낳는다. 동정으로 말미암아 기라는 이름이 있게 되는데, 항상 이가 주가 되고 기는 바탕이 된다. 움직임도 없고 멈춤도 없으면서 동정의 묘를 함축하고 있는 것이 이의 체이고, 능히 움직일 수 있고 능히 멈출 수 있는 조짐이 이의 용이다. 기는 움직이면 멈추지 않고 멈추면 움직이지 않으니, 결코 스스로 움직이거나 멈추게 할 수 있는 것이 아니다.

「한주집」 부록 권3, 「행장-문인 곽종석」

이 글은 이진상의 문인인 면우俛宇 곽종석郭鍾錫(1846~1919)이 기록한 것이다. 이진상은 이기의 선후 관계를 분명히 제시한다. 기는 이의 동정에 말미암아서 그 존재 의미가 확인된다. 따라서 기보다 이가 앞선 것이다. 곧 이선기후다. 이기의 선후 관계를 구분하기 때문에 이러한 이기 관계에서는 이에 주재적 권능이 부여될 수밖에 없다. 이진상은 그것을 '이는 항상 주인이 되고, 기는 항상 바탕이 된다'고 정리한다. 바로 '이주기자'다.

그렇다면 이러한 이주기자의 관계성은 경험적 세계에서 사실적으로 주어지는 것이 아닌데, 어떻게 파악할 수 있을까? 이것은 인식론적인 층위를 포함한다. 이진상은 이 문제를 '간법'으로 설명한다.

이기_수간법 【이진상 3】 원문 99

이기의 오묘함은 불상리와 불상잡의 관계에 있습니다. 그 요점은 보는 사람이 분리해서 보는가 아니면 합해서 보는가에 있습니다. 그러므로 본원상에 나아가 수간豎看하는 것이 있고, 유행처에 나아가 횡간橫看하는 것이 있으며, 형적상에 나아가 도간倒看하는 것이 있습니다. 궁리할 때는 처음에 도간하여 의거하는 바가 있고, 이의 분석이 정밀함에 횡간하여 버리는 바가 없으며, 이를 밝히는 것이 극진해짐에 수간하여 그 진리를 얻게 됩니다.

『한주집』 권7, 「심치문에게 답하다」

성리학자들은 사유의 구성 방식에 있어 경험적으로 파악할 수 있는 것을 관찰을 통해 확인하기도 하지만, 경험할 수 없는 것에 대해서도 사유한다. 그러한 방식은 추론의 형식을 띠는데, 이진상은 그 방법을 '역추逆推와 순추順推'로 제기한다.

역추와 순추는 소옹이 그의 선천 상수학에서 제안했던 추론의 방식이다. 물리적 대상의 세계에서 역으로 추적해가는 방식이 역추다. 이를테면 만물에서 오행과 음양으로, 그리고 근원으로서의 태극을 파악하는 방식이다. 이에 비하여 태극으로부터 음양과 오행으로 그리고 만물로 사유를 전개하는 방식이 순추다.

이진상은 이기 구조는 기본적으로 서로 분리되어 있는 것도 아니고(불상리), 그렇다고 서로 뒤섞여 있는 것도 아니라고(불상잡) 하는 것을 인정한다. 문제는 그것을 '혼합적 관점(혼륜)'에서 파악하는가 아니면 '분별적 관점(분개)'에서 파악하는가에 있다. 그 관점에 따라 이기를 이해하는 방식이 달라진다.

이진상은 혼합과 분별의 관점 외에 이기를 파악하는 인식의 방법으로 수간, 횡간, 도간을 제안한다. 횡설과 수설은 이미 많은 성리학자가 써왔던 방식인데, 여기에 도간의 방식을 더한다. 본원상에서 근원을 파악하는 논리적 방식을 수간이라 하고, 유행 변화하는 현상에서 파악하는 방식을 횡간이라고 한다. 그리고 구체적인 사물상에서 파악하는 감각적 인식의 방식을 도간이라고 한다. 도간의 단계로부터 횡간으로, 그리고 수간으로 인식의 층위는 확장된다.

이진상은 자신이 수간의 층위에서 이기를 파악하고 있음을 말한다. 이 관점은 경험적 대상에서 혼합적 관점으로부터 이기를 파악하는 기를 위주로 한 인식의 방식을 넘어서, 본원의 측면에서 분별적인 관점으로부터 이기를 파악함을 뜻한다. 그러하니 이진상은 수간을 통해 만물의 근거로서의 이를 파악한다는 것이다. 결국 율곡학파는 도간-횡간의 관점에 머물러 주기의 입장이지만, 자신과 퇴계학파는 횡간-수간의 차원에서 이를 파악한다는 입장을 드러낸다.

심즉리_심시기 비판　　　　　　　　　　**【이진상 4】** 원문 100

심즉리 세 자는 진실로 뭇 성현이 서로 전해준 적결的訣입니다.
『이학종요』 권8, 「심」

심은 일신을 주재하는 것인데 주재를 기에 속하게 하면, 천리가 형기에게 명을 듣게 되고 많은 추악한 것이 심령에 의거하게 됩니다. 심은 체가 없어 성을 체로 삼는데 지금 그것을 기라고 한다면 성을 기로 여기는 것이니 고자의 견해입니다. 그러면 사람은 금수와 다른 점이 없게 됩니다. 심은 성정을 통합한 명칭입니다. 이 심을 기로 여긴다면 대본달도大本達道가 모두 기에 귀속되어 이는 '죽은 것死物'과 같이 되고 텅 비고 적막한 지경에 빠지게 됩니다.
『한주집』 권32, 「심즉리설」

심성정으로 말한다면, 심은 태극이고 성性은 태극의 멈춤이며, 정情은 태극의 움직임이다. 심은 이일이고, 성정은 분수다. 심성으로 말한다면, 주재가 항상 정해져 있는 것이 심이고 이일이며 발출이 동일하지 않은 것이 성이고 분수다. 성정으로 말한다면, 성은 체의 일이고 정은 용의 나뉨이다. 각각 들어서 단언하면 또한 모두 이일분수가 있다.

『한주집』 권19, 「곽명원의 의문에 답하다」

퇴계학파에서는 심을 '이와 기의 합理氣之合'으로 파악한다. 이이도 심은 이와 기가 결합된 것이라고 인정하지만, 그는 '성은 곧 이性卽理'라는 명제와 관련하여 볼 때, '심은 기다心是氣'라는 관점을 제기한다. 이 심시기의 관점은 심을 규정하는 율곡학파의 이론으로 전승되어왔다. 이이가 제안했던 심시기는 왕수인이 자신의 철학적 핵심으로 내세우는 '심즉리心卽理'를 비판하는 것이기도 했다.

이진상은 심즉리를 제안한다. 그의 심즉리는 퇴계학파의 '심합리기心合理氣'라는 관점을 벗어나 있으며, 심지어 양명학의 심즉리와 동일한 형태를 이뤄 논란을 야기한다. 그렇다면 이진상은 어째서 심즉리를 제안했을까?

이진상은 자신의 심즉리는 양명학의 심즉리와 다른 것이라 한다. 이 명제는 성현들이 전해준 '적실한 비결'과도 같은 것인데, 당대의 마음에 대한 이론이 심시기에 치중되어 있기에 그에 대한 반론으로 제기한 것이다.

이진상이 심즉리를 제안한 근본적인 이유는 심을 기로 여긴다면 이인

성의 주재성이 약화되기 때문에 심은 이여야만 한다. 즉 심통성정의 명제를 본다면, 심이 성정을 통섭·통괄하게 되는데, 만일 심이 기라면 기에 주재적 의미가 들어 있게 된다. 이것은 기가 성인 이를 통섭하고 통괄한다는 의미가 된다. 이것은 있을 수 없다고 본 것이다.

따라서 이진상은 심은 기가 아니라 이라고 정의하면서 심즉리를 제안한다. 그런데 이때 심즉리는 심 전체가 이라는 의미는 아니다. 퇴계학파에서는 심을 '합리기'라고 정의하는데, 기의 부분을 제외한 것, 곧 심의 진체眞體가 이라고 하는 것이다. 심즉리는 바로 심의 진체는 이이며, 이것이 미발이라는 의미다. 이렇게 본다면, 이진상이 창안한 '심즉리'의 명제는 마음의 본체를 이라고 파악하는 양명학의 명제와 다르다는 점이 확인된다.

이진상은 자신의 심즉리는 마치 옥돌을 구분하는 것과 같다고 한다. 돌 속에 옥이 있다는 것을 아는 것이 바로 심즉리이고, 돌 속에 옥이 있는 것을 조금은 알지만 역시 돌이라고 하는 것이 심합리기다. 그리고 돌 속에 옥이 있다는 것을 전혀 모르는 것이 심시기다. 양명학의 심즉리는 돌을 보고 옥이라고 하는 경우다.

이처럼 이진상은 율곡학파의 심시기 논의를 배척하고 심을 이로 확보하려고 한다. 심의 진체를 이로 파악하는 심즉리설은 심의 주재성을 확보하려는 이학적 기획이다. 심즉리를 주장한 이진상의 강한 심주리론은 퇴계학파 내부에서조차 이단적이라고 비판받게 된다. 그러나 아이러니컬하게도 그가 비판했던 율곡학파 계열에서는 유사한 이론이 등장한다. 화서 이항로의 심주리설心主理說이 그것이다.

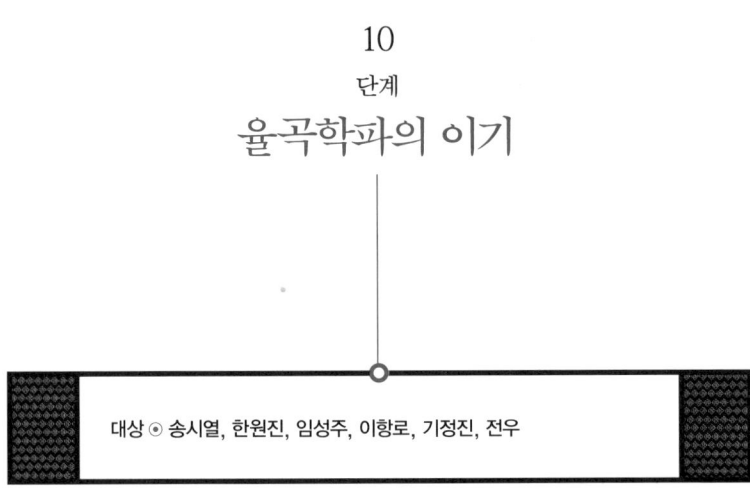

10
단계
율곡학파의 이기

대상 ⊙ 송시열, 한원진, 임성주, 이항로, 기정진, 전우

    10단계에서는 율곡학파가 형성되는 17세기 중엽부터 이후의 주요한 이기론적 흐름을 살펴본다. 송시열은 17세기 후반 율곡학파를 이끈다. 그는 조선의 '주자'라는 의미로 '송자'라고 일컬어질 정도로 그의 학술적 영향력은 지대했고, 정치적으로는 산림의 영수로 추앙되었다. 송시열의 학술상의 기여는 율곡학을 조선성리학의 정통으로 비정하기 위해 정주성리학을 문헌학적으로 검토했다는 점을 들 수 있다. 송시열에 이어 한원진은 동문인 이간李柬(1677~1727)과 학술 논쟁을 통해 이이의 이통기국에 대한 이론을 심화시킨다. 노론의 낙론 계열과 연결되는 임성주는 율곡학파와 퇴계

학파의 이기심성론의 갈등 양상을 통합하려는 새로운 이론을 제기한다. 그는 이기동실理氣同實이라는 명제를 통해 차별적이었던 이와 기의 위상을 조정한다. 이항로는 율곡학파의 기론적 위상을 주리론적 색채로 변용하고, 기정진은 한층 강화된 이론을 주도한다. 마지막으로 전우는 19세기의 전반적인 주리적 경향과 달리 율곡학의 주기적 전통을 고수하면서 절대불변인 이의 본질적 세계를 추구한다.

이기_원두_유행 　　　　　　　　　　　　　　　**【송시열 1】 원문 101**

이가 주재하여 움직이게 하고 멈추게 한다는 것은 원래 그러하다는 말에 불과한 것으로 음양오행이 운용 조작하는 것과는 다릅니다. 본체의 측면에서 보면 이가 있고 난 후 기가 있으므로, 이가 주재한다고 하며 또한 움직이게 하고 멈추게 한다고 말한 것입니다. 변화의 측면에서 보면 이는 기 가운데 있어서 맑고 탁하고 선하고 악한 것은 기를 따라 이루어질 뿐입니다.

『송자대전』 권15, 「심명중에게 답하다」

송시열(1607~1689)은 김장생-김집의 학통을 계승하여 17세기 후반 율곡학파를 결성하는 주도적인 인물이다. 그는 율곡학의 관점에 기초하여 철학적 입론을 모색하며, 특히 주희의 저술을 통해 조선성리학의 정통성

을 찾는다. 그러한 시도는 69세(1675)에 시작하여 72세(1678)에 완성한 『주자대전차의』(총 121권)에 잘 나타나 있다. 이러한 작업을 통해 송시열은 주자 언론에 대한 검토를 시도하고, 이후 조선 유학계에서 『주자대전』에 대한 학술적 주도권을 선점하게 된다.

송시열은 주자학과 관련한 학술적 내용을 검토하여 율곡학이 조선성리학의 정통임을 입증하려 한다. 이 과정에서 율곡학과 다른 사유에 대해 이단으로 몰아가는 경직성이 나타난다.

어쨌든 송시열은 주희뿐만 아니라 이정의 언설을 수집하고 분류하며 정리하는 문학적 고증 작업을 통해 자신의 철학사상을 체계적으로 정립해 나간다.

이의 무위성 여부는 퇴계학과 율곡학을 구분하는 경계다. 퇴계학은 이는 무위지만 그러면서도 하는 것이 있다고 하는 '무위이위無爲而爲'를 주장한다. 율곡학은 이는 변화하지 않는 절대적인 가치이자 진이기 때문에 경험적 세계에서처럼 가변적이어서는 안 된다는 사고를 보여준다. 그렇기 때문에 송시열도 이의 작위적인 특성은 철저하게 부정한다. 그래서 이의 주재나 이가 동정하게 하는 것은 '원래 그러한 것이라는 말에 불과한 것이지 기가 운동 변화하는 것과는 다르다.' 사실적인 측면에서 운동 변화하는 것이 아니라는 것이다.

그렇다면 이의 작위성은 어떻게 확보될까? 송시열은 이기의 상관적인 관계성을 통해 이의 작위성을 설명한다. 즉 본체의 측면에서 보면, 이선기후라고 할 수 있으므로 이의 주재성을 말할 수 있다. 이것은 원리적인 측면이다. 그리고 유행하는 변화운동의 과정에서 이는 기 가운데 있으므로 이에 따라 이루어질 뿐이다. 송시열은 결국 이는 기에 의해서 발현되는 것임을 말한다.

심시기 【송시열 2】 원문 102

심은 기이고 성은 이입니다. 기는 곧 음양이고 이는 곧 태극입니다. 그러므로 기로부터 말한다면 기가 형체를 이룬 뒤에 이가 부여된다고 합니다. 또 인심에는 지각이 있지만, 도체는 무위하다고 하는 것입니다.

『송자대전』 권90, 「이여구에게 주다」

1650년 효종의 측근에 포진된 율곡 문하의 관료적 지식인들은 이이와 성혼의 문묘종사를 추진한다. 이때 퇴계 문하를 중심으로 하는 영남 유생들은 유직을 소두로 이들의 문묘 배향 저지를 위한 상소를 제출한다. 이 상소는 퇴계학 계열인 활재 이구가 작성한 것이었다. 상소의 핵심 내용은 이이가 '심시기心是氣'를 주장했으며, 기를 위주로 하는 학설을 주장했기 때문에 정통이 아니라는 것이다. 이에 대해 송시열은 「양현변무소」를 제출해 심을 기로 논의한 근거를 제시하면서 이이의 심시기설을 옹호한다.

송시열은 이여구에게 보낸 이 편지에서도 심시기에 대해서 변호하고 있다. '심시기'요, '성시리'라는 것은 이이의 말이다. 태극음양을 이와 기로 본다면, 태극은 이이고 음양은 기다. 음양의 기가 구체적인 작용을 하고 이는 거기에 부여되는 것이다. 지각은 곧 기의 작용이고 지각을 가능하게 하는 것이 이다. 마음의 작용은 결국 기의 작용이며, 기의 작용에 의해 마음이 드러나게 된다.

【송시열 3】 원문 103　　　　　　　　　　　　　이지발_기지발과 성정

성은 이입니다. 그 성에서 나온 것은 모두 기가 발동하고 이가 그것을 타는 것입니다. 맹자는 칠정 가운데서 순선함을 가려내어 사단이라고 했습니다. 그런데 지금 퇴계학파는 주자가 말한 것에 연유하여 사단과 칠정을 나누어 '이지발' '기지발'로 여깁니다. 주자의 말씀이 혹 기록의 잘못에서 나왔을지 어찌 알겠습니까?

『송자대전』 권130, 『주자언론동이고』

인의예지신 다섯 가지 성 외에 다른 성은 없고 칠정 외에 다른 정은 없습니다. 그러므로 악한 정일지라도 반드시 성에 근원하여 발출하는 것입니다. 선악도 모두 천리로부터 나온다는 말이나 구더기는 젓갈에서 생기지만 젓갈을 해친다는 말은 모두 이와 같이 이른 것입니다.

『송자대전』 권12, 「심덕승에게 답하다」

율곡학파에서 사단칠정의 문제는 이이의 이론과 큰 차이를 보이지 않는다. 이 점은 퇴계학파가 지속적으로 호발설의 논리를 정교하게 다듬고 수정·보완하는 것과는 차이를 보인다. 율곡학파는 사단과 칠정은 '칠정이 사단을 포괄한다'는 '칠포사'의 관점을 유지하고, 발하는 것은 오직 '기발'만을 인정하는 '기발리승일도'를 고수한다. 이러한 입장을 취하는 데에는 송시열도 예외가 아니다.

송시열은 칠정 외에 다른 정이 없고 오덕 외에 다른 성이 없다고 못 박는다. 이렇게 성과 정의 범주를 구별하는 것은 사단과 칠정이 하나의 정이며, 이 정은 성에서 근본함을 말하기 위해서다. 그렇기 때문에 송시열은 선한 정뿐만 아니라 악한 정도 성에 근본한다고 보며, 이를 '젓갈 속에 생기는 구더기'로 은유한다. '젓갈 속의 구더기'처럼 '성 속에서 악한 정'도 생겨난다는 것이다.

송시열은 한편 사칠론에서 이황이 주희의 발언이라고 의뢰했던 이론적 전거를 문제 삼는다. 그는 『주자어류』에서 주희가 말했다고 기록되어 있는 "사단은 이의 발이고, 칠정은 기의 발이다"라는 문구를 의심한다. 송시열은 '주자의 말씀이 혹 기록의 잘못에서 나왔을지 어찌 알겠습니까?'라고 말한다.

이러한 송시열의 의혹은 주희의 언론을 검토하게 만드는 계기가 된다. 그래서 실제로 그는 주희의 언론을 검토한다. 『주자언론동이고』가 그것이다. 『주자언론동이고』는 송시열이 완성을 보지 못하고 죽자, 권상하에 이어 한원진에 의해 완수된다. 송시열이 제기했던 의혹 부분은 한원진의 『주자언론동이고』에서 자세하게 검토된다.

【한원진 1】 원문 104　　　　　　　　　　　　　　　　이기선후_본원_유행_품부

　　이와 기의 선후를 논할 때, 혹 본래부터 선후가 없는 것으로 말하는데, 이것은 유행 변화의 과정으로 말하는 것입니다. 변화의 과정으로 말하면 동정은 단절이 없고 음양은 시초가 없어서 '이와 기는 본래부터 선후가 없다'고 말할 수 있습니다. 혹 이가 기를 앞서는 것으로 말하는데, 이것은 본원의 측면에서 말하는 것입니다. 본원의 측면에서 말하면 기의 끊임없는 생성은 이를 근본으로 하기 때문에, 이때는 '이가 기보다 앞선다'고 말할 수밖에 없습니다. 혹 기가 이를 앞서는 것으로 말하는데, 이것은 품부로 말하는 것입니다. 품부의 과정으로 말하면 기가 응결되어 모일 때 이는 그 가운데 갖추어지므로 이때는 '기가 이를 앞선다'고 말할 수밖에 없습니다. 이와 같은 논의들은 가리키는 것은 다르지만 본원이나 품부라는 것은 모두 변화의 과정 가운데 있을 뿐이니, 그 설은 하나로 회통하지 않은 적이 없습니다.

　　대체로 이기는 분리해서 보면 둘이 된다. 둘이 되면 이가 먼저이고 기가 나중이다. 기는 다르고 이는 같다. 합하여 보면 하나가 된다. 하나가 되면 이기에 선후가 없으며, 다르고 같음이 없다.

『주자언론동이고』

한원진韓元震(1682~1751)은 18세기 기호유학의 종주로 율곡학파를 주도했다. 그는 이이로부터 김장생-김집-송시열-권상하로 이어지는 율곡학의 적통을 이어받은 인물로 평가된다.

한원진은 송시열-권상하로 이어진 『주자언론동이고』를 완성해 율곡학의 정통성을 확보하려 했으며, 율곡학파 내부에서도 새로운 학술 담론을 주도한다. 그는 외암巍巖 이간李柬(1677~1727)과 인성과 물성의 동이론同異論에 대해 논쟁하고, 더불어 미발심체의 선악 여부에 관한 성리학 논쟁을 이끈다.

한원진의 성리학적 관심은 성선의 자각과 기질의 변화를 통해 성학을 실현함에 있었다. 성학은 곧 도덕적 주체로서의 자각이며, 성숙한 인격을 실현하는 학문이다. 한원진은 이러한 성학으로 향하는 과정에서 필수 요건이 있음을 제시한다. 그것은 바로 이기의 문제다. 그는 이기를 변별하고 분석하는 데 있어 조금이라도 불투명하면 성선을 자각할 수 없고 기질을 변화시킬 수 없다고 했다. 그런 만큼 그에게 이기론의 중요성은 바로 성선의 자각과 기질 변화를 위한 것이라고 할 수 있다.

한원진은 기본적으로 율곡학파의 이기에 대한 관점을 공유한다. 그는 이를 진안경이 제시했던 것처럼 당연과 필연, 능연과 자연, 소이연 등을 포함하는 일체의 법칙으로 파악한다. 간단히 소이연의 자연적 법칙성과 소당연의 규범적 당위성이 모두 이라는 입장이다. 반면 기는 사물을 구성하는 구체적인 형상과 질료를 지닌 것으로 파악된다. 한원진은 이와 기를 통해 우주자연의 질서와 인간의 규범적 세계를 동시에 설명해내려 한다. 그에게 있어서 이는 바로 성리를 추구하는 것이므로 정학正學이요 이학理學

이고, 기를 위주로 하는 학문은 이단異端이요 기학氣學인 셈이다.

한원진은 송시열의 유지를 이어 『주자언론동이고』를 완성한다. 『주자언론동이고』는 주희의 말이 일관성을 지니는지를 검토하기 위해 율곡학파에서 기획한 저술이다. 한원진은 송시열에 이어 이 작업을 완수하고 있는데, 그 첫 편이 「이기」다. 이 글은 「이기」의 첫 부분이다.

한원진은 주자학에서 이기의 선후를 검토할 때 사용되는 일종의 '간법看法'을 소개한다. 이 간법은 이기를 보는 '관점'이다. 주희는 '재물상간(사물상의 관점)' '재리상간(원리상의 관점)'을 제시했고, 기대승은 대설對說과 인설因說의 관점을 제안하기도 한다. 이황은 '분分'과 '합合'의 방식을 제안하고, 이이는 횡설橫說과 수설竪說을 말하면서 혼융渾融을 제안하기도 한다.

첫째는 유행流行의 경우다. 유행하는 변화의 과정에서는 동정무단動靜無斷이고 음양무시陰陽無始이므로 본래부터 선후가 없는 것이다. 이기무선후다. 둘째는 본원本源의 경우다. 이때는 이선기후다. 기의 생성은 이를 근본으로 하기 때문에 논리적 추론에 의해 이가 앞설 수밖에 없다는 것이다. 셋째는 품부稟賦의 경우다. 이때는 기선리후다. 기질에 의해 구체적인 사물이 만들어질 때, 기가 앞서고 이가 뒤따르기 때문이다. 이러한 본원, 품부라는 것도 모두 유행 변화 가운데 있다는 것이 한원진의 생각이다. 이러한 한원진의 관점은 결국 그가 이 세계를 어떤 시선에서 파악하고 있는가를 보여준다. 한원진은 유행 변화하는 '바로 여기'의 현실세계에 주목한다. 그의 철학적 지점도 이 가변적인 이 세계의 현실 속에서 불변의 가치를 어떻게 파악하고 실현시킬 것인가에 초점이 맞춰진다.

이무동정_이무위　　　　　　　　　　　　　【한원진 2】 원문 105

본원의 측면에서 논한다면 이가 먼저 있다고 말하지 않을 수 없지만 실제로는 이가 기를 앞서 존재할 때는 없습니다. 추뉴樞紐 주재의 측면에서 말하면 이에 동정이 있다고 말하지 않을 수 없지만 실제로 이에 동정이 있는 것은 아닙니다. 그러나 퇴계 선생과 같이 이가 움직여서 기가 따라 생겨나고 기가 움직여서 이가 따라 드러난다고 하면, 이것은 이와 기가 완연히 두 가지로 분리되어 서로 작용이 있게 됩니다. 이것은 혹 이가 먼저 움직이고 기가 그 뒤를 따르고 혹 기가 먼저 움직이고 이가 그 뒤를 따른다는 것입니다.

「남당집」 습유 권4, 「잡저」

　　한원진은 율곡학파의 이 무위의 관점을 고수한다. 비록 이기는 본원의 측면을 고려할 때 이가 기보다 앞선다고 추론할 수 있지만, 그것은 사실적인 선후가 아니다. 실제로는 선후가 없다. 사물의 운동을 주재하는 측면에서 논리적 추론에 의해 이의 동정을 말하지만 그렇다고 이 자체에 동정이 있는 것이 아니다. 한원진은 이의 동정을 경험적 사실 차원이 아닌 논리적 추론의 차원에서만 인정하는 것이다.

　　이렇듯 두 차원을 구분하는 것은 경험적 차원을 우선시하기 때문이다. 그의 이기에 대한 관점은 유행 변화의 측면에서 이기무선후다. 이기무선후에서 이는 기의 유행 변화에 타는 것이다. 이는 작위성이 없다. 따라서 이의 동정을 마치 경험적 차원으로까지 소급시켜 이가 움직임에 따라 기를 낳거나, 기가 움직여 이가 따라서 발현된다고 하는 이황의 주장에 대해서 반대한다. 이기가 서로 발용함이 있다는 '호유발용互有發用'은 있을 수 없다는 것이 한원진의 입장이다.

【한원진 3】 원문 106　　　　　　　　　　　　　　　　　　　심시기

생각하건대 오로지 '심에 대해서만 말한다면心專言' 심은 이와 기가 결합된 것입니다. 그런 까닭으로 심이 성을 그 가운데 감싸고 있습니다. 만약에 심을 성과 '상대해서 말한다면對言', 성은 이이고 심은 기입니다. 이것은 이와 기의 결합으로 말할 수는 없습니다. 이미 이를 성에게 배속하고 심을 이와 기를 합한 것이라고 하면 아마도 이를 둘로 보는 오류에 빠질 것입니다.

「남당집」 습유 권4, 「잡저」

이 글에서는 한원진의 독특한 논법이 제시된다. 전언專言과 대언對言이 그것이다. 전언은 특정한 것만을 한정하여 말한다는 것이고, 대언은 비교 대상을 두고 상대적으로 말한다는 것이다. 한원진은 전언과 대언의 방식으로 '심'을 분석한다.

율곡학파뿐만 아니라 퇴계학파에서도 심을 기본적으로 '이와 기의 합'으로 본다. 문제는 심을 작용의 측면에서 파악할 것인가, 아니면 심 자체의 구조적인 면에서 파악할 것인가다. 심을 작용의 측면에서 본다는 것은 심을 지각으로 여기는 것이다. 이것은 율곡학파의 입장이다. 심 자체의 구조적인 면을 주목하는 것은 헤겔이 『정신현상학』에서 '구체적인 내용은 스스로 형식을 갖춘다'고 한 생각과 유사하다. 성을 감싸고 있는 것이 심이므로 심의 내용이 심의 형식(구조)을 결정하게 되는 것으로 볼 수 있다. 이것은 퇴계학파의 입장이다.

한원진은 논란이 되는 심에 대한 관점을 자신의 논점에 따라 정리한다. 심을 전언의 측면, 즉 심에 한정해서만 말한다면, 심은 이와 기의 결합이어서 이로서의 성을 심이 감싸고 있는 모습이다. 마치 과실 속에 씨앗을 품고 있는 모양으로 형상화된다. 그러나 대언의 측면에서 심과 성을 상대적으로 비교하여 말한다면, 성은 성즉리로서의 '이'이고 심은 작용으로서의 '기'다. 따라서 한원진은 성과 심은 '이와 기의 결합'으로 말할 수 있는 것이 아니라고 결론짓는다. 그렇기 때문에 퇴계학파의 주장을 따른다면, 성은 이이고, 심은 '합리기'이기 때문에 이것은 '성의 이'가 따로 있고, '합리기'에서 심이 되는 또 다른 이가 있음을 가정하는 것이라고 분석한다. 따라서 이러한 주장은 두 개의 이를 상정하는 것이므로 오류라는 것이다. 한원진은 심중의 이로서 성은 무위이므로 작용은 기가 되기 때문에 성은 이이고, 심은 기라는 명제가 타당하다고 주장하는 셈이다.

【한원진 4】 원문 107　　　　　　　　　　　　　　　　　　이지발_기지발

사단에 중절과 부중절이 있다는 것은 주자의 문인이 기록한 데서 나온 것이니, 이것을 버리고 '사단리지발四端理之發, 칠정기지발七情氣之發'의 설을 취하는 것은 무엇에 근거한 것입니까? 모든 것은 주자 문인의 기록이지만 저 '사단리지발, 칠정기지발'의 기록은 논리가 복잡해서 이해하기 어렵고 사단에 중절과 부중절이 있다는 설은 논리가 순조로워 이해하기 쉽습니다. 저 '사단리지발, 칠정기지발'의 설은 한 번 보이고 다시 보이지 않으나 사단에 중절과 부중절이 있다는 것은 무수히 보입니다. 그렇다면 두 가지 가운데서 취사선택하는 것은 어렵지 않을 것입니다.

「남당집」 습유 권4, 「잡저」

『맹자』 「사단」 장 보광의 기록에서는 "사단은 이의 발현이고 칠정은 기의 발현이라고 했을 때, 한 제자가 희로애오욕은 오히려 인의에 가까운 것처럼 보인다고 묻자, 본래 비슷한 점이 있다고 대답했다"라고 했다. 생각건대, 사단과 칠정을 이와 기의 발현에 나누어 배속시킨 것은 본래 참된 이치가 아니다. 게다가 칠정은 인의의 발현이 아니라 인의와 비슷하다고만 했으니 더욱 놀랄 만하다. 이 말들은 모두 선생(주희)의 지론과는 다르다. 모든 단락이 잘못 기록되었음을 알 수 있다.

「주자언론동이고」

한원진은 퇴계학이 근간으로 삼고 있는 이황의 이기호발론을 직접적으로 비판하지 않는다. 그 대신 이황이 이기호발론의 정당성을 확인하고 있는 『주자어류』의 기록을 검토하는 방식을 취한다. 이러한 문헌 검토 작업의 하나로 한원진은 주희의 언론을 검토했고, 그 결과물을 『주자언론동이고』로 묶어내고 있다.

한원진은 이황이 이발기발의 전거로 삼고 있는 보광이 기록한 주희의 말은 평소 지론과 다르다고 평가한다. 기록 자체가 잘못되었다는 것이다. 이렇게 되면 이황이 호발론의 논지를 뒷받침하는 전거로 삼았던 근거 자체가 잘못되었다는 것이 된다. 한원진은 퇴계학파의 호발론을 직접적으로 비판하지 않고서도 무력화시키고 있는 셈이다.

이주기재_기 【임성주 1】 원문 108

요즘 사람들은 이 뜻을 알지 못하고 다만 주희의 결시이물決是二物이라는 말을 믿어서 왕왕 이와 기를 두 개의 사물로 여긴다.
『녹문집』 권19, 「녹로잡식」

일기의 근원에서 주재하고 만물 가운데서 두루 몸이 되며, 방촌 안에서 드러나고 일상에서 유행하며, 청탁과 편정이 있는 안에 의존하고 청탁과 편정이 없는 밖에 초탈하는 것은 이른바 하나의 '능함能'이 아님이 없다. 그렇다면 능함이라는 것은 과연 무엇인가? 이라고 하면 이는 무위인데 능함은 유위이고, 기라고 하면 기는 형적이 있는데 능함은 형적이 없으며, 이도 아니고 기도 아니라고 하면 이기 외에 다른 것은 없다. 그렇다면 이른바 능함이란 과연 어떤 것인가? '기의 영명함氣之靈'이요 '이의 오묘함理之妙'에 불과하다.

천지가 사물을 낳음에 이를 주로 삼고 기를 재료로 삼는다. 이 둘 사이에 다시 이른바 영과 묘가 있다는 것은 거의 군더더기가 아닌가? 그러나 이에 이것이 없다면 이른바 이라는 것은 막연하고 텅 빈 듯하여 무용하며, 기에 이것이 없다면 이른바 기라는 것은 완전히 죽은 사물처럼 된다. 천지에 이것이 없으면 조화가 이루어지지 않으며, 인간과 모든 사물에 이것이 없으면 지각이 없게 된다.

『녹문집』 권2, 「미호 김공에게 보냄」

임성주(1711~1788)는 조선 후기 율곡학파의 한 분파를 이루는 이재(1680~1746)를 스승으로 하는 도암 학맥으로, 기론을 중심으로 윤리적 심론을 펼치면서 독창적이고 참신한 사상 체계를 세운 인물로 평가된다.

18세기 율곡학파 안에서는 남당 한원진을 중심으로 한 호파湖派와 외암 이간(1677~1727)을 중심으로 한 낙파洛派가 인물성에 대한 동이 문제와 미발심체의 선악 여부 문제로 치열한 학술 논변이 벌어지면서 의견이 대립했던 시기다.

임성주는 율곡학파의 사문들이 벌이는 '인물성에 대한 견해' 차가 그들 학파의 종장인 이이가 제시한 '이통기국'에 대한 해석상의 상이함과 이기에 대한 개념 규정에서 비롯된다고 판단한다. 따라서 임성주는 논란을 해소하기 위해서는 기존의 통설과는 다른 차원의 새로운 시각이 필요함을 깨닫는다. 그러한 과정에서 이이의 이통기국에 대한 물음의 제기와 재해석을 통해 자신의 철학적 입장을 정립한다. 그와 같은 임성주의 주요한 철학적 입장은 '이기동실理氣同實'로 나타난다.

성리철학에 대한 임성주의 기본적인 관점은 정주성리학의 연찬에 힘입은 바가 크겠지만, 기본적으로 학파의 종장인 이이의 이론을 이어받고 재해석하는 과정에서 도출된다. 이이의 후학들에게 새로운 철학적 숙제를 안겨주는 것이 '이통기국'의 문제다. 사실 이이의 이통기국은 '이일분수'를 이이의 사유 체계 속에서 재정립한 이론이다. 여기에는 이이의 '이기불상리'라고 하는 이기 관계에 대한 입장이 전제된다.

결시이물은 '이와 기는 결단코 서로 다른 것'이라는 주희의 관점이다. 이것은 이와 기 개념이 명확히 구분되고, 다른 역할을 갖는다는 것을 전제로 '서로 섞이지 않는 것不相雜'을 뜻한다. 이와 기는 '결시이물' 혹은 '불상잡'과 같이 구분하여 파악하는 관점도 있지만, 한편으로 이와 기는 분리되지 않는 '혼융무간渾融無間' 혹은 '서로 떨어지지 않는 것不相離'이라는 관점도 있다. 임성주는 당시 학자들의 학술사상, 특히 율곡학파 내의 호락논쟁이 이와 기를 분리하여 파악하려는 관점에 경도되어 있음을 지적하는 것이다. 이러한 사례를 임성주는 이이의 이통기국설을 파악하는 관점에서도 찾고 있다. 이이 자신은 '이기불상리'의 관점을 중시하면서 '이통기국'을 논했음에도 후대에 그 이론을 해석하는 학자들은 자신들의 철학적 입장에 따라 '이통'-'기국'으로 분별하여 파악하는 경향을 보이고 있다. 임성주가 이기를 분리하여 파악하는 관점에 대하여 비판적이라는 점은 그가 이기불상리의 관점에 있음을 시사한다. 그러한 층위에서 임성주는 이기를 논의할 때 반드시 이기동실理氣同實과 심성일치心性一致를 종지로 삼아야 한다며 자신의 학술적 입장을 천명한다. 그가 제시하고 있는 '이기동실'은 이와 기가 동등한 차원의 본질로 존재함을 의미한다.

결시이물의 관점을 취하든 그렇지 않든 간에 이기의 작용은 이이의 표현대로라면 '이기지묘異氣之妙'다. 임성주는 그것을 '능함'으로 파악하고 '이의 오묘함理之妙'과 '기의 영명함氣之靈'으로 설명한다. 임성주가 이의 측면에서 '묘'를 취하고 기의 측면에서 '영명함'을 취하는 이유는, 그가 이기의 어느 한쪽에 능함이라고 하는 능동성을 부여하지 않겠다는 의미이며 이와 기의 경계에서 능동성을 파악하겠다는 것이다. 이 같은 사유는 기론을 중심으로 한 새로운 기획으로 보이지만 그러나 여전히 이-기의 구도를 벗어나지 못하고 있다.

【임성주 2】 원문 109 자연이연

'이' 자의 뜻을 생각해보면 모름지기 '스스로 그러함自然'이란 두 글자로 족하다. '당연'이나 '소이연' 같은 것도 그 귀결점은 모두 '스스로 그러함'이다. 자식은 효도하고 부모는 자애로우며, 임금

은 어질고 신하는 공경하는 것이 이른바 당연이다. 그리고 이러한 것이 모두 천명과 인심의 스스로 그러함에서 나와 그치지 않는 것이 바로 '소이연지고'라는 것이다.

외람되이 생각건대, 우주에는 하늘에서부터 땅 끝까지 안과 밖도 없고 시작과 끝도 없이 꽉 들어차서 수많은 조화를 이루어내고 숱한 사람과 사물이 생겨나게 하는 것은 단지 하나의 기일 뿐이며, 다시 '이' 자를 들여놓을 틈은 조금도 없다. 특히 그 기의 작용이 이와 같이 성대하고 이처럼 작용할 수 있는 것은 누가 시키는 것이겠는가? '자연히 그러함自然而然'에 불과하다. 이 '자연히 그러함'을 마주하고 성인은 '도'와 '이'라고 이름짓는다. 또한 그 기는 원래 공허한 것이 아니고, 전체가 밝게 융화되고 안과 밖을 꿰뚫고 있는 것이니 이 모든 것이 '생의'다.

『녹문집』 권19, 「녹려잡지」

임성주는 기론을 중심으로 한 자신의 사유를 전개하기 위해 이 개념의 변용을 시도한다. 기존의 이기론은 이기의 짝 개념을 통해 이나 기를 정의하는 방식이었다. 임성주는 당시 주류 성리철학에서 논의되었던 이와 기의 역할 및 지위를 다르게 정의한다. 그는 주도적 권능을 기에서 찾고 있다.

임성주에게 있어 기는 생의生意로 충만한 기다. 이 기는 우주자연의 조화를 이끌어내고 생산해내는 실체로서의 기이기 때문에 여기에 굳이 이를 들여놓을 틈이 없다. 이는 기 작용에 수반하는 '스스로 그러할 뿐自然而

然'인 조리에 불과하다. 이 개념에 포함되어 있던 소이연과 소당연의 의미 가운데 소이연만 남고 소당연은 탈각된 것이다. 임성주는 이를 기로 바꿈으로써 기에 의한 일원적 체계를 기획한다.

임성주가 이를 기와 동실로 인정하는 것은 이와 기를 놓고 지루한 논쟁을 벌이는 것을 종식시키기 위한 의도를 포함한다. 그리고 이런 발상은 주희에 의해 분리되었던 이와 기를 분리 이전의 상태, 곧 '일원적인 것'으로 되돌리는 의미도 포함한다. 퇴계학파의 장현광이 이기의 경위를 말하면서 통합의 바탕은 '도'라고 제안하는 것도 임성주의 발상과 다르지 않다. 장현광은 그 통합을 이로 제시하고, 임성주는 기로 제안하는 차이가 있다.

그러나 임성주의 기일원적 관점은 결과적으로 이를 기에 맞춤으로써 이의 절대성을 위협하게 된다. 즉 이의 약화를 초래한다. 이러한 점에 대한 반동적 움직임은 약화된 이의 위상을 제고하는 방식으로 다시 나타난다. 율곡학파 내의 이항로와 기정진에게서 나타나는 주리적 관점이 그것이다.

【임성주 3】 원문 110　　　　　　　　　　　　　　　　　　이일분수

만리는 만상이며 오상은 오행이다. 건순은 양의이며 태극은 원기다. 이는 모두 기에 나아가서 지은 이름이다. 요즘 사람들은 이일분수를 해석하기를 '이는 같은데 기는 다르다'고 하는데, 그것은 이의 일은 곧 기의 일에 따라서만 드러나는 것을 알지 못하기 때문이다. 진실로 기의 일이 아니라면 무엇으로부터 그 이가

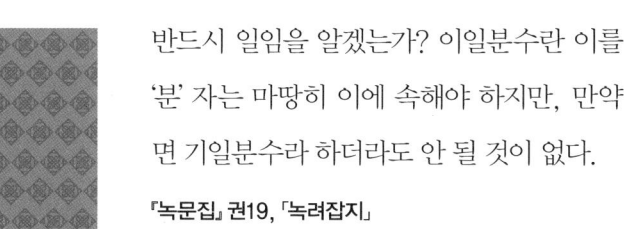

반드시 일임을 알겠는가? 이일분수란 이를 주로 하여 말한다면 '분' 자는 마땅히 이에 속해야 하지만, 만약 기를 위주로 말한다면 기일분수라 하더라도 안 될 것이 없다.

『녹문집』 권19, 「녹려잡지」

임성주는 이이가 이일분수론을 재해석하여 제시한 이통기국의 여러 문제점을 인식한 듯하다. 그래서 그는 다양하고 중층적인 해석이 가능한 이 중심의 이일분수를 자신의 기철학적 논점에서 재편하고자 한다. 이일분수를 기일분수로 재정립하는 것이다.

임성주는 정주성리학에서 제시했던 이 중심의 이기관으로부터 탈피하고 있는 것이다. 그는 태극을 원기元氣라고 분명히 선언한다. 그렇기 때문에 태극이라는 인식 아래 '이는 무형무위이면서도 유형유위의 기를 주재하는 것'이라는 기존의 관점도 바뀔 수밖에 없다. 그러하기에 기는 일이므로 이도 일이 될 수 있다고 보는 것이다. 따라서 이일분수도 전통적으로 이를 위주로 한 것인바, 그것을 기를 위주로 말할 수 있으며, 이 또한 기일분수라 할 수 있음을 설파한다. 이처럼 임성주가 기존의 이일분수설을 기일분수설로 전화시키는 데는 이기에 대한 그의 새로운 인식이 있었다.

임성주에게 이는 사실상 형용사의 개념이다. 형용사로서의 이는 그 존재가 모호하다. 없어도 크게 문제되지 않는다. 이것은 실체로서 인식되지 않는다는 것이다. 결국 임성주는 기존의 이 위주의 이철학에서 이의 개념을 무화시키고 실체로서의 기를 전면에 내세움으로써 기학으로의 전복을 시도하고 있는 셈이다.

【임성주 4】 원문 111　　　　　　　　　　　　　　　　　　　이통기국

통국이란 두 글자는 이와 기에 분속시킬 필요는 없다. 무릇 일원처로부터 말한다면 이만 일이 아니라 기도 일이니, 일은 통이다. 그러나 만수처로부터 말한다면 단지 기만이 만이 아니라 이 역시 만이며, 만은 곧 국이다. 일이므로 신神이며 양쪽에 있으므로 측량할 수 없으니 통이 아니겠는가? 인을 의라 할 수 없고 의를 인이라 할 수 없으니 국이 아니겠는가?[소주: 통·국을 이·기에 분속시키는 것은 그 용어는 참신하지만 의미가 통하지 않으니, 이일분수론만 못하다. 이일분수론은 이를 주로 하되 기가 그 안에 있어서 둘 사이에 틈이 없으니 용어가 매우 평이하면서도 그 의미가 이미 대단히 지극하다.]

율곡 선생의 이통기국이라는 말 한마디에 대해서는 마음에 항상 의심을 품고 반복하여 생각해보았다. 이는 이·기를 두 개의 물로 나눈 것이 아니라 하나는 일원一原에 분속시키고 하나는 분수에 분속시킨 것이다. 일원처에서는 이를 주로 하여 말하므로 "이는 통하고 기는 그 안에 있다"고 한다. 분수처는 기를 주로 하여 말하므로 "기는 국한되는 것이고 이는 그 안에 있다"고 한다. 이른바 "기가 하나의 근본이라고 하는 것은 이의 통함 때문이

고, 이의 만수는 기의 국한성 때문이다"라고 하는 것은 보면 그 본뜻을 알 수 있다.[소주: 주자가 말하는 이른바 이동기이 또한 그러하다.]

「녹문집」 권19, 「녹려잡지」

임성주는 이와 기는 통과 국으로 분속할 수 없다는 입장을 제기한다. 이이가 이기불상리의 원칙을 위배했다고 보는 것이다. 임성주는 이이의 이통기국에 대한 논의를 비판하고 이일분수의 명제를 통해 자신의 이기에 대한 관점을 논의하고 있다. 임성주에 따르면, 이통기국은 이기불상리의 관점과는 달리 이와 기를 분리하여 논의하기 때문에 잘못이다. 왜냐하면 이기불상리의 관점에서 본다면, 본체의 측면에서 이일이 통이라면 이 이일에 대응하는 기일도 분리될 수 없기 때문에 통인 것이고, 만수의 현상의 층위에서 보더라도 이기는 분리되지 않기 때문에 기가 개별화되는 과정은 곧 이도 개별화되는 과정으로서 국한되는 것이다. 임성주는 '이일理一-기일氣一' '만수지리萬殊之理-만수지기萬殊之氣'의 대응 개념을 설정한다. 이것은 이이가 이와 기를 차별적으로 인식하는 것과 달리 동실同實의 관점에서 파악하려는 것이다. 곧 '이통'이 가능한 것처럼 '기통'도 가능하다는 의미다. 그렇기 때문에 임성주는 이 문장의 소주에서 이이가 통국으로 이기를 나누는 것은 말 그 자체는 새롭지만 뜻은 오히려 막혔기 때문에 이일분수의 논의보다 수준이 낮은 것이라고 평가한다.

【이항로 1】 원문 112　　　　　　　　　　　　　　　이기_이주기역

태극은 이다. 이는 주재함이 있어서 사물을 주재하게 되므로 이
라고 한다. 만일 사물을 주재할 수 없다면 어찌 이라고 할 수 있
겠는가? 태극은 이다. 이는 운용함이 있어서 이 사물을 운용하
게 되므로 이라고 한다. 만일 사물을 운용할 수 없다면 어찌 이
라고 할 수 있겠는가?

『화서집』 권25, 「태극은 본연의 묘라는 설」

이라는 것은 하나이지 여러 가지가 아니며, 사물에 명령하는 것
이지 사물의 명령을 받는 것이 아니며, 주인이 되는 것이지 손님
이 되는 것이 아니다. 기라는 것은 여러 가지이지 하나가 아니며,
사물에서 명령을 받는 것이지 사물에게 명령하는 것이 아니며,
손님이 되는 것이지 주인이 되는 것이 아니다. 요즘 사람들은 "이
는 같고 기는 다르며, 이의 다름은 기의 다름에 연유하는 것"이
라고 말하는데, 이것은 참으로 그러하다. 그 실상은 이가 같음
속에 원래부터 허다한 다름이 있어서 기의 다름을 기다리지 않
고도 다른 것이니, 가령 공허하여 아무 조짐도 없지만 만물이 장
차 생겨나려는 형상이 삼연하게 갖추어진 것 같은 것이 같음 속
에 다름이 포함되어 있음을 이른 것이다. 이것이 어찌 기의 국함
을 기다려 같지 않은 것이겠는가.

『화서집』 권1, 「이기」

> 이가 주가 되고 기가 부림이 되면 이는 순수하고 기는 바르며 만사가 다스려지고 천하가 편안하게 된다. 그러나 기가 주가 되고 이가 부차적인 것이 되면 기는 강해지고 이는 은미해져 만사가 어지러워지고 천하가 위태롭게 된다.
>
> 『화서집』 권25, 「이기에 대해 묻고 답하다」

이항로李恒老(1792~1868)는 19세기 중엽 조선이 서양의 통상 압력으로 침탈당하는 시점에서 위정척사라는 사회운동을 주도하는 성리학자다. 그는 1866년 병인양요 때 조선 유림을 대표하는 성리학자로 조정에 소환될 정도였다. 이러한 면모는 이항로의 학술사상이 시대의식과 직결되어 있음을 짐작케 한다.

이항로는 율곡학을 계승하지만, 율곡학에 머물지만은 않는다. 그는 율곡학이 제안하고 있는 주기적 특성을 주리적 경향성으로 바꾼다. 19세기 후반 조선의 학술계가 주리적 입장을 표방하고 있다는 것을 감안하지 않을 수 없지만, 율곡학파인 그가 어째서 주기적 노선을 포기하고 주리적 입장에 서게 되었는지는 관심거리다.

이항로의 학술상 또 하나의 특징은 율곡학파의 송시열 이후 지속된 주자 관련 문집의 주석 작업이다. 그는 『주자대전』에 대한 주석 작업을 시작하여 그의 아들과 함께 『주자대전차의집보朱子大全箚疑輯輔』 70책을 만들고, 『주자대전집차』 20책을 별도로 만든다. 이러한 작업을 통해 이항로는 주기적인 관점에만 머물지 않고, 율곡학파에서 특이한 주리적 학술 경향을 드러낸다. 특히 심시기의 명제 대신 심주리설을 제안하고 있다는 점이 특이하다.

이기에 대한 율곡학파의 기본 입장은 무위성이다. 이는 무형무위하나 주재함이 있다고 논의되어왔다. 여기서 난점은 무형무위한 이가 갖는 주재의 문제였다. 율곡학파는 이 주재의 문제에 대해서는 퇴계학파의 비판에 부딪힐 수밖에 없었다.

그러나 이항로의 이기 개념에서는 이러한 율곡학파의 전통적인 문제점이 해결된다. 태극으로서의 이는 사물을 주재하고 운용할 수 있는 능력이 있기 때문이다. 이항로는 이황이 이기를 정의했던 방식과 유사하게 이기를 파악한다. 그에게 있어 이는 '본래 존귀하여 상대가 없는 것'이며 기는 '본래 비천하여 상대가 있는 것'이다. 율곡학파에서 볼 수 없었던 이에 대한 극존과 기에 대한 천시의 관점은 이항로의 독특한 입장이다. 따라서 그에게 이는 사물에 명령하는 존재이지 사물의 명령을 받지 않으며, 주인이지 손님이 아니다. 기는 그 반대다. 이와 기는 이주기역理主氣役, 곧 이는 주인이고 기는 부림받는 것이 된다.

그렇다면, 율곡학파의 학통을 잇고 있는 이항로는 어째서 이러한 이귀기천의 사유를 하게 되었을까? 이와 기에 대한 극단적인 구분은 내우외환의 19세기 조선사회 현실과 어떻게 연관되는가?

이항로뿐만 아니라 19세기 조선성리학의 흐름은 기론보다는 이론을 중시하는 경향으로 나타난다. 퇴계학파는 말할 것도 없고, 율곡학파도 기보다는 이를 상대적으로 중시하는 경향을 보인다. 기존의 연구는 19세기 조선성리학의 주리 혹은 이론적 경향을 위정척사와 연결하여 이해하는 것이 주류를 이뤘다. 이러한 판단이 틀리지는 않다. 다만 그것을 정답으로 받아들이기에는 조선성리학의 학적 지반이 지나치게 강고하다.

시대에 조응하는 성리학적 흐름이 시대 현실에 따라 변화하는 것은 당연하다. 그러나 그러한 변화는 학술상의 문제와도 긴밀하게 연계된다. 율곡학파가 시대의 현실에서 퇴계학파에 비하여 주도권을 잡을 수 있었던 것은 그들이 단순히 정치 지향적이어서만은 아니다. 그것은 율곡학파의 학문이 현실세계의 운영 원리와 긴밀하게 연결되어 있기에 가능했다. 율곡학파는 이라고 하는 불변적 가치를 유지하고 그러한 이를 실현하기 위해 현실의 문제를 끊임없이 관찰하고 조절해나가는 이론을 제안하고 있다. 이통의 본원적 세계를 현실에서 구현하는 것을 자신들의 사명으로 자임한 사람들이 율곡학파다. 이러한 점에서 율곡학파의 이기론이 분별적 관점보다 혼합적 관점에 주목하는 이유도 발견된다. 이와 기로 이루어졌다고 보는 이 세계는 확연하게 구분할 수 없는 세계다. 이와 기가 혼재되어 있는 세계다. 그러한 현실을 인정하는 것이 이기불상리를 강조하는 입장이다. 그러나 그것이 전부는 아니다. 그러한 이와 기가 혼재되어 있는 세계상이지만 이를 실현하기 위해서는 기를 통제 조절해야 한다. 그래서 율곡학파는 기의 문제를 중시하는 것이다. 기를 중시하는 경향은 율곡학파의 임성주에 와서는 이를 기와 동실로 보는 상황에까지 이른다. 임성주의 기론은 이의 지위를 기의 지위와 다를 것이 없게 만들고 있다. 이러한 흐름은 이를 약화시키는 것은 아닐지라도 이를 기와 동위로 설정함으로써 실제로 이의 지위를 하락시키는 결과를 초래한다.

이와 같은 율곡학파의 흐름은 이항로와 같은 반대 의견의 출현을 예비한다. 기론의 강화는 오히려 이론의 상대적 약화를 불러왔기 때문이다. 따라서 이항로는 이기 개념 규정에 있어서 상대적으로 이 개념을 중시하는 것이 아니라 이황에 비견될 정도로 강한 이 중심주의를 표명하게 되는 것이다. 이러한 흐름은 기정진에게도 마찬가지로 나타난다.

【이항로 2】 원문 113　　　　　　　　　　　　　　　　심주리_심시기

> 이 심의 형이상의 도道를 묻는다면 신神과 이일 뿐이다. 이 심의 형이하의 기器를 묻는다면 형形과 기일 뿐이다. 이 때문에 성인이 심을 논할 때 혹 형으로써 말한 곳이 있으니 심장과 같은 것이 이것이고, 혹 기로써 말한 곳이 있으니 '기의 가장 맑은 것氣之精爽'이 이것이며, 혹 신으로써 말한 곳이 있으니 사람의 신명이 이것이고, 혹 이로써 말한 곳이 있으니 인의의 심이 이것이다.
>
> 『화서집』 권24, 「형기신리설」

　이항로는 이기 개념 규정에 있어서 이를 중시하고 기를 천시하고 있음을 앞서 확인했다. 이러한 관점은 심 개념을 규정하는 데도 마찬가지로 나타난다.

　이항로는 율곡학파가 금과옥조로 지켜온 '심시기'의 명제를 바꾼다. 심시기는 '마음이 기'라는 단정적인 언명은 아니다. 이 명제에는 심은 '이기

의 합'이라는 대전제가 들어 있기 때문이다. 심은 그래서 이로 말해질 수 있고, 기로도 말해질 수 있다. 심의 이적인 측면을 강조하는 것이 퇴계학이고, 기적인 측면을 강조하는 것이 율곡학이다. 율곡학파에서는 다만 심의 이적인 측면은 이미 인성으로 자리하기 때문에 무위라고 보는 것이고, 그러한 점에서 심의 작용성은 기에 있다고 여겨 심시기를 말한다. 이항로는 이러한 율곡학파의 심시기의 명제를 변용하여 심주리心主理라고 한다.

이항로는 심의 두 측면 중 율곡학파에서는 거론하지 않았던 심의 이적인 측면을 주목한다. 따라서 그는 심을 논할 때 '이로써 말한 곳이 있으니 인의의 심이 이것이다'라고 하여 심의 이적인 면을 '인의'로 포착해낸다. 이것이 심시기를 부정하지 않으면서 심의 이적인 측면을 강조하는 그의 심주리설心主理說이다.

이와 같은 심주리적인 입장은 심에서 이의 역할을 가시적으로 드러내기 위한 것이다. 이항로에게 심은 주리적이기 때문에 기가 아니며, 마음의 요체인 명덕은 이가 된다. 기가 아닌 심의 이는 일신을 주재하는 데 아무런 문제가 없게 된다. 이항로의 심주리의 관점은 심통성정의 명제를 통해서도 지지된다.

이러한 이항로의 심주리론에 대해서 그 문하뿐만 아니라 율곡학파 전체에서 비판이 일어난다. 심주리설은 당시 이진상의 '심즉리설'과 유사한 면이 있기 때문이다. 이항로의 제자인 유중교는 심주리설에 대해 비판하면서 명덕은 이지만 심이 곧 명덕은 아니므로 심을 이라고 볼 수 없다는 입장을 제기한다. 이 논쟁은 이항로 사후에 면암 최익현에게까지 이어진다.

【기정진 1】 원문 114　　　　　　　　　　　　　　음양동정_비유사지

　　음양동정은 그 현상만을 얼핏 보면 과연 '스스로 가고 스스로 멈추는 것自行自止' 같다. 그러나 만약 그 실상을 깊이 살펴보면 한결같이 천명이 그렇게 시키는 것이다. 천명이 그러한 까닭에 그러하지 않을 수 없다. 이것을 일러 소이연이라고 하는 것이니, 천명 외에 따로 소이연이 있는 것이 아니다. 지금 '기자이機自爾'라고 말한다면 '자이'는 힘써 하는 것을 기다리지 않는다는 뜻이지만 이미 자기에게서 말미암고 타자에게서 말미암지 않는다는 뜻을 포함한다. 또 거듭해서 '비유사지非有使之'라고 하는데, '자이'라고 설명할 때는 말뜻이 아직 분명하지 않지만 '비유사지'라고 하면 말뜻이 확실하다. 참으로 음양이 말미암은 바가 없이 스스로 가고 스스로 멈추는 것이라고 한다면, 이 두 구절(기자이·비유사지)은 내 견해로는 알 수가 없다.

　기가 이에 따라 발하는 것은 기발이니 곧 이발이요, 이에 순하여 행하는 것은 기행이니 곧 이행이다. 이는 조작하거나 스스로 꿈틀거리며 움직이지 않고, 발하고 행하는 것은 분명히 기가 하는데, 이발·이행이라고 하는 것은 무엇인가? 기의 발과 행은 실제로 이에게서 명령을 받은 것이니, 명령하는 자는 주인이 되고 명령을 받는 자는 종이 된다. 이의 존귀함은 상대할 것이 없으니, 기가 어찌 이와 짝이 되겠는가. 이의 드넓음은 상대가 없으니 기 또한 이 가운데의 일이요, 이것은 바로 '이가 유행하는 손

발리流行之手脚'이다.

『노사집』권16, 「외필」

기정진(1798~1876)은 조선사회가 서구 제국주의 세력에 의해 침탈당하고 나라 안으로는 민란과 세도정치의 폐해로 정국이 극도로 불안정한 19세기를 살았던 인물이다. 기정진은 직접적인 사승관계나 학파적 연원이 없으나 전남 장성을 중심으로 활동하면서 많은 제자를 길러내 독자적인 노사 학맥을 형성했다. 그가 교유했던 주요 인물은 대부분 율곡학파의 문인이었고, 그가 쟁점으로 삼았던 철학적 문제 역시 율곡학파 안에서 발생한 호락 논쟁과 관련한 것이었으며, 그의 이기론도 율곡설을 재해석하는 것이 대부분이어서 광의의 율곡 학맥으로 파악하기도 한다.

기정진은 18세기 이후 율곡학파 내부에서 치열하게 펼쳐졌던 호락 논쟁의 주요 쟁점인 인성물성동이 논쟁과 미발심체의 선악 여부 문제에 주목한다. 그는 호락논쟁이 이와 기를 분리하여 주기적 입장에서 인성물성의 문제를 파악한 결과 타협점을 찾을 수 없는 지루한 논의로 흘렀다고 보고, 이일분수를 중심으로 한 이 철학적인 관점에서 재해석을 시도한다. 이러한 점에서 기정진의 철학적 논의는 율곡학의 주요 주제들에 대하여 비판적으로 계승하고 심화하는 맥락에 서 있다.

기정진의 학술적 관심은 이론의 옹호에 있다. 그는 이일분수에 대한 독자적인 해석을 통해 이러한 열망을 실현하고자 했으며, 그의 학술적 입장은 「외필猥筆」 「납량사의納凉私議」 「이통설理通說」 등에 잘 나타나 있다. 기정진의 이론은 임성주의 기론에 대한 반발의 양상을 띠고 있고, 이항로의 주리적 경향과 연결되는 측면이 보인다. 기정진에게 이는 '아주 존귀해서 상대할 것이 없는 것'이다. 이황과 이항로의 표현대로 한다면, '극존무대한 것'이다.

기정진은 당대 학자들이 기의 자발성을 강조하는 관점을 비판한다. '기의 자발성'을 강조하는 학풍은 율곡학파에서 주로 나타난다. 따라서 이 비판은 율곡학으로 향한다. 기정진은 현상적인 변화운동은 음양동정과 같은 기의 작용에 의한 것인 듯 여길 수 있지만 그렇지 않다는 점을 분명히 한다. '한결같이 그렇게 시키는 것使之'이 있기에 기가 변화운동할 수 있다는 것이다.

이러한 기정진의 입장은 이이가 기의 자발적 변화운동의 개념으로 제시했던 '기자이'나 '비유사지'의 관점을 비판하는 것이다. '기자이'나 '비유사지'를 부정함으로써 기정진은 '그렇게 시키는 것'을 이이의 표현처럼 '누구인지 알 수 없다未知其孰使之然'가 아니라, 그것이 바로 '천명'이라고 적시한다. 이 천명은 바로 이다. 이가 기의 변화운동을 주재하는 것이라는 의미다. 이와 같은 기정진의 논점은 이전 시기 생의生意로서의 기를 통해 이를 무력화하는 임성주의 기론을 논파하는 것이기도 하다.

이는 기와 비견할 바가 아니다. 그래서 이는 '상대할 것'이 없다. 기는 다만 이의 일을 수행하는 것에 불과하고, 이가 유행할 때 손발과 같은 도구가 되는 것에 불과하다는 인식이다. 기정진이 이렇듯 이를 극존의 대상으로 인식하고 상대적으로 기를 열등하게 본 것, 마치 '손발'과 같은 것으로 규정하는 이유는 무엇일까? 기정진이 대적할 것이 없는 이를 표현하는 다른 용어를 살펴보자.

기정진은 변화운동의 직접적인 근거를 '부리는 자' 혹은 '시키는 자'로서 이에 귀속시킴으로써 이일분수에서 제기될 수 있는 기 분수의 가능성을 차단한다. 기정진에 따르면, '사지使之'의 주체는 기가 범접할 수 없는 이다. 따라서 이일분수에서 기의 역할은 제한적이거나 아주 미미할 수밖에 없다. 모든 현상의 원인은 이가 그렇게 시키는 것이다. 기정진은 이의 체용적 입장에서 이일분수를 말한다.

기정진에게 있어 '이는 명령을 내리는 자로서 주인이고 기는 명령을 받고 수행하는 종理主氣僕'이며, 그렇기 때문에 '이는 상대가 없는 존귀한 존재이고 기는 천한 존재理尊氣賤'다. 보편적이고 필연적이며 소이연한 이이자 소당연한 이는 기로 하여금 이의 명령을 실천적으로 수행하도록 강제한다.

이_만물의 종자 　　　　　　　　　　　【기정진 2】 원문 115

그렇다면 '기를 타고 변화한다는 설乘氣變化之說'을 폐기해도 될까요? 대답했다. "아니다. 근원으로부터 논하자면 일리의 최초에 만물이 이미 갖추어져 있으니, 이는 씨가 땅에 닿으면 싹이 생겨나지 않을 수 없는 것과 같다. 그러므로 만물의 기는 여기로부터 생겨난다. 만물의 유행에 나아가서 보자면, 하나의 사물이 있으면 하나의 이가 있고 만 가지 상象이 있으면 만 가지 이가 있다. 만일 기를 타고 변화하여 두루두루 생겨난다고 할 경우, 바르게 보는 사람이 그 유행하는 측면의 이야기를 이해하여 미혹된 뜻에 집착하지 않는다면 괜찮다. 만일 그 뜻을 그릇되게 이해하여 이는 본래 기준이 없고 동서남북에 오로지 기를 따를 뿐이라고 생각한다면 이것은 이가 기의 주인이 되지 못하고 반대로 명령을 듣게 되는 것이다. 잘못된 것이 아닌가? 천하에 근원이 없이 생겨나는 것은 없다. 이여! 이여! 만물의 종자여!"

『노사집』 권16, 「어떤 사람의 물음에 답하다」

기정진은 이를 '만유의 종자'라고 표현한다. 천지만물은 모두 원천적인 생명의 근원을 가지는데, 그 가운데 가장 위대한 것이 '모든 것의 생명의 근거'인 '이'라고 한다. 생명을 발아하는 '씨앗'의 이미지로 은유되는 기정진의 이는 그래서 '존재의 종자'이고, 만물의 근원적 원리가 된다. 이를 씨앗 은유로 파악하는 기정진의 이해 방식을 고려한다면, 다음과 같은 질문을 연상할 수 있다. 이가 '만유의 종자'라면 '씨앗을 발아시키는 힘은 어디서 오는가?' 기정진은 이것에 답한다. 씨앗 자체는 스스로 발아할 수 있는 능력을 갖고 있다. 그 능력이 '반드시 그러할 수 있는 오묘함必然之妙'이다. 그러나 '그러할 수 있는 동력能然之力'은 아니다. 이 근원적 원리로서의 '종자'는 '그러할 수 있는 동력'이 있는 것은 아니지만 '반드시 그러할 수 있는 오묘함'을 갖는 존재다. 기정진은 한순간의 점유로서의 동정이 아닌 불연속적인 운동의 연속으로서 '이지묘'를 개념화해 '통通' '묘妙' '이理'를 같은 층위에서 파악한다.

이처럼 기존에 기의 역할로 여겨지던 다양성과 운동성을 이로 일원화 시키려는 기정진의 의도는 무엇인가? 우주만물의 변화생성은 근원을 추구해 말할 수도 있고 현상의 다양성으로부터 이야기할 수도 있다. 그러나 현상의 다양성에 시야가 가려질 경우, '기준準則'도 '근원種子'도 모두 망각하게 된다. 그렇게 되면 아무리 이의 중요성에 대해 떠든다 해도 그것은 단지 허황한 것이 되어 실제로는 이가 기를 따르는 셈이 된다는 것이다. 따라서 기정진은 분리 불가능한 이기불상리理氣不相離의 입장에서 기준과 근원으로서의 이를 강조하는 것이다.

이일분수_이분원융 【기정진 3】 원문 116

나의 얕은 견문으로 듣건대, 분分이란 이일 가운데의 세세한 조리입니다. 이와 분 사이에는 층절이 용납되지 않고, 분은 이의 대대待對가 아닙니다. 분수 이자는 일에 대가 되는 것입니다. 이는 만수를 함유하므로 일이라고 하니 그 실상은 일물입니다. 수殊란 참다운 나뉨이 아니므로 분수라고 하니 수라는 것은 다만 그 분한일 뿐입니다.

나의 설은 이분원융理分圓融입니다. 소위 체용일원體用一原·현미무간顯微無間이라는 것은 '같은 가운데 다름이 있고 다른 가운데 같음이 있어서同中有異·異中有同' 같음과 다름은 더 이상 논의할 필요가 없습니다.

『노사집』 권16, 「납량사의」

　기정진은 '이함분수'라는 용어를 구사한다. 이 말은 이일의 보편자는 이미 현상화되는 개별자의 원리를 함유하고 있다는 의미다. 즉 이일에는 현상화의 가능태, 곧 분한分限이 이미 구획되어 있다는 것이다. 그렇기 때문에 이는 이일이 되는 것이고, 분은 분수가 되는 것이다. 이러한 기정진의 논리는 이일과 분수 사이에서 기로 인한 분수를 배제하는 것이며, 이일과 분수는 분리되지 않는 구조임을 시사한다. 기정진은 이일과 분수의 구조, 즉 분수가 이일에 함유되어 있는 구조를 동철銅鐵이 주발이나 칼이 되는 것과 같은 것이라고 은유적으로 표현하기도 한다. 기정진은 현상이 다양한 원인을 본원인 이에서 찾고자 하는 것이다.

　이일분수의 이론을 '이분원융'의 개념으로 파악한다는 것은 이일과 분수가 체용일원의 관계에 있음을 보여준다. 이는 이일의 본체가 분수로서의 개별 현상으로 전화되는 요소를 포함하고 있다는 의미다. 본체인 이일은 현상의 분수를 가능하게 하는 근거이자 소이연이다. 이러한 본체와 현상의 불가분리성을 고려하는 기정진의 논의 방식은 이이의 이통기국의 논거와 유사하다. 이렇게 보면, 기정진은 이일분수를 이분원융으로 재해석함으로써 이일과 분수를 각기 이기에 분속하고, 분을 가능하게 하는 작용인으로서의 기를 철저하게 배제한다. 기정진이 이일과 분수를 '동철-주발·칼'과 같은 관계로 이해하고, 이를 다시 이분원융으로 설정하는 것은 이전 시기 호락 논쟁에서 야기된 논쟁점을 무화시키기 위한 이론적 장치다. 즉 이일과 분수 혹은 이통과 기국을 각기 이와 기로 배속하여 파악하는 관점과 기의 작용성을 배제함으로써 기정진은 이의 철학을 정립한다.

태극음양_동정　　　　　　　　　　　　　【전우 1】 원문 117

선현이 태극에 동정이 있다고 한 것은, 단지 기를 타고 동정하는 이가 있다는 것으로 말한 것이지 동정의 능력이 있음을 말한 것이 아니다. 선현이 태극에 동정이 없다고 한 것은, 단지 스스로 동정하는 능력이 없다는 것으로 말한 것이지 동정의 이가 없음을 말한 것이 아니다. 선현이 동정은 기의 기틀이 스스로 그러한 것이라고 말한 것은, 단지 그 능연처에 나아가 말한 것이지 기가 홀로 작용한다고 말한 것이 아니다. 선현이 음양은 태극에서 나왔다고 말한 것은, 그 말미암아 근본하는 바를 미루어서 말한 것이지 이가 실제로 조작한다고 말한 것이 아니다.

『간재사고』 권28, 「이와 기의 유위 무위에 대한 변론」

전우田愚(1841~1922)는 율곡학파를 이끌었던 성리학자 가운데 마지막에 해당된다. 그는 19세기의 조선과 20세기의 식민지 조선을 동시에 살았던 인물이다. 시대의 노정이 순탄하지 않았듯이 그의 삶도 굴곡지고 얼룩져 있다. 그러나 그는 율곡학파 최후의 한 사람으로서 율곡학을 끝까지 지

켜내려 했고, 그래서 그에 대한 평가도 엇갈린다. 그는 국가의 존망을 뒤로 한 채 도를 지키기 위해 제자들을 이끌고 서해안의 섬으로 이주했기 때문이다. 도를 지키는 것은 그에게 어떤 의미였을까? 그것은 이의 문제와 연관된다.

19세기 조선성리학의 일반적인 흐름은 이기론에 있어 이를 강조하는 주리의 경향으로 흐른다. 그러나 전우는 그러한 흐름과 달리 율곡학파의 이론을 지켜나간다. 그는 율곡학파의 이론도 기본적으로 주리의 경향으로 파악하기 때문에 문제될 것이 없었다. 전우는 '학문을 함에 마땅히 이를 주로 해야 한다'는 입장이며, 이것은 '성을 심의 본원으로 삼는 것'을 말한다. 적어도 전우의 관점에서 주리는 성을 심의 본원으로 삼는 것이다. 전우의 성리학적 관심은 이와 심에 놓여 있었다.

그렇다면 전우에게 이는 어떻게 파악될까? 이는 유위한가 무위한가? 이 물음은 이렇게 번역될 수 있다. 이는 능동적인가? 이것은 '태극유동정'에서 비롯하여 '이유동정'의 명제로 정리됨으로써 조선 성리학사에서 끊임없이 문제 제기 되었던 것이다.

율곡학파의 입장을 계승하고 있는 전우는 동정 자체는 기에 의한 것이고 태극으로서의 이는 동정을 타는 것이라고 정리한다. 형이상의 존재로서 이에는 경험적 세계의 동정과 같은 것은 있을 수 없기 때문이다.

그런데 전우의 태극유동정에서 주목되는 점이 있다. 그는 태극 자체에는 동정하는 능력이 없다는 것을 분명히 하고 있다. 태극은 동정하는 능력은 없지만 동정의 이는 있다고 해석한다. 동정은 동정의 이에 의해 주재되는 것이고, 이 주재는 실은 자재하는 것이다. 그리고 동정하는 것은 기다.

이 기는 홀로 작용하는 것이 아니라 실은 이에 근본하는 것이다. 태극생음양에 대해서도 이가 실제로 기를 낳게 하는 것이 아니라 논리적 추론에 의한 것이다.

심시기_성사심제   【전우 2】 원문 118

성사심제性師心弟란 대개 심의 운용에서 성의 선함이 발현된 것을 모범으로 삼아 하나하나 본받는 것을 말한다.
『간재사고』 권38, 「성사심제에 대한 변론」

내가 '심이 비천하다'고 하는 것은 일부러 '심' 자를 천하고 낮게 여기는 것이 아니라, 단지 성에 대비해서 볼 때 비교적 낮다는 것이다. 대신은 군주에 대비해서 보면 낮지만, 그러나 백관과 만민 위에 있으니 어찌 귀한 사람이 아니겠는가.
『간재사고』 권6, 「정택신에게 답하다」

심과 성에 대한 문제는 전우의 성리학에서 가장 고심했던 부분이다. 전우는 당대에 퇴계학파의 이진상에 의해서 '심즉리설'이 제기되고 같은 율곡학파의 이항로에게서 '심주리설'이 제안된 것에 대해 깊이 우려한다.

그러한 '심-리'로 파악하는 논의를 비판하면서 전우가 제기하는 것이

'성사심제'의 이론이다. 성과 심은 마치 스승과 제자의 관계와 같다고 은유적으로 표현한다. 전우는 그러나 스스로 말하고 있듯이 이 명제가 심이 성에 비해 열등하다거나 비천함을 의미하는 것은 아니라고 말한다. 심에 대해 '비천'하다고 쓴 것에 대해서 이진상 계열이나 이항로 계열에서 크게 반발했기 때문이다. 전우는 단지 성과 심을 대비하면서 심을 낮추는 의미라고 밝혔다.

성을 스승으로 비유하고 있는 이 명제에는 '스승은 높다 혹은 존엄하다'라는 개념적 은유가 포함되어 있다. 따라서 '제자-아래-순종'으로 은유된 심은 성을 좇아 성을 실현해야 할 당위를 갖게 된다. 전우는 성으로서의 절대성을 유지하면서 심이 그것을 실현해가는 것을 '성사심제'로 주제화한다.

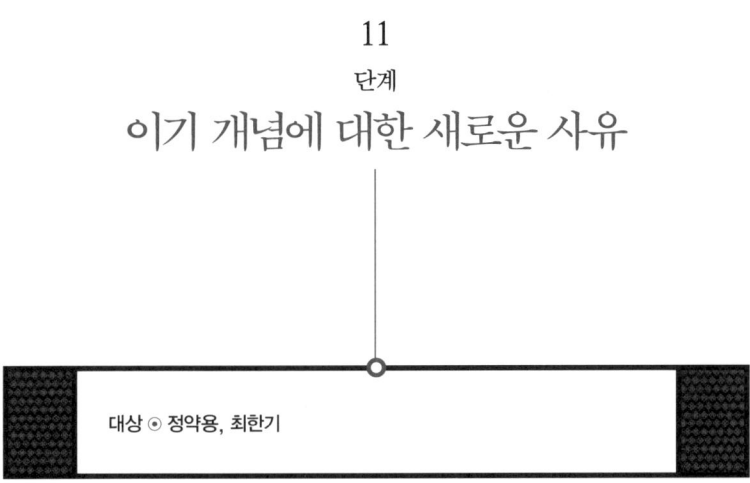

11
단계
이기 개념에 대한 새로운 사유

대상 ⊙ 정약용, 최한기

11단계에서는 조선 후기 성리학에서 이기 개념에 대한 전면적인 조정 과정을 통해 새로운 사유의 출현을 보여주는 정약용丁若鏞(1762~1836)과 최한기崔漢綺(1803~1877)의 이기론을 살펴본다. 이들의 논의는 이전의 철학적 전통에서 비롯된 것이면서 동시에 전통을 딛고 새로운 경계, 새로운 사유의 문턱에 서 있다.

【정약용 1】 원문 119　　　　　　　　　　　　　　　　　　무극이태극_기

> '소리도 없고 냄새도 없는 것'이 무극과 같다고 하는 데에 대해 신은 다음과 같이 생각합니다. '소리도 없고 냄새도 없는 것'이란 위에 계신 '하늘上帝'의 말하지 않고 행동하지 않는 공덕과 교화를 형용하는 것입니다. 무극·태극이란 한 덩어리의 원기가 아무것도 없는 데서 엉겨 이루어진 것을 가리키는 데 지나지 않습니다.
>
> 『여유당전서』 제1집, 「중용책」

　　정약용은 조선성리학사에서 이기 개념에 대한 숙고를 통해 새로운 사유를 기획했던 철학자 중 한 사람이다. 그는 기존의 이기 개념을 포함한 성리학적 개념과 체계가 유일한 것이 아님을 자각한다. 과도하게 확장된 이 개념은 생동하는 생명의 세계를 파악하는 데 오히려 장애로 작동한다. 이 개념을 약화시키면서 정약용은 시대에 맞는 학술을 검토한다. 조선에 유입된 서학과 당대의 학술은 정약용으로 하여금 성리학적 사유 체계를 포괄하는 유학적 세계로 인도한다. 정약용은 성리학이 곧 유학이 아니라 유학의 변형된 한 형태라는 것을 발견한다.

　　정약용의 「중용책」은 비교적 젊은 시절(28세, 1789)에 저술되었다. 이 글은 '상제천上帝天'의 개념을 제안하고 있는데, 정약용의 성리학 개념에 대한 이해가 기존의 정주성리학과 차이가 있음을 보여준다.

　　정약용은 주희 이래로 성리학의 이기론을 이해하는 전범으로 간주되어

왔던 「태극도설」을 다른 방향에서 해석한다. 주희는 '하늘'로 은유된 이의 절대성을 '소리도 없고 냄새도 없는 것'이라고 해석하지만, 정약용은 '상제'의 공덕과 교화의 능력을 형용하는 것이라고 해석한다. 이 한 구절의 해석을 보더라도 정약용은 형이상의 절대적이고 추상적인 원리이자 법칙이며 도덕적 원리로 규정되었던 이를 상제로 대체하고 있음이 확인된다. '무극'이나 '태극'의 개념도 '이'로 보는 게 아니라 주희와는 다르게 규정된다. 오히려 주돈이가 제기했던 본래적 의미와 유사한 '기'로 규정된다. 그렇기 때문에 '성즉리'의 명제는 정약용에게 더 이상 의미가 없어진다. 그는 인성을 마음의 경향성인 기호嗜好로 파악하게 된다.

정약용은 주자성리학의 근본이라고 할 수 있는 무극, 태극, 이 개념을 완전히 새로운 자신의 개념으로 재정위한다. 이것은 그가 주자성리학의 자장 밖에 있음을 뜻한다.

태극_양의_사상　　　　　　　　　　　　**【정약용 2】** 원문 120

태극·양의·사상은 모두 시초를 접는 데서 나온 이름입니다. 태극은 태일을 그려낸 것이고, 양의는 둘이 어우러지는 것을 본뜬 것이며, 사상은 사시를 흉내낸 것입니다. 우씨는 천지를 곧바로 양의라 하고 사시를 곧바로 사상이라 했는데 잘못입니다. 의儀란 닮은 것이요, 상象이란 본뜬 형상입니다. 어찌 실체를 가리킨 것이겠습니까?

주자성리학에서 우주의 발생과 분화 과정을 설명하는 주요한 개념은 「태극도설」의 재해석을 통해 탄생한다. 우주만물의 근원인 태극으로부터 음양의 두 기와 사상으로 분화된다고 설명한다. 그러나 정약용은 이것을 달리 해석한다. 태극·양의·사상은 단지 점술을 위한 것으로 제안되었던 것이고, 그렇기 때문에 그 용어는 구체적인 실체를 가리키는 것이 아니며 음양은 실체로서의 존재가 아니라 기호에 불과할 뿐이라는 것이다.

그렇다면, 위 인용문에 제시하지 않았지만 정약용은 음양오행에 대해서는 어떻게 이해했을까? 그는 음양은 단지 빛이 있고 없음과 같은 두 가지 대립 형식을 일컫는 것에 불과하다고 본다. 실재의 존재가 아니다. 음양의 개념은 주자성리학에서처럼 사물을 생성하는 기로 정의되지 않는다. 오행은 음양과 결합하는 수화목금토의 질료적인 것을 의미했는데, 정약용은 경험적 세계에서 접하게 되는 다섯 가지 구체적인 물건에 불과하다고 본다. 또한 이것은 굳이 다섯에 국한되는 것이 아니라고 한다.

이처럼 정약용은 태극뿐만 아니라 음양오행 등 정주성리학의 이기와 관련된 주요한 개념을 전혀 다른 차원에서 해석한다. 이렇게 정약용이 기존의 개념과 달리 새롭게 개념 규정을 할 수 있었던 근저에는 무엇이 있었을까? 그러한 이유를 다음의 인용문을 통해 추론해보자.

이_무형_기_유형 　　　　　　　　　　　　　　【정약용 3】 원문 121

이는 형상이 없는 것이며, 각 사물이 그렇게 되는 까닭입니다. 기는 형상이 있으며, 사물의 형체와 재질을 이룹니다. 대개 운동하고 발현할 수 있기 위해서는 형체와 재질을 지녀야 합니다. 이란 이러한 형체와 재질이 없습니다. 그렇기 때문에 이는 설사 존재한다고 하더라도 그 운동과 발현이 드러날 곳이 없습니다.

『여유당전서』 제1책, 「서암강학기」

이란 무엇입니까? 이는 사랑함도 미워함도 없고, 기뻐함도 노여워함도 없으며, 텅 비고 아득하여 이름도 없고 몸뚱어리도 없습니다. 그런데도 우리 인간이 이 이로부터 명을 받아 본성을 받는다고 하는 것은 아무래도 도리로서 성립되기가 매우 어렵습니다.

『여유당전서』 제2집, 「맹자요의」

이제 명命, 성性, 도道, 교教를 모두 하나의 이에게로 돌려버린다면, 이는 본래 지각도 없고 위엄과 권능도 없는 것인데, 사람들이 경계하고 삼갈 바가 어디 있으며 두려워하고 무서워할 바가 어디 있겠습니까?

『여유당전서』 제2집, 「중용자잠」

정약용은 성리학에서의 이 개념을 제한한다. 절대적이고 추상적인 존재를 포함하는 이 개념은 과도한 오해를 낳고 구체적인 경험의 사실을 은폐한다고 보기 때문이다. 이 개념에 대한 정약용의 이해는 시기별로 차이를 보인다.

「서암강학기」(34세, 1795)에서 보이는 이 개념은 이황과 이이의 사단칠정론을 평가하면서 제시된 것이다. 이 글에서 정약용은 이황의 이기 개념은 인간의 성정에 나아가서 논의한 것이고, 이이의 이기는 천지만물을 총괄하여 논의한 것이라 서로 차이가 있다고 분석한다. 그렇지만 정약용은 이황과 이이의 논지에 근거하여 이기를 자기식으로 정의한다. 바로 이는 무형이지만 사물의 근거가 되고, 기는 유형한 것으로 '사물을 구성하는 것體質'이라는 입장이다.

정약용이 이를 사물의 근거로 해석하고 있지만, 그러나 「맹자요의」(53세, 1814)에서는 이러한 규정이 변형된다. 형체도 없는 이는 '텅 비고 아득하여 이름도 없고 구체성'도 띠지 않기 때문에 존재의 근거가 될 수 없다고 본다. 이는 존재의 근거가 아니라 실체에 '깃들어 있는 부차적인 속성依附著'에 불과하다. 정주성리학에서 이는 궁극적인 본체이자 만물의 존재 근거이지만, 정약용은 이에 대한 이러한 개념 규정을 거부하고 있는 것이다.

그렇기에 「중용자잠」(53세, 1814)에서는 이는 '본래 지각도 없고 위엄과 권능도 없는 것'이므로 사람들이 경계할 어떠한 점도 없다고 지적한다. 이에 덧씌워졌던 권능과 위엄을 거둬버리는 것이다.

정약용은 추상적이고 관념적인 이를 해체하여 일상적 세계의 개념으로 전이시키고 있다. 분명 정약용은 그의 철학 체계에서 형이상학적 세계를 부정하지는 않지만, 정주성리학에서 이로 규정되었던 초월적 세계만은 구체적인 경험의 세계로 끌어내리고 있다.

주재_기발유리 【정약용 4】 원문 122

세상의 어떤 무형의 것도 주재가 될 수 없습니다. 한 집안의 어른이 흐리멍덩하고 어리석어 지혜롭지 못하면 그 집안의 모든 일이 다스려질 수 없고, 한 고을의 우두머리가 흐리멍덩하고 어리석어 지혜롭지 못하면 그 고을의 모든 일이 다스려질 수 없습니다. 하물며 텅 비어 있고 아득히 먼 태허의 한낱 이가 천지만물의 주재가 되고 근본이 된다면 과연 천지간의 모든 일이 제대로 이루어질 수 있겠습니까?

『여유당전서』 제2집, 「맹자요의」

「맹자요의」(53세, 1814)에서 정약용은 주재의 문제를 거론하고 있다. 주재는 성리학에서 무형한 이에 속한 것이었다. 무형한 이가 주재의 권능을 갖는다는 것을 합리적으로 설명하기란 쉽지 않았다. 그래서 율곡학파와 퇴계학파는 이 이의 주재 여부로 상대의 이론을 '활물活物' 혹은 '사물死物'로 옹호하거나 비판했다. 주재는 곧 이의 절대성과 능동성을 담보하는 것이었다. 그러나 정약용은 그와 같은 무형의 존재가 갖는다고 하는 주재를

해체한다. 무형의 존재는 주재를 가질 수 없다는 논리다. 그래서 주재는 상제의 권능으로 전이된다. 정약용의 상제는 운동의 법칙성을 부여할 뿐만 아니라 운동을 주재한다고 본다.

【정약용 5】 원문 123　　　　　　　　　　　　　　기_자존자, 이_의뢰자

기는 스스로 존재하는 것이고, 이는 의존적이고 부속적인 것입니다. 의존적이고 부속적인 것은 자립적 존재에 의존하고 부속하게 마련입니다. 그러므로 기가 발현하면 그에 따라 곧바로 이가 있게 되는 것입니다.

『여유당전서』 제2집, 「중용강의보」

정약용은 추상적이고 관념적인 세계보다는 객관적이고 구체적인 실제 세계를 자신의 철학적 영역으로 삼고 있다. 그것은 그의 학술적 관심이 현실세계의 실천을 통해 가치를 실현함을 중시하는 것과 연관된다.

그렇기 때문에 이기의 문제에 있어서도 정약용은 구체적인 것과 의존적인 것을 구분한다. 구체성과 의존성은 사물의 두 측면이다. 정약용은 스스로 존재하는 것은 구체성을 띠며, 그것을 기로 본다. 다른 것에 의지하지 않으면서도 자립적으로 존재할 수 있는 것이다. 기는 '자존자'인 셈이다. 반면 다른 것에 의지할 수밖에 없는 것을 이로 본다. 이것은 자립할 수 없

기 때문에 사물에 의탁하여 존재하는 것이다. 그러므로 기가 발동해야 이가 드러나는 것이다. '이'는 기의 작용에 따른 '의뢰자'다. 정약용에게 이는 정주성리학에서처럼 절대적 존재가 아니라 '옥석의 맥리脈理'를 가리키는 글자에 불과하다. 이는 더 이상 사물의 존재 근거所以然도 아니고 당연한 법칙所當然도 아니요, 객관적 필연성도 아니다. 이 세계는 유동하는 기로 충만한 세계다. 이렇듯 정약용에게 있어 이와 기는 새롭게 규정된다.

이와 기를 정주성리학과 다른 관점에서 해석하고 있는 정약용은 조선 유학의 이기와 관련한 쟁점을 어떻게 평가하고 있을까? 이황과 이이에 대한 다음의 논평을 통해 확인해보자.

이발기발_이황과 이이 【정약용 6】 원문 124

이황은 "사단은 이가 발하고 기가 이를 따르며, 칠정은 기가 발하고 이가 기를 탄다" 했고, 이이는 "사단칠정은 모두 기가 발하고 이가 기를 탄다"고 했습니다. 그런데 후세의 학자들은 각각 자기가 들은 말만 높임으로써 시비가 끝없이 분분하여 서로가 연나라와 월나라처럼 거리가 멀어져서 한곳으로 돌아갈 수 없게 되었습니다. 그러므로 나는 일찍이 두 분의 글을 취하여 읽으면서 그 견해가 갈린 이유를 면밀히 찾아보았습니다. 곧 두 분이 말한 '이'다, '기'다 한 것은, 그 글자는 비록 같으나 그 지향한 것은 부분적인 것과 전체적인 것의 차이가 있었습니다. 이황은 이황대로 하나의 이기를 논했고, 이이는 이이대로 하나의 이기를 논한 것이지 이이가 이황의 이기를 취하여 어지럽힌 것은 아닙니다.

대개 이황은 오로지 인심상에 나아가서 환하게 타개해놓은 것이니, 그가 말한 '이'는 바로 '본연지성'이며, '도심'이며, '천리의 공공'이요, 그가 말한 '기'는 바로 '기질지성'이며, '인심'이며, '인욕의 사사로움'입니다. 사단과 칠정이 발하는 데 있어서는 공사의 나눔이 있어서 사단은 이발이 되고 칠정은 기발이 된다고 한 것입니다. 그리고 이이는 태극 이래의 이기를 총집하여 공론한 말이니, 이를테면 무릇 천하의 물건이 발하기 전에는 비록 먼저 이가 있는 것이지만, 바야흐로 그것이 발할 때는 기가 반드시 이보다 앞서는 것이니, 비록 사단칠정에 있어서도 오직 공적인 사례만을 들었기 때문에 사단과 칠정이 모두 기발이라고 한 것입니다. 그러니 그가 말한 이는 바로 형이상이며, 바로 만물의 근본법칙이요, 그가 말한 기는 바로 형이하이며, 바로 만물의 형질임을 말한 것이지, 고의로 간절하게 심·성·정을 가지고 말한 것은 아닙니다.

그러므로 이황의 말은 주밀하고 상세하며, 이이의 말은 소활하고 간결합니다. 그리하여 주장한 뜻이나 가리켜 말한 것이 각각 다를 뿐이지, 두 분 가운데 어찌 일찍이 어느 한 분에게 잘못된 것이 있겠습니까. 일찍이 어느 한쪽에도 잘못이 없는데 억지로 그 한쪽을 그르다 하여 홀로만 옳다고 하려 하니, 이 때문에 시비가 분분하여 결정이 나지 못한 것입니다. 결정을 찾는 데는 요령이 있으니, 한쪽은 부분적인 것이요, 한쪽은 전체적인 것일 따름입니다.

『여유당전서』 제1집, 『시문집』 권12, 「이발기발에 대하여 변별하다」

이 글은 정약용(40세, 1801)이 장기에 유배를 간 시기에 작성된 것이다. 이 글에서 정약용은 이황과 이이의 성리철학적 관점을 분석하여 각각의 특장점을 지적하고 있다. 정약용은 사단칠정에 관한 퇴계학파와 율곡학파의 논쟁이 끊이지 않은 이유는 자신들의 관점만을 고수하기 때문이라고 비판한다. 그래서 그는 그러한 쟁론의 지점을 드러냄으로써 오히려 서로의 차이를 인정할 것을 제안한다.

정약용이 볼 때, 이황의 이기에 대한 관점은 심성론의 층위에서 접근한 것이어서 매우 상세하다. 반면 이이의 논의는 존재론의 층위에서 총괄하여 접근한 것이기에 매우 간결하다. 따라서 두 관점은 각각의 특장점이 있기에 잘못되었다고 할 수 없다. 그것은 시비의 문제가 아니라는 것이다. 정약용은 이기의 두 관점을 드러내 보임으로써 이기를 온전히 파악하고 분쟁도 종식시킬 수 있는 방안을 제안하고 있다. 중요한 것은 동쪽과 서쪽을 각기 주장하는 것과 같은 공허한 이기 논쟁에 있는 것이 아니라, 윤리적 실천을 통한 도덕의 달성이다.

정약용의 이와 같은 분석은 현대의 연구자들이 이황과 이이의 차이점을 거론할 때 많이 인용하는 부분이다. 연구자들은 정약용의 이 평가를 인용하면서, 이황은 인간에 대한 이해에서 출발하여 우주자연의 이해로 확장하는 방법론을 취했다고 본다. 한편 이이는 자연에 대한 이해를 통해서 인간을 파악하는 방법을 취했기 때문에 이들 이론이 충돌하게 되었다고 구분한다.

 이러한 해석은 어떤 면에서는 타당하지만 충분하지는 않다. 성리학자들은 기본적으로 소이연과 소당연을 일치시키는 사고를 하기 때문에 어디까지가 우주론이고 어디까지가 인성론인가를 구분할 경계가 모호하다. 현대적 해석은 마치 이미 타당성을 상실한 사실과 가치에 대한 이분법적 해석과 유사하다.

【최한기 1】 원문 125　　　　　　　　　　운화기_운화의 이_추측의 이

 이는 곧 기의 조리다. 기를 말하면 이는 바로 그 속에 있고 이를 말하면 기가 즉시 따르게 되는 것이다. 천지에 있어서는 운화運化의 이가 있고 사람의 몸에는 추측의 이가 있으니, 사람이 추측의 이로 운화의 이를 생각할 때 그 증험이 되느냐 안 되느냐 하는 것은 운화기와 합치되느냐 안 되느냐에 달렸다. 그러므로 처음 생각할 때부터 운화기에 의거하여 미루어 생각하면 기의 운화에 어긋남이 적을 것이나, 만약 기에 의거하지 않고 한갓 자기가 생각하는 것만 따르면 운화하는 기와 어긋나는 것이 많아질 것이다. 무릇 이라는 것은 모두 운화의 기로 미루어 측정하면 실리實理가

아닌 것이 없으니, 이학의 이는 기로 보아야 형체가 있는 이가 될 것이다. 이것으로 사람들에게 보여주면 사람들이 알기 쉽고, 이것으로 다른 사람을 가르치면 사람들이 배우기 쉽다.

처음부터 기를 알고 나서 미루어 생각하면 추측의 이 역시 이 기다. 운화에 따르는 것을 힘쓰지 않더라도 저절로 어긋나지 않으니 이것은 기가 위주가 되어 인도를 여는 것이다. 그래서 순조로운 것이다. 그러나 처음 미루어 얻는 것이 기에서 생기는 것을 알지 못하고, 오직 자신의 추측으로 만사를 재단하기에 힘쓴다면, 이는 사람이 위주가 되어 천지의 운행을 마음대로 하는 것이다. 그래서 전도되는 것이다.

『인정』 권8, 「이가 곧 기다」

최한기는 자신의 학문을 '기학氣學'이라고 명명한다. 그는 『기측체의氣測體義』(34세), 『기학』(55세), 『인정人政』(58세)을 통해서 성리학의 '이학'과 확연히 구분되는 기일원론인 기의 철학을 전개한다. 그가 제안한 기학은 과도하게 증폭된 '이' 중심의 사유 체계를 경험적 세계의 기를 중심으로 전복적으로 바꿈으로써 새로운 사회에 조응하는 학술사상을 만드는 데 있었다. 그러한 발상은 근본적으로 시대의 흐름과 유리된 공허한 '이'의 형식화에 대한 반성이고, 새로운 유학적 사유를 통해 궁핍한 생활세계와 가치의 세계를 쇄신하고자 하는 의도를 담고 있다. 최한기는 추측推測의 유형지학有形之學을 통해 참된 실학을 구현하고자 했다. 그의 학문은 감각적 경험을 통한 견문과 추측을 통해 확립된다.

최한기는 '이즉기理卽氣'를 말한다. 이 명제는 성리학에서 이를 이해하는 방식과는 전혀 다르다. 기존의 학술 체계는 바로 이 '이가 곧 기'임을 제대로 알지 못한 것이라고 본다. '이가 곧 기'임을 아는 것이 새로운 학술이다. 최한기는 정주성리학의 이기론과 전혀 다른 기학을 제시한다.

최한기는 모든 존재를 기의 관점에서 파악한다. 그러한 기는 '운화하는 기運化氣'다. 이 기의 운화에 의해서 사물이 구성되고 운행의 법칙이 드러나게 된다. 운화하는 존재가 기이고 운화하는 조리와 법칙이 이다. 그래서 자연세계의 운화에는 '운화의 이運化之理'가 있고 사람에게는 '추측의 이推測之理'가 있게 된다. 사람은 추측의 이를 통해서 운화의 이를 추론하는 것이다. 이와 같은 과정은 모두 운화의 기를 통해 경험적으로 증명되어야 한다. 그렇기 때문에 추측의 이도 결국 기가 되는 것이다.

그러나 만일 추측의 이가 기로부터 생겨나는 것임을 알지 못하고 막연한 추측을 통해 판단한다면 일은 그르치게 된다.

【최한기 2】 원문 126 　　　　　　　　　　　　　　　　　　　　도리즉기

가르침이 오래 쌓여야 이르게 되는 것이 있으니 일월과 춥고 무더운 기후와 관계되는 기이고, 오래 쌓지 않고도 이르게 되는 것이 있으니 인물교접의 기다. 말로 전할 수 있는 것이 있으니 기계器械로 시험할 수 있는 기이고, 말로 전할 수 없는 것이 있으니 조

화신공造化神功의 기다.

이 기로써 도를 삼으면 도는 바탕이 있고, 이 기로써 이를 삼으면 이 이는 형체가 있다. 그러므로 기의 운화가 도요 기의 조리가 이라고 한 것이다. 도와 이를 기에 연유하지 않고 구하면 반드시 구체성과 방향이 없어서, 지나치면 허무에 빠지고 못 미치면 하찮고 보잘것없는 것으로 떨어지게 된다.

반대로 이들을 기에서 구하면 도리에 형질이 있게 되어, 공부를 쌓아서 아는 것과 쌓지 않고 아는 것과 말로 전할 수 있는 것과 말로 전할 수 없는 것이 모두 명백한 근거가 있게 되어 마음이 쾌활할 것이니, 이리하여 하나하나 미루어나가면 모두 일관된 도리 아닌 것이 없을 것이다.

「인정」 권9, 「도리가 곧 기다」

성리학에서 최고의 범주로 간주되는 개념은 도와 이다. 이 도와 이는 궁극적인 본질이자 만물의 존재 근거로 제안된다. 이 도와 이가 결합된 것이 도리다.

그러나 도와 이도 최한기의 기학적 사유 체계에서는 기로 인하여 존재하는 것으로 파악된다. 도와 이는 기에 의존한다. 도와 이라고 하는 추상성은 기에 의해 구체성을 획득한다. 도와 이가 관념의 허구가 아니라 실재성을 띠게 되는 것은 기에 의뢰하기 때문이다. 사리에 마땅함이라는 도리의 의미는 이렇게 획득된다.

【최한기 3】 원문 127　　　　　　　　　　　　　　　　기일_이일

이는 모름지기 기에서 알아내야 한다. 그러나 기를 이로 아는 것은 옳지 않으며, 기를 버리고 이를 구하는 것은 더욱 옳지 않다. 만물의 한 근원을 논하면 기도 하나이며 이 역시 하나이고, 만물의 분수分殊를 논하면 기가 만이면 이도 만이다. 기에 이가 있는 것은 예에 의가 있는 것과 같으니, 그러므로 예는 의로써 구할 수 있고 또 예로 의를 구할 수도 있다. 마찬가지로 기는 이로써 구할 수 있고 또 이로 기를 구할 수 있다.

그러나 기를 이로 아는 것은 예를 의로 아는 것과 같아서 옳지 않으며, 기를 버리고 이를 구하는 것은 예를 버리고 의를 구하는 것과 같아 더욱 옳지 않다. 기가 천지에 가득 차면 이 역시 천지에 가득 차고, 기가 미세한 물체에 부여되면 이 역시 미세한 물체에 부여된다.

『추측록』, 권2, 「기도 하나이고 이도 하나다」.

모든 것은 기에서 근원한다. 이도 기에서 근원한다. 그렇기 때문에 이는 기를 통해서 구해야 한다. 이렇게 보면 기와 이는 구분되지 않는 듯하다. 그러나 기는 이와 구분된다. 근원의 차원에서 보면 기가 하나이듯이 이도 하나다.

| 이기_무형유적 | 【최한기 4】 원문 128 |

참으로 기에 밝으면 이는 자연히 그 가운데 있으나, 먼저 이를 탐구하려고 힘쓰면 기는 도리어 은폐되어 표준이 없게 된다. 이는 형체가 없고 기는 자취가 있으므로, 그 자취를 따라가면 이는 저절로 드러나서 찾을 수 있는 단서가 있게 된다. 그러나 만약 그 자취를 버리고 형체가 없는 데서 구하면, 드러난 기도 도리어 은폐되어 소위 이라는 것도 막연히 표준이 없어진다.

『추측록』 권2, 「이는 기 가운데 있다」

이를 구하려면 어디에서 찾아야 하는가? 기학의 체계에서 이는 기 가운데 있다. 형체도 없는 이를 탐구할 것이 아니라 구체성을 갖는 기를 통해서 그 안에 부여되어 있는 조리로서의 이를 찾아야 한다. 그러므로 기에서 이를 찾아야 한다.

| 이_추측지리_운화기_신기 | 【최한기 5】 원문 129 |

이는 모름지기 기에 나아가 그 위에서 봐야 한다. 천지에 운행하는 이는 곧 운화기運化氣의 조리다. 신기神氣가 추측하는 이는 대개는 기에 앞서 미리 헤아리는 경우도 있고 혹은 기에 뒤져서 증

험하는 경우도 있으나, 기에 합치되는 것은 적고 기에 합치되지 않는 것이 많다.

이를 운화기에서 구하면 기가 곧 이이지만, 이를 신기에서 구하면 기에 앞서는 이와 기에 뒤지는 이가 모두 운화기를 추측하는 데서 생긴다. 이 이는 곧 앎이 되는 것인데, 그것이 운화기와 합치되면 하나가 되지만 합치되지 않으면 제각기 달라지는 것이다. 신기가 추측하는 이는 본디 운화의 이에서 생긴 것인즉, 합치되지 않는 것은 운화기에 나아가 그 착오를 바로잡을 뿐이지, 어찌 둘이다 하나다 하여 어지럽게 할 수 있는 것이겠는가. 둘이 되는 것은 병통이 있는 이니 미루는 바가 모두 쓸모없는 것이고, 하나가 되는 것은 병통이 없는 이니 미루는 바는 모두가 제대로 된 것이다.

『인정』 권9, 「이는 기에 나아가 봐야 한다」

천지에 유행하는 이는 운화하는 기의 조리다. 이 '조리는 기에 나아가 그 위에서 인식해야 한다理就氣認.' 사람의 신기는 인식의 역할을 담당한다. 이 신기에 의해서 추측의 능력이 있는 것이다. 신기에 의한 추측은 오류 가능성이 있다. 그렇기 때문에 추측보다는 기에 나아가 이를 경험적으로 확인하는 것이 폐단을 줄이는 방법이다.

최한기의 기학은 추상적인 사유에 의한 추측보다는 직접적이고 경험적인 관찰과 판단을 중요시한다. 그렇기 때문에 이는 기를 통해서 구해야 한다. 이렇게 보면 기와 이는 구분되지 않는 듯하다. 그러나 기는 이와 구분된다. 근원의 차원에서 보면 기가 하나이듯 이도 하나다.

자연_당연   【최한기 6】 원문 130

자연이란 천지 유행의 이이고, 당연이란 인심의 추측의 이니, 학자는 자연으로 표준을 삼고 당연으로 공부를 삼는다.
자연이란 하늘에 속해 인력으로 증감할 수 있는 것이 아니다. 당연이란 사람에 속해 이것을 가지고 공부를 할 수 있다. 당연의 밖에 또 부당연不當然이 있으니, 마치 인仁 밖에 불인不仁이 있는 것과 같다. 그러므로 부당연을 버리고 당연을 취해야 한다. 그리고 당연 중에 또 우수한 것과 열등한 것, 순수하고 잡박한 것이 있으므로, 갈고 다듬는 데 자연으로 표준을 삼는 것이 필요하다. 이것이 공부의 바른 길이다.

『추측록』 권2, 「자연과 당연」

자연과 당연은 일치하는가? 이 물음은 성리학에서 소이연지고所以然之故와 소당연지칙所當然之則의 일치 여부를 묻는 것과 다르지 않다. 소이연은 사물의 법칙이나 원리를 말하고 소당연은 규범적 당위성을 의미한다. 기학의 체계에서도 이 물음은 여전히 유효하다.

최한기는 자연을 '천지 유행의 이'로 보고, 당연은 '마음이 추측하는 이'로 구분한다. 따라서 마땅히 자연으로 표준을 삼고 당연으로 실천적인 행위를 수행해야 한다. 이러한 점에서 기학에서도 성리학과 마찬가지로 자연(소이연)과 당연(소당연)을 일치시한다. 그러나 다른 점은 분명하다. 원칙적으로 표준은 추상적인 것이 아니라 검증될 수 있는 경험적 세계의 법칙성에 둔다는 점이다.

【 최한기 7 】 원문 131　　　　　　　　　　　　　　　　기_천지와 사람

천지를 꽉 채우고 물체에 푹 젖어 있어 모이고 흩어지는 것이나 모이지도 않고 흩어지지도 않는 것이, 어느 것이나 모두 기 아닌 것이 없다. 내가 태어나기 전에는 천지의 기만이 있고, 내가 처음 생길 때 비로소 형체의 기가 생기며, 내가 죽은 뒤에는 도로 천지의 기가 된다.

천지의 기는 광대하여 영원히 존재하고, 형체의 기는 좁고 작아서 잠시 머물러 있다 없어진다. 그러나 형체의 기는 천지의 기에 힘입어 생장하는 것이며, 온갖 통로를 매개로 음식과 소리와 빛을 통하고, 사지와 몸을 매개로 운용하고 사물에 응접하여 통한다. 그 시원을 근거로 뒤를 증험하고 앞을 미루어 뒤를 헤아리는 것이니, 대체로 모든 분별하고 비교 증험하는 것이 드디어 지각을 이루면 나머지는 이것을 근거로 확충하여 나아가는 것이다.

만물의 기도 사람과 한가지로 천지에서 기와 질을 품수하여 천지 사이에서 함양되고 육성되는 것이다.

『신기통』권1, 「하늘과 사람의 기」

최한기의 기론은 장재나 서경덕의 기론과 유사하다. 기의 취산에 의해서 만물은 생겨나고 사라진다. 구체적인 형상을 띤 기는 형체가 사라지면 기도 흩어지지만 사라지는 것은 아니다. 천지의 기로 돌아가 보전되는 것이다. 최한기가 말하는 천지의 기는 마치 태허의 기가 보전되는 것과 같다. 사물의 생성과 소멸, 삶과 죽음도 기의 취산일 뿐이다. 이렇듯 천지의 기와 사람의 기는 차이가 없기 때문에 지각을 통해 확충 가능하게 된다.

주리_주기　　　　　　　　　　　　　　　　【최한기 8】 원문 132

등불 자체에 물체를 비추는 이가 있다는 것이 주리자의 말이고, 불이 밝은 것은 물체를 비추는 기 때문이라고 하는 것은 주기자의 말이다. 주리는 추측의 헛된 그림자요 주기는 추측의 실천이다. 주리자는 추측의 이로써 유행의 이에 혼잡시키므로, 혹 유행의 천리天理를 추측의 심리心理로 알거나, 아니면 추측의 심리를 유행의 천리와 동일시한다. 그렇게 되면 천리도 순수하지 못할 뿐 아니라 추측도 참되지 못하다. 그러나 그 근본을 탐구하면 추측의 헛된 그림자에 불과하다.

주기자는 기를 미루어 이를 헤아리므로, 미루는 것은 유행의 이요, 헤아리는 것은 추측의 이다. 유행을 기준으로 삼으면 추측이 틀리지 않고, 추측을 모범으로 하면 유행이 자연히 추측과 맞아지니, 이것이 추측의 실천이다.

등불이 물체를 비추는 것에 있어서는 그 기를 따라 그 이를 탐구하면 자연히 실천할 수 있는 조리가 있지만, 먼저 이를 가지고 등불이 물체 비추는 것을 탐구하려 하면 표준 없는 헛된 그림자를 면하지 못한다.

『추측록』 권2, 「주리와 주기」

최한기는 이치를 파악하는 두 가지 방법을 설명한다. 이를 위주로 궁리하는 '주리'의 방법과 기를 위주로 추측하는 '주기'의 방법이 그것이다. 즉 주리와 주기의 구분이 있음을 말한다. 그가 주리와 주기를 구분해 언급하는 것은 추측과 경험적 관찰의 중요성을 말하기 위한 것이다. 주리의 관점은 추측의 이로 객관적인 법칙세계를 추론하는 것이다. 이 과정은 추상적 사유의 과정이다. 구체성에 바탕을 두고 있지 않기 때문에 오류 가능성을 수반한다. 그렇기에 등불에 물체를 비추는 이가 있다고 여기는 것은 추측의 헛된 그림자에 불과하다.

그러나 주기의 관점은 기를 미루어 객관적인 법칙세계를 추론하는 것이다. 법칙 자체의 현상에 주목하여 탐구하는 것이므로 오류 가능성은 상대적으로 적다. 그렇기에 물체를 비추는 밝은 불빛과 같은 기로 탐구하는 것은 추측의 실천이 된다. 따라서 이를 위주로 궁리할 때에도 항상 선입견이나 주관을 배제하고 객관적 사물에 입각하여 판단해야 한다. 기는 실리實理의 근본이고 추측은 지식을 넓히는 요점이기 때문이다. 추측의 경험적 인식이 곧 기를 위주로 하는 대상세계 이해의 방법이다. 이것이 최한기의 경험적 세계를 우선으로 하는 기학이다.

3장
원문

理氣

理氣

1. 원문

【시경 1】원문 1

天生烝民, 有物有則.(『詩經』「大雅·蒸民」)

鳶飛戾天, 魚躍于淵.(『詩經』「大雅·旱麓」)

【주역 1】원문 2

易有太極, 是生兩儀, 兩儀生四象, 四象生八卦. 一陰一陽之謂道. 繼之者, 善也, 成之者, 性也. 仁者見之, 謂之仁, 知者見之, 謂之知, 百姓日用而不知, 故君子之道鮮矣. 是故, 形而上者, 謂之道, 形而下者, 謂之器, 化而裁之, 謂之變, 推而行之, 謂之通, 擧而措之天下之民, 謂之事業.(『周易』「繫辭」)

【예기 1】원문 3

人生而靜, 天之性也. 感於物而動, 性之欲也. 物至知知然後好惡形焉. 好惡無節於內, 知誘於外, 不能反躬, 天理滅矣.(『禮記』「樂記」19)

【논어 1】원문 4

知者樂水, 仁者樂山. 知者動, 仁者靜. 知者樂, 仁者壽.(『論語』「雍也」)

【소옹 1】원문 5

無極之前, 陰含陽也. 有象之後, 陽分陰也.(『皇極經世書』5,「觀物外篇」上)

太極已分, 兩儀立矣.(『皇極經世書』5,「觀物外篇」上)

一氣分而爲陰陽.(『皇極經世書』5,「觀物外篇」上)

天以理盡.(『皇極經世書』5,「觀物外篇」上)

自然而然者, 天也.(『皇極經世書』5,「觀物外篇」上)

天以氣爲主.(『皇極經世書』5,「觀物外篇」上)

太極, 道之極也. 太玄, 道之玄也.(『皇極經世書』6,「觀物外篇」下)

心爲太極, 又曰道爲太極.(『皇極經世書』5,「觀物外篇」上)

【소옹 2】원문 6

道爲天地之本, 天地爲萬物之本.(『皇極經世書』3,「觀物內篇」3)

一陰一陽之謂道. 道無聲無形, 不可得而見者也. 故假道路之道 而爲名. 人之有行, 必由乎道.(『皇極經世書』5,「觀物外篇」上)

天由道而生, 地由道而成, 物由道而行. 天地人物則異也, 其於由道 一也. 夫道也者, 道也. 道無形, 行之則見於事矣. 如道路之道, 坦然 使千億萬年行之人, 知其歸者也.(『皇極經世書』4「觀物內篇」9)

【소옹 3】원문 7

夫所以謂之觀物者, 非以目觀之也. 非觀之以目而觀之以心也. 非 觀之以心而觀之以理也. 天下之物, 莫不有理焉, 莫不有性焉, 莫

不有命焉. 所以謂之理者, 窮之而後可知也, 所以謂之性者, 盡之而後可知也, 所以謂之命者, 至之而後可知也. 此三知者, 天下之眞知也.(『皇極經世書』 4, 「觀物內篇」 12)

易曰 窮理盡性以至于命, 所以謂之理者, 物之理也. 所以謂之性者, 天之性也. 所以謂之命者, 處理性者也. 所以能處理性者, 非道而何. 道爲天地之本, 天地爲萬物之本.(『皇極經世書』 3, 「觀物內篇」 3)

【 소옹 4 】 원문 8

太極已分, 兩儀立矣. 陽下交於陰, 陰上交於陽, 四象生矣. 陽交於陰, 陰交於陽, 而生天之四象. 剛交於柔, 柔交於剛, 而生地之四象. 於是八卦成矣. 八卦相錯然後, 萬物生焉. 是故一分爲二, 二分爲四, 四分爲八, 八分爲十六, 十六分爲三十二, 三十二分爲六十四.(『皇極經世書』 5, 「觀物外篇」 上)

【 소옹 5 】 원문 9

象起於形, 數起於質. 名起於言, 意起於用. 天下之數出於理, 違乎理則入於術. 世人以數而入術, 故失於理也.(『皇極經世書』 6, 「觀物外篇」 下)

數往者順. 若順天而行 (…) 皆已生之卦也. 故云數往也. 知來者逆. 若逆天而行 (…) 皆未生之卦也. 故云知來也. 夫易之數, 由逆而成矣.(『皇極經世書』 6, 「觀物外篇」 下)

先天學, 心法也.(『皇極經世書』 5, 「觀物外篇」 上)

先天之學, 心也. 後天之學, 迹也. 出入有無死生者, 道也.(『皇極經世書』 6, 「觀物外篇」 下)

【 장재 1 】 원문 10

太虛無形, 氣之本體. 其聚其散, 變化之客形爾.(『正蒙』 「太和」 1)
太虛不能無氣, 氣不能不聚而爲萬物, 萬物不能不散而爲太虛.(『正蒙』 「太和」 1)
知虛空卽氣, 則有無隱顯, 神化性命, 通一無二.(『正蒙』 「太和」 1)
氣之聚散於太虛, 猶冰凝釋於水. 知太虛卽氣則無無.(『正蒙』 「太和」 1)
太虛者, 氣之體. 氣有陰陽.(『正蒙』 「乾稱」 17)

【 장재 2 】 원문 11

鬼神者, 二氣之良能也.(『正蒙』 「太和」 1)

【 장재 3 】 원문 12

由太虛, 有天地名, 由氣化, 有道之名. 合虛與氣, 有性之名, 合性與知覺, 有心之名.(『正蒙』 「太和」 1)
形而後有氣質之性. 善反之, 則天地之性存焉. 故氣質之性, 君子有弗性者焉.(『正蒙』 「誠明」 6)

【 장재 4 】 원문 13

心, 統性情者也.(『張子全書』卷14,「性理拾遺」)

【 장재 5 】 원문 14

釋氏不知天命, 而以心法起滅天地. 以小緣大, 以末緣本, 其不能窮, 而謂之幻妄, 眞所謂疑冰者與. 釋氏妄意天性, 而不知範圍天用, 反以六根之微因緣天地. 明不能盡, 則誣天地日月爲幻妄, 蔽其用於一身之小. 溺其志於虛空之大, 所以語大語小, 流遁失中. 其過於大也, 塵芥六合, 其蔽於小也, 夢幻人世. 謂之窮理可乎. 不知窮理而謂盡性可乎. 謂之無不知可乎.(『正蒙』「大心」7)

【 정호 1 】 원문 15

吾學雖有所授受, 天理二字, 却是自家體帖出來.(『明道學案』上)
天理云者, 百理具備, 元無少欠 (…) 天理云者, 這一個道理, 更有甚窮已. 不爲堯存, 不爲桀亡.(『遺書』卷2)

【 정호 2 】 원문 16

天者, 理也. 神者, 妙萬物而爲言者也, 帝者, 以主宰事而名.(『遺書』卷11)

【 정호 3 】 원문 17

蓋上天之載, 無聲無臭. 其體則謂之易, 其理則謂之道, 其用則謂

之神, 其命于人則謂之性.(『遺書』卷1)

【 정호 4 】 원문 18

生之謂性, 性卽氣, 氣卽性. 生之謂也. 人生氣稟, 理有善惡. 然不是性中元有此兩物相對而生也. 有自幼而善, 有自幼而惡, 是氣稟有然也. 善固性也, 然惡亦不可不謂之性也.(『遺書』卷1)

【 정이 1 】 원문 19

一陰一陽之謂道, 道非陰陽也. 所以一陰一陽, 道也. 如一闔一闢謂之變.(『二程遺書』卷3)
離了陰陽更無道, 所以陰陽者是道也, 陰陽, 氣也. 氣是形而下者, 道是形而上者.(『二程遺書』卷15)

【 정이 2 】 원문 20

動靜無端, 陰陽無始, 非知道者, 孰能識之.(『程氏經說』)

【 정이 3 】 원문 21

道二, 仁與不仁而已, 自然理如此. (…) 氣有淳漓, 自然之理.(『遺書』15)
有陰便有陽, 有陽便有陰, 有一便有二, 纔有一二, 便有一二之間, 便是三已, 往更無窮. 老子亦言, 三生萬物, 此是生生之謂易, 理自然如此.(『遺書』18)

【정이 4】원문 22

凡一物上有一理 (…) 然一草一木皆有理 (…) 天下物, 皆可以理照, 有物必有則, 一物須有一理.(『程氏遺書』18)

凡眼前無非是物, 物皆有理, 如火之所以熱, 水之所以寒, 至於君臣父子間, 皆是理.(『程氏遺書』19)

【정이 5】원문 23

西銘明理一而分殊, 墨氏則二本而無分 (…) 分立而推理一, 以止私勝之流, 仁之方也.(『程氏文集』9,「答楊時論西銘書」)

【정이 6】원문 24

性無不善. 而有不善者, 才也. 性卽是理, 理則自堯舜至於途人, 一也. 才稟於氣, 氣有淸濁. 稟其淸者爲賢, 稟其濁者爲愚.(『遺書』18)

性卽理也. 所謂理性是也.(『遺書』22)

若性之理也, 則無不善. 曰天者, 自然之理也.(『遺書』24)

【주희 1】원문 25

蓋嘗竊謂先生之言其高極乎無極太極之妙, 而其實不離乎日用之間. 其幽探乎陰陽五行造化之賾, 而其實不離乎仁義禮智, 剛柔善惡之際. 其體用之一源, 顯微之無間, 秦漢以下, 誠未有臻斯理者, 而其實則不外乎六經, 論語, 中庸, 大學, 七篇之所傳也. 蓋其

所謂太極云者, 合天地萬物之理而一名之耳. 以其無器與形, 而天地萬物之理無不在是, 故曰無極而太極. 以其具天地萬物之理而無器與形, 故曰太極本無極也. 是豈離乎生民日用之常而自爲一物哉? 其爲陰陽五行造化之蹟者, 固此理也. 其爲仁義禮智, 剛柔善惡者, 亦此理也. 性此理而安焉者, 聖也. 復此理而執焉者, 賢也. 自堯舜以來至於孔孟, 其所以相傳之說, 豈有一言以易此哉. 顧孟氏旣沒, 而諸儒之智不足以及此, 是以世之學者茫然莫知所適, 高則放於虛無寂滅之外, 卑則溺於雜博華靡之中, 自以爲道固如是而莫或知其非也. 及先生出, 始發明之, 以傳於程氏, 而其流遂及於天下. 天下之學者, 於是始知聖賢之所以相傳之實乃出於此而有以用其力焉, 此先生之教所以繼往聖, 開來學而大有功於斯世也.(『朱子大全』卷78,「隆興府學濂溪先生祠記」)

【주희2】원문 26

【無極而太極】上天之載, 無聲無臭, 而實造化之樞紐, 品彙之根柢也. 故曰 '無極而太極' 非太極之外, 復有無極也.
【太極動而生陽, 動極而靜. 靜而生陰, 靜極復動. 一動一靜, 互爲其根. 分陰分陽, 兩儀立焉】太極之有動靜, 是天命之流行也. 所謂 '一陰一陽之謂道', '誠者, 聖人之本', '物之終始', 而 '命之道也'. 其動也, '誠之通'也, 繼之者善, 萬物之所資以始也. 其靜也, 誠之復也, 成之者性, 萬物各正其性命也. 動極而靜, 靜極復動, 一動一靜, 互爲其根, 命之所以流行而不已也. 動而生陽, 靜而生陰, 分

陰分陽, 兩儀立焉, 分之所以一定而不移也. 蓋太極者, 本然之妙也, 動靜者, 所乘之機也. 太極, 形而上之道也, 陰陽, 形而下之器也. 是以自其著者而觀之, 則動靜不同時, 陰陽不同位, 而太極無不在焉. 自其微者而觀之, 則沖漠無朕, 而動靜陰陽之理, 已悉具於其中矣. 雖然, 推之於前, 而不見其始之合, 引之於後, 而不見其終之離也. 故程子曰 "動靜無端, 陰陽無始", 非知道者, 孰能識之?

【陽變陰合, 而生水火木金土. 五氣順布, 四時行焉】有太極, 則一動一靜而兩儀分. 有陰陽, 則一變一合而五行具. 然五行者, 質具於地, 而氣行於天者也. 以質而語其生之序, 則曰水火木金土, 而水木陽也, 火金陰也. 以氣而語其行之序, 則曰木火土金水, 而木火陽也, 金水陰也. 又統而言之, 則氣陽而質陰也. 又錯而言之, 則動陽而靜陰也. 蓋五行之變, 至於不可窮, 然無適而非陰陽之道. 至其所以爲陰陽者, 則又無適而非太極之本然也. 夫豈有所虧欠間隔哉.

【五行, 一陰陽也, 陰陽一太極也, 太極本無極也, 五行之生也, 各一其性】五行具, 則造化發育之具無不備矣. 故又卽此而推本之, 以明其渾然一體, 莫非無極之妙. 而無極之妙, 亦未嘗不各具於一物之中也. 蓋五行異質, 四時異氣, 而皆不能外乎陰陽, 陰陽異位, 動靜異時, 而皆不能離乎太極. 至於所以爲太極者, 又初無聲臭之可言, 是性之本體然也. 天下豈有性外之物哉. 然五行之生, 隨其氣質而所稟不同, 所謂各一其性也. 各一其性, 則渾然太極之全

體, 無不各具於一物之中, 而性之無所不在, 又可見矣.

【無極之眞, 二五之精, 妙合而凝. '乾道成男, 坤道成女'. 二氣交感, 化生萬物. 萬物生生, 而變化無窮焉】夫天下無性外之物, 而性無不在, 此無極二五所以混融而無閒者也, 所謂妙合者也. 眞以理言, 無妄之謂也. 精以氣言, 不二之名也. 凝者, 聚也, 氣聚而成形也. 蓋性爲之主, 而陰陽五行爲之經緯錯綜, 又各以類凝聚而成形焉. 陽而健者成男, 則父之道也. 陰而順者成女, 則母之道也. 是人物之始, 以氣化而生者也. 氣聚成形, 則形交氣感, 遂以形化, 而人物生生, 變化無窮矣. 自男女而觀之, 則男女各一其性, 而男女一太極也. 自萬物而觀之, 則萬物各一其性, 而萬物一太極也. 蓋合而言之, 萬物統體一太極也. 分而言之, 一物各具一太極也. 所謂天下無性外之物, 而性無不在者, 於此尤可以見其全矣. 子思子曰 "君子語大, 天下莫能載焉, 語小, 天下莫能破焉." 此之謂也.

【惟人也, 得其秀而最靈. 形旣生矣, 神發知矣, 五性感動, 而善惡分, 萬事出矣】此言衆人具動靜之理, 而常失之於動也. 蓋人物之生, 莫不有太極之道焉. 然陰陽五行, 氣質交運, 而人之所稟獨得其秀, 故其心爲最靈, 而有以不失其性之全, 所謂天地之心, 而人之極也. 然形生於陰, 神發於陽, 五常之性, 感物而動, 而陽善陰惡, 又以類分, 而五性之殊, 散爲萬事. 蓋二氣五行, 化生萬物, 其在人者又如此. 自非聖人全體太極有以定之, 則欲動情勝, 利害相攻, 人極不立, 而違禽獸不遠矣.

【聖人定之以中正仁義(聖人之道, 仁義中正而已矣), 而主靜(無欲

故靜), 立人極焉. 故'聖人與天地合其德, 日月合其明, 四時合其序, 鬼神合其吉凶.'此言聖人全動靜之德, 而常本之於靜也. 蓋人稟陰陽五行之秀氣以生, 而聖人之生, 又得其秀之秀者. 是以其行之也中, 其處之也正, 其發之也仁, 其裁之也義. 蓋一動一靜, 莫不有以全夫太極之道, 而無所虧焉, 則向之所謂欲動情勝利害相攻者, 於此乎定矣. 然靜者, 誠之復, 而性之眞也. 苟非此心寂然無欲而靜, 則又何以酬酢事物之變, 而一天下之動哉! 故聖人中正仁義, 動靜周流, 而其動也必主乎靜, 此其所以成位乎中, 而天地日月四時鬼神, 有所不能違也. 蓋必體立而後用有以行, 若程子論乾坤動靜, 而曰"不專一則不能直遂, 不翕聚則不能發散", 亦此意爾.

【君子修之吉, 小人悖之凶】聖人, 太極之全體, 一動一靜, 無適而非中正仁義之極, 蓋不假修爲而自然也. 未至此而修之, 君子之所以吉也. 不知此而悖之, 小人之所以凶也. 修之悖之, 亦在乎敬肆之閒而已矣. 敬則欲寡而理明, 寡之又寡, 以至於無, 則靜虛動直, 而聖可學矣.

【故曰"立天之道, 曰陰與陽, 立地之道, 曰柔與剛, 立人之道, 曰仁與義."又曰"原始反終, 故知死生之說."】陰陽成象, 天道之所以立也, 剛柔成質, 地道之所以立也, 仁義成德, 人道之所以立也. 道一而已, 隨事著見, 故有三才之別, 而於其中又各有體用之分焉, 其實則一太極也. 陽也, 剛也, 仁也, 物之始也, 陰也, 柔也, 義也, 物之終也. 能原其始, 而知所以生, 則反其終而知所以死矣.

此天地之間, 綱紀造化, 流行古今不言之妙, 聖人作易, 其大意蓋不出此, 故引之以證其說.
【大哉易也, 斯其至矣】"易之爲書, 廣大悉備". 然語其至極, 則此圖盡之, 其指豈不深哉! 抑嘗聞之, 程子昆弟之學於周子也, 周子手是圖以授之, 程子之言性與天道, 多出於此, 然卒未嘗明以此圖示人, 是則必有微意焉. 學者亦不可以不知也.(「太極圖說解」)

【 이황 1 】 원문 27
右濂溪周子, 自作圖拜說. 平巖葉氏, 謂此圖卽繫辭, 易有太極, 是生兩儀, 兩儀生四象之義, 而推明之. 但易以卦爻言, 圖以造化言. 朱子謂此是道理大頭腦處, 又以爲百世道術淵源.
今玆首揭此圖, 亦猶近思錄以此說爲首之意. 蓋學聖人者求端自此, 而用力於小大學之類, 及其收功之日, 而遡極一原, 則所謂窮理盡性, 而至於命, 所謂窮神知化, 德之盛者也.(『聖學十圖』第1圖,「太極圖說」)

【 이이 1 】 원문 28
臣按, 動靜之機, 非有以使之也, 理氣亦非有先後之可言也. 第以氣之動靜也, 須是理爲根柢, 故曰太極動而生陽, 靜而生陰, 若執此言, 以爲太極獨立於陰陽之前, 陰陽自無而有, 則非所謂陰陽無始也, 最宜活看而深玩也.(『栗谷全書』卷20,『聖學輯要』2,「修己上·窮理」)

【주희 3】 원문 29

承喩太極之說, 足見用力之勤, 深所歎仰. 然鄙意多所未安, 今且略論其一二大者, 而其曲折則託季通言之. 蓋天地之間, 只有動靜兩端, 循環不已, 更無餘事, 此之謂易. 而其動其靜, 則必有所以動靜之理焉, 是則所謂太極者也. 聖人旣指其實而名之, 周子又爲之圖以象之, 其所以發明表著, 可謂無餘蘊矣. 原'極'之所以得名, 蓋取樞極之義, 聖人謂之'太極'者, 所以指夫天地萬物之根也. 周子因之而又謂之'無極'者, 所以著夫無聲無臭之妙也. 然曰無極而太極, 太極本無極, 則非無極之後別生太極, 而太極之上先有無極也. 又曰五行陰陽, 陰陽太極, 則非太極之後別生二五, 而二五之上先有太極也. 以至於成男成女, 化生萬物, 而無極之妙蓋未始不在是焉. 此一圖之綱領, 大易之遺意, 與老子所謂物生於有, 有生於無, 而以造化爲眞有始終者正南北矣.(『朱子大全』卷45,「答楊子直」1)

【주희 4】 원문 30

前書誨諭之悉, 敢不承敎. 所謂古之聖賢惟理是視, 言當於理, 雖婦人孺子有所不棄; 或乖理致, 雖出古書, 不敢盡信, 此論甚當 非世儒淺見所及也 (…) 不幸而吾之所謂理者或但出於一己之私見, 則恐其所取舍未足以爲群言之折衷也. 況理旣未明, 則於人之言恐亦未免有未盡其意者, 又安可以遽紲古書爲不足信, 而直任胸臆之所裁乎?

來書反復, 其於無極·太極之辨詳矣. 然以熹觀之, 伏羲作易, 自一劃以下, 文王演易, 自'乾元'以下, 皆未嘗言太極也, 而孔子言之. 孔子贊易, 自太極以下, 未嘗言無極也, 而周子言之. 夫先聖後聖, 豈不同條而共貫哉? 若於此有以灼然實見太極之眞體, 則知不言者不爲少而言之者不爲多矣, 何至若此之紛紛哉? 今既不然, 則吾之所謂理者, 恐其未足以爲群言之折衷, 又況於人之言有所不盡者, 又非一二而已乎? 既蒙不鄙而教之, 熹亦不敢不盡其愚也. 且夫大傳之太極者, 何也? 即兩儀·四象·八卦之理具於三者之先, 而縕於三者之內者也. 聖人之意, 正以其究竟至極, 無名可名, 故特謂之太極. 猶曰"擧天下之至極無以加此"云爾, 初不以其中而命之也. 至如'北極'之'極'·'屋極'之'極'·'皇極'之'極'·'民極'之'極', 諸儒雖有解爲中者, 蓋以此物之極常在此物之中, 非指'極'字而訓之以中也. 極者, 至極而已. 以有形者言之, 則其四方八面合輳將來, 到此築底, 更無去處; 從此推出, 四方八面都無向背, 一切停勻, 故謂之極耳. 後人以其居中而能應四外, 故指其處而以中言之, 非以其義爲可訓中也. 至於太極, 則又初無形象方所之可言, 但以此理至極而謂之極耳. 今乃以中名之, 則是所謂理有未明而不能盡乎人言之意者也 (…) 若論'無極'二字, 乃是周子灼見道體, 迥出常情, 不顧旁人是非, 不計自己得失, 勇往直前, 說出人不敢說底道理, 令後之學者曉然見得太極之妙不屬有無, 不落方體. 若於此看得破, 方見得此老眞得千聖以來不傳之祕, 非但架屋下之屋·疊牀上之牀而已也. 今必以爲未然, 是又理有未明而不能

盡人言之意者三也.

至於大傳既曰"形而上者謂之道"矣, 而又曰"一陰一陽之謂道", 此豈眞以陰陽爲形而上者哉? 正所以見一陰一陽雖屬形器, 然其所以一陰而一陽者, 是乃道體之所爲也. 故語道體之至極, 則謂之太極; 語太極之流行, 則謂之道. 雖有二名, 初無兩體, 周子所以謂之'無極', 正以其無方所·無形狀, 以爲在無物之前, 而未嘗不立於有物之後; 以爲在陰陽之外, 而未嘗不行乎陰陽之中; 以爲通貫全體, 無乎不在, 則又初無聲臭影響之可言也. 今乃深詆無極之不然, 則是直以太極爲有形狀·有方所矣. 直以陰陽爲形而上者, 則又昧於道器之分矣. 又於'形而上者'之上復有'況太極乎'之語, 則是又以道上別有一物爲太極矣. 此又理有未明而不能盡乎人言之意者四也.

至熹前書所謂'不言無極, 則太極同於一物而不足爲萬化根本; 不言太極, 則無極淪於空寂而不能爲萬化根本', 乃是推本周子之意, 以爲當時若不如此兩下說破, 則讀者錯認語意, 必有偏見之病, 聞人說有卽謂之實有, 見人說無卽以爲眞無耳. 自謂如此說得周子之意已是大煞分明, 只恐知道者厭其漏洩之過甚, 不謂如老兄者, 乃猶以爲未穩而難曉也. 請以熹書上下文意詳之, 豈謂太極可以人言而爲加損者哉? 是又理有未明而不能盡乎人言之意者五也.

來書又謂大傳明言'易有太極', 今乃言無, 何耶? 此尤非所望於高明者. 今夏因與人言易, 其人之論正如此. 當時對之, 不覺失笑, 遂至被劾. 彼俗儒膠固, 隨語生解, 不足深怪. 老兄平日自視爲如何, 而亦

爲此言耶? 老兄且謂大傳之所謂'有', 果如兩儀·四象·八卦之有定位·天地五行萬物之有常形耶? 周子之所謂'無',是果虛空斷滅·都無生物之理耶? 此又理有未明而不能盡乎人言之意者六也.
老子'復歸於無極', '無極'乃無窮之義. 如'莊生入無窮之門, 以遊無極之野'云爾, 非若周子所言之意也. 今乃引之而謂周子之言實出乎彼, 此又理有未明而不能盡乎人言之意者七也.
高明之學超出方外, 固未易以世間言語論量·意見測度. 今且以愚見執方論之, 則其未合有如前所陳者. 亦欲奉報, 又恐徒爲紛紛, 重使世俗觀笑. 旣而思之, 若遂不言, 則恐學者終無所取正. 較是二者, 寧可見笑於今人, 不可得罪於後世. 是以終不獲已而竟陳之, 不識老兄以爲如何.(『朱子大全』卷36, 「答陸子靜」)

【주희 5】원문 31

蓋氣則能凝結造作, 理卻無情意, 無計度, 無造作. 只此氣凝聚處, 理便在其中. 且如天地間人物草木禽獸, 其生也, 莫不有種. 定不會無種子白地生出一箇物事, 這箇都是氣. 若理, 則只是箇淨潔空闊底世界, 無形跡, 他卻不會造作; 氣則能醞釀凝聚生物也. 但有此氣, 則理便在其中.(『朱子語類』卷1, 「理氣」上)

【주희 6】원문 32

天下之物, 則必各有所以然之故, 與其所當然之則. 所謂理也.(『大學或問』第1章)

窮理者, 欲知事物之所以然, 與其所當然者而已. 知其所以然, 故志不惑; 知其所當然, 故行不謬. 非謂取彼之理而歸諸此也. 程子所謂"物我一理, 纔明彼卽曉此, 不必言顧物而反諸身"者, 蓋已說破此病. 況又加所謂宛轉者焉, 則其支離間隔之病益已甚矣.(『朱子大全』卷64,「答或人」7)

【주희 7】원문 33

熹向以太極爲體·動靜爲用, 其言固有病, 後已改之曰'太極者, 本然之妙也, 動靜者, 所乘之機也'. 此則庶幾近之 (…) 蓋謂太極含動靜則可, (以本體而言也.) 謂太極有動靜則可, (以流行而言也.) 若謂太極便是動靜, 則是形而上下者不可分, 而'易有太極'之言亦贅矣.(『朱子大全』卷45,「答楊子直」1)

【주희 8】원문 34

太極圖曰"無極而太極."可學竊謂無者, 蓋無氣而有理. 然理無形, 故卓然而常存. 氣有象, 故闔闢歙散而不一. 圖又曰"太極動而生陽, 動極而靜, 靜而生陰." 不知太極, 理也, 理如何動靜? 有形則有動靜, 太極無形, 恐不可以動靜言. 南軒云太極不能無動靜, 未達其意. 理有動靜, 故氣有動靜. 若理無動靜 則氣何自而有動靜乎. 且以目前論之, 仁便是動, 義便是靜, 此又何關於氣乎.(『朱子大全』,「答鄭子上」14)

【주희 9】원문 35

動靜無端, 陰陽無始, 本不可以先後言, 然就中間截斷言之, 則亦不害其有先後也. 觀周子所言"太極動而生陽", 則其未動之前固已嘗靜矣. 又言"靜極復動", 則已靜之後固必有動矣. 如春秋冬夏元亨利貞, 固不能無先後, 然不冬則何以爲春. 而不貞又何以爲元. 就此看之, 又自有先後也. 又如克己復禮然後可以爲仁, 固不可謂前此無仁, 然必由靜而後動也; 惟精惟一而後可以執中, 固不可謂前此無中, 然亦由靜而後動也. 擧此類而推之, 反復循環, 無非至理. 但看從甚處說起, 則當處便自有先後也.(『朱子大全』卷49, 「答王子合」11)

【주희 10】원문 36

問 先有理, 抑先有氣? 曰 理未嘗離乎氣. 然理形而上者, 氣形而下者. 自形而上下言, 豈無先後! 理無形, 氣便粗, 有渣滓. 或問必有是理, 然後有是氣, 如何? 曰 此本無先後之可言. 然必欲推其所從來, 則須說先有是理. 然理又非別爲一物, 卽存乎是氣之中. 無是氣, 則是理亦無掛搭處. 氣則爲金木水火, 理則爲仁義禮智.(『朱子語類』卷1, 「理氣」)

【주희 11】원문 37

所謂理與氣, 此決是二物. 但在物上看, 則二物渾淪, 不可分開各在一處, 然不害二物之各爲一物也. 若在理上看, 則雖未有物, 而

已有物之理. 然亦但有其理而已, 未嘗實有是物也.(『朱子大全』卷46,「答劉叔文」)

【주희 12】원문 38

自萬物而觀之, 則萬物各一其性, 而萬物一太極也. 蓋合而言之, 萬物統體一太極也. 分而言之, 一物各具一太極也.(「太極圖說解」)
西銘一篇, 始末皆是理一分殊.謨.(『朱子語類』卷98,「張子之書」)
問理與氣. 曰 伊川說得好, 曰 理一分殊. 合天地萬物而言, 只是一箇理. 及在人, 則又各自有一箇理. 及孫.(『朱子語類』卷1,「理氣」上)
問 理性命章注云. 自其本而之末, 則一理之實, 而萬物分之以爲體, 故萬物各有一太極. 如此, 則是太極有分裂乎. 曰 本只是一太極, 而萬物各有稟受, 又自各全具一太極爾. 如月在天, 只一而已. 及散在江湖, 則隨處而見, 不可謂月已分也.謨.(『朱子語類』卷94,「周子之書」)

【주희 13】원문 39

論萬物之一原, 則理同而氣異. 觀萬物之異體, 則氣猶相近而理絶不同也. 氣之異者, 粹駁之不齊; 理之異者, 偏全之或異.(『朱子大全』卷46,「答黃商伯」4)

【정도전 1】원문 40

凡所有相, 厥類紛總, 惟我最靈, 獨立其中. 我體寂然, 如鑑之空,

隨緣不變, 應化無窮. 由爾四大, 假合成形, 有目欲色, 有耳欲聲, 善惡亦幻, 緣影以生, 戕我賊我, 我不得寧. 絶相離體, 無念忘情, 照而寂寂, 默而惺惺, 爾雖欲動, 豈翳吾明.(『三峯集』卷10,「心難氣」)

【정도전 2】원문 41

予居邃古, 窈窈冥冥, 天眞自然, 無得而名. 萬物之始, 資孰以生. 我凝我聚. 乃形乃精, 我若無有, 心何獨靈. 嗟爾有知, 衆禍之萌. 思所不及, 慮所未成, 計利較害, 憂辱慕榮, 氷寒火熱, 晝夜營營, 精日以搖, 神不得寧. 我不妄動, 內斯靜專, 如木斯槁, 如灰不燃, 無慮無爲, 體道之全, 爾知雖鑿, 豈害吾天.(『三峯集』卷10,「氣難心」)

【정도전 3】원문 42

於穆厥理! 在天地先, 氣由我生, 心亦稟焉. 有心無我, 利害之趣, 有氣無我, 血肉之軀. 蠢然以動, 禽獸同歸, 其與異者, 嗚呼幾希. 見彼匍匐, 惻隱其情, 儒者所以, 不怕念生. 可死則死, 義重於身, 君子所以殺已成仁. 聖遠千載, 學誣言厖, 氣以爲道, 心以爲宗. 不義而壽, 龜蛇矣哉! 瞠然而坐, 土木形骸. 我存爾心, 瑩徹虛明, 我養爾氣, 浩然而生. 先聖有訓, 道無二尊, 心乎氣乎, 敬受斯言.(『三峯集』卷10,「理諭心氣」)

【정도전 4】원문 43

人物之生生而無窮, 乃天地之化, 運行而不已者也. 原夫太極有

動靜而陰陽生, 陰陽有變合, 而五行具. 於是無極太極之眞, 陰陽五行之精, 妙合而凝, 人物生生焉. 其已生者, 往而過, 未生者, 來而續, 其間不容, 一息之停也. 佛之言曰 人死, 精神不滅, 隨復受形, 於是, 輪廻之說興焉. 易曰 原始反終, 故知死生之說. 又曰 精氣爲物, 游魂爲變. 先儒解之曰 天地之化, 雖生生不窮, 然而有聚必有散, 有生必有死. 能原其始, 而知其聚之生, 則必知其後之必散而死. 能知其生也, 得於氣化之自然, 初無精神寄寓於太虛之中, 則知其死也, 與氣而俱散, 無復更有形象, 尙留於冥漠之內. 又曰 精氣爲物, 游魂爲變, 天地陰陽之氣交合, 便成人物, 到得魂氣歸于天, 體魄歸于地, 便是變了. 精氣爲物, 是合精與氣, 而成物, 精魄而氣魂也. 游魂爲變, 變則是魂魄相離, 游散而變, 變非變化之變, 旣是變, 則堅者腐, 存者亡, 更無物也. 天地間如烘爐, 雖生物, 皆銷鑠已盡. 安有已散者復合, 而已往者復來乎.

自今觀之當盛世, 人類番庶鳥獸魚鼈昆蟲亦蕃庶 當衰世, 人物耗損鳥獸魚鼈昆蟲亦耗損. 是人與萬物, 皆爲天地之氣所生. 故氣盛則一時蕃庶, 氣衰則一時耗損, 明矣. 予慣佛氏輪廻之說, 惑世尤甚幽, 而質諸天地之化, 明而驗諸人物之生得其說如此, 與我同志者, 幸共鑑焉.

或問, 子引先儒之說, 解易之游魂爲變曰 魂與魄相離, 魂氣歸於天, 體魄降于地. 是人死則魂魄各歸于天地, 非佛氏所謂人死, 精神, 不滅者耶. 曰 古者, 四時之火, 皆取於木, 是木中元有火, 木熱, 則生火. 猶魄中元有魂, 魄煖者, 爲魂. 故曰 鑽木出火, 又曰 形旣

生矣, 神發知矣. 形, 魄也, 神, 魂也. 火緣木而存, 猶魂魄合而生. 火滅, 則煙氣升而歸于天, 灰燼降而歸于地. 猶人死, 則魂氣升于天, 體魄降于地. 火之煙氣, 卽人之魂氣, 火之灰燼, 卽人之體魄. 且火氣滅矣, 煙氣灰燼, 不復合而爲火, 則人死之後, 魂氣體魄, 亦不復合, 而爲物, 其理, 豈不明甚也哉.(『三峯集』卷9,「佛氏輪廻之辨」)

【권근 1】 원문 44

予嘗患佛氏之說惑世之甚, 而爲之言曰 天之所以爲天, 人之所以爲人, 儒與佛之說不同矣. 自有曆象之後, 寒暑之往來, 日月之盈虧, 皆有其數, 用之千萬世而不差, 則天之所以爲天者定, 而佛氏須彌之說誣矣. 天以陰陽五行, 化生萬物, 而所謂陰陽五行者, 有理有氣, 得其全者爲人, 得其偏者爲物. 故五行之理, 在人而爲五常之性, 其氣爲五臟, 此吾儒之說也. 醫者以五行, 診其臟脈之虛實, 而知其病, 卜者以五行, 推其運氣之衰旺, 而知其命, 亦用之千萬世而皆驗, 則人之所以爲人者定, 而佛氏四大之說妄矣. 原其始, 不知人之所以生, 則反其終, 安知人之所以死哉. 則輪廻之說, 亦不足信, 予持此論久矣.(『三峯集』卷9,「佛氏雜辨 序」)

【권근 2】 원문 45

人物之生, 其理則同, 而氣有通塞偏正之異. 得其正且通者爲人, 得其偏且塞者爲物 (…) 夫天地之化, 生生不窮. 往者息而來者繼.

人獸草木, 千形萬狀, 各正性命者, 皆自一太極中流出. 故萬物各具一理, 萬理同出一源. 一草一木各一太極, 而天下無性外之物. 故『中庸』言, 能盡其性, 則能盡人之性. 能盡物之性, 而可以贊天地之化育. 嗚呼. 至哉.(『入學圖說』「天人心性合一之圖」)

【권근 3】원문 46

心者, 人所得乎天, 而主乎身. 理氣妙合, 虛靈洞澈, 以爲神明之舍, 以統性情. 所謂明德, 而具衆理應萬事者也. 氣禀所拘, 物欲所蔽, 其用之發, 有時而昏. 學者, 要當敬以直內, 去其昏, 而復其明也. 其字形方者, 象居中方寸之地也. 其中一點, 象性理之源也. 至圓至正, 無所偏倚, 心之體也. 其下凹者, 象其中虛, 惟虛故具衆理也. 其首之尖, 自上而下者, 象氣之源, 所以妙合而成心者也. 其尾之銳, 自下而上者, 心於五行屬火, 象火之炎上也. 故能光明發動, 以應萬事也. 其右一點, 象性發爲情, 心之用也; 其左一點, 象心發爲意, 亦心之用也. 其體則一, 而用則有二.(『入學圖說』「天人心性分釋之圖: 心」)

【권근 4】원문 47

昔唐韓子原性, 而本於禮書, 以喜怒哀樂愛惡欲七者, 爲性發之情. 程子亦取而言之. 今子以四端屬乎性發, 而七情列于心下者何. 曰 七者之用, 在人本有, 當然之則. 如其發而中節, 則中庸所謂達道之和. 豈非性之發者哉. 然其所發, 或有不中節者. 不可直謂

之性發, 而得與四端幷列於情中也. 故列于心下, 以見其發之有中節不中節者, 使學者致察焉. 又況程子之言, 以爲外物觸而動於中, 其中動而七情出, 情旣熾而其性鑿矣. 則其不以爲性發也, 審矣.(『入學圖說』卷1,「天人心性合一之圖」)

【 서경덕 1 】 원문 48

太虛, 虛而不虛, 虛卽氣. 虛無窮無外, 氣亦無窮無外. 旣曰虛, 安得謂之氣, 曰虛靜氣之體, 聚散, 其用也. 知虛之不爲虛, 則不得謂之無. 老氏曰, 有生於無, 不知虛卽氣也. 又曰, 虛能生氣, 非也. 若曰, 虛生氣則方其未生, 是無有氣而虛爲死也. 旣無有氣, 又何自而生氣, 無始也, 無生也. 旣無始, 何所滅. 老氏言虛無, 佛氏言寂滅. 是不識理氣之源. 又烏得知道.(『花潭集』卷2,「太虛說」)

【 서경덕 2 】 원문 49

太虛湛然無形, 號之曰先天. 其大無外, 其先無始, 其來不可究, 其湛然虛靜, 氣之原也. 彌滿氣外之遠, 逼塞充實無有空闕, 無一毫可容間也. 然把之則虛, 執之則無, 然而却實不得謂之無也. 到此田地, 無聲 可耳, 無臭可接 (…) 摭聖賢之語, 泝而原之, 易所謂寂然不動, 庸所謂誠者自成. 語其湛然之體 曰一氣, 語其混然之周 曰太一. 濂溪於此不奈何 只消下語曰 無極而太極. 是則先天不其奇乎. 奇乎奇. 不其妙乎. 妙乎妙. 攸爾躍, 忽爾闢, 孰使之乎. 自能爾也, 自不得不爾, 是謂理之時也. 易所謂感而遂通, 庸所謂

道自道, 周所謂太極動而生陽者也.不能無動靜, 無闔闢, 其何故哉, 機自爾也, 旣曰一氣, 一自含二, 旣曰太一, 一便涵二. 一不得不生二. 二者能生克, 生則克, 克則生, 氣之自微, 以至鼓? 其生克使之也. 一生二 二者何謂也 陰陽也, 動靜也, 亦曰, 坎離也一者, 何謂也. 陰陽之時, 坎離之體, 湛然爲一者也.一氣之分, 爲陰陽, 陽極其鼓而爲天, 陰極其聚而爲地. 陽鼓之極, 結其精者爲日, 陰聚之極, 結其精者爲月, 餘精之散, 爲星辰. 其在地爲水火焉, 是謂之後天,乃用事者也. 天運其氣, 一主乎動而圜轉不息, 地凝其形, 一主乎靜而擁在中間, 氣之性動, 騰上者也. 形之質重, 墜下者也, 氣包形外, 形載氣中, 騰上墜下之相亭, 是則懸於太虛之中而不上不下, 左右圜轉. 亙古今而不墜者也. 邵所謂天依形, 地附氣, 自相依附者, 依附之機, 其妙矣乎.(『花潭集』卷2,「原理氣」)

【서경덕 3】원문 50

無外曰太虛, 無始者曰氣. 虛卽氣也. 虛本無窮, 氣亦無窮. 氣之源, 其初一也. 旣曰, 氣一便涵二. 太虛爲一, 其中涵二, 旣二也. 斯不能無闔闢, 無動靜, 無生克也. 原其所以能闔闢, 能動靜, 能生克者而名之, 曰太極. 氣外無理. 理者氣之宰也. 所謂宰, 非自外來而宰之. 指其氣之用事, 能不失所以然之正者而謂之宰. 理不先於氣. 氣無始, 理固無始. 若曰, 理先於氣, 則是氣有始也. 老氏曰, 虛能生氣, 是則氣有始有限也.(『花潭集』卷2,「理氣說」)

【 서경덕 4 】 원문 51

程張朱說, 極備死生鬼神之情狀. 然亦未肯說破所以然之極致, 皆引而不發, 令學者自得. 此後學之所以得其一而不得其二, 傳其粗而不見十分之精. 某欲採三先生之微旨, 以爲鶻突之論, 亦足以破千古之疑. 程曰, 死生人鬼, 一而二, 二而一, 此蓋之矣. 吾亦曰, 死生人鬼, 只是氣之聚散而已. 有聚散而無有無, 其之本體然矣. 氣之湛一淸虛者, 彌滿無外之虛. 聚之大者, 爲天地, 聚之小者, 爲萬物. 聚散之勢, 有微著久速耳. 大小之聚散於太虛, 以大小有殊. 雖一草一木之微者, 其氣終亦不散, 況人之精神知覺, 聚之大且久者哉. 形魄見其有散, 似歸於盡沒於無 (…) 氣之湛一淸虛, 原於太虛之動而生陽, 靜而生陰之始, 聚之有漸, 以至博厚爲天地, 爲吾人. 人之散也, 形魄散耳. 聚之湛一淸虛者, 終亦不散. 散於太虛湛一之中, 同一氣也. 其知覺之聚散, 只有久速耳. 雖散之最速, 有日月期者, 乃物之微者爾. 其氣終亦不散, 何者. 氣之湛一淸虛者, 旣無其始, 又無其終, 此理氣所以極妙底. 學者苟能做工, 到此地頭, 始得覷破千聖不盡傳之微旨矣. 雖一片香燭之氣, 見其有散於目前, 其餘氣終亦不散, 烏得氣之盡於無耶.(『花潭集』卷2,「鬼神死生論」)

【 이언적 1 】 원문 52

謹按忘齋無極太極辨, 其說蓋出於陸象山, 而昔子朱子辨之詳矣, 愚不敢容贅, 若忘機堂之答書, 則猶本於濂溪之旨, 而其論甚

高, 其見又甚遠矣 (…) 然其間不能無過於高遠, 而有背於吾儒之說者, 愚請言之. 夫所謂無極而太極云者, 所以形容, 此道之未始有物, 而實爲萬物之根柢也. 是乃周子灼見道體, 迥出常情, 勇往直前說出人不敢說底道理, 令後來學者, 曉然見得太極之妙, 不屬有無, 不落方體. 眞得千聖以來, 不傳之祕. 夫豈以爲太極之上, 復有所謂無極哉. 此理, 雖若至高至妙, 而求其實體之所以寓, 則又至近而至實. 若欲講明此理, 而徒騖於窅冥虛遠之地, 不復求之至近至實之處, 則未有不淪於異端之空寂者矣.

今詳忘機堂之說, 其曰 太極卽無極也, 則是矣, 其曰 豈有論有論無, 分內分外, 滯於名數之末, 則過矣, 其曰 得其大本, 則人倫日用, 酬酢萬變, 事事無非達道, 則是矣. 其曰 大本達道, 渾然爲一, 則何處更論, 無極太極, 有中無中之有間, 則過矣. 此極之理, 雖曰 貫古今徹上下, 而渾然爲一致, 然其精粗本末, 內外賓主之分, 粲然於其中, 有不可以毫髮差者, 是豈漫無名數之可言乎. 而其體之具於吾心者, 則雖曰大本達道, 初無二致, 然其中自有體用動靜先後本末之不容不辨者, 安有得其渾然, 則更無倫序之可論, 而必至於滅無之地, 而後爲此道之極致哉.

今徒知所謂渾然者之爲大, 而極言之, 而不知夫粲然者之未始相離也. 是以, 其說喜合惡離, 去實入虛, 卒爲無星之稱, 無寸之尺而後已, 豈非窮高極遠, 而無所止者歟 (…) 蓋原此理之所自來, 雖極微妙萬事萬化, 皆自此中流出, 而實無形象之可指, 若論工夫, 則只中正仁義, 便是理會此事處, 非是別有一段根原工夫又

在講學應事之外也.

今忘機之說, 則都遺却此等工夫, 遽欲以無極太虛之體, 作得吾心之主, 使天地萬物, 朝宗於我而運用無滯, 是乃欲登天, 而不慮其無階, 欲涉海, 而不量其無橋. 其卒墜於虛遠之域, 而無所得也必矣. 大抵忘機堂, 平生學術之誤, 病於空虛, 而其病根之所在, 則愚於書中, 求之而得之矣. 其曰, 太虛之體, 本來寂滅, 以滅字說太虛體, 是斷非吾儒之說矣.(『晦齋集』卷5,「書忘齋忘機堂無極太極說後」)

【이언적 2】원문 53

夫所謂太極者, 乃斯道之本體, 萬化之領要, 而子思所謂天命之性者也. 蓋其沖漠無朕之中, 萬象森然已具, 天之所以覆, 地之所以載, 日月之所以照, 鬼神之所以幽, 風雷之所以變, 江河之所以流, 性命之所以正, 倫理之所以著, 本末上下, 貫乎一理, 無非實然, 而不可易者也. 周子所以謂之無極者, 正以其無方所無形狀, 以爲在無物之前, 而未嘗不立於有物之後, 以爲在陰陽之外, 而未嘗不行於陰陽之中. 以爲通貫全體, 無乎不在, 則又初無聲臭影響之可言也, 非若老氏之出無入有, 釋氏之所謂空也.

今如來教所云無, 則不無而靈源獨立, 有則不有, 而還歸澌盡. 是專以氣化, 而語此理之有無, 豈云知道哉. 所謂靈源者氣也, 非可以語理也. 至無之中, 至有存焉, 故曰, 無極而太極, 有理而後有氣, 故曰, 太極生兩儀. 然則理雖不離於氣, 而實亦不雜於氣而

言, 何必見靈源之獨立, 然後始可以言此理之不無乎.(『晦齋集』卷5,「答忘機堂第一書」)

【 이황 2 】 원문 54

示喩形而上下之說, 則見得殊未端的, 說得仍未明快. 請略言之. 凡有貌象形氣, 而盈於六合之內者, 皆器也. 而其所具之理, 卽道也. 道不離器, 以其無形影可指, 故謂之形而上也. 器不離道, 以其有形象可言, 故謂之形而下也. 太極在陰陽中, 而不雜乎陰陽, 故云上耳, 非謂在其上也. 陰陽不外於太極, 而依舊是形氣, 故云下耳, 非謂在其下也. 然就造化而看, 太極爲形而上, 陰陽爲形而下. 就彛倫而看, 父子君臣爲形而下, 其仁與義爲形而上. 就日用而看, 事物爲形而下, 所具之理爲形而上. 蓋無物不有, 無處不然. 凡形而上, 皆太極之理, 凡形而下, 皆陰陽之氣也. 今必以生物之根柢, 看形而上之道, 所以爲生物之具, 看形而下之器, 似爲滯泥而不通. 至以未判已判爲言, 則所見又甚疎謬. 千萬更加研玩精審, 虛心涵泳, 久而後乃見洞然無疑處耳.(『退溪全書』卷35,「答李宏仲」甲子)

【 이황 3 】 원문 55

孔子曰 易有太極, 是生兩儀, 周子曰 太極動而生陽, 靜而生陰, 又曰 無極之眞, 二五之精, 妙合而凝. 今按孔子, 周子明言陰陽是太極所生. 若曰理氣本一物, 則太極卽是兩儀, 安有能生者乎. 曰眞

曰精, 以其二物故, 曰妙合而凝. 如其一物, 寧有妙合而凝者乎. 明道曰 形而上爲道, 形而下爲器, 須著如此說. 器亦道, 道亦器. 今按若理氣果是一物, 孔子何必以形而上下分道器, 明道何必曰須著如此說乎. 明道又以其不可離器而索道, 故曰器亦道, 非謂器卽是道也. 以其不能外道而有器, 故曰道亦器, 非謂道卽是器也. 道器之分, 卽理氣之分, 故引以爲證.

朱子答劉叔文書曰 理與氣決是二物. 但在物上看, 則二物渾淪, 不可分開各在一處, 然不害二物之各爲一物也. 若在理上看, 則雖未有物, 而已有物之理. 然亦但有其理而已, 未嘗實有是物也. 又曰 須知未有此氣, 先有此性. 氣有不存, 性卻常在. 雖其方在氣中, 然氣自氣性自性, 亦自不相夾雜. 至論其徧體於物, 無處不在, 則又不論氣之精粗, 而莫不有是理焉. 今按理不囿於物, 故能無物不在. 不當以氣之精者爲性, 性之粗者爲氣也. 性卽理也. 故引以爲證. 今按朱子平日論理氣許多說話, 皆未嘗有二者爲一物之云, 至於此書, 則直謂之理氣決是二物, 又曰 性雖方在氣中, 然氣自氣性自性, 亦自不相夾雜, 不當以氣之精者爲性, 性之粗者爲氣. 夫以孔周之旨旣如彼, 程朱之說又如此, 不知此與花潭說, 同耶異耶. 滉愚陋滯見, 但知篤信聖賢, 依本分平鋪說話, 不能覷到花潭奇乎奇妙乎妙處. 然嘗試以花潭說, 揆諸聖賢說, 無一符合處. 每謂花潭一生用力於此事, 自謂窮深極妙, 而終見得理字不透. 所以雖拚死力談奇說妙, 未免落在形器粗淺一邊了, 爲可惜也. 而其門下諸人, 堅守其誤, 誠所未諭. 故今亦未暇爲來說一一訂

評, 然竊見朱子謂叔文說, 精而又精, 不可名狀, 所以不得已而强名之曰太極, 又曰, 氣愈精而理存焉, 皆是指氣爲性之誤. 愚謂此非爲叔文說, 正是爲花潭說也. 又謂叔文若未會得, 且虛心平看, 未要硬便主張. 久之自有見處, 不費許多閒說話也. 如或未然, 且放下此一說, 別看他處道理尙多, 或恐別因一事, 透著此理, 亦不可知, 不必守此膠漆之盆, 枉費心力也. 愚又謂此亦非爲叔文說, 恰似爲蓮老針破頂門上一穴也. 且羅整菴於此學, 非無一斑之窺, 而誤入處正在於理氣非二之說, 後之學者, 又豈可踵謬襲誤, 相率而入於迷昧之域耶.(『退溪全書』卷41,「非理氣爲一物辯證」)

【 이황 4 】 원문 56

理極尊無對 (…) 理本其尊無對, 命物而不命於物, 非氣所當勝也, 但氣以成形之後, 却是氣爲之田地材具. 故凡發用應接, 率多氣爲用事. 氣能順理時, 理自顯, 非氣之弱, 乃順也. 氣若反理時, 理反隱, 非理之弱, 乃勢也. 比如王者, 本尊無對, 及强臣跋扈, 反與之或爲勝負, 乃臣之罪. 王者無如之何. 故君子爲學, 矯氣質之偏, 禦物欲而尊德性, 以歸於大中至正之道.(『退溪全書』卷13,「答李達李天機」)

至虛而至實, 至無而至有. 動而無動, 靜而無靜, 潔潔淨淨地, 一毫添不得, 一毫減不得. 能爲陰陽五行萬物萬事之本, 而不囿於陰陽五行萬物萬事之中.(『退溪全書』卷16,「答奇明彦」)

虛能生氣之虛, 若作理字看則無害. 但老氏元不識理字, 何可遷

就爲說耶.(『退溪全書』卷25,「答鄭子中別紙」)

【 이황 5 】 원문 57

論所當然所以然, 是事是理.

大學或問格物傳註, 問所以然而不可易, 是指理而言, 所當然而不可已, 是指人心而言. 此輔漢卿問也. 朱子曰 下句只是指事而言. 凡事固有所當然而不容已者. 然又當求其所以然者何故, 所以然者, 理也. 八條目, 論格物曰 天下之物, 必各有所以然之故, 與其所當然之則, 所謂理也. 注, 朱子曰 所當然之則, 如君之仁, 臣之敬, 所以然之故, 如君何故用仁, 臣何故用敬云云. 皆天理使之然. 新安陳氏曰 所當然之則, 理之實處, 所以然之故, 乃其上一層理之源頭也. 格物傳曰 自其一物之中, 莫不有以見其所當然而不容已, 與其所以然而不可易者. 注, 西山眞氏曰 如爲君當仁, 臣當敬之類, 乃道理合當如此, 不如此則不可, 故曰所當然. 然仁敬等, 非人力强爲, 有生之初, 卽稟此理. 是乃天之所與也. 故曰所以然, 知所當然, 是知性, 知所以然, 是知天. 謂知其理所從來也. 大全書陳安卿問, 理有能然, 有必然, 有當然, 有自然處, 皆須兼之, 方於理字訓義爲備云云. 凡事皆然, 能然必然者, 理在事先, 當然者, 正就事而直言其理, 自然者, 貫事理直言之也云云, 先生曰, 此意甚備.

滉按, 明彦以當然爲事, 所以然爲理, 卽朱子與輔漢卿答問之意也. 然以朱子後兩說及新安陳氏, 西山眞氏, 北溪陳氏諸說考之,

當然者, 亦固是理也, 子中明彦兩說, 可以通看, 不相爲礙. 而究極論之, 當然者爲理之說, 爲長. 蓋君仁臣敬之類, 皆天命所當然之理, 實精微之極致也. 非外此而事別有所當然也.(『退溪全書』卷25,「鄭子中與奇明彦論學」)

【 이황 6 】 원문 58

李達李天機: 太極之有動靜, 是天命之流行. 止理爲之主, 而使之流行歟.

李滉: 太極之有動靜, 太極自動靜也, 天命之流行, 天命之自流行也. 豈復有使之者歟. 但就無極二五, 妙合而凝, 化生萬物處看, 若有主宰運用, 而使其如此者. 卽書所謂惟皇上帝, 降衷于下民, 程子所謂以主宰謂之帝, 是也. 蓋理氣合而命物, 其神用自, 如此耳. 不可謂天命流行處, 亦別有使之者也. 此理極尊無對. 命物而不命於物故也.(『退溪全書』卷13,「答李達李天機」)

【 이황 7 】 원문 59

按朱子嘗曰 "理有動靜, 故氣有動靜, 若理無動靜, 氣何自而有動靜乎." 蓋理動則氣隨而生, 氣動則理隨而顯, 濂溪云, 太極動而生陽, 是言理動而氣生也. 易言復, 其見天地之心, 是言氣動而理顯, 故可見也.(『退溪全書』卷25,「答鄭子中」)

【 이황 8 】 원문 60

公意以謂四端七情,皆兼理氣,同實異名,不可以分屬理氣. 滉意以謂就異中而見其有同, 故二者固多有渾淪言之. 就同中而知其有異, 則二者所就而言, 本自有主理主氣之不同, 分屬何不可之有 (…) 蓋人之一身, 理與氣合而生, 故二者互有發用, 而其發又相須也. 互發則各有所主可知, 相須則互在其中可知, 互在其中, 故渾淪言之者固有之. 各有所主, 故分別言之, 而無不可. 論性而理在氣中思孟猶指出本然之性, 程張猶指論氣質之性, 論情而性在氣質, 獨不可各就所發而分四端七情之所從來乎 (…) 渾淪而言, 則七情兼理氣, 不待多言而明矣. 若以七情對四端, 而各以其分言之, 七情之於氣, 四端之於理也. 其發各有血脈, 其名皆有所指, 故可隨其所主而分屬之耳. 雖滉亦非謂七情不干於理, 外物偶相湊著而感動也. 且四端感物而動, 固不異於七情, 但四則理發而氣隨之, 七則氣發而理乘之耳 (…) 蓋人之一身, 理與氣合而生, 故二者互有發用, 而其發又相須也. 互發, 則各有所主, 可知, 相須, 則互在其中, 可知. 互在其中, 故渾淪言之者, 固有之, 各有所主, 故分別言之, 而無不可 (…) 大抵有理發而氣隨之者, 則可主理而言耳. 非謂理外於氣, 四端是也. 有氣發而理乘之者, 則可主氣而言耳. 非謂氣外於理, 七情是也.(『退溪全書』卷16,「答奇明彦論四端七情第二書」)

【이황 9】원문 61

物格與物理之極處無不到之說, 謹聞命矣. 前此滉所以堅執誤說者, 只知守朱子理無情意, 無計度, 無造作之說, 以爲我可以窮到物理之極處, 理豈能自至於極處. 故硬把物格之格, 無不到之到, 皆作已格已到看. 往在都中, 雖蒙提諭理到之說, 亦嘗反復紬思, 猶未解惑 (…) 朱子曰, 理必有用, 何必又說是心之用乎. 心之體, 具乎是理, 理則無所不該, 而無一物之不在. 然其用實不外乎人心, 蓋理雖在物, 而用實在心也. 其曰, 理在萬物, 而其用實不外一人之心, 則疑若理不能自用, 必有待於人心, 似不可以自到爲言. 然而又曰, 理必有用, 何必又說是心之用乎. 則其用雖不外乎人心, 而其所以爲用之妙, 實是理之發見者, 隨人心所至, 而無所不到, 無所不盡. 但恐吾之格物有未至, 不患理不能自到也. 然則方其言格物也, 則固是言我窮至物理之極處, 及其言物格也, 則豈不可謂物理之極處, 隨吾所窮而無不到乎. 是知無情意造作者, 此理本然之體也. 其隨寓發見而無不到者, 此理至神之用也. 向也但有見於本體之無爲, 而不知妙用之能顯行, 殆若認理爲死物, 其去道不亦遠甚矣乎. 今賴高明提諭之勤, 得去妄見, 而得新意長新格, 深以爲幸.(『退溪全書』卷18,「答奇明彦」)

【왕양명 1】원문 62

愛問 至善只求諸心, 恐於天下事理有不能盡. 先生曰 心卽理也, 天下又有心外之事, 心外之理乎?(『傳習錄』上, 1)

朱子所謂格物云者, 在卽物而窮其理也. 卽物窮理, 是就事事物物上求其所謂定理者也. 是以吾心而求理於事事物物之中, 析心與理而爲二矣. 夫求理於事事物物者, 如求孝之理於其親之謂也. 求孝之理於其親, 則孝之理其果在於吾之心邪, 抑果在於親之身邪. 假而果在於親之身, 則親沒之後, 吾心遂無孝之理歟. 見孺子之入井, 必有惻隱之理, 是惻隱之理果在於孺子之身歟, 抑在於吾心之良知歟. 其或不可以從之於井歟, 其或可以手而援之歟, 是皆所謂理也. 是果在於孺子之身歟, 抑果出於吾心之良知歟. 以是例之, 萬事萬物之理, 莫不皆然. 是可以知析心與理爲二之非矣.(『傳習錄』中,「答顧東橋書」135條)

【 이황 10 】 원문 63

辯曰 不本諸心而但外講儀節者, 誠無異於扮戲子. 獨不聞民彝物則, 莫非天衷眞至之理乎. 亦不聞朱子所謂主敬以立其本, 窮理以致其知乎. 心主於敬, 而究事物眞至之理. 心喩於理義, 目中無全牛, 內外融徹, 精粗一致. 由是而誠意正心修身, 推之家國, 達之天下, 沛乎不可禦. 若是者亦可謂扮戲子乎. 陽明徒患外物之爲心累, 不知民彝物則眞至之理, 卽吾心本具之理, 講學窮理, 正所以明本心之體, 達本心之用. 顧乃欲事事物物一切掃除, 皆攬入本心衮說了. 此與釋氏之見何異. 而時出言稍攻釋氏, 以自明其學之不出於釋氏. 是不亦自欺以誣人乎.(『退溪全書』卷41,「傳習錄論辯」)

【 기대승 1 】 원문 64

以太極爲兼理氣而言者, 先生之旨也. 若大升之意, 則以爲擧天地萬物之理, 而名之曰太極, 則所謂太極者, 只是理, 而不涉乎氣者也. 雖終日爭辨, 反覆百端, 其大要不出於是也. 冬時更得歷拜, 亦相辨詰者, 又不過於前日之論也. 凡此兩說, 雖各有所主, 然證諸先賢之言, 而反求之, 則豈不詳宜明也.(『高峯集: 兩先生往復書』卷1,「答上退溪先生座前」)

【 기대승 2 】 원문 65

夫理氣之主宰也, 氣理之材料也. 二者固有分矣, 理氣在事物也, 則固混淪而不可開. 但理弱氣强, 理無朕, 氣有跡. 故其流行發見之際, 不能無過不及之差.(『高峯集: 四七理氣往復書』卷3,「高峰上退溪四端七情說」)

【 기대승 3 】 원문 66

至於就天地上分理氣, 則太極理也, 陰陽氣也. 就人物上分理氣, 則健順五常理也, 魂魄五臟氣也. 理氣在物, 雖曰混淪不可分開, 然不害二物之各爲一物也. 故曰就天地人物上, 分理與氣, 固不害物之自爲物也. 若就性上論, 則正如天上之月與水中之月, 乃以一月, 隨其所在, 而分別言之爾, 非更別有一月也. 今於天上之月, 則屬之月, 水中之月, 則屬之水, 亦無乃其言之有偏乎.(『高峯集: 四七理氣往復書』卷3,「高峯答退溪再論四端七情書」)

【 기대승 4 】 원문 67

大升以爲, 朱子爲四端是理之發, 七情是氣之發者, 非對說也, 乃因說也. 蓋對說者, 如說左右, 便是對待底, 因說者, 如說上下, 便是因仍底. 聖賢言語, 固自有對說因說之不同, 不可不察也. 次條曰 獨不可各就所發, 而分四端七情之所從來乎. 大升以爲四端七情, 同發於性, 則恐不可各就所發, 而分之也.(『高峯集: 四七理氣往復書』卷3,「高峯答退溪再論四端七情書」)

【 나흠순 1 】 원문 68

僕雖不敏, 然從事於程朱之學也, 蓋亦有年, 反覆參詳, 彼此交盡. 其認理氣爲一物.(『困知記』附錄,「答林次崖僉憲壬寅冬」)
朱子太極圖說篇首, 無極二字, 如朱子之解釋, 可無疑矣. 至於無極之眞, 二五之精, 妙合而凝, 三語, 愚則不能無疑. 凡物必兩而後可以言合. 太極與陰陽, 果二物乎. 其爲物也果二, 則方其未合之先, 各安在邪. 朱子終身, 認理氣爲二物, 其源蓋出於此.(『困知記』卷下, 19)
理須就氣上認取, 然認氣爲理, 便不是. 此處間不容髮, 最爲難言. 要在人善觀而默識之, 只就氣認理, 與認氣爲理, 兩言, 明有分別. 若於此間不透, 多說亦無用也.(『困知記』卷下, 35)
蓋人物之生, 受氣之初, 其理惟一, 成形之後, 其分則殊. 其分之殊, 莫非自然之理, 其理之一, 常在分殊之中, 此所以爲性命之妙也.(『困知記』卷上, 14)

【 기대승 5 】 원문 69

羅整菴困知記, 世多尊尙. 余嘗觀其書, 閎博精邃, 頓挫變化, 殆不可測其涯涘. 試提大槪則, 推尊孔孟程朱, 爲之宗主, 援据易詩書禮, 以張其說, 而又能躬探禪學而深斥之. 其馳騁上下, 抑揚予奪之際, 可謂不遺餘力矣. 世俗悅其新奇, 而不究其實, 宜乎尊尙之也. 然愚之淺見, 竊嘗以爲羅氏之學, 實出於禪學, 而改頭換面, 文以聖賢之語, 乃詖淫邪遁之尤者, 使孟子而復生, 必當聲罪致討, 以正人心, 固不悠悠而已也. 其書所稱道心, 性也, 人心, 情也, 及理氣爲一物, 及良知非天理云云者, 皆與聖賢本旨, 舛錯謬戾. 此不須更辨, 而其出於禪學之實, 則不可以不辨也. 整菴之學, 初旣惧禪, 而後觀聖賢之書以文之, 故其言如此. 殊不知儒釋, 道旣不同, 而立心亦異有如陰陽晝夜之相反, 烏可據彼之見, 而能爲此之道乎. 佛氏作用是性之說, 固認氣爲理, 而以心論性也. 整菴實見之差, 實由於此. 故理氣一物之說, 道心人心性情之云, 亦皆因此而誤焉. 蓋旣以理氣爲一物, 則人心道心, 固不可分屬理氣. 故其爲說, 必至於如是, 而整菴之所自以爲向上尋到者, 亦不過於佛氏所見之外, 知有理字, 而其所謂理字者, 亦不過於氣上認其有節度處耳. 所謂理只是氣之理, 當於氣之轉折處觀之者, 正是此病也. 雖其爲說, 張皇焜燿, 開闔萬端, 而要其指歸, 終亦不出於此矣.(『高峯集』卷2,「論困知記」)

【이이 2】원문 70

夫子曰 易有太極, 是生兩儀. 周子曰 無極而太極. 未知閣下以此等說話, 皆歸之於天地已生之後乎. 小闔闢大闔闢之說, 此固然矣. 天地未生之前, 謂之陰者, 此甚當理, 雖聖人不可得而易也. 但旣是陰則是亦象也, 安得謂之沖漠無朕乎. 以此知所謂沖漠無朕者, 只是單指太極, 而實無沖漠無陰陽之時也. 閣下且道天地只一而已乎. 抑過去有無限天地乎. 若曰天地只一而已, 則珥復何說, 若曰天地無窮生滅, 則此天地未生之前, 陰含陽者, 乃前天地旣滅之餘也, 豈可以此爲極本窮源之論乎. 台諭又曰, 然則太極懸空獨立, 此又不然. 前天地旣滅之後, 太虛寂然, 只陰而已, 則太極在陰, 後天地將闢, 一陽肇生, 則太極在陽, 雖欲懸空, 其可得乎. 張子之論, 固爲語病, 滯於一邊, 而花潭主張太過, 不知陰陽樞紐之妙, 在乎太極, 而乃以一陽未生之前, 氣之陰者, 爲陰陽之本, 無乃乖聖賢之旨乎. 嗚呼. 陰陽, 無始也, 無終也, 無外也, 未嘗有不動不靜之時. 一動一靜一陰一陽, 而理無不在. 故聖賢極本窮源之論, 不過以太極爲陰陽之本. 而其實本無陰陽未生太極獨立之時也. 今者, 極本窮源, 而反以陰氣爲陰陽之本, 殊不知此陰是前陽之後也. 但知今年之春, 以去冬爲本, 而不知去年之冬, 又以去春爲始也, 無乃未瑩乎. 志在明道, 言涉不恭.(『栗谷全書』卷9,「答朴和叔」)

【 이이 3 】 원문 71

聖賢之說, 果有未盡處, 以但言太極生兩儀, 而不言陰陽本有, 非有始生之時故也.(『栗谷全書』卷9,「答朴和叔」)

周子曰 太極動而生陽, 靜而生陰. 此二句, 豈有病之言乎. 若誤見, 則必以爲陰陽本無而太極在陰陽之先, 太極動然後陽乃生, 太極靜然後陰乃生也. 如是觀之, 大失本意, 而以句語釋之, 則順而不礙.(『栗谷全書』卷10,「答成浩原」)

【 이이 4 】 원문 72

理氣元不相離, 似是一物, 而其所以異者, 理無形也, 氣有形也, 理無爲也, 氣有爲也. 無形無爲而爲有形有爲之主者, 理也, 有形有爲而爲無形無爲之器者,- 氣也. 理無形而氣有形, 故理通而氣局, 理無爲而氣有爲, 故氣發而理乘.(『栗谷全書』卷10,「答成浩原」)

夫理者, 氣之主宰也, 氣者, 理之所乘也, 非理則氣無所根柢, 非氣則理無所依著. 旣非二物, 又非一物. 非一物, 故一而二, 非二物, 故二而一也. 非一物者, 何謂也? 理氣雖相離不得, 而妙合之中, 理自理, 氣自氣. 不相挾雜, 故非一物也. 非二物者, 何謂也? 雖曰理自理氣自氣, 而渾淪無間, 無先後無離合. 不見其爲二物, 故非二物也. 是故, 動靜無端, 陰陽無始. 理無始, 故氣亦無始也. 夫理, 一而已矣. 本無偏正通塞淸濁粹駁之異. 而所乘之氣, 升降飛揚, 未嘗止息, 雜糅參差, 是生天地萬物. 而或正或偏, 或通或

塞, 或淸或濁, 或粹或駁焉. 理雖一, 而旣乘於氣, 則其分萬殊. 故在天地而爲天地之理, 在萬物而爲萬物之理, 在吾人而爲吾人之理. 然則參差不齊者, 氣之所爲也. 雖曰氣之所爲, 而必有理爲之主宰, 則其所以參差不齊者, 亦是理當如此, 非理不如此而氣獨如此也 (…) 發之者氣也, 所以發者理也, 非氣則不能發, 非理則無所發.[發之以下二十三字, 聖人復起, 不易斯言.](『栗谷全書』卷10, 「答成浩原」)

【이이 5】원문 73

元氣何端始, 無形在有形. 窮源知本合, 沿派見羣精. 水逐方圓器, 空隨小大甁. 二岐君莫惑, 默驗性爲情.(『栗谷全書』卷10, 「理氣詠呈牛溪道兄」)

【이이 6】원문 74

愚未知其孰使之然也, 不過曰自然而然爾.(『栗谷全書』卷14, 「天道策」)

陰陽動靜, 機自爾也, 非有使之者也. 陽之動, 則理乘於動, 非理動也, 陰之靜, 則理乘於靜, 非理靜也(『栗谷全書』卷10, 「答成浩原」)

器動則水必動, 水未嘗自動者, 理無爲而氣有爲也.(『栗谷全書』卷10, 「答成浩原」)

動靜之機, 非有以使之也, 理氣亦非有先後之可言也. 第以氣之動

靜也, 須是理爲根抵.(『栗谷全書』卷20,「聖學輯要」)

【 이이 7 】 원문 75

理有體用, 固也. 一本之理, 理之體也, 萬殊之理, 理之用也.(『栗谷全書』卷12,「答安應休」)

合而言之, 則天地萬物, 同一氣也, 分而言之, 則天地萬物, 各有一氣也. 同一氣, 故理之所以一也, 各一氣, 故分之所以殊也.(『栗谷全書』拾遺 卷5,「壽夭策」)

理雖一, 而旣乘於氣, 則其分萬殊, 故在天地, 而爲天理之理, 在萬物, 而爲萬物之理, 在吾人, 而爲吾人之理. 然則參差不齊者, 氣之所爲也.(『栗谷全書』卷10,「答成浩原」)

夫本然者, 理之一也, 流行者, 分之殊也, 捨流行之理, 而別求本然之理, 固不可, 若以理之有善惡者, 爲理之本然, 則亦不可. 理一分殊四字, 最宜體究. 徒知理之一, 而不知分之殊, 則釋氏之所以作用爲性, 而猖狂自恣, 是也, 徒之分之殊, 而不知理之一, 則荀揚以性爲惡, 或以爲善惡混者, 是也.(『栗谷全書』卷10,「答成浩原」)

【 이이 8 】 원문 76

氣發而理乘者, 何謂也. 陰陽動靜, 機自爾也, 非有使之者也. 陽之動, 則理乘於動, 非理動也, 陰之靜, 則理乘於靜, 非理靜也. 故朱子曰, 太極者本然之妙也, 動靜者所乘之機也. 陰靜陽動, 其機

自爾, 而其所以陰靜陽動者, 理也. 故周子曰, 太極動而生陽, 靜而生陰. 夫所謂 動而生陽, 靜而生陰者, 原其未然而言也, 動靜所乘之機者, 見其已然而言也. 動靜無端, 陰陽無始, 則理氣之流行, 皆已然而已. 安有未然之時乎. 是故天地之化, 吾心之發, 無非氣發而理乘之也.

器動而水動者, 氣發而理乘也, 器水俱動, 無有器動水動之異者, 無理氣互發之殊也. 器動則水必動, 水未嘗自動者, 理無爲而氣有爲也.(『栗谷全書』卷10,「答成浩原」)

【 이이 9 】 원문 77

理通氣局四字, 自謂見得, 而又恐珥讀書不多, 先儒此等言而未之見也 (…) 理氣元不相離, 似是一物, 而其所以異者, 理無形也, 氣有形也, 理無爲也, 氣有爲也. 無形無爲而爲有形有爲之主者, 理也, 有形有爲而爲無形無爲之器者, 氣也. 理無形而氣有形, 故理通而氣局, 理無爲而氣有爲, 故氣發而理乘.理通者何謂也. 理者無本末也, 無先後也. 無本末先後, 故未應不是先, 已應不是後. 程子說. 是故乘氣流行, 參差不齊, 而其本然之妙, 無乎不在, 氣之偏, 則理亦偏, 而所偏非理也氣也, 氣之全則理亦全, 而所全非理也氣也, 至於淸濁粹駁糟粕 煨燼糞壤汙穢之中, 理無所不在, 各爲其性, 而其本然之妙, 則不害其自若也, 此之謂理之通也 (…) 氣局者何謂也. 氣已涉形迹, 故有本末也, 有先後也. 氣之本, 則湛一淸虛而已, 曷嘗有糟粕煨燼糞壤汙穢之氣哉, 惟其升降飛揚,

未嘗止息, 故參差不齊, 而萬變生焉. 於是氣之流行也, 有不失其本然者, 有失其本然者. 旣失其本然, 則氣之本然者, 已無所在. 偏者, 偏氣也, 非全氣也. 淸者, 淸氣也, 非濁氣也. 糟粕煨燼, 糟粕煨燼之氣也, 非湛一淸虛之氣也. 非若理之於萬物本然之妙, 無乎不在也, 此所謂氣之局也.(『栗谷全書』卷10,「答成浩原」)

【 이이 10 】 원문 78

理通氣局, 要自本體上說出, 亦不可離了本體, 別求流行也. 人之性, 非物之性者, 氣之局也, 人之理卽物之理者, 理之通也. 方圓之器不同, 而器中之水一也. 大小之甁不同, 而甁中之空一也. 氣之一本者, 理之通故也, 理之萬殊者, 氣之局故也. 本體之中, 流行具焉, 流行之中, 本體存焉. 由是推之, 理通氣局之說, 果落一邊乎.(『栗谷全書』卷10,「與成浩原」)

【 이이 11 】 원문 79

理形而上者也, 氣形而下者也, 二者不能相離, 旣不能相離, 則其發用一也, 不可謂互有發用也, 若曰互有發用, 則是理發用時, 氣或有所不及, 氣發用時, 理或有所不及也, 如是則理氣有離合, 有先後, 動靜有端, 陰陽有始矣, 其錯不小矣.(『栗谷全書』卷10,「答成浩原」)

今若曰 四端理發而氣隨之, 七情氣發而理乘之, 則是理氣二物, 或先或後, 相對爲兩岐, 各自出來矣. 人心豈非二本乎.(『栗谷全書』

卷10,「答成浩原」)

朱子發於理, 發於氣之說, 意必有在. 今者未得其意, 只守其說, 分開拖引, 則豈不至於輾轉失眞乎, 朱子之意亦不過曰, 四端專言理, 七情兼言氣云爾耳, 非曰, 四端則理先發, 七情則氣先發也, 退溪因此, 而立論曰, 四端理發而氣隨之, 七情氣發而理乘之, 所謂氣發而理乘之者, 可也. 非特七情爲然, 四端亦是氣發而理乘之也.(『栗谷全書』卷10,「答成浩原」)

況理氣之混淪不離者, 乃有相對互發之理乎, 朱子眞以爲理氣互有發用, 相對各出, 則是朱子亦誤也 何以爲朱子乎.(『栗谷全書』卷10,「答成浩原」)

【 장현광 1 】 원문 80

理乃道之經也, 氣乃道之緯也. 爲經爲緯者雖別, 而同是絲也, 則其可以二其本乎? 爲理爲氣者雖分, 而同是道也, 則其可以二其源乎? 指其常一者而謂之理, 指其變化者而謂之氣, 則理固經於氣, 而氣固緯於理矣. 理豈有不管氣之理, 氣豈有不本理之氣哉? 惟以理則無變而常一, 氣則有變而不齊, 故疑於理自理氣自氣也. 然無變者爲有變者之體, 而有變者爲無變者之用也. 常一者爲不齊者之本, 而不齊者爲常一者之末也. 但其用分於體, 或有偏勝之弊. 末遠於本, 或有橫戾之端. 故用勝於體, 末戾於本, 然後道失其常, 緯與經反, 而始有違理之氣矣. 見其違理之氣, 便以爲理外有氣, 則是實不知道者也. (『性理說』卷4,「論經緯可以喩理氣」)

【 장현광 2 】 원문 81

夫所謂理也者, 不可以動靜言也. 旣曰動靜, 則便是氣也. 理固氣之所出也, 而其在氣未出之前, 自是理焉而已, 何可以靜爲理哉? 其在氣出之後, 自亦理焉而已, 何可以動爲理哉? 但以其有不可無靜之理, 亦有不可無動之理, 故所出之氣, 有必靜而爲一陰者焉, 有必動而爲一陽者焉. 所以謂之理者, 乃常有之本也, 而不涉於有也, 乃萬物之原也, 而不涉於爲也. 夫其不涉於有, 不涉於爲, 則其可以動靜言者耶? (…) 若周子之所謂 "動而生陽, 靜而生陰" 者, 亦以此理之出此氣者而言之. 所謂生者, 亦非若形化之相生也.(『性理說』卷3,「太極說」)

【 장현광 3 】 원문 82

夫理則主宰乎氣, 氣則成就乎理. 主宰者, 爲根柢樞紐之謂也. 成就者, 爲功用事業之謂也. 理矣而不有氣之用功事業, 其何得而爲無極·太極至尊至貴之全體哉. 氣矣而不有理之根柢樞紐, 其何得而有天地·人物至盛至備之大用哉.(『性理說』卷4,「申論理氣經緯」)

【 장현광 4 】 원문 83

若以人與馬, 一比之理, 一比之氣, 則爲主爲使之分, 固似矣. 但以兩物比理氣, 恐人生疑於理氣之二本也. 人雖乘馬, 或有無馬而徒行者, 理果有不待氣而自行者乎. 此固人馬理氣之不可相喩者

也.(『性理說』卷5,「經緯說」)

【이구 1】원문 84

竊觀栗谷論理氣書, 都主張氣字, 樂渾全而惡分析, 實近世學問之生死路頭. 玆畧條卞以資講明云.(『活齋集』卷3,「辯論理氣書」)
理發而爲四端, 則其所以發者, 非理而何? 但發者理, 而氣卽隨之. 氣發而爲七情, 則其所以發者, 非氣而何? 但發者氣, 而理乃乘之. 四端之純乎善者, 原乎性命之正, 初非氣之所能爲, 則不可謂非氣則不能發. 七情之兼善惡者, 生乎形氣之私, 實非理之本然者, 則不可謂非理則無所發云爾.(『活齋集』卷3,「辨論理氣書」)
理本皆善, 而氣兼善惡, 故天地之性, 渾然至善, 而纔有氣質, 便不能無善惡之雜. 及其感物而動, 或發於義理之正, 或發於形氣之私, 幾分類別, 萬變交生. 夫人莫不有此理, 亦莫不有此氣, 而但衆人, 則理爲氣汨, 慾動情勝, 而人極或幾乎滅矣. 然則理氣之分, 其可以不明, 而主理治氣之功, 尤其可以不嚴耶.(『活齋集』卷2,「太極圖說理氣發明」)

【이현일 1】원문 85

夫理雖無爲, 而實爲造化之樞紐, 品彙之根柢. 若如李氏之說, 則此理只是虛無空寂底物, 不能爲萬化之原, 獨陰陽氣化縱橫顚倒, 以行其造化也.(『葛菴集』卷18,「栗谷李氏論四端七情書辨」)

【 이현일 2 】 원문 86

四端之發, 雖不可不謂之氣便在其中. 然心中本有之理, 隨感而見, 理爲之主, 氣未用事, 則其可止謂之氣動, 而不爲之理發耶?(『葛菴集』卷19,「愁州管窺錄」)

【 이현일 3 】 원문 87

李氏謂, 四端七情不如人心道心相對說下矣. 而朱子曰, 喜怒, 人心也, 惻隱·羞惡·辭讓·是非, 道心也. 則朱子固以四端七情分屬人心道心, 而相對說下矣.(『葛菴集』卷18,「栗谷李氏論四端七情書辨」)

【 정시한 1 】 원문 88

周子曰,'太極而動而生陽,靜而生陰.'朱子曰,'理有動靜, 故氣有動靜, 若理無動靜, 氣何有而動靜乎.'以此觀之, 天地之化, 理動而氣動, 理靜而氣靜.(『愚潭集』卷7,「四七辨證」)

【 정시한 2 】 원문 89

朱子雖在氣中, 理自理氣自氣, 不能相雜之謂性云者. 以其理氣妙合之中, 理常爲主, 氣常爲補, 雖在氣中, 不囿於氣, 命氣而不命於氣之云爾.(『愚潭集』卷9,「壬午錄」)

【 정시한 3 】 원문 90

惟人也稟天地之理, 得天地之氣, 理與氣合而爲心. 則理氣互發
於吾心, 實源於天地之賦與矣.(『愚潭集』卷7,「四七辨證」)

【 정시한 4 】 원문 91

夫退溪之說, 卽祖述朱子之言, 而推衍朱子之餘意也. 朱子之言,
非不分明直截, 而以其單言理發氣發之故, 退溪又於理發之下, 繫
之以氣隨, 氣隨云者, 明其氣之順理而理未嘗無氣而發也, 氣發
之下, 繫之以理乘, 理乘云者, 明其理之乘氣而氣未嘗無理而發
也.(『愚潭集』卷7,「四七辨證」)

【 이상정 1 】 원문 92

蓋理是活物, 雖乘氣而爲動靜, 而其發揮運用之妙, 則乃其至神之
用耳. 故無爲而爲, 非泯然無爲也. 不宰而宰, 非冥然無宰也.(『大
山集』卷40,「讀聖學輯要」)

【 이상정 2 】 원문 93

蓋聞理者, 所主以動靜之妙也, 氣者, 所資以動靜之機也. 故主理
而言, 則曰理涵動靜(以本體言), 曰理有動靜(以流行言). 主氣而言,
則曰動靜者氣也, 曰動靜者所乘之機. 如此說, 方可竝行而不悖.
今曰, 纔有動靜便是氣, 則雖主氣而言, 而終覺語快. 蓋只可言於
本體上, 而不可言於流行時也. 朱子分明理有動靜, 言於流行, 而

今專屬流行於氣, 則莫無未安否.(『大山集』卷7, 「重答李仲久」)

【이상정 3】원문 94

蓋動靜二字, 只是使用底字, 故隨其所指, 皆可通用. 然究其分, 則固屬乎氣之一邊, 而氣之所以動靜者, 實此理之所宰. 則亦不害爲理之有動靜也. 蓋理本搭於氣, 故謂之有動靜也, 而其本體之無爲者自若. 實主於氣, 故謂之無動靜也, 而其至神之妙用, 又未嘗或損也.(『大山集』卷39, 「理氣動靜說」)

【이상정 4】원문 95

人稟天地之氣以爲體, 得天地之理以爲性, 而理氣之合則爲心. 故其寂感動靜之際, 相須以爲體用. 未發而一性渾然, 已發而七情迭用. 是乃此心之全體大用, 而孟子所謂四端者, 亦包在其中矣(…) 退陶先生所謂渾淪言之者, 是也.
理墮在氣中, 而有性之名. 其動靜, 又乘氣而流行, 則固未嘗相離也. 然理公而氣私, 理無形而氣有迹, 理無有不善, 而氣易流於惡. 故觀其所感之有正私, 而究其所發之有賓主, 則亦不能無分耳.(『大山集』卷39, 「四端七情說」)

【이상정 5】원문 96

蓋惻隱羞惡辭讓是非之端, 發於仁義禮智之性, 其所資而發者氣也. 然所主則在乎理. 喜怒哀懼愛惡欲之情, 發於形氣之私, 其所

乘而行者理也. 然所主則在乎氣. 四端必理發未遂而爲氣所揜, 然後流而爲惡, 七情必發而中節, 然後爲善, 而其所謂善者, 亦只是順理而無一毫有礙焉耳. 此朱子理發氣發之說, 而退陶先生著圖爲書, 而發明其說. 所謂分別言之者也.(『大山集』卷39,「四端七情說」)

【이진상 1】 원문 97

太極猶人, 陰陽猶馬. 理之乘氣而動靜, 猶人之乘馬而出入. 氣之一動一靜, 而理亦與之一動一靜, 馬之一出一入, 而人亦與之一出一入. 此猶爲從氣上看理之論, 而其實則人爲出入之主, 而馬爲出入之資, 只可言人之出入矣. 理爲動靜之主, 而氣爲動靜之資, 只可言理之動靜矣.(『理學宗要』卷1,「天道」)

【이진상 2】 원문 98

未有此氣, 先有此理. 才有此理, 便會動靜. 動亦太極之動, 靜也太極之靜. 動便生陽, 靜便生陰. 由動靜, 有氣之名, 而理常爲主, 氣常爲資. 無動無靜, 涵動靜之妙者, 理之體也; 能動能靜之幾者, 理之用也. 氣則動而無靜, 靜而無動, 而決非自動自靜之物也.(『寒洲集』附錄 卷3,「行狀-門人郭鍾錫」)

【이진상 3】 원문 99

理氣之妙, 不相離·不相雜. 要在人離合看. 故有就本原上, 豎看

者, 有就流行處, 橫看者, 有就形迹上, 倒看者. 窮理之始, 倒看而有所據, 析理之精, 橫看而無所遺, 明理之極, 豎看而得其實.(『寒洲集』卷7,「答沈稺文」)

【 이진상 4 】 원문 100

心卽理三字, 實是千聖相傳之的訣也.(『理學宗要』卷8,「心」)

心爲一身之主宰, 而以主宰屬之氣, 則天理聽命於形氣, 而許多麤惡, 盤據於靈臺矣. 心無體, 以性爲體, 而今謂之氣, 則認性爲氣, 告子之見也. 而人無以自異於禽獸矣. 心是性情之統名. 而以心爲氣, 則大本達道皆歸於氣, 而理爲死物, 淪於空寂矣.(『寒洲集』卷32,「心卽理說」)

以心·性·情言, 則心爲太極, 而性乃太極之靜, 情乃太極之動. 心爲理一, 而性·情爲分殊. 以心·性言, 則主宰常定底是心, 理之一也; 發出不同底是性, 分之殊也. 以性·情言, 則性爲體之一, 而情爲用之殊也. 各擧而單言, 則亦皆有理一分殊.(『寒洲集』卷19,「答郭鳴遠疑問」)

【 송시열 1 】 원문 101

所謂理之主宰使動使靜者, 亦不過曰自然而已, 不如陰陽五行之運用造作也. (…) 大抵從源頭看, 則有是理然後有是氣, 故謂理爲主宰, 又謂之使動使靜. 從流行處看, 則理便在氣中, 清濁善惡, 隨氣之所成而已. 此處必須仔細理會.(『宋子大全』卷15,「答沈明仲」)

【 송시열 2 】 원문 102

心是氣, 而性是理. 氣卽陰陽, 而理卽太極也. 故自氣而言, 則曰, 氣以成形, 而理亦賦焉. 又曰, 人心有覺, 道體無爲.(『宋子大全』卷90,「與李汝九」)

【 송시열 3 】 원문 103

性卽理也, 其出於性也, 皆氣發而理乘之. 孟子於七情中, 摭出純善者, 謂之四端, 今乃因朱子說, 而分四端七情, 以爲理之發·氣之發, 安知朱子說或出於記者之誤也?(『宋子大全』卷130,「朱子言論同異考」)

大抵五性之外無他性, 七情之外無他情. 故雖情之惡者, 必原性而發. 所謂善惡皆天理, 所謂蝸生於醋而害醋者蝸, 皆謂此也.(『宋子大全』卷12,「答沈德升」)

【 한원진 1 】 원문 104

其論理氣先後, 或言本無先後, 此以流行而言.[以流行言, 則動靜無斷, 陰陽無始, 而"理氣本無先後"之可言矣.] 或言理先氣後, 此以本原以言也.[以本原言, 則氣之生生, 必須以理爲本, 此不得不言"理先氣後"也.] 或言氣先理後, 此以稟賦而言也.[以稟賦言, 則是氣凝聚, 理方具於其中, 此不得不言"氣先理後"也.] 此其所指者不同, 而所謂本原·所謂稟賦者, 又都只在流行中, 則其說又未嘗不會通爲一也 (…) 蓋理氣離看, 則爲二物. 爲二物, 則理先而氣

後. 氣異而理同矣. 合看, 則爲一物, 爲一物, 則理氣無先後, 無異同矣.(『朱子言論同異考』)

【 한원진 2 】 원문 105

蓋極本窮源而論之, 則不得不以理爲先, 而實非有理先於氣之時也. 以其樞紐主宰之妙言之, 則不得不以理爲有動靜, 而實非有理自動靜之時也. 若如先生說, 而理動而氣隨而生, 氣動而理隨而顯, 則是理氣判爲二物, 而互有作用. 或理先動而氣隨其後, 或氣先動而理隨其後也.(『南塘集』拾遺 卷4,「雜著」)

【 한원진 3 】 원문 106

按心專言之, 則合理氣, 蓋包性在其中故也. 若與性對言之, 則性卽理, 心卽氣, 以不可復以合理氣言心也. 蓋旣以理屬性, 而又以心爲合理氣, 則似涉二理故也.(『南塘集』拾遺 卷4,「雜著」)

【 한원진 4 】 원문 107

四端也有中節不中節者, 亦出於朱門之所記, 則其必欲捨此而取彼者, 亦何據也? 等是門人之記也, 而彼所記迂而難明, 此所記順而易曉. 如彼說者不再見, 而如此記者, 不勝其多. 則欲定取捨於斯二者, 又不難辨矣.(『南塘集』拾遺 卷4,「雜著」)

孟子四端章廣錄, 曰 四端是理之發, 七情是氣之發, 問看得來如喜怒愛惡欲, 却似近仁義, 曰 固有相似處. 按四七分屬理氣之發,

固已非實理. 又以七情謂非仁義之發而只曰近似, 尤是可駭. 皆與先生平日所雅言者不同. 可見全段是誤錄.(『朱子言論同異考』)

【임성주 1】 원문 108

今人不識此意, 只信朱子決是二物之語, 往往眞以理氣爲有兩箇物事.(『鹿門集』卷19,「鹿盧雜識」)

主宰乎一氣之原, 而遍體乎萬物之中, 昭著乎方寸之內, 而流行乎日用之間, 因依乎有淸濁偏正之裏, 而超脫乎無淸濁偏正之表者, 無非所謂一箇能也. 然則能者, 果何物也? 謂之理耶, 則理無爲而能有爲也. 謂之氣耶, 則氣有迹而能無迹也. 謂之非理非氣耶, 則理氣之外, 未別物也. 然則所謂能者, 果何物也. 不過曰, 氣之靈而理之妙也 (…) 夫天地之生物也, 理以爲主, 而氣以爲材, 二者之間, 更有所謂靈與妙者, 不幾於贅乎 (…) 理而無此, 則所謂理者, 玄虛無用矣, 氣而無此, 則所謂氣者, 頑然死物矣. 天地無此, 則無以爲造化矣, 人物無此, 則無以爲知覺矣.(『鹿門集』卷2,「與渼湖金公」)

【임성주 2】 원문 109

當思理字之義, 須自然二字乃盡. 如當然所以然, 要其歸皆自然也. 蓋子孝父慈, 君仁臣敬, 是所謂當然. 而此皆出於天命人心之自然, 而不容已者, 是卽所謂所以然之故也 (…) 蓋竊思之, 宇宙之間, 直上直下, 無內無外, 無始無終, 充塞彌漫, 做出許多造化, 生得許多人物者, 只是一箇氣耳, 更無些子空隙可安排理字. 特其氣之

能, 如是盛大, 如是作用者, 是孰使之哉. 不過曰自然而然耳. 卽此自然處, 聖人名之, 曰道曰理. 且其氣也, 元非空虛底物事, 全體昭融, 表裏洞徹者, 都是生意.(『鹿門集』卷19,「鹿廬雜識」)

【 임성주 3 】 원문 110

萬理萬象也, 五常五行也. 健順兩儀也, 太極元氣也. 皆卽氣而名之者也. 今人每以理一分殊, 認作理同氣異, 殊不知理之一, 卽夫氣之一而見焉. 苟非氣之一, 從何而知其理之必一乎. 理一分殊者, 主理而言, 分字亦當屬理. 若主氣而言, 則曰氣一分殊, 亦無不可矣.(『鹿門集』卷19,「鹿廬雜識」)

【 임성주 4 】 원문 111

通局二字, 不必分屬理氣. 盖自其一原處言之, 則不但理之一, 氣亦一也. 一則通矣. 自其萬殊處言之, 則不但氣之萬, 理亦萬也. 萬則局矣. 一故神, 兩在故不測, 非通乎? 仁作義不得, 義作仁不得, 非局乎?〔小註: 以通局分理氣, 語新而意滯, 不若理一分殊之論, 主理而氣在其中, 渾然無縫隙, 語甚平易, 而意已獨至也.〕栗翁理通氣局一語, 心常疑之, 更思之. 此非判理氣爲二物, 一屬之一原, 一屬之分殊也. 只是一原處, 則主乎理而言之, 故曰理通而氣在其中. 分殊處, 則主乎氣而言之, 故曰氣局而理在其中. 觀於所謂氣之一本者, 理之通故也, 理之萬殊者, 氣之局故也云云者, 可見其本意.[小註: 朱子所謂理同氣異, 亦然.](『鹿門集』卷19,「鹿廬雜識」)

【 이항로 1 】원문 112

太極理也. 理有主宰乎爲其主宰是物也, 故謂之理. 若不能主宰是物, 則烏可謂之理乎. 太極理也. 理有運用乎爲其運用是物也, 故爲之理. 若不能運用是物, 則烏可謂之理乎.(『華西集』卷25,「太極者本然之妙說」)

理者, 一而不二者也, 命物而不命於物者也, 爲主而不爲客者也. 氣者, 二而不一者也, 命於物而不命物者也, 爲客而不爲主者也(…) 今人理同而氣異, 理之異亦由於氣之異, 此固然矣. 其實理同之中, 元自有許多理, 不待氣之異而異也, 如冲漠無朕而萬象森然已具, 同中含異之謂也. 此何待氣局而不同耶.(『華西集』卷1,「理氣」)

理爲主, 氣爲役, 則理純氣正, 萬事治而天下安矣. 氣爲主, 理爲貳, 則氣强理隱, 萬事亂而天下危矣.(『華西集』卷25,「理氣問答」)

【 이항로 2 】원문 113

問此心之形而上之道, 則神與理而已矣; 問此心之形而下之器, 則形與氣而已矣. 是以聖人之論心也, 或有以形言處, 火臟血肉是已; 或有以氣言處, 氣之精爽是已; 或有以神言處, 人之神明是已; 或有以理言處, 仁義之心是已.(『華西集』卷24,「形氣神理說」)

【 기정진 1 】원문 114

陽動陰靜, 驟看皮面, 果似自行自止, 若深原其實, 則壹是天命使

之然也. 天命然也, 故不得不然. 此之謂所以然, 非天命之外別有所以然也 (…) 今曰 其機自爾, 自爾雖不竢勉強之謂, 而已含由己不他由之意. 又申言之曰 非有使之者, 說自爾時, 語猶虛到, 非有使之語意牢確. 眞若陰陽無所關由, 而自行自止者, 只此兩句, 淺見已不可曉 (…) 氣之順理而發者, 氣發卽理發也; 循理而行者, 氣行卽理行也. 理非有造作自蠢動, 其發其行, 明是氣爲, 而謂之理發·理行何歟. 氣之發與行, 實受命於理, 命者爲主, 而受命爲僕 (…) 理之尊無對, 氣何可與之對偶. 其闊無對, 氣亦理中事, 乃此理流行之手脚.(『蘆沙集』卷16,「猥筆」)

【 기정진 2 】 원문 115

然則乘氣變化之說, 可廢乎. 曰否. 若從源頭論, 一理之初, 萬有已足, 如種著土不得不生. 故萬有之氣, 由此而生. 若就流行看, 有一物方有一理, 有萬象方有萬理有. 若乘氣變化而旋旋生出, 善觀者, 知其爲流行邊說話, 不執言迷旨, 則可矣. 若迷厥旨, 以爲理本無準則, 東西南北, 惟氣之從, 是理不爲氣之主, 反聽命焉, 不亦左乎. 天下未有無種而生者. 理乎理乎. 其萬有之種子歟!(『蘆沙集』卷16,「答人問第二」)

【 기정진 3 】 원문 116

以膚淺所聞, 分也者理一中細條理. 理分不容有層節, 分非理之對. 分殊二者乃對一者也. 理涵萬殊, 故曰一, 猶言其實一物也.

殊非眞殊, 故曰分殊, 言所殊者特其分限耳 (…) 如吾之說, 則理分圓融. 所謂體用一原顯微無間者, 同中有異異中有同, 同異不須論也.(『蘆沙集』卷16,「納凉私議」)

【 전우 1 】 원문 117
先賢謂太極有動靜者, 只以其有乘氣動靜之理而言, 非謂其動靜之能也 (…) 先賢謂太極無動靜者, 只以其無當體動靜之能而言, 非謂其無動靜之理也 (…) 先賢謂動靜氣機自爾者, 只就其能然處言之, 非謂氣獨作用也 (…) 先賢謂陰陽生於太極者, 只推其所由本言之, 非謂理實造作也.(『艮齋私稿』卷28,「理氣有爲無爲辨」)

【 전우 2 】 원문 118
性師心弟, 大槩言爲心者運用之際, 以性善之發見者爲模範, 而 (…) 效法也.(『艮齋私稿』卷38,「性師心弟辨」)

鄙之謂心卑, 非特地將心字賤而下之, 惟對性則較卑耳. 以大臣對君則雖卑, 然其在百官萬民之上, 則何嘗非酋貴之人乎.(『艮齋私稿』卷6,「答鄭宅新」)

【 정약용 1 】 원문 119
無聲無臭之同於無極者. 臣以爲. 無聲無臭, 是形容上天不言·不動之功化也. 無極·太極, 不過以一團元氣, 從無物中凝成之謂也.(『與猶堂全書』第1集,「中庸策」)

【 정약용 2 】원문 120

太極兩儀四象, 皆撰著之名. 太極者, 太一之形. 兩儀者, 兩合之儀[兩合卽天地]. 四象者, 四時之像. 虞氏直天地爲兩儀, 四時爲四象, 非矣. 儀者, 依倣也; 象者 摸狀也. 豈實體之謂乎.(『與猶堂全書』第3集,「李鼎祚集解論」)

【 정약용 3 】원문 121

理者, 無形的也, 物之所由然也; 氣者, 有形的也, 物之體質也. (…) 蓋物之能發動, 以其有形質也. 無是形質, 雖有理, 乎安見發動.(『與猶堂全書』第1集,「西巖講學記」)

夫理者何物? 理無愛憎, 理無喜怒, 空空漠漠, 無名無體. 而謂吾人稟於此而受性, 亦難乎其爲道矣.(『與猶堂全書』第2集,「孟子要義」)

今以命性道敎, 悉歸之於一理, 則理本無知, 亦無威能, 何所戒而愼之, 何所恐而懼之乎.(『與猶堂全書』第2集,「中庸自箴」)

【 정약용 4 】원문 122

凡天下無形之物, 不能爲主宰. 故一家之長昏愚不慧, 則家中萬事不理; 一縣之長昏愚不慧, 則縣中萬事不理. 況以空空蕩蕩之太虛一理, 爲天地萬物主宰·根本, 天地間事, 其有濟乎.(『與猶堂全書』第2集,「孟子要義」)

【 정약용 5 】 원문 123

氣是自有之物, 理是依附之品. 而依附者, 必依於自有者. 故纔有氣發, 便有是理.(『與猶堂全書』第2集,「中庸講義補」)

【 정약용 6 】 원문 124

退溪曰四端理發而氣隨之, 七情氣發而理乘之, 栗谷曰四端七情, 皆氣發而理乘之, 後之學者, 各尊所聞, 聚訟紛然, 燕越以邈, 莫可歸一, 余嘗取二子之書而讀之, 密求其見解之所由分, 乃二子之曰理曰氣, 其字雖同, 而其所指有專有總, 卽退溪自論一理氣, 栗谷自論一理氣, 非栗谷取退溪之理氣而汨亂之爾, 蓋退溪專就人心上八字打開, 其云理者是本然之性, 是道心, 是天理之公, 其云氣者是氣質之性, 是人心, 是人欲之私, 故謂四端七情之發, 有公私之分, 而四爲理發, 七爲氣發也, 栗谷總執太極以來理氣而公論之, 謂凡天下之物, 未發之前, 雖先有理, 方其發也, 氣必先之, 雖四端七情, 亦唯以公例例之, 故曰四七皆氣發也, 其云理者是形而上, 是物之本則, 其云氣者, 是形而下, 是物之形質, 非故切切以心性情言之也, 退溪之言較密較細, 栗谷之言較闊較簡, 然其所主意而指謂之者各異, 卽二子何嘗有一非耶, 未嘗有一非, 而強欲非其一以獨是, 所以紛紛而莫之有定也, 求之有要, 曰專曰總, (『與猶堂全書』第1集,『詩文集』卷12,「理發氣發辨」)

【 최한기 1 】 원문 125

理卽氣之條理也, 言氣則理在其中, 言理則氣隨至焉. 在天地有運化之理, 在人身有推測之理, 人以推測之理, 思量運化之理, 其所驗不驗, 在運化氣之合不合. 自初思量時, 依運化氣而測量, 則鮮違於氣之運化, 若不依據於氣, 徒自思量, 多違於氣之運化. 凡理字, 皆推運化氣而測之, 無非實理, 故理學之理, 以氣字認之, 乃有形之理也. 以此示人, 而人易見, 以此教人, 而人易學. 自初得於氣以爲推, 則推測之理, 亦是氣也, 不勉於承順運化, 而自無違越, 是氣爲主, 而惠廸人道, 乃順勢也. 自初得推, 不知由氣, 務從推測裁制萬事, 是人爲主, 而排布天地, 乃倒施也.(『人政』卷8,「理卽氣」)

【 최한기 2 】 원문 126

教有由積累而至者, 日月寒暑之氣也, 不由積累而至者, 人物交接之氣也. 有可以言傳者, 器械驗試之氣也, 有不可以言傳者, 造化神功之氣也. 以氣爲道, 則其道有質, 以氣爲理, 則其理有形. 故曰氣之運化爲道, 氣之條理爲理. 道與理, 不由氣而求之, 必無模着方向, 過則入於虛無, 不及則陷於卑瑣. 求之於氣, 則道理有形質, 積累而知者, 不積累而知者, 可以言傳, 不可以言傳, 明白有據, 便自快活. 節節推去, 無非一個道理.(『人政』卷9,「道理卽氣」)

【 최한기 3 】 원문 127

理須就氣上認取. 然認氣爲理, 便不是, 捨氣求理, 尤不是. 論萬物之一原, 則氣一而理亦一, 觀萬物之分殊, 則氣萬而理亦萬. 氣之有理, 猶禮之有義, 故禮可以義求之. 又可以禮求義. 氣可以理求之, 又可以理求氣. 然認氣爲理, 如認禮爲義, 便不是, 捨氣求理, 如捨禮求義, 尤不是也. 氣充天地, 理亦充天地, 氣賦微物, 理亦賦微物.(『推測錄』卷2,「氣一理一」)

【 최한기 4 】 원문 128

苟明乎氣, 則理自在其中矣, 先務究理, 則氣反隱而罔準. 理無形而氣有跡, 故循其跡, 則理自顯而有可尋之緖矣. 捨其跡而求諸無形, 則顯著之氣, 反歸隱微, 所謂理者, 漠無準的.(『推測錄』卷2,「理在氣中」)

【 최한기 5 】 원문 129

理須就氣上認取. 天地流行之理, 卽運化氣之條理. 神氣推測之理, 或先於氣而有豫度, 或後於氣而有證驗, 故合於氣者少, 不合於氣者多. 求理於運化氣, 則氣卽理也, 求理於神氣, 則先於氣之理, 後於氣之理, 皆生於推測運化氣也. 是理卽所以爲知也, 與運化氣合, 則爲一, 不合則爲二矣. 神氣推測之理, 本從運化理而得來, 則不合者, 就質於運化氣, 以正其差誤而已, 豈可以二之一之, 紛紜爲哉. 二之爲有病之理, 所推皆死法, 一之爲無病之理, 所推

皆活法.(『人政』卷9,「理就氣認」)

【 최한기 6 】 원문 130

自然者, 天地流行之理也, 當然者, 人心推測之理也, 學者, 以自然 爲標準, 以當然爲功夫. 自然者, 屬乎天, 非人力之所能增減. 當然 者, 屬乎人, 可將此而做功夫也. 當然之外, 又有不當然者, 如仁外 有不仁. 故捨其不當然而取其當然. 且當然之中, 又有優劣純駁, 則講磨切磋, 要以自然爲標準, 是乃功夫之正路也.(『推測錄』卷2, 「自然當然」)

【 최한기 7 】 원문 131

充塞天地, 漬洽物體, 而聚而散者, 不聚不散者, 莫非氣也. 我生 之前, 惟有天地之氣, 我生之始, 方有形體之氣, 我沒之後, 還是 天地之氣. 天地之氣, 大而長存, 形體之氣, 小而暫滅. 然形體之 氣, 資賴乎天地之氣而生長, 從諸竅而通飲食聲色, 自肢體而通 運用接濟. 因其始而驗之於後, 推其前而測其後, 凡諸分別較驗, 遂成知覺, 可由此而擴充矣. 至於萬物之氣, 同稟於天地, 函育于 兩間.(『神氣通』卷1,「天人之氣」)

【 최한기 8 】 원문 132

燭中自有照物之理, 主理者之言也, 火明乃是照物之氣, 主氣者 之言也. 主理者, 推測之虛影, 主氣者, 推測之實踐也. 主理者, 以推

測之理, 渾雜於流行之理, 或以流行之天理, 認作推測之心理, 或以推測之心理, 視同流行天理. 非特天理之不得其純, 幷與推測而失其眞. 然究其原, 則乃是推測之虛影耳. 主氣者, 推氣以測理, 所推者流行之理, 所測者推測之理也. 以流行爲準, 而推測要不違焉, 以推測爲法, 而流行自有合焉, 是乃推測之實踐也. 燭火之照物, 循其氣, 究其理, 自有可踐之條理, 先將理而究照物, 則未免無表之虛影.(『推測錄』卷2,「主理主氣」)

동양적 사유는 어떻게 탄생했는가
ⓒ 한국국학진흥원 2012

1판 1쇄 2012년 12월 3일
1판 3쇄 2014년 2월 17일

지은이 김경호
펴낸이 강성민
기획 한국국학진흥원
편집 이은혜 박민수 이두루
편집보조 김용숙
독자모니터링 황치영
마케팅 이연실 정현민
온라인 마케팅 김희숙 김상만 한수진 이천희

펴낸곳 (주)글항아리 | 출판등록 2009년 1월 19일 제406-2009-000002호

주소 413-120 경기도 파주시 회동길 210
전자우편 bookpot@hanmail.net
전화번호 031-955-8891(마케팅) 031-955-2670(편집부)
팩스 031-955-2557

ISBN 978-89-6735-029-1 93100

이 책의 판권은 한국국학진흥원과 글항아리에 있습니다.
이 책 내용의 전부 또는 일부를 재사용하려면 반드시 양측의 서면 동의를 받아야 합니다.

글항아리는 (주)문학동네의 계열사입니다.

이 도서의 국립중앙도서관 출판시도서목록(CIP)은 e-CIP홈페이지(http://www.nl.go.kr/ecip)와
국가자료공동목록시스템(http://www.nl.go.kr/kolisnet)에서 이용하실 수 있습니다.
(CIP제어번호 : CIP2012005261)